高等院校互联网+新形态教材·经管系列(二维码版)

会计学(非会计专业)
(微课版)

王 蕾　陈淑贤　谢平华　主　编
　　　　章毓育　赵　丽　副主编

清华大学出版社
北京

内容简介

本书是上海市思政领航特色课程，包含 13 个精品思政案例，以新会计准则为基础，本着理论与实践、实用性与经济性相结合的特点组织编写。全书共分四篇 13 章，第一篇基础篇包括总论、复式记账及账户、账户分类三章，第二篇流程篇包括会计凭证、会计账簿、期末会计处理、会计报表四章，第三篇核算篇包括资产、权益和损益三章，第四篇管理篇包括财务报表分析、管理会计基础、会计工作组织和会计机构三章。

本书配有制作完善的微课视频、电子课件与习题答案，既可作为高等院校会计专业及经管类非会计专业学生的教材，也可作为从事财会及相关工作人员的参考书。

本书封面贴有清华大学出版社防伪标签，无标签者不得销售。
版权所有，侵权必究。举报：010-62782989，beiqinquan@tup.tsinghua.edu.cn。

图书在版编目(CIP)数据

会计学：非会计专业：微课版/王蕾，陈淑贤，谢平华主编. —北京：清华大学出版社，2023.8
高等院校互联网+新形态教材. 经管系列：二维码版
ISBN 978-7-302-64396-8

Ⅰ.①会… Ⅱ.①王… ②陈… ③谢… Ⅲ.①会计学—高等学校—教材 Ⅳ.①F230

中国国家版本馆 CIP 数据核字(2023)第 144322 号

责任编辑：梁媛媛
装帧设计：李 坤
责任校对：徐彩虹
责任印制：宋 林

出版发行：清华大学出版社
网　　址：http://www.tup.com.cn, http://www.wqbook.com
地　　址：北京清华大学学研大厦A座　　邮　编：100084
社 总 机：010-83470000　　邮　购：010-62786544
投稿与读者服务：010-62776969, c-service@tup.tsinghua.edu.cn
质量反馈：010-62772015, zhiliang@tup.tsinghua.edu.cn
课件下载：http://www.tup.com.cn, 010-62791865

印 装 者：三河市君旺印务有限公司
经　　销：全国新华书店
开　　本：185mm×260mm　　印　张：21.25　　字　数：517 千字
版　　次：2023 年 8 月第 1 版　　印　次：2023 年 8 月第 1 次印刷
定　　价：59.80 元

产品编号：095026-01

前言

会计作为一门通用商业语言受到高度重视,其通过财务报告展示利益相关者所需信息。财务报告是投资者、公众和政府等利益相关者了解企业财务状况的主要途径,是企业内部管理者管理和决策的主要依据。

随着大数据、物联网、人工智能等技术逐步应用于会计行业,有人开始预测会计人员将会被机器人取代,这不仅会使单据获取、凭证生成,甚至是报表编制逐步自动化和智能化,而且技术也创造了更多更有效的业务数据和社会数据,让会计的预测、决策评价和分析更为精确和及时。

本书不仅阐述了财务报表的数据来源和生成过程,而且强调了财务报表分析及管理会计的作用与功能,实现了会计学和财务报表分析的基本理论和基本方法相结合,理论解释与会计实务案例讨论相结合。此外,相关章节还增加了思政案例,既能让学生掌握财务报表相关项目间的钩稽关系及财务报表数据的生成过程,又能让学生洞悉财务报表数据的信息含量和价值。

本书共分四篇 13 章,第一篇基础篇包括总论、复式记账及账户、账户分类三章,介绍了会计的基本知识和基本理论;第二篇流程篇包括会计凭证、会计账簿、期末会计处理、会计报表四章,介绍了整个会计从凭证到报表的核算流程;第三篇核算篇包括资产、权益和损益三章,详细说明了会计六要素的会计处理方法,帮助学生理解财务报表各项目的数据来源;第四篇管理篇包括财务报表分析、管理会计基础、会计工作组织和会计机构三章,详细解释了财务报表数据的解读方法和信息含量等财务报表分析的相关理论。每一章均选择合适的导入案例,并在章节之后辅以思政案例。本书既注重理论性,又注重可操作性,还注重实例的运用和知识的更新,内容丰富,结构合理,逻辑性强。其具体特点如下。

(1) 新颖性。本书以财政部最新制定和修订并于 2021 年 1 月 1 日起执行的《企业会计准则》为依据,吸收了近年来财会教学研究成果,强化了应用型本科教学特色,着重体现了新会计准则精神,将新会计准则中涉及的基本理论和理念变化融入相关章节中。

(2) 宽泛性。本书不仅适用于会计专业,而且也适用于经济、管理专业。对于会计专业的学生来说,会计学课程是其接触专业的第一门课程,是所有课程的基础。对于经管专业的学生来说,基础会计知识是必备的专业基础知识,在其知识体系中占有非常重要的地位。因此,本书的编写,在内容上更加注重体系的完整性和知识的饱满性,能够为学习者后续的专业学习和未来就业奠定专业基础。

(3) 易懂性。注重教材的体例设计,使其更加人性化,力求简洁、直观、生动、有趣。例如,增加章前引导案例,即用故事或事件来引入基本概念与原理的介绍,帮助学习者形成清晰的学习思路；以图表的形式进行归纳和总结；对于重点、难点问题设置学习目标等引起学习者的重视。

(4) 微课版。每章的重点或难点都增加了二维码视频讲解，帮助学生以更生动的方式深入学习会计知识。

(5) 融入课程思政。在各章后面增加了与章节相关的思政案例及思政要点分析，将财经法规与职业道德案例纳入会计章节，强化会计职业道德，帮助学生把所学知识与职业道德、职业信用能力提升结合起来，通过具体案例强化会计从业人员应具备爱岗敬业、诚实守信、廉洁自律、客观公正、坚持准则、提高技能、参与管理、强化服务等的能力，进一步强调职业道德对会计工作的重要性。

本书由王蕾、陈淑贤、谢平华担任主编，章毓育、赵丽担任副主编。其具体分工如下：王蕾、陈淑贤负责第一篇和第二篇的编写；章毓育、赵丽、王蕾、陈淑贤负责第三篇的编写(其中王蕾、陈淑贤负责第八章，章毓育负责第九章，赵丽负责第十章)；谢平华负责第四篇的编写。

由于编者水平有限，书中难免存在不足之处，恳请广大读者批评指正。

编　者

目录

第一篇 基础篇

第一章 总论 ... 1
第一节 会计概述 ... 2
一、会计的含义与发展 ... 2
二、会计目标 ... 4
三、会计职能 ... 4
四、会计任务 ... 6
第二节 会计假设与会计信息质量要求 ... 6
一、会计假设 ... 6
二、会计信息质量要求 ... 8
第三节 会计要素 ... 9
一、会计要素概述 ... 9
二、反映财务状况的会计要素 ... 9
三、反映经营成果的会计要素 ... 13
第四节 会计核算的程序与方法 ... 15
一、会计核算的程序 ... 15
二、会计核算的方法 ... 16
三、会计循环 ... 17
本章小结 ... 20
同步测试题 ... 21

第二章 复式记账及账户 ... 27
第一节 会计等式 ... 28
一、会计等式概述 ... 28
二、资产与负债及所有者权益恒等式 ... 29
第二节 会计科目 ... 31
一、会计科目的概念及设置的意义 ... 31
二、会计科目设置的原则 ... 31
三、会计科目的分类 ... 32
第三节 会计账户 ... 33
一、会计账户的概念 ... 33
二、账户的结构 ... 33
第四节 会计记账方法 ... 35
一、单式记账法 ... 35
二、复式记账法 ... 35
第五节 借贷记账法 ... 36
一、借贷记账法的账户结构 ... 36
二、借贷记账法的记账规则 ... 38
三、借贷记账法的试算平衡 ... 38
四、借贷记账法的运用 ... 38
本章小结 ... 43
同步测试题 ... 43

第三章 账户分类 ... 50
第一节 账户分类的意义和种类 ... 51
第二节 账户按经济性质和经济内容分类 ... 51
一、资产类账户 ... 51
二、负债类账户 ... 52
三、所有者权益类账户 ... 52
四、成本类账户 ... 52
五、损益类账户 ... 52
第三节 账户按用途和结构分类 ... 53
一、盘存账户 ... 53
二、结算账户 ... 54
三、资本账户 ... 55
四、跨期摊提账户 ... 56
五、集合分配账户 ... 56
六、调整账户 ... 57
七、待处理账户 ... 59
八、损益计算账户 ... 60

九、对比账户 60
　　十、成本计算账户 61
　　十一、留存收益账户 61

本章小结 64
同步测试题 64

第二篇　流　程　篇

第四章　会计凭证 71

第一节　会计凭证概述 72
　　一、会计凭证的意义 72
　　二、会计凭证的分类 73
第二节　原始凭证 77
　　一、原始凭证应具备的基本内容 77
　　二、常用的原始凭证 78
　　三、原始凭证的填制 81
　　四、原始凭证的审核 82
第三节　记账凭证 82
　　一、记账凭证的基本内容 82
　　二、记账凭证的填制 84
　　三、记账凭证的审核 85
第四节　会计凭证的传递和保管 85
　　一、会计凭证的传递 85
　　二、会计凭证的保管 86
本章小结 89
同步测试题 89

第五章　会计账簿 96

第一节　会计账簿概述 97
　　一、会计账簿的概念和意义 97
　　二、会计账簿设置的原则 97
　　三、会计账簿的种类 98
第二节　会计账簿的格式及登记 99
　　一、登记账簿的要求 99
　　二、日记账的登记 100
　　三、总分类账的登记 103
　　四、明细分类账的登记 103
　　五、总分类账和明细分类账的
　　　　平行登记 105

本章小结 106
同步测试题 106

第六章　期末会计处理 111

第一节　试算与调整 112
　　一、试算表 112
　　二、错误更正 113
　　三、期末账项调整 116
第二节　财产清查 117
　　一、财产清查的意义 117
　　二、财产清查的种类 119
　　三、财产清查的方法 120
　　四、财产清查结果的处理 122
第三节　对账与结账 122
　　一、对账 122
　　二、结账 123
本章小结 126
同步测试题 126

第七章　会计报表 131

第一节　会计报表的作用、种类和编制
　　　　要求 132
　　一、会计报表的作用 132
　　二、会计报表的种类 133
　　三、会计报表的编制要求 134
第二节　资产负债表 135
　　一、资产负债表的概念和作用 135
　　二、资产负债表的结构和项目
　　　　排列 135
　　三、资产负债表的编制 137
第三节　利润表 141
　　一、利润表的概念和作用 141

二、利润表的结构和内容 141
　　三、利润表的编制 142
第四节　现金流量表 144
　　一、现金流量表的意义和作用 144
　　二、现金流量表的编制基础 145
　　三、现金流量表的内容及结构 145
　　四、现金流量表的编制 148

第五节　所有者权益变动表 150
　　一、所有者权益变动表的内容
　　　　和结构 150
　　二、所有者权益变动表的填列
　　　　方法 152
本章小结 154
同步测试题 154

第三篇　核　算　篇

第八章　资产 159

第一节　资产概述 160
　　一、资产的概念 160
　　二、资产的确认 160
　　三、资产在报表中的列示 160
　　四、资产的分类 161
第二节　流动资产 161
　　一、货币资金 161
　　二、应收和预付款项 167
　　三、交易性金融资产 170
　　四、存货 172
第三节　非流动资产 181
　　一、长期股权投资 181
　　二、固定资产 182
　　三、无形资产 187
本章小结 191
同步测试题 191

第九章　权益 197

第一节　负债 198
　　一、负债概述 198
　　二、流动负债 199
　　三、非流动负债 206
第二节　所有者权益 209
　　一、所有者权益概述 209
　　二、实收资本 210
　　三、资本公积 212

　　四、留存收益 213
本章小结 216
同步测试题 216

第十章　损益 221

第一节　收入及其会计处理 222
　　一、收入的确认原则和步骤 222
　　二、营业收入 227
　　三、营业外收入 230
第二节　费用及其会计处理 232
　　一、营业成本 232
　　二、税金及附加 234
　　三、期间费用 235
　　四、营业外支出 237
第三节　利润的含义与构成 238
第四节　利润的计算与结转 241
　　一、营业利润和营业外收支 241
　　二、利润总额和所得税费用 244
　　三、净利润和每股收益 245
　　四、本年利润和未分配利润 246
第五节　利润分配事项 250
　　一、利润分配的会计科目 250
　　二、利润分配的顺序 251
　　三、留存收益 253
第六节　所有者权益项目变动 253
本章小结 255
同步测试题 255

第四篇 管 理 篇

第十一章 财务报表分析 ... 259
第一节 财务分析概述 ... 260
一、财务报表分析的内涵 ... 260
二、不同会计信息使用者进行财务分析的目的 ... 260
三、财务报表分析的内容 ... 261
四、财务报表分析的基础 ... 262
第二节 单方面财务能力分析 ... 262
一、偿债能力分析 ... 262
二、营运能力分析 ... 264
三、盈利能力分析 ... 266
四、发展能力分析 ... 267
第三节 财务报表综合分析 ... 268
一、不同财务报表的质量分析 ... 268
二、财务报表综合分析方法 ... 269
本章小结 ... 271
同步测试题 ... 271

第十二章 管理会计基础 ... 275
第一节 管理会计概述 ... 276
一、管理会计的产生与发展 ... 276
二、现代管理会计的理论基础 ... 277
三、管理会计的基本内容与方法 ... 279
第二节 成本习性与本量利分析 ... 279
一、成本习性 ... 280
二、本量利分析 ... 281
第三节 经营决策分析 ... 286
一、定价决策 ... 286
二、生产决策 ... 287
本章小结 ... 291
同步测试题 ... 291

第十三章 会计工作组织和会计机构 ... 295
第一节 会计工作组织 ... 296
一、会计工作组织的内涵及作用 ... 296
二、会计工作组织的内容 ... 296
三、会计工作组织的原则 ... 296
第二节 会计机构 ... 297
一、会计机构设置要求 ... 297
二、会计机构的具体设置及组织形式 ... 297
第三节 会计人员 ... 298
一、会计人员岗位责任制 ... 298
二、会计人员的权限和职责 ... 298
三、会计人员的任职要求 ... 300
四、各级会计人员的划分及其权限职责 ... 300
五、会计人员的职业证书 ... 301
第四节 会计管理体制 ... 302
一、会计法规及层次 ... 302
二、会计工作的领导体制 ... 304
三、会计单位的内部管理制度 ... 304
四、会计单位外部审查机构——会计师事务所 ... 304
本章小结 ... 311
同步测试题 ... 311

附录 ... 315
附录 A 原始凭证 ... 315
附录 B 收款凭证 ... 319
附录 C 总分类账 ... 325
附录 D 库存现金日记账 ... 327
附录 E 银行存款日记账 ... 329

参考文献 ... 331

第一篇 基 础 篇

第一章 总 论

教学目标与要求

- 掌握会计的定义,认识会计作为一个经济信息系统所服务的对象,提供的信息内容及提供信息的方法等。
- 了解会计的基本职能,理解会计核算和会计监督的关系。
- 理解会计的目标、会计假设及会计信息质量要求。
- 掌握会计要素的基本内容,初步理解和掌握会计要素之间的关系,了解会计要素和会计核算的基本方法。

教学重点与难点

教学重点:
会计专业的学科特点、会计职业的能力要求及会计基本理论的基础知识。

教学难点:
会计的概念、会计假设与会计信息质量要求、会计要素。

案例分析

你能够用 400 元(人民币)或不足 400 元成功地创办一个企业吗?

不管你相信与否,你的确能。金海是上海一所著名美术学院的学生,和其他大学生一样,她也常常为了补贴日常花销而不得不去挣一些零用钱。现在,她正为购买一台具有特别设计功能的计算机而烦恼。尽管她目前手头仅有 400 元,但她还是决定于 2014 年 12 月开始创办一个美术培训部。她支出 120 元在一家餐厅请朋友小聚,并请朋友帮她出出主意。根据她曾经在一家美术培训班服务兼讲课的经验,她首先向一个师姐借款 4 000 元,作为租房等费用。她还购置了讲课所必备的书籍、静物,并支出一部分钱用于装修画室。她将美术培训部取名为"周围"。金海支出 100 元印制了 500 份广告传单,用 100 元购置了信封、邮票等。8 天后她已经有了 17 名学员,按照规定每人每月收取学费 1 800 元,并且找到了一位能力较强的同学作合伙人。她与合伙人分别为"周围"的发展担当着不同的角色(合伙人兼作"周围"的会计和讲课教师)并获取一定的报酬。至 2015 年 1 月末，她们已经招收了 50 名学员，除了归还师姐的借款本金和利息计 5 000 元，抵销各项必需的费用外，分别获得讲课、服务等净收入 30 000 元和 22 000 元。她们用这笔钱又继续租房，扩大了画室面积。为了扩大招收学员的数量，她们甚至聘请了非常有经验的教授、留学归国学者免费作了两次讲座，为下一步"周围"的发展奠定了非常好的基础。

  4 个月下来，她们的"周围"平均每月招收学员 39 名，获取收入计 240 000 元。她们还以每小时 200 元的讲课报酬雇用了 4 位同学做兼职教师。至此，她们核算了一下，除去房租等各项费用共获利 67 800 元。这笔钱足够她们各自购买一台非常可心的计算机并且还有一笔不小的节余。但更重要的是，通过 4 个月以来的锻炼，她们掌握了许多营销的技巧，也懂得了应该怎样与人合作和打交道，学到了不少有关财务上的知识，获得了比财富更为宝贵的工作经验。

  思考与讨论：
  (1) 会计在这里扮演了什么样的角色？
  (2) 你是不是从中了解了许多有关会计方面的术语，如投资、借款、费用、收入、盈余、投资人投资，以及独资企业、合伙企业和公司等？

第一节　会　计　概　述

一、会计的含义与发展

  会计是经济管理的一个重要组成部分。任何社会都离不开物质资料的生产，而在物质资料的生产过程中人们都十分关心生产中的耗费和生产成果，总希望用尽可能少的劳动耗费创造尽可能多的物质资料。为此，就必须对生产活动加强管理，即对生产耗费和生产成果进行记录、计算、对比、分析，借以掌握、控制生产活动的过程和结果。正因为管理要求对生产活动进行观察、计量、记录、汇总和分析，于是就产生了会计。

1.1　会计发展简史

  会计是社会生产的产物，是伴随着生产和经济的发展而发展的。在人类社会发展初期，生产力水平很低，人们对生产的消耗与成果的计算通过头脑记忆或采用"结绳记事""刻木记事"的方式，在生产的同时附带着做一些简单的收支记录便可以了。后来，由于生产过程日益复杂，剩余产品逐渐增多，单凭头脑记忆和附带做一些简单记录已经不能满足管理和反映生产活动的要求。随着人们对经济管理的要求越来越高，作为经济管理活动的会计工作必须从生产的职能中分离出来，成为独立的职能。据史书记载，早在中国周代就设有专门的官吏，掌握朝廷的财务赋税，进行"日成、月要、岁会"的工作，"零星算之为计，总合算之为会"，这可算是中国会计含义的起源。

  宋代把财政收支分为元管、新收、已支、现在，用于计算财产的增减变化。这一方法在元代传入民间。明代初期，这一方法被概括为"四柱清册"，即旧管、新收、开除和实在，通过"旧管+新收-开除=实在"这一平衡式定期清算账目，相当于现在的"期初结存+本期收入-本期支出=期末结存"，以交代所经管财产的来龙去脉。

  明末清初，商业和手工业趋于繁荣，会计结算方式有了突破性的发展，在"四柱清册"

的基础上出现了我国固有的复式记账方法——"龙门账",用于计算盈亏。"龙门账"把全部账目分为"进"(相当于收入)、"缴"(相当于支出)、"存"(相当于资产)和"该"(相当于资本和各项负债)四类,采用"进-缴=存-该"的平衡式计算盈亏,分别编制"进缴结册"和"存该结册",若两表计算结果相等,则称为"合龙门"。随着商品经济的进一步发展,在"龙门账"的基础上又产生了"天地合账"。根据这种方法,所有账项,无论是现金收付还是商品购销、债权债务,都要在账簿上记录两笔,同时登记"来账"(收方)和"去账"(付方),以反映同一账项的来龙去脉。账簿采用垂直书写,直行分上、下两格,上格记收,称为"天",下格记付,称为"地",上、下两格所记数额必须相等,称为"天地合"。"四柱清册""龙门账"和"天地合账"是典型的中式簿记方法。

民国时期,我国会计界开始逐渐引进西式簿记,改良中式簿记,使西式簿记在民族资本主义企业中得到运用。会计是中西式并存。中华人民共和国成立后,国家非常重视会计工作。解放初期,财政部设立会计制度司,主管全国会计工作。财政部着手统一全国企业的会计制度。1951年11月,召开了全国企业财务管理及会计会议,经会议讨论研究,制定了一套适用于全国工业企业的统一的会计科目和会计报表格式;同时,在全国范围内建立了国营企业的决算报告制度。

自1978年党的十一届三中全会以来,随着经济体制改革的深入和对外开放的扩大,会计所处的环境也不断变化。1978年,国务院修订颁发了《会计人员职权条例》。自1984年起,我国开始转向有计划的商品经济体制,传统的会计已经难以适应需要。1985年,全国人民代表大会常务委员会通过了《中华人民共和国会计法》,标志着我国会计工作法制化的开端。1992年起,我国又开始实行社会主义市场经济体制,国有企业被推向市场,逐步成为真正的会计主体。

20世纪90年代,我国证券市场的出现和发展对会计的发展产生了重要影响。1990年12月,在上海设立了中国第一家证券交易所;1991年7月,又在深圳设立了证券交易所。1992年10月,中国证券监督管理委员会(以下简称中国证监会)成立。1993年12月,《中华人民共和国公司法》颁布,公司组织的成立和运作有了法律依据。此后,一大批国有企业改制,上市公司的数量不断增加,证券市场的规模与日俱增。截至2022年12月,沪、深两个交易所的上市公司已达4 917家,总市值78.8万亿元,相当于当年GDP的65.11%。

科学技术的进步也对我国的会计工作产生了重大影响。20世纪80年代中期以后,科学技术尤其是现代信息技术突飞猛进,会计电算化程度越来越高,技术愈益成熟,用计算机处理和加工会计信息更加普遍。会计信息的生成、加工、分析和利用更应该在计算机环境下加以讨论。

在国外,会计的发展也源远流长。公元前两三千年原始印度公社时期就出现了记账员,负责"登记农业账目,登记和记录与此有关的一切事项"。13—15世纪,在地中海沿岸某些城市,商业和金融业较为发达,成为推动会计发展的重要因素,出现了较为科学的复式记账方法。1494年,意大利数学家卢卡·巴其阿勒(Luca Pacioli)的《算术、几何及比例概要》一书问世,其中系统地介绍了意大利商人的借贷记账方法,成为复式簿记的经典著作,使借贷复式簿记这一科学的记账方法得以在全世界广泛传播。

在简单商品生产条件下,由于自给自足的自然经济占统治地位,生产规模不大,生产过程尚不复杂,因此只是对财务收支进行记录和计算,会计的内容和方法也比较简单。而在商品经济发达的生产条件下，就需要进一步利用会计来管理经济，了解生产经营情况，计算生产活动中的劳动耗费及其成果，控制和管理生产过程。为了适应这种需要，逐步建立了复式记账方法和一套比较完整的核算体系。

自 18 世纪起，西方发达国家爆发产业革命，大工厂逐渐取代家庭作坊，产品商品化程度提高，市场竞争日益激烈，要求对批量生产的产品进行成本核算，机器的使用产生了折旧概念，成本会计应运而生。随着企业规模的扩大，为了在竞争中求得生存和发展，企业必须十分重视经济预测和决策工作，加强对生产经营的规划和控制，于是对会计提出了更高的要求，即不仅要向外部提供财务报告，而且还要利用会计加强成本管理和预算管理，参与企业的经济预测和决策。这样，专门为企业内部管理服务的管理会计机构就正式成立了，并从传统的会计中分离出来，成为与财务会计并列的独立学科。

随着管理会计的出现，许多现代数学方法，如运筹学、概率论、模拟学、线性规划及电子计算机技术都应用到会计中来了，在编制预算、控制、决策和计算机记录等方面发挥了巨大作用，大大丰富了会计学的内容，这标志着会计进入了一个崭新的阶段。

综上所述，会计是随着生产的发展和经济管理的需要而产生与发展的，是经济管理的重要组成部分。会计是以货币作为主要计量单位，运用一系列专门的方法，对经济活动进行全面、系统、综合的反映和监督，以提供有用的信息，并在此基础上对经济活动进行分析、预测和控制的一种管理活动。

二、会计目标

会计目标是指会计工作所要达到的终极目的。随着企业组织制度的发展变化，为适应股份公司这一主要企业组织形式的发展需要，会计业已突破仅仅为单个企业业主服务的界限，会计核算和会计信息服务对象的范围逐步扩大到企业外部投资者、债权人及社会公众。

中国会计主体的目标是与社会主义市场经济体制相适应的。中国的会计目标仍然是对会计主体的经济活动进行核算，提供反映会计主体经济活动的信息，具体表现为以下三点。

(1) 会计要为国家宏观经济管理和调控提供会计信息。企业经济是国民经济的一个重要组成部分，企业经济的繁荣直接影响着国民经济的稳定和发展。尽管会计不能提供宏观经济管理所需要的全部信息，但是会计信息也是宏观经济管理的基础之一。

(2) 会计要为企业内部经营管理提供会计信息。企业内部经营管理的好坏，直接影响企业的经济效益，影响企业在市场上的竞争力，甚至影响企业的前途和命运。会计是企业内部的重要信息系统，提供准确、可靠的信息，有助于决策者进行合理的决策，有助于强化内部管理。

(3) 会计要为企业外部各有关方面了解其财务状况和经营成果提供会计信息。在市场经济条件下，企业处于错综复杂的经济关系之中，其生产经营活动与政府、投资者、债权人、职工和社会公众等方面存在着密切联系。由于这些企业的外部利益关系者不直接参与企业的生产经营活动，因此其对企业会计信息的要求只能通过企业对外提供的会计报表来得到满足。

三、会计职能

会计职能是指会计在经济管理活动中所具有的功能。会计的基本职能可以概括为核算和监督。

(一)会计的核算职能

会计的核算职能也称反映职能,是指会计以货币为主要计量单位,通过确认、计量、记录、报告等环节,对特定主体的经济活动进行记账、算账、报账,以全面、完整、综合地反映经济活动的过程和结果,为各有关方面提供会计信息的功能。会计核算职能是会计的最基本职能,是产生其他职能的前提。

1. 会计核算的特点

会计核算具有以下三个特点。

(1) 会计主要以货币为计量单位,从价值量上反映各单位的经济活动状况。会计在反映经济活动时,主要使用货币度量,其他度量指标和文字说明只是其附带部分。这是因为货币是商品交换的一般等价物,具有价值尺度的功能。会计只有借助于货币度量,才能把各种性质相同或不同的经济业务加以综合,求得资产、负债、收入、费用和利润等价值量的综合指标,以总括反映各单位错综复杂的经济活动的过程和结果。

(2) 会计反映已经发生的经济活动状况,具有可验证性。会计提供的信息是面向过去的,是各单位过去的一个时期内发生的经济活动状况,而且会计提供的信息必须符合规范,即必须按照会计准则、制度来反映。因此,会计提供的信息具有可核性,即具有可重复验证的特征。

(3) 会计核算具有完整性、连续性和系统性。所谓完整性,是指全面地反映各个单位的全部经济业务,不能有任何遗漏。所谓连续性,是指对经济业务的记录是连续的,按发生的先后顺序,逐日、逐笔记录,不能间断。所谓系统性,是指用科学的核算方法,对会计信息进行加工处理,以保证提供的会计信息资料能够成为一个有序的整体。

2. 会计核算的内容

根据《中华人民共和国会计法》的规定,会计核算的内容包括以下几个方面。

(1) 款项和有价证券的收付。
(2) 财物的收发、增减和使用。
(3) 债权债务的发生和结算。
(4) 资本、基金的增减。
(5) 收入、支出、费用、成本的计算。
(6) 财务成果的计算和处理。
(7) 需要办理会计手续、进行会计核算的其他事项。

(二)会计的监督职能

会计的监督职能是指会计按照一定的目的和要求,利用各种价值指标,通过控制、分析、考评等具体方法,对会计主体的经济活动进行控制,使之达到预期目标的功能。

1. 会计监督的特点

(1) 会计监督贯穿于整个经济活动过程中。会计监督包括事前监督、事中监督和事后监督。事前监督是指在经济活动开始前进行的监督,即审查未来的经济活动是否符合有关部门法令、制度、规定和计划,在经济上是否可行。事中监督是指对正在发生的经济活动过程及取得的核算资料进行审查，并以此纠正经济活动进行过程中的偏差或失误，促进经济活动按规定的要求正常运行。事后监督是指对已经发生的经济活动及相应的核算资料进行审查、分析，并在此基础上总结经验，揭露矛盾，促进与改善管理。

(2) 会计监督主要是通过价值指标来进行的。由于各个单位的经济活动都同时伴随着价值运动，表现为价值量的增减变化，因此会计监督通过价值指标可以全面、及时、有效地控制各个单位的经济活动。

2. 会计监督的内容

根据《中华人民共和国会计法》的规定，会计监督的内容包括以下四个方面。

(1) 监督会计资料是否真实、可靠。

(2) 监督经济业务的合法性、合理性。

(3) 监督企业财产是否安全、完整。

(4) 监督财经法律和财经法规的执行。

近年来，由于经济的发展和管理理论的完善，关于会计职能的观点有所扩展，除了反映和监督职能以外，会计还有参与经营决策的职能，即会计要利用提供的信息资料，从经济效益出发，对各种可行性方案，做出最佳选择和决断。有的观点还将此职能进一步细分为预测、决策、控制和分析等职能，其实这些职能可以包括在会计监督的职能范围之内。因此，会计的基本职能是反映(核算)与监督，仍然是被普遍接受的观点。

四、会计任务

会计任务是在经济管理中发挥会计的职能作用所要达到的目的和要求。会计的基本任务可以概括为以下五个方面。

(1) 真实、准确、完整地记录各项经济业务。

(2) 维护国家的财政制度与财务制度。

(3) 保护社会主义公共财产。

(4) 分析、考核计划与预算的执行情况。

(5) 预测经济前景，参与经济决策，提高总体经济效益。

《中华人民共和国会计法》第二十二条对会计机构、会计人员的主要职责作了明确规定：①进行会计核算；②实行会计监督；③撰写办理会计事务的具体办法；④参与拟订经济计划、业务计划，考核分析预算、财务计划的执行情况；⑤办理其他会计事务。这是有关会计基本任务的法律规范。

第二节　会计假设与会计信息质量要求

一、会计假设

会计假设是会计核算的基本前提，是指对会计资料的收集、整理和报告等所作的合乎逻辑的推理。会计假设是会计理论和方法的起点，是会计确认、计量和报告的前提，会计核算对象的确定、会计政策的选择、会计数据的收集等都要以会计假设为依据。只有企业面临的现实情况与这些会计假设相符，会计准则中规定的方法才可以被采用。如果企业面临的现实情况和约定的会计假设不相符，会计准则中规定的方法就不宜采用，而应该用其他的会计核算程序和方法来进行会计处理。通常，会计假设包括以下几个方面。

(一)会计主体

在组织会计核算之前，首先应明确会计为之服务的特定单位，也就是会计主体。凡具有经济业务，又实行独立核算的独立实体，都可以成为一个特定的会计主体。一个会计主体实际上是一个经济责任中心。划分会计主体就是规定会计活动的空间范围，实际上就是限定会计对象的范围。会计主体与法律主体不是同一个概念。一般来说，法律主体必然是会计主体，但会计主体不一定是法律主体。会计主体可以是一个具有法律资格的企业，也可以是由若干家企业通过控股关系组织起来的集团公司，还可以是企业下属的二级核算单位。会计主体假设，可以正确反映企业所有财产和对外应付的债务，准确地计算其在经营中所取得的收益和遭受的损失，从而为决策提供有用的信息。

(二)持续经营

持续经营是指把企业看作永久存在的实体，其业务经营是无限期地持续下去的。会计主体假设明确了会计核算的时间范围，为会计的正常活动作了时间上的规定。持续经营是财务会计部分原则和会计程序设置的前提条件，如企业的财产计价、费用的分配和收益的确定等，均是以持续经营假设为基础的。

(三)会计分期

会计分期是指将企业连续不断的生产经营活动人为地划分为若干个相等的时间阶段。其目的是定期地反映企业的财务状况和经营成果。

《中华人民共和国会计法》规定，会计年度为公历1月1日至12月31日，年度下再分季度和月度。

会计期间只是一种假设，企业的经营活动实际上并未因会计期间终了而停止。因此，为了正确地计算会计期间的经营成果，需要对跨会计期间的经济业务采用合理的会计处理方法，如折旧、摊销及配比等。此外，在一个会计期间内，各项资产和负债的变动与现金的收支是不会完全一致的，于是就产生了权责发生制。

(四)货币计量

货币计量即要求对所有会计核算对象采用同一种货币作为统一的尺度予以计量，并把企业的经营活动和财务状况的数据转化为按统一货币单位反映的会计信息。货币单位是会计的基本计量单位。其他计量单位，如物理单位、劳动时间单位等都是辅助单位。在我国是以人民币作为记账本位币，有外币收支业务的企业，应当折算为人民币编制会计报表。

上述会计假设具有相互依存、相互补充的关系。会计主体确认了会计核算的空间范围，持续经营与会计分期确立了会计核算的时间长度，货币计量则是会计核算的必要手段。没有会计主体，就不会有持续经营；没有持续经营，就不会有会计分期；没有货币计量，就不会有现代会计。

(五)权责发生制

权责发生制是企业会计确认、计量和报告的基础。权责发生制是指收入和费用的确认应当以收入和费用的实际发生及影响作为确认计量的标准。即凡是当期已经实现的收入和已经发生或应当负担的费用,不论款项是否收付,都应当作为当期的收入和费用处理;凡是不属于当期的收入和费用,即使款项已经在当期收付,都不应作为当期的收入和费用处理。权责发生制原则主要是从时间上规定会计确认的基础,其核心是根据权责关系的实际发生和影响期间来确认收入和费用。以权责发生制为基础进行会计确认、计量和报告,能够更加准确地反映特定会计期间真实的财务状况及经营成果。

1.2 会计确认计量报告基础

收付实现制是与权责发生制相对应的一种会计基础,它是以收到或支付的货币资金作为确认收入和费用的依据。目前,我国行政事业单位会计采用的是收付实现制。

二、会计信息质量要求

会计信息质量要求包括会计确认、计量和报告中的八项原则,其具体内容如下。

(一)可靠性原则

可靠性原则是指企业应当以实际发生的交易或者事项为依据进行会计确认、计量和报告,如实反映符合确认和计量要求的各项会计要素及其他相关信息,保证会计信息真实可靠、内容完整。

(二)相关性原则

相关性原则是指企业提供的会计信息应当与财务会计报告使用者的经济决策需要相关,有助于财务会计报告使用者对企业过去、现在或未来的情况做出评价或者预测。

(三)可理解性原则

可理解性原则是指企业提供的会计信息应当清晰明了,便于财务会计报告使用者理解和使用。

(四)可比性原则

可比性原则(包含一致性原则)是指企业提供的会计信息应当具有可比性。

同一企业不同时期发生的相同或者相似的交易或者事项,应当采用一致的会计政策,不得随意变更。确需变更的,应当在附注中说明。

不同企业发生的相同或者相似的交易或者事项,应当采用规定的会计政策,确保会计信息口径一致、相互可比。

(五)实质重于形式原则

实质重于形式原则是指企业应当按照交易或者事项的经济实质进行会计确认、计量和报告,不应仅以交易或者事项的法律形式为依据。

例如，对融资租入固定资产的确认与计量。从形式上来看，该项固定资产的所有权在出租方，企业仅拥有使用权，因此不能将其作为企业的固定资产进行核算。但是，由于融资租入固定资产的租赁期限较长，企业实际控制了该项固定资产，因此为了正确地反映企业资产和负债的状况，对于融资租入固定资产，一方面应作为企业自有的固定资产加以核算，另一方面应作为企业的一项长期负债加以反映。

(六)重要性原则

重要性原则是指企业提供的会计信息应当反映与企业财务状况、经营成果和现金流量等有关的所有重要交易或者事项。

(七)谨慎性原则

谨慎性原则是指企业对交易或者事项进行会计确认、计量和报告时应当保持应有的谨慎，不应高估资产或者收益，也不应低估负债或者费用。

1.3　谨慎性原则

谨慎性又称稳健性，当一项经济业务有多种处理方法可供选择时，应选择不导致夸大资产、虚增利润的方法。在进行会计核算时，应当合理预计可能发生的损失和费用，而不应预计可能发生的收入和过高估计资产的价值。

谨慎性的要求体现于会计核算的全过程。例如，对应收账款计提"坏账准备"，对存货项目计提"跌价损失"，对固定资产计提"资产减值准备"等。

(八)及时性原则

及时性原则是指企业对已经发生的交易或者事项，应当及时进行会计确认、计量和报告，不得提前或者延后。

第三节　会 计 要 素

一、会计要素概述

会计对象是会计要反映和监督的内容，即会计所要反映和监督的客体，具体就是社会再生产过程中的资金运动。会计要素是指会计对象是由哪些部分所构成的，按交易或者事项的经济特征所作的基本分类，它是会计确认和计量的依据，也是确定财务报表结构和内容的基础。会计要素是对会计对象的基本分类，是会计对象的具体化，是反映会计主体的财务状况和经营成果的基本单位。

我国《企业会计准则》明确列示了资产、负债、所有者权益、收入、费用和利润六个会计要素。这六个会计要素可以划分为两大类，即反映财务状况的会计要素和反映经营成果的会计要素。前者包括资产、负债和所有者权益；而后者包括收入、费用和利润。

二、反映财务状况的会计要素

财务状况是指企业某时间点的资产和权益情况。反映财务状况的会计要素包括资产、负债和所有者权益三项。

(一)资产

1.4 资产

1. 资产的定义

资产是指企业过去的交易或者事项形成的、由企业拥有或者控制的、预期会给企业带来经济利益的资源。

2. 资产的确认

当同时满足以下条件时，可以确认为资产。

(1) 与该资源有关的经济利益很可能流入企业。

(2) 该资源的成本或者价值能够可靠地计量。

3. 资产的特征

资产的基本特征主要包括以下三个方面。

(1) 资产预期会给企业带来经济利益。

(2) 资产是由企业拥有或者控制的资源。

(3) 资产是由企业过去的交易或者事项形成的。

4. 资产的分类

资产按其流动性不同，分为流动资产和非流动资产。

流动资产是指可以在一年或超过一年的一个营业周期内变现或耗用的资产。它主要包括货币资金、交易性金融资产、应收票据、应收账款、预付账款、应收利息、应收股利、其他应收款、存货等。

非流动资产是指流动资产以外的资产，也称长期资产。它主要包括长期股权投资、固定资产、无形资产和长期待摊费用等。

长期股权投资是指投资期限超过一年，并通过投资取得被投资单位股权的投资。投资企业成为被投资企业的股东，按所持有股份的比例享有权益并承担有限责任。

固定资产是指同时具有以下特征的有形资产：①为生产商品、提供劳务、出租或经营管理而持有的；②使用寿命超过一个会计年度。

无形资产是指企业拥有或者控制的没有实物形态的可辨认的非货币性资产。例如，专利权、非专利技术、商标权、著作权、土地使用权、特许权等都属于无形资产。

长期待摊费用是指企业已经发生的但应由本期和以后各期负担的、分摊期限在一年以上的各项支出和费用。

资产的分类如图 1-1 所示。

(二)负债

1. 负债的定义

负债是指企业过去的交易或者事项形成的、预期会导致经济利益流出企业的现时义务。现时义务是指企业在现行条件下已承担的义务。未来发生的交易或者事项形成的义务不属于现时义务，不应当确认为负债。

2. 负债的确认

当同时满足以下条件时，可以确认为负债。
(1) 与该义务有关的经济利益很可能流出企业。
(2) 未来流出的经济利益的金额能够可靠地计量。

3. 负债的特征

负债具有以下三个特征。
(1) 负债是企业承担的现时义务。
(2) 负债的清偿预期会导致经济利益流出企业。
(3) 负债是由企业过去的交易或者事项形成的。

4. 负债的分类

负债按其偿还期限的长短不同，分为流动负债和非流动负债。

流动负债是指偿还期在一年或长于一年的一个营业周期以内的营业债务。它主要包括短期借款、应付票据、应付账款、预收款项、应付职工薪酬、应交税费、应付利息、应付股利、其他应付款等。

非流动负债是指流动负债以外的负债，即偿还期在一年或长于一年的一个营业周期以上的债务。它主要包括长期借款、应付债券、长期应付款等。

负债的分类如图 1-2 所示。

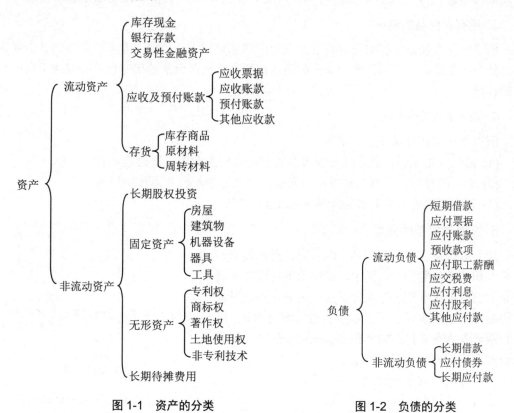

图 1-1　资产的分类　　　　　　　图 1-2　负债的分类

(三)所有者权益

1. 所有者权益的定义

所有者权益是指企业资产扣除负债后由所有者享有的剩余权益,是所有者在企业资产中所享有的经济利益。

公司的所有者权益又称为股东权益。

2. 所有者权益的来源

对任何企业而言,其资产形成的资金来源不外乎两个:一个是债权人;另一个是所有者。债权人对企业资产的要求权形成企业负债,所有者对企业资产的要求权形成企业的所有者权益。所有者权益的来源包括所有者投入的资本、直接计入所有者权益的利得和损失、留存收益等。

利得是指企业非日常活动所形成的、会导致所有者权益增加的、与所有者投入资本无关的经济利益的流入。损失是指由企业非日常活动所发生的、会导致所有者权益减少的、与向所有者分配利润无关的经济利益的流出。损失是企业除了费用和分配给所有者之外的一些边缘性或偶发性支出。一般来说,利得和损失与收入和费用不同,它们之间不存在配比关系。按照我国会计制度的规定,利得和损失分为直接计入所有者权益的利得和损失与计入当期损益的利得和损失。直接计入所有者权益的利得和损失主要有可供出售的金融资产公允价值变动部分等。直接计入当期损益的利得有处置非流动资产利得、接受捐赠利得等。

3. 所有者权益的确认

由于所有者权益体现的是所有者在企业中的剩余权益,因此所有者权益的确认主要依赖于其他会计要素,尤其是资产和负债的确认;所有者权益金额的确定也主要取决于资产和负债的计量。

4. 所有者权益的特征

所有者权益具有以下三个特征。

(1) 除非发生减资、清算或分派现金股利,否则企业不需要偿还所有者权益。

(2) 企业清算时,只有在清偿所有负债后,所有者权益才返还给所有者。

(3) 所有者凭借所有者权益能够参与企业利润的分配。

5. 所有者权益的分类

所有者权益包括实收资本(或股本)、资本公积、盈余公积和未分配利润。其中,实收资本是投资者投入企业的法定资本额。资本公积包括企业收到投资者出资超过其在注册资本或股本中所占份额的部分,以及直接计入所有者权益的利得和损失等。盈余公积和未分配利润又合称为留存收益。

所有者权益的分类如图1-3所示。

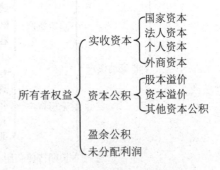

图1-3 所有者权益的分类

三、反映经营成果的会计要素

经营成果是指企业在一定时期内从事生产经营活动所取得的最终成果。反映经营成果的会计要素包括收入、费用和利润三项。

(一)收入

1. 收入的定义

收入是指企业在日常活动中形成的、会导致所有者权益增加的、与所有者投入资本无关的经济利益的总流入。

2. 收入的确认

收入在确认时除了应当符合收入的定义之外,还应当满足严格的确认条件。收入的确认至少应当同时符合以下三个条件。

(1) 与收入相关的经济利益应当很可能流入企业。

(2) 经济利益流入企业的结果会导致企业资产的增加或者负债的减少。

(3) 经济利益的流入额能够可靠地计量。

3. 收入的特征

收入的特征主要有以下三个。

(1) 收入应当是企业在日常活动中形成的。

(2) 收入应当会导致经济利益的流入,而该流入不包括所有者投入的资本。

(3) 收入应当最终会导致所有者权益的增加。

4. 收入的分类

企业的收入有狭义和广义之分。狭义的收入是指企业在销售商品、提供劳务及让渡资产使用权等日常活动中形成的经济利益流入,主要包括主营业务收入、其他业务收入、投资收益和公允价值变动收益等。其中,主营业务收入和其他业务收入合称营业收入。而广义的收入还包括企业非日常活动产生的非经常性经济利益流入,即营业外收入。广义的收入是把经营活动和非经营活动产生的经济利益流入都看作收入。

主营业务收入是由企业主要经营活动所带来的收入,如商品销售收入、提供劳务收入。

其他业务收入是由企业主要经营活动以外的业务带来的收入,如材料物资销售收入、固定资产租金收入等。

收入的分类如图1-4所示。

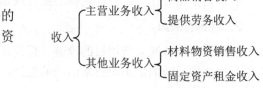

图1-4 收入的分类

(二)费用

1. 费用的定义

费用是指企业在日常活动中发生的、会导致所有者权益减少的、与向所有者分配利润无关的经济利益的总流出。费用应当从发生期的相关收入中得到补偿。

2. 费用的确认

费用的确认除了应当符合费用的定义之外，还应当满足严格的确认条件。费用的确认至少应当同时符合以下三个条件。

(1) 与费用相关的经济利益应当很可能流出企业。
(2) 经济利益流出企业的结果会导致资产的减少或者负债的增加。
(3) 经济利益的流出额能够可靠地计量。

3. 费用的特征

费用的特征主要有以下三个。

(1) 费用应当是企业在日常活动中发生的。
(2) 费用应当会导致经济利益的流出，而该流出不包括向所有者分配的利润。
(3) 费用应当最终会导致所有者权益的减少。

4. 费用的分类

费用也有狭义和广义之分。狭义的费用是指企业为取得营业收入等在日常活动中形成的经济利益流出，主要包括主营业务成本、其他业务成本、税金及附加、期间费用、资产减值损失、公允价值变动损失和所得税费用等。主营业务成本和其他业务成本合称营业成本。广义的费用包括企业非日常活动产生的非经济利益流出，即营业外支出。广义的费用把所有的经营活动和非经营活动支出作为费用。

其中，营业成本是指企业为生产商品和提供劳务等发生的可归属于产品成本、劳务成本等的费用。营业成本按照其所销售商品或提供劳务在企业日常活动中所处的地位，可分为主营业务成本和其他业务成本。

期间费用是指企业行政管理部门为组织和管理生产经营活动而发生的管理费用和财务费用，为销售商品而发生的销售费用，应当作为当期经营费用，直接计入当期损益。

费用的分类如图1-5所示。

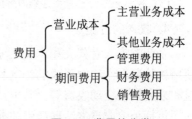

图1-5　费用的分类

(三)利润

1. 利润的定义

利润是指企业在一定会计期间的经营成果。

2. 利润的来源

利润包括收入减去费用后的净额、直接计入当期利润的利得和损失等。其中，收入减去费用后的净额反映的是企业日常活动的业绩；直接计入当期利润的利得和损失反映的是企业非日常活动的业绩。

3. 利润的确认

利润反映的是收入减去费用、利得减去损失后的净额，因此利润的确认主要依赖于收入和费用及利得和损失的确认，其金额的确定也主要取决于收入、费用、利得、损失金额的计量。

4. 利润的特征

利润表示企业最终的经营成果，由收入与费用的差额等确定，与收入和费用的要素密切相关。

5. 利润的分类

利润包括收入减去费用后的净额、直接计入当期利润的利得和损失等。利润分为营业利润、利润总额和净利润，如图 1-6 所示。营业利润是营业收入减去营业成本、营业税费、期间费用(包括销售费用、管理费用和财务费用)、资产减值损失，加上公允价值变动净收益、投资净收益后的金额。利润总额是指营业利润加上营业外收入，减去营业外支出后的金额。净利润是指利润总额减去所得税费用后的金额。

利润 { 营业利润 / 利润总额 / 净利润 }

图 1-6 利润的分类

第四节 会计核算的程序与方法

一、会计核算的程序

会计核算的程序主要包括会计确认、会计计量、会计记录和会计报告。

(一)会计确认

会计确认是按照一定标准，辨认哪些经济业务或会计事项应属于会计核算的范围，应列作哪一个会计要素，并于何时进行记录和报告的过程。会计确认包括确认标准和确认时间。

会计确认主要分为原始确认和再次确认。原始确认是指编制会计凭证时的确认，即对某些经济业务以原始凭证为依据，确认为某一个会计要素后，才能编制会计凭证。再次确认是指在账簿记录和编制会计报表时的确认。

(二)会计计量

会计计量就是对具体的会计核算内容进行量化的过程。在会计核算过程中，对各项财产物资都需以某种尺度为标准确定它的量。

企业将符合确认条件的会计要素登记入账并列报于会计报表及其附注(又称财务报表，下同)时，应当按照规定的会计计量属性进行计量，确定其金额。会计计量属性主要包括以下几点。

(1) 历史成本。在历史成本计量下，资产按照购置时支付的现金或者现金等价物的金额，或者按照购置资产时所付出的对价的公允价值计量。负债按照因承担现时义务而实际收到的款项或者资产的金额，或者承担现时义务的合同金额，或者按照日常活动中为偿还负债预期需要支付的现金或者现金等价物的金额计量。历史成本是会计的基本计量属性。

(2) 重置成本。在重置成本计量下，资产按照现在购买相同或者相似资产所需支付的现金或者现金等价物的金额计量。负债按照现在偿付该项债务所需的现金或者现金等价物的金额计量。

(3) 可变现净值。在可变现净值计量下，资产按照其正常对外销售所能收到的现金或者现金等价物的金额扣减该资产至完工时估计将要发生的成本、估计的销售费用及相关税费后的金额计量。

(4) 现值。在现值计量下，资产按照预计从其持续使用和最终处置中所产生的未来净现金流入量的折现金额计量。负债按照预计期限内需要偿还的未来净现金流出量的折现金额计量。

(5) 公允价值。在公允价值计量下，资产和负债按照在公平交易中，熟悉情况的交易双方自愿进行资产交换或者债务清偿的金额计量。

(三)会计记录

会计记录是指将会计确认与计量的经济业务，按照复式记账的要求登记在预先设置的会计账簿上的过程。会计记录是对经济业务进行分类、汇总和加工的过程，只有经过这一程序，经济业务才能被进一步加工处理成会计信息。

(四)会计报告

会计报告是指以账簿为依据，采用表格和文字的形式，将会计核算形成的会计信息传递给会计信息的使用者。通过会计确认、计量和记录，可以将经济活动登记在会计账簿上，但是由于这些信息比较分散，还必须对其进一步加工处理，以浓缩信息率提高其质量，使之形成一系列反映企业财务状况和经营成果的财务指标体系，这样才有利于信息使用者的使用。

会计确认、会计计量、会计记录与会计报告是相互联系、相互影响的。会计确认与计量是会计记录的基础，只有经过确认与计量的经济业务，才能登记在会计账簿上。但是，会计记录是会计核算中不可缺少的重要环节，没有会计记录，会计确认与计量就失去了存在的意义。会计报告是对会计账簿所记录数据的再加工过程，这一过程实际上是会计的再次确认，即确认哪些数据可以列入会计报表以及应如何列入会计报表。

二、会计核算的方法

(一)设置账户

设置账户是对会计对象的具体内容进行分类和监督的一种专门方法。由于各个单位经济活动的内容都是复杂多样的，因此要对其进行系统的核算和经常性的监督，就必须按照经济业务的内容和管理要求分别设置账户，并进行分类登记，以便为经营管理提供所需要的各种信息和指标。

(二)复式记账

复式记账是通过两个或两个以上相互对应的账户，双重地、平衡地记录每一项经济业务的一种专门方法。采用复式记账法，要对每一笔经济业务分别在有关的两个或两个以上账户中进行登记，以全面地、相互联系地反映企业经济活动情况。

(三)填制和审核凭证

会计凭证是记录经济业务，明确经济责任，作为记账依据的书面证明。填制和审核会计凭证能够为会计记录提供完整、真实的原始资料。

(四)登记账簿

登记账簿是将审核无误的记账凭证资料，在账簿中的有关账户上进行连续、完整的记录和核算的一种专门方法。登记账簿时，既要按照账户的内容对经济业务分别进行反映，又要按照时间的先后对经济业务进行序时的反映，以便将分散的会计核算资料进行系统的反映，为经营管理和会计报表的编制提供系统、完整的数据资料。

(五)成本计算

成本是按成本对象归集各个经济过程中发生的费用，从而确定各成本计算对象的总成本和单位成本的一种专门方法。在企业中，为了考核经营过程中各个阶段的费用支出，寻求节约支出和降低成本的途径，需要将各个阶段发生的费用、支出按照一定的对象加以归集。采用成本计算这一方法，可以全面反映和监督经营过程中各项费用支出的情况。这对于挖掘降低成本的潜力、用最少的劳动耗费取得最大的经济效益，具有非常大的意义。

(六)财产清查

财产清查是指通过盘点实物、核对账目，查明各项财产物资和资金实有数额的一种专门方法。由于种种原因，往往会出现账实不符的情况，为了如实反映财产物资的真实情况，做到账实相符，保证会计核算资料的真实性，就必须进行财产清查。通过财产清查，还可以发现物资管理中的问题，从而采取措施，改善财产物资管理，挖掘财产物资潜力。

(七)编制会计报表

编制会计报表是以书面报告的形式定期地、总括地反映各单位经济活动情况和结果的一种专门方法。会计报表主要是以账簿记录为依据，经过加工整理而产生的一套完整的指标体系。它用来系统地总结企业的财务状况、现金流量和经营成果，以便为会计报表使用者提供有用的信息。

上述会计核算的七种专门方法是相互联系、密切配合的，它们有机地构成了一个完整的方法体系。对于日常发生的经济业务，要以合法的会计凭证为依据，按照规定的账户进行分类，并应用复式记账法在有关账簿中进行登记。对于生产经营过程中发生的费用，应当进行成本计算。对于账簿记录，要通过财产清查进行核实，在保证账实相符的基础上，根据账簿记录定期编制会计报表。

三、会计循环

为了将会计主体经济活动的结果通过会计报表的方式提供给会计信息的使用者，会计工作者必须经过记录、分类、汇总、编制报表、传递信息等一系列的工作程序。这种在每一会计期间周而复始进行的程序，在会计上称为会计工作的循环，简称会计循环。会计循环的基本步骤如下。

(一)初次确认

以能否用货币计量为标准分析发生的经济业务，并将能够用货币计量的经济业务纳入会计处理系统，确定经济业务的发生对会计要素的具体影响。

(二)入账

通过审核原始凭证分析具体的经济业务，编制会计分录，填制记账凭证或登记日记账，将能够用货币表现的经济业务记录到会计信息的载体上。

(三)过账

根据已编制的记账凭证或日记账将各项经济业务登记到分类账簿中，以便分类反映各会计要素。

(四)结账

将各种收入账户和费用账户转到有关账户中，结清收入和费用账户，以便结出本期的经营成果。

(五)编制调整前的试算平衡表

根据账簿中记载的余额、发生额等编制试算平衡表，以检查账簿记录的正确性。

(六)编制期末调整分录并过账

依据权责发生制原则对分类账户的有关记录进行调整，以便正确计算当期损益；对未入账的经济业务编制调整分录，以使各账户反映最新情况。

(七)编制调整后的试算平衡表

由于编制了期末调整分录并过账，因此需要再次编制调整后的试算平衡表，以再次检验账簿记录的正确性。

(八)编制正式的财务报告

根据调整后的试算平衡表编制资产负债表和利润表。

思政案例

爱岗敬业，会计人员的职业榜样

一、中国十大会计名家(https://kaoshi.china.com/wangxiao/szacc/news/133594.htm.)

1. 中国第一位会计师谢霖(1885—1969年)

谢霖毕业于日本早稻田大学，获商学学士学位，回国后任中国银行总司账，随即在银行进行会计改革，率先在中国使用国际通行的借贷记账法。1918年6月，他上书北洋政府建议制定会计师制度，后获委托草拟章程；同年9月，北洋政府农商部颁布《会计师暂行章程》，谢霖随即获颁第一号会计师证书。

1.5 中国注册会计师第一人谢霖的故事

2. 被美国人称为"中国会计之父"的潘序伦(1893—1985年)

潘序伦，美国哥伦比亚大学商学学士，1927年回上海开设潘序伦会计师事务所，次年改名为立信会计师事务所，并分设会计专科学校、会计补习学校、会计编译所、会计图书用品，在全国各地形成庞大的会计企业集团，培养了大量会计精英。自20世纪80年代初立信复办至今，其影响深远。

3. 替上海交易所设计会计制度的徐永祚(1891—1959年)

徐永祚，中国银行天津分行练习生出身，后回母校神州大学银行科任教，并担任《银行周报》总编辑。1919年上海证券交易所成立前，特聘徐永祚拟订业务规程、会计制度和培训会计，后开设徐永祚会计师事务所，创办《会计杂志》、出版《改良中式会计》，其所创收付记账法，在商业会计中沿用至20世纪90年代。

4. 现代政府会计制度的设计者雍家源(1898—1975年)

雍家源，早年留学美国芝加哥，担任忠实信托银行实习员，后回国任审计院协审。1930年国民政府财政部成立会计委员会，被委任为主任委员，主张改革政府会计制度，与他人合作设计《中央各机关及所属统一会计制度》，著有《中国政府会计论》，是影响很大的预算会计理论。

5. 敢于挑战洋会计师的奚玉书(1902—1982年)

奚玉书，上海复旦大学商学院会计专科毕业，后任会计教师并开设会计师事务所，在经营会计师事务所期间，努力维护民族利益，敢于挺身与外国同行"拗手瓜"，创办《公信会计月刊》达九年之久。

6. 最早介绍西方现代会计理论的赵锡禹(1901—1970年)

赵锡禹，曾在哈佛大学、纽约大学、芝加哥大学留学，研究世界会计发展。20世纪50年代，先后在中央财经金融学院和中国人民大学任教，1961年开设《资本主义会计专题讲座》。他被称为最早介绍西方现代会计理论的学者。

7. 移植苏联国营会计方法的余肇池(1892—1968年)

苏联会计理论和会计方法在20世纪50～60年代的中国企业会计工作中起主导作用。余肇池在20世纪50年代初，任财政部会计制度规章审议委员会委员，在移植苏联国营企业会计中起很大作用，编有《国营企业会计》一书，影响全国，并成为企业会计蓝本。

8. 首位主管全国会计事务官员安绍芸(1900—1976年)

安绍芸，清华学堂毕业，留学美国威斯康星大学，回国后任会计教授，并开设会计师事务所，1949年任财政部会计制度处处长，1951年改称会计制度局(现称会计司)，他续任局长，主持设计一系列会计制度，为当今会计事业奠定了基础。

9. 自学成才的会计专家顾准(1915—1974年)

顾准，小学毕业后，曾就读中华职业学校商科，13岁入立信会计师事务所当练习生，在潘序伦的直接指导下工作。他从学徒做起，边做边学，19岁写出第一本著作《银行会计》，1950年曾任上海市财政局局长兼税务局局长，后调到北京从事会计研究工作，陆续出版《会计原理》等著作。

10. 为中国会计准则贡献毕生精力的杨纪琬(1917—1999年)

杨纪琬，毕业于上海商学院，1949年调财政部工作，1957年任会计司副司长，1980年任司长，1985年改任顾问，是中国注册会计师协会首任会长，1993年任财政部会计准则中方专家咨询组组长。中国官方发表的《杨纪琬同志生平》称他为"新中国会计界公认的一代名师"，为中国会计制度和会计准则的建设，会计理论、会计教育和注册会计师事业的发展，贡献了毕生精力，做出了巨大而杰出的贡献。

二、美国历史上的杰出会计师(https://bbs.pinggu.org/jg/zhucehuijishi_zhucehuijishiziyuan_536441_1.html.)

1. 罗伯特·蒙哥马利

罗伯特·蒙哥马利(1872—1953年)于1898年同其他三位会计师在宾夕法尼亚州的费城合伙设立了一家会计师事务所,即后来的永道公司(Coopers & Lybrand)的前身。1896年纽约州率先颁布注册会计师(CPA)法,宾夕法尼亚州也紧随其后,于1899年成为第二个颁布CPA法的州,蒙哥马利获得了CPA资格。他还于1900年获得律师资格,从而以双重执业资格向客户同时提供会计和法律服务。一般认为,蒙哥马利对美国会计职业的杰出贡献可概括为两个方面:第一,他对AICPA(美国注册会计师协会)早期的健康发展发挥了中流砥柱的作用;第二,他是审计理论和税收理论的奠基者之一。

蒙哥马利对美国会计职业的贡献还集中表现在其对职业自律的倡导和捍卫方面。20世纪初,AICPA起草和发表了"资产负债表的编制方法"(Approved Methods for the Preparation of Balance Sheet Statements)。这也是世界上第一份由会计职业团体颁布的财务报告准则。

2. 乔治·梅

乔治·梅(1875—1961年)生于英国,于1897年加入英格兰和威尔士特许会计师协会,并在伦敦加盟普华(Price Waterhouse)会计师事务所。1917—1918年,乔治·梅担任AICPA副主席。

乔治·梅是20世纪上半叶最著名的会计理论家之一,对30年代美国会计执业水准的提高发挥了不可替代的作用。乔治·梅主张AICPA同纽约证券交易所联手,以规范和改进公司财务报告。

1934年,AICPA发表了《公司账户之审计》(Audits of Corporate Accounts),第一次提出了上市公司必须遵循的6项会计原则,这正是AICPA同证券交易所沟通与合作的结晶。1934年,美国证券交易委员会(SEC)成立。从时间上来看,正是《公司账户之审计》的发表大大增加了AICPA坚持职业自律的筹码。

思政要点:

总结古今中外的著名会计师,他们不仅具有渊博的学识和一流的理论水平,而且能够对会计职业的发展趋势做到高瞻远瞩,更重要的是,他们都在职业自律方面有着清晰的要求。在会计人员职业道德中,要求会计人员在开展会计工作时,应端正态度,依法办事,实事求是,以客观事实为依据,如实地记录和反映实际经济业务事项,而且会计核算要准确,记录要可靠,凭证要合法;要做到公平公正、不偏不倚,保持应有的独立性,以维护会计主体和社会公众的利益。

☞☞ 本章小结 ☜☜

通过本章的学习,学生可理解会计的职能和特点;掌握会计的含义、会计职能和会计目标;了解会计核算的基本前提、会计要素的内容;充分理解会计信息的质量要求;了解会计核算方法的组成内容和相互联系；理解做好会计工作对于加强经济管理的作用，为后续章节的学习做好理论铺垫。

同步测试题

一、单项选择题

1. 会计在经济管理中所具有的基本职能是(   )。
   A. 记账和算账   B. 记账和报账   C. 算账和查账   D. 反映和监督
2. 会计的主要计量单位是(   )。
   A. 劳动计量   B. 实物计量   C. 工时计量   D. 货币计量
3. 财务会计的部分原则和会计程序设置的条件是(   )。
   A. 会计主体假设   B. 持续经营假设
   C. 会计分期假设   D. 货币计量假设
4. 解决同一会计主体在不同会计期间的同一指标纵向可比问题的原则是(   )。
   A. 一致性   B. 一贯性   C. 相关性   D. 可比性
5. 按现行制度规定，企业在确认计量各会计期间收入与费用时应遵循的原则是(   )。
   A. 重要性原则   B. 历史成本原则
   C. 权责发生制原则   D. 划分收益性支出和资本性支出原则
6. 反映企业经营成果的会计要素是(   )。
   A. 资产   B. 收入   C. 负债   D. 所有者权益
7. 在会计方法体系中，最基础的方法是(   )。
   A. 会计核算   B. 会计检查   C. 会计分析   D. 会计控制
8. 会计核算应该遵循(   )原则的要求，合理地预计各项资产可能发生的损失。
   A. 相关性   B. 可比性   C. 重要性   D. 谨慎性
9. 收入是指企业在(   )中形成的、会导致所有者权益增加、与所有者投入资本无关的经济利益的总流入。
   A. 销售活动   B. 日常活动   C. 劳务活动   D. 业务活动
10. 根据可靠性原则的要求，会计核算应当以(   )的经济业务为依据，如实反映财务状况、经营成果和现金流量。
    A. 实际发生   B. 以前发生   C. 已经发生   D. 未来发生
11. 所有者权益是指企业资产扣除负债后由所有者享有的(   )。
    A. 所有者权益   B. 股东权益   C. 权益   D. 剩余权益
12. 收入、费用的确认和计量是依据(   )这一基本假设的。
    A. 会计主体   B. 持续经营   C. 会计期间   D. 货币计量
13. (   )是指资产按照购置时支付的现金和现金等价物的金额计量。
    A. 历史成本   B. 重置成本   C. 可变现净值   D. 完全成本
14. 可以在一年或超过一年的一个营业周期内变现或者耗用的资产称为(   )。
    A. 流动资产   B. 固定资产   C. 无形资产   D. 其他长期资产

15. 企业会计确认、计量和报告的基础是（　　）。
    A. 收付实现制　　B. 权责发生制　　C. 定期盘存制　　D. 永续盘存制
16. 按应收账款的一定比例计提坏账准备是贯彻（　　）原则的要求。
    A. 历史成本　　B. 客观性　　C. 谨慎性　　D. 重要性
17. （　　）假设确定了会计核算的对象和空间范围。
    A. 会计主体　　B. 货币计量　　C. 持续经营　　D. 会计分期
18. 企业拥有或者控制的没有实物形态的可辨认的非货币性资产称为（　　）。
    A. 无形资产　　　　　　B. 流动资产
    C. 固定资产　　　　　　D. 其他长期资产
19. 企业在对会计要素进行计量时，一般应采用（　　）进行计量。
    A. 现值　　B. 历史成本　　C. 可变现净值　　D. 重置成本
20. 导致会计分期假设的基本前提是（　　）。
    A. 会计分期　　B. 会计主体　　C. 持续经营　　D. 货币计量
21. 某厂2×21年3月销售A产品一批，货款为10 000元，4月才能收回；销售B产品一批，货款45 000元，已收讫；收回2月赊销给大达公司的A产品15 000元。按照权责发生制核算，该厂2×21年3月的收入应为（　　）元。
    A. 60 000　　B. 45 000　　C. 55 000　　D. 70 000
22. 下列项目中，不属于企业收入的是（　　）。
    A. 销售商品所得收入　　　　B. 提供劳务所得收入
    C. 为第三方客户代收的款项　　D. 让渡资产使用权所得收入
23. 2×21年8月15日，某企业采用赊销方式销售产品80 000元，同年11月20日收到货款存入银行。按权责发生制核算时，该项收入应属于（　　）。
    A. 2×21年8月　　B. 2×21年9月　　C. 2×21年10月　　D. 2×21年11月

二、多项选择题

1. 会计反映职能的特点是（　　）。
   A. 具有完整性、连续性和系统性　　B. 具有可验证性
   C. 反映已经发生的经济活动状况　　D. 主要以货币计量
2. 会计主体可以是（　　）。
   A. 进行独立核算的经营活动单位
   B. 由几个企业通过控股关系组成的企业集团
   C. 具有法人资格的企业
   D. 非法人资格的企业
3. 下列各项中，属于会计核算方法的是（　　）。
   A. 复式记账　　B. 会计检查　　C. 登记账簿　　D. 编制报表
4. 按权责发生制的要求，下列收入和费用应归属本期的是（　　）。
   A. 对方暂欠的本期销售收入　　B. 尚未付款的本月借款利息
   C. 收到对方前期暂欠的销货款　　D. 本月预付供应商下月购料款
5. 会计核算的基本前提条件是（　　）。
   A. 会计主体　　B. 持续经营　　C. 会计分期　　D. 货币计量

6. 流动负债是指将在一年或一个营业周期内偿还的债务,包括( )。
   A. 短期借款　　　B. 长期应付款　　C. 应付票据　　　D. 应付账款
7. 关于会计假设,下列说法中正确的有( )。
   A. 会计主体确认了会计核算的空间范围
   B. 持续经营与会计分期确立了会计核算的时间长度
   C. 货币计量是会计核算的必要手段
   D. 没有会计主体,就不会有持续经营
8. 会计期间划分为( )。
   A. 月度　　　　　B. 季度　　　　　C. 半年度　　　　D. 年度
9. 下列各项中,属于会计计量属性的是( )。
   A. 现值　　　　　B. 历史成本　　　C. 可变现净值　　D. 重置成本
10. 会计循环经历的基本步骤是( )。
    A. 入账　　　　　B. 过账　　　　　C. 结账　　　　　D. 财产清查
11. 企业所有者权益的来源有( )。
    A. 所有者投入的资本
    B. 直接计入所有者权益的利得和损失
    C. 留存收益
    D. 直接计入当期损益的利得和损失
12. 资产类会计要素的特征是( )资源。
    A. 企业拥有或控制的　　　　　　　B. 由过去的交易或者事项形成的
    C. 预期能给企业带来经济利益的　　D. 预期在未来发生的交易或者事项的
13. 反映会计主体经营成果的会计要素是( )。
    A. 资产　　　　　B. 负债　　　　　C. 费用　　　　　D. 收入
14. 反映会计主体财务状况的会计要素是( )。
    A. 资产　　　　　B. 负债　　　　　C. 收入　　　　　D. 费用
15. 具有( )特征的有形资产应确认为固定资产。
    A. 为生产商品、提供劳务、出租或经营管理而持有的
    B. 使用寿命超过一个会计年度的有形资产
    C. 没有实物形态的
    D. 使用寿命在一个会计年度以内的无形资产
16. 下列各项中,可以作为一个会计主体进行核算的是( )。
    A. 股份公司　　　　　　　　　　　B. 独资企业
    C. 合伙企业　　　　　　　　　　　D. 企业的销售部门
17. 下列各项中,属于中国会计核算一般原则的有( )。
    A. 可靠性　　　　　　B. 实质重于形式　　　　　C. 持续经营
    D. 重要性　　　　　　E. 权责发生制
18. 企业的收入具体表现为一定期间( )。
    A. 库存现金的流入　　B. 银行存款的流入　　　　C. 企业其他资产的增加
    D. 企业负债的增加　　E. 企业负债的减少
19. 企业的费用具体表现为一定期间( )。
    A. 库存现金的流出　　B. 企业其他资产的减少　　C. 企业负债的增加

D. 银行存款的流出　　　　E. 企业负债的减少
20. 在我国，职称会计师包括(　　)。
　　A. 助理会计师　　　　B. 中级会计师　　　　C. 高级会计师
　　D. 注册会计师　　　　E. 注册税务师

三、判断题

1. 会计是经济管理的重要组成部分，是随着生产的发展和经济管理的需要而产生与发展的。（　）
2. 权责发生制是企业会计确认、计量和报告的基础。（　）
3. 《中华人民共和国会计法》规定，会计核算以人民币为记账本位币。（　）
4. 历史成本是会计基本计量属性。（　）
5. 企业进行会计核算时，应遵循客观原则的要求，不得多计资产和收益，不得少计负债或费用，要预计可能发生的费用和损失。（　）
6. 会计主体就是法人主体。（　）
7. 会计主体确认了会计核算的对象和空间范围。（　）
8. 会计期间是在持续经营假设的基础上人为划分的会计期间。（　）
9. 企业会计确认、计量和报告应该以持续经营为前提。（　）
10. 实质重于形式的要求是指企业应当按照交易或者事项的经济实质进行会计的确认、计量和报告，不应仅以交易或者事项的法律形式为依据。（　）
11. 现行的一切会计准则和会计方法都是建立在会计主体等四项基本假设之上的。（　）
12. 直接计入所有者权益的利得和损失，也可以计入当期损益。（　）
13. 利润金额等于收入减去费用加上直接计入当期利润的利得减去直接计入当期利润的损失。（　）
14. 资产是指预期会给企业带来经济利益的经济资源。不能给企业带来未来经济利益的资源不能确认为资产。（　）
15. 权责发生制以款项的实际收付作为标准，不考虑收入和费用的归属期，因此会计期末不需要进行账项调整。（　）
16. 所有者权益是指企业资产扣除负债后由所有者享有的剩余权益。（　）
17. 收入只有在经济利益很可能流入，从而导致企业资产增加或负债减少，而且经济利益的流入额能够可靠地计量时才能加以确认。（　）
18. 费用是指企业在日常活动中发生的、会导致企业所有者权益减少的、与向所有者分配利润无关的经济利益的总流出。（　）
19. 企业预期在未来发生的交易或者事项能够形成资产。（　）
20. 与所有者权益相比，债权人无权参与企业的生产经营、管理和收益分配，而所有者权益则相反。（　）

四、名词解释

1. 会计　　　　　　　　　2. 会计核算
3. 会计职能　　　　　　　4. 会计假设
5. 会计主体　　　　　　　6. 持续经营
7. 会计分期　　　　　　　8. 货币计量

9. 权责发生制
10. 会计要素
11. 收入
12. 费用
13. 资产
14. 所有者权益
15. 利润
16. 负债

五、思考题

1. 什么是会计?
2. 为什么说会计是随着生产和经济的发展而产生与发展的?
3. 什么是会计的基本职能?会计的基本职能有哪些?
4. 什么是会计目标?
5. 会计假设有哪几项?它们之间有什么关系?
6. 会计信息质量要求包括哪几项?各自的作用是什么?
7. 什么是会计要素?具体包括哪些?
8. 会计六大要素的内容、特征分别是什么?
9. 反映财务状况的会计要素有哪几项?
10. 反映经营成果的会计要素有哪几项?
11. 会计核算的方法有哪些?
12. 会计核算的基本前提是什么?

六、业务题

业务 1-1

【资料】SD 公司 2×21 年 7 月发生下列经济业务。

(1) 销售产品 5 000 元,货款已存入银行。
(2) 销售产品 10 000 元,货款尚未收到。
(3) 收到 6 月应收的销货款 8 000 元。
(4) 收到购货单位预付货款 4 000 元,8 月交货。
(5) 该月应付水电费 400 元,8 月支付。

【要求】分别按照权责发生制和收付实现制计算该企业的收入和费用,将表 1-1 填写完整。

表 1-1 收入和费用的计算

业务号	权责发生制		收付实现制	
	收 入	费 用	收 入	费 用
1				
2				
3				
4				
5				

业务 1-2

【资料】SD 公司 2×21 年 12 月发生下列经济业务。

(1) 销售产品 70 000 元,其中 30 000 元已收到并存入银行,40 000 元尚未收到。

(2) 收到现金800元,系11月提供的劳务收入。
(3) 用现金支付该月的水电费900元。
(4) 该月应计劳务收入1 900元,尚未收到款项。
(5) 用银行存款支付11月借款利息500元。
(6) 预收销售货款26 000元,已通过银行收妥入账。
(7) 11月预收货款的产品该月实现销售收入18 000元。

【要求】

(1) 按收付实现制原则计算12月的收入、费用。
(2) 按权责发生制原则计算12月的收入、费用。

第二章 复式记账及账户

教学目标与要求

- 熟悉会计恒等式中各个会计要素之间的关系及经济业务发生后对会计等式中各要素的影响。
- 了解会计要素划分的方法及设置会计科目和账户的意义,掌握会计账户的设置,并理解会计科目与账户的区别与联系。
- 掌握会计账户设置的必要性、账户的基本结构、复式记账原理及借贷记账法的规则和运用。

教学重点与难点

教学重点:
会计恒等式的含义、会计科目的内容和级次、会计账户的基本结构及复式记账的原理。

教学难点:
会计要素具体项目的辨认和会计恒等式的具体运用、会计科目和账户的联系与区别,以及借贷记账法的规则与运用。

案例分析

【案例一】盛翔从某财经大学会计系毕业,刚刚被聘任为启明公司的会计员。今天是他来公司上班的第一天。会计科里的同事们都忙得不可开交,一问才知道,大家正在忙于月末结账。盛翔对会计科科长说:"我能做些什么?"会计科科长看他那急于投入工作的表情,也想检验一下他的工作能力,就问:"试算平衡表的编制方法在学校学过了吧?""学过。"小盛很自然地回答。

"那好吧,趁大家忙着月末结账的时候,你先编一下我们公司这个月的试算平衡表吧。"科长帮他找到了本公司所有的总账账簿。不到一个小时,一张"总分类账户发生额及余额试算平衡表"就完整地编制出来了。看到表格上那相互平衡的三组数字,小盛激动的心情难以言表。他兴冲冲地去向科长交差。

"呀，昨天车间领材料的单据还没记到账上去呢，这也是这个月的业务啊！"会计员李媚说道。还没等小盛缓过神来，会计员小张手里也拿着一些会计凭证凑了过来，对科长说："这笔账我核对过了，应当记入'原材料'和'生产成本'的是10 000元，而不是9 000元。已经入账的那部分数字还得改一下。"

"试算平衡表不是已经平衡了吗？怎么还有错账呢？"小盛不解地问。

科长看他满脸疑惑的神情，耐心地开导说："试算平衡表也不是万能的，比如，在账户中把某些业务漏记了，借贷金额记账方向彼此颠倒了，还有记账方向正确但记错了账户，借贷方向不同的两个账户的金额同时记多了或记少了，这些都不会影响试算平衡表的平衡。"

小盛边听边点头，心里想："这些内容好像老师在上'基础会计'课的时候也讲过。以后在实践中还得好好琢磨呀。"

经过一番调整，一张真实反映本月试算平衡的表又在小盛的手里诞生了。

思考与讨论：

(1) 试算平衡表平衡了是否账簿就一定没有问题了？为什么？

(2) 哪些情况下的错账在试算平衡表中难以发现？

【案例二】 民耀制造有限公司拥有机床200台，价值3 500万元；大卡车20辆，价值380万元；车间及办公用房屋6万平方米，价值340万元；银行存款账上有存款200万元；仓库中有钢材60万元；完工产品有30万元。该公司的股东对公司投入现金340万元，从银行借入长期借款800万元，欠供应商的材料款160万元。

思考与讨论：

(1) 大致指出该公司在资金流转三个环节上的资金。哪些是该公司资金占用的物质形态？其总金额是多少？哪些是该公司的资金来源渠道？其总金额是多少？

(2) 从上述资金的占用形态和来源渠道说明资金在这两个方面的关系？

(3) 怎样选择记账会计科目？这些经济业务发生后应如何记账？

第一节 会 计 等 式

一、会计等式概述

会计等式是表明各会计要素之间基本关系的恒等式。会计等式有两种表现形式：①资产=负债+所有者权益；②收入-费用=利润。

2.1 会计静态等式

(一)反映财务状况的会计等式：资产=负债+所有者权益

"资产=负债+所有者权益"是基本的会计等式，是反映企业财务状况的静态会计等式。如前所述，资产是指企业过去的交易或者事项形成的、由企业拥有或者控制的、预期会给企业带来经济利益的资源，是企业从事经济活动的物质基础。企业的资产是由投资者或债权人提供的，因此他们对企业的资产有要求权，会计上称这种要求权为权益。企业有一定的资产，就有相应的权益，两者必然相等，即

$$资产=权益$$

权益可以分成两类：属于投资者的权益，称为所有者权益(也称产权)，是对企业全部资产减去负债后的净资产的所有权；属于债权人的权益，称为负债，是债权人要求企业定期偿付本息的权益。这样，上式可改写为

$$资产=负债+所有者权益$$

资产与权益的恒等关系，表明了债权人和投资者对企业资产要求权的基本情况，表明企业所拥有的全部资产都是由债权人和投资者提供的。这一会计恒等式是会计复式记账的理论基础和编制资产负债表的依据。

(二)反映经营成果的会计等式：收入-费用=利润

"收入-费用=利润"可称为第二会计等式，是反映企业经营成果的动态会计等式。该等式表明企业一定时期内的经营成果与相应期间的收入和费用的关系，是企业一定时期内所获得的收入扣除所发生的各项费用，即表现为利润。这一会计恒等式是编制利润表的依据。此外，由于利润会影响所有者权益及资产增加或减少，因此会计等式又可扩展为

$$资产=负债+所有者权益+利润(收入-费用)$$

二、资产与负债及所有者权益恒等式

一个企业的所有资产和权益(负债及所有者权益)经常随着它在经营中所进行的各种经济活动而不断发生变化，但不论它们怎样变化，都不会破坏上述会计等式的平衡。也就是说，不论企业的经济活动使资产和权益发生怎样的变化，在一定时期内所有的资产总额必定等于其所有的权益总额。现举例说明如下。

【例2-1】假定SD公司2×21年1月1日的财务状况如表2-1所示。

表2-1　SD公司2×21年1月1日的财务状况　　　　　　　　　　　　　单位：元

资　产	金　额	负债及所有者权益	金　额
库存现金	3 000	短期借款	100 000
银行存款	200 000	应付账款	50 000
应收账款	10 000	实收资本	300 000
原材料	7 000	资本公积	50 000
库存商品	10 000		
固定资产	270 000		
总　计	500 000	总　计	500 000

该企业发生如下经济业务。

(1) 向某单位购买原材料5 000元，款项尚未支付。这项经济业务发生后，使资产方的原材料增加5 000元，同时又使权益方的应付账款增加5 000元，结果等式两边同时等额增加，等式仍保持平衡关系。

(2) 用银行存款归还短期借款50 000元。这项经济业务发生后，使资产方的银行存款减少50 000元，同时使权益方的短期借款减少50 000元，结果等式两边同时等额减少，等式

仍保持平衡关系。

(3) 用银行存款购买不需要安装的固定资产 80 000 元。这项经济业务发生后，使资产方的银行存款减少 80 000 元，同时使资产方的固定资产增加 80 000 元，结果等式左边等额一增一减，等式仍保持平衡关系。

(4) 经上级批准，将资本公积 30 000 元转作资本。这项经济业务发生后，使权益方的资本公积减少 30 000 元，同时使权益方的实收资本增加 30 000 元，结果使等式右边等额一增一减，等式仍保持平衡关系。

上述四项经济业务所引起的资产和权益的变化情况如表 2-2 所示。

表 2-2　SD 公司资产权益变动情况表　　　　　　　　　　　　　单位：元

资产	增减前金额	增减金额	增减后金额	负债及所有者权益	增减前金额	增减金额	增减后金额
库存现金	3 000		3 000	短期借款	100 000	(2)-50 000	50 000
银行存款	200 000	(2)-50 000 (3)-80 000	70 000	应付账款	50 000	(1)+5 000	55 000
应收账款	10 000		10 000	实收资本	300 000	(4)+30 000	330 000
原材料	7 000	(1)+5 000	12 000	资本公积	50 000	(4)-30 000	20 000
库存商品	10 000		10 000				
固定资产	270 000	(3)+80 000	350 000				
总计	500 000	-45 000	455 000	总计	500 000	-45 000	455 000

一个企业的经济业务虽然多种多样、千变万化，但归纳起来不外乎以下四种类型。

(1) 经济业务发生，资产与权益项目同时增加相等的金额，如上例(1)。
(2) 经济业务发生，资产与权益项目同时减少相等的金额，如上例(2)。
(3) 经济业务发生，资产项目之间此增彼减相同金额，如上例(3)。
(4) 经济业务发生，权益项目之间此增彼减相同金额，如上例(4)。

以上经济业务类型如图 2-1 所示。

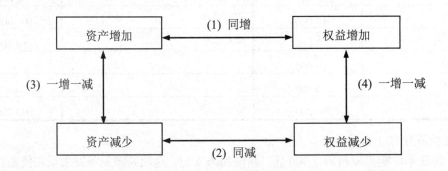

图 2-1　经济业务类型

四种类型的经济业务所引起的资产和权益(负债及所有者权益)的变化，进一步证明了资产和负债及所有者权益之间的平衡关系，这种平衡关系是会计工作中设置账户、进行复式记账和编制资产负债表的理论依据。因此，正确理解和掌握这种平衡关系，具有十分重要的意义。

第二节 会 计 科 目

一、会计科目的概念及设置的意义

为了全面、系统地反映和监督企业的各项经济业务，以及由此引起的会计要素的增减变动情况，需要设置会计科目。会计科目是设置账户、处理账务所必须遵守的规范和依据，是正确进行会计核算的一个重要条件。

会计科目是对会计要素进行分类核算的项目。例如，为了反映和监督各项资产的增减变动，设置了"库存现金""银行存款""应收账款""库存商品""原材料""固定资产"等科目；为了反映和监督负债及所有者权益的增减变动，设置了"短期借款""应付账款""实收资本""盈余公积"等科目；为了反映和监督收入、费用的增减变动，设置了"主营业务收入""主营业务成本""管理费用"等科目。每个会计科目只能反映一个经济内容，不能相互混淆。

二、会计科目设置的原则

确定会计科目是进行会计核算的起点，会计科目的设置是否合理，对于系统地提供会计信息，提高会计工作效率，以及有条不紊地组织会计工作都有很大影响。因此，在确定会计科目时必须充分考虑各方面对会计信息的需求和会计工作的客观规律。一般认为，设置会计科目应遵循以下原则。

(一)统一性和灵活性相结合的原则

会计科目作为对会计对象具体内容进行分类核算的项目，其设置应保证全面、系统地反映会计对象的全部内容，不能有任何遗漏；同时，会计科目的设置必须反映会计对象的特点。因此，设置会计科目既要符合《企业会计准则》的统一规定，又要结合会计主体的具体情况和特点。不同行业应根据会计对象的特点设置相应的会计科目。即使同行业的不同企业，也可根据本企业经济活动的特点和经济管理的要求，对行业会计制度中统一规定的会计科目作必要的增补或兼并，做到统一性与灵活性相结合。

(二)内外兼顾的原则

会计科目的设置需要兼顾企业内部和外部两方面对会计信息的需要，除了要考虑本企业经济管理的需要外，还应考虑外部使用者的各种需求，如政府部门加强宏观调控、制定方针政策的需要，投资者、债权人对企业经营成果和财务状况做出准确判断的需要，税务部门、工商部门利用会计资料对企业进行纳税监督和工商监督的需要等。

(三)简明扼要,相对稳定的原则

每个会计科目应当明确反映一定的经济内容,对其特定的核算内容必须严格、明确地界定,各科目之间不能互相混淆。会计科目还应按国家规定的会计制度统一编号,以便编制会计凭证,登记账簿,查阅账目,实行会计电算化。此外,为了对不同时期的会计核算资料进行对比和分析,也不能经常变动会计科目,以便保证不同时期会计资料的可比性。

三、会计科目的分类

(一)按反映的具体经济内容分类

会计科目按其反映的具体经济内容的不同,可分为资产类、负债类、所有者权益类、成本类和损益类,主要会计科目如表2-3所示。

表2-3 会计科目一览表

类 别	内 容
一、资产类	库存现金、银行存款、其他货币资金、交易性金融资产、应收票据、应收账款、预付账款、应收股利、应收利息、其他应收款、坏账准备、材料采购、在途物资、原材料、材料成本差异、库存商品、发出商品、周转材料、存货跌价准备、债券投资、债券投资减值准备、长期股权投资、其他权益工具投资、长期投资减值准备、交易性金融资产、投资性房地产、长期应收款、未实现融资收益、固定资产、累计折旧、固定资产减值准备、在建工程、固定资产清理、无形资产、累计摊销、无形资产减值准备、商誉、长期待摊费用、递延所得税资产、待处理财产损溢
二、负债类	短期借款、交易性金融负债、应付票据、应付账款、预收账款、应付职工薪酬、应交税费、应付股利、应付利息、其他应付款、预计负债、递延收益、长期借款、应付债券、长期应付款、未确认融资费用
三、所有者权益类	实收资本、资本公积、盈余公积、本年利润、利润分配
四、成本类	生产成本、制造费用、劳务成本、研发支出
五、损益类	主营业务收入、其他业务收入、公允价值变动损益、投资收益、营业外收入、主营业务成本、其他业务成本、税金及附加、销售费用、管理费用、财务费用、信用减值损失、资产减值损失、营业外支出、所得税费用、以前年度损益调整

(二)按隶属关系分类

会计科目按隶属关系的不同,可分为总分类科目和明细分类科目。总分类科目是对会计对象的不同经济内容作总括分类,是反映核算指标总括情况的科目。明细分类科目是对总分类科目所含经济内容作进一步分类,是反映核算指标详细、具体情况的科目。当总分类科目下设明细科目太多,不便于管理和操作时,可在总分类科目与明细分类科目之间增设二级科目,如表2-4所示。

表 2-4　总分类科目、二级科目与明细分类科目

总分类科目(一级科目)	二级科目	明细分类科目
库存商品	甲类商品	A 商品
		B 商品
	乙类商品	C 商品
		D 商品

第三节　会 计 账 户

一、会计账户的概念

各企业单位在日常经营活动过程中，不断发生着各种各样的经济业务。企业为了分类、系统、连续地记录其在日常经营过程中发生的各种经济业务，以及由此引起的资产、权益、费用和收入的增减变动情况和结果，必须在账簿中开设账户。

会计账户是根据会计科目设置的，主要是分类反映和监督各项经济业务的发生情况和由此引起的各个会计要素增减变化和结果。

会计科目与会计账户之间既有区别又有联系。其区别表现在：会计科目是对会计核算对象分类的项目名称，只表明应该反映的一定经济内容，本身没有结构；而会计账户却有相应的结构，能够登记经济业务引起的各个会计要素增减变化及其变化结果。其联系表现在：会计账户是按照规定的会计科目在账簿中开设的户头，会计科目的名称就是账户的名称，会计科目的性质、内容和分类决定了账户的名称、性质、内容和分类。

二、账户的结构

要正确运用账户，不仅要了解账户的核算内容，还必须掌握账户的基本结构。账户的结构是指账户的组成部分及在账户内如何反映有关经济内容的增减变化及结余情况。在教科书中，为了便于说明，常把账户的结构简化为 T 型账户，如图 2-2 所示。

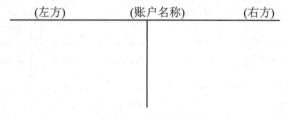

图 2-2　T 型账户结构

账户的结构要点有以下三项。

(1) 账户分左、右两方。各项经济业务发生以后，会引起资产、权益、费用成本及收入成果发生错综复杂的变动，但是，从数量上来看，不外乎增加和减少两种情况。因此，用来

分类记录经济业务的账户，在结构上分两个基本部分，即左方和右方，分别记录资产、权益、费用成本和收入成果增加和减少的数额。

(2) 账户左、右两方的名称是记账符号。账户的左、右两方各叫什么，要根据记账方法来确定。例如，在借贷记账法下，左方叫借方，右方叫贷方。

(3) 账户在哪一方记增加，哪一方记减少。这个问题取决于所采用的记账方法和各账户所记录的经济内容。

在实际工作中，账户的格式不像 T 型账户那么简单，而且多种多样，且栏次较多。但是，不论账户格式多么复杂，都是根据账户的基本结构设计的。在借贷记账法下，实际账户格式一般如表 2-5 所示。

表 2-5　账户格式(账户名称)(会计科目)

第　页

日　期	凭证号数	摘　要	借方金额	贷方金额	借或贷	余　额

这种账户格式是手工记账经常采用的格式。在采用电子计算机记账的情况下，尽管会计数据是存储在光盘、U 盘、硬盘等介质的载体中，账户的格式不明显，但仍然要按表 2-5 所示的格式提供核算资料。

账户的两方金额栏，一方记录增加额，另一方记录减少额，增减相抵后的差额叫账户余额。因此，在账户中记录的金额可分为期初余额、本期增加额、本期减少额和期末余额。

本期发生额是指一定时期(如月份、季度或年度)内账户所登记的增加或减少金额的合计。在没有期初余额的情况下，本期增加发生额与本期减少发生额相抵后的差额是本期的期末余额，也就是在一定时期的期末结出的账户余额。本期的期末余额转入下期，就是下期的期初余额。以上四项金额的关系，可用下列等式表示。

$$期末余额 = 期初余额 + 本期增加发生额 - 本期减少发生额$$

每个账户的本期增加额和本期减少额都应分别记入账户的两方金额栏内。如果在左方登记增加额，则右方登记减少额，余额一定在左方；相反，如果右方登记增加额，则左方登记减少额，余额一定在右方。上述期初余额、本期增加额、本期减少额、本期发生额及期末余额等在账户中的登记如图 2-3 所示。

(左方)		(账户名称)		(右方)	(左方)		(账户名称)		(右方)
期初余额	×××							期初余额	×××
本期增加额	×××	本期减少额	×××		本期减少额	×××		本期增加额	×××
本期增加额	×××	本期减少额	×××		本期减少额	×××		本期增加额	×××
本期发生额	×××	本期发生额	×××		本期发生额	×××		本期发生额	×××
期末余额	×××							期末余额	×××

图 2-3　账户结构

第四节　会计记账方法

在会计核算工作中，为了能反映和监督会计对象，除了要设置会计科目并按会计科目设置账户外，还必须采用一定的记账方法将经济业务在有关的账户中进行登记。记账方法是根据一定的记账原理，按照一定的记账规则，在账户中登记经济业务的一种专门方法。

记账方法按其登记经济业务方式的不同，可分为单式记账法和复式记账法两种。

一、单式记账法

单式记账法是对有关经济业务只在账上进行单方面登记而不反映其来龙去脉的一种记账方法。这种记账方法的主要特征是：一般只登记现金、银行存款的收、付业务和各项人欠、欠人往来款项。例如，用现金购买材料时，在账户上只登记"库存现金"的减少，不登记"原材料"的增加；购买材料而货款尚未支付时，只登记欠款的增加，不登记材料的增加；即使对材料进行记录，也与现金减少或欠款增加的记录没有联系。因此，在所有账户之间没有数字上的平衡关系。采用单式记账法，虽然手续比较简单，但不能全面、系统地反映各个会计要素的增减变化情况，也不能对全部账户记录的正确与否进行全面检查，因此单式记账法是一种不够严密的记账法。随着社会经济的发展，需要运用会计反映和监督的经济活动越来越复杂，单式记账法已明显不能适应社会经济发展的需要了。

2.2　会计记账方法演变

二、复式记账法

(一)复式记账法的概念

复式记账法是指对发生的每项经济业务都要以相等的金额，在相互联系的两个或两个以上账户中同时进行登记的一种记账方法。例如，将现金500元存入银行。这项经济业务的发生，一方面使企业的库存现金减少了500元，另一方面使企业的银行存款增加了500元。根据复式记账方法，对这项经济业务进行登记时，一方面要在"库存现金"账户上登记减少500元，另一方面要在"银行存款"账户上登记增加500元。

(二)复式记账法的理论依据

复式记账法是以会计等式"资产=负债+所有者权益"为理论基础的。

在本章第一节中已经说明，各单位的经济业务尽管频繁复杂、多种多样，但都不会破坏"资产=负债+所有者权益"的会计平衡关系。为了把资产和权益全面、系统地加以反映，对于任何一笔经济业务所引起的资产和权益有关项目的增减变动情况，都必须用相等的金额在两个或者两个以上的账户中相互联系地进行登记，这样才能使资产总额和权益总额保持平衡。

(三)复式记账法的意义

(1) 采用复式记账法时，由于对发生的每一项经济业务都必须在两个或两个以上账户中相互联系地同时进行登记，因此可以了解每一项经济业务的来龙去脉。

(2) 在复式记账法下，设置的账户构成了一个完整的账户体系，使各个账户之间存在着密切的联系。因此，在把全部经济业务登记入账之后，可以通过账户记录，系统并完整地反映经济活动的过程和结果。

(3) 在复式记账法下，由于对每一项经济业务都以相等的金额进行分类登记入账，因而对记录的结果，可以通过试算平衡，检查账户记录是否正确。

由此可见，复式记账法同单式记账法相比，有两个明显的特点：一是对每项经济业务，都必须在两个或两个以上账户中相互联系地进行分类登记；二是对记录的结果可以进行试算平衡。因此，复式记账法是一种比较科学的记账方法。

第五节　借贷记账法

借贷记账法是以"借""贷"作为记账符号，反映各个会计要素增减变动情况的一种复式记账方法。

一、借贷记账法的账户结构

借贷记账法中的"借""贷"原是适应借贷资本的需要而产生的一对矛盾的概念，表示为"人欠"和"欠人"。但是，随着资本主义的发展，"借""贷"很快就失去了本来的含义，而成为一对纯粹的记账符号，用以标明记账的方向。人们习惯把账户的左方叫作"借方"，把右方叫作"贷方"，可以用简化的账户格式表示，如图2-4所示。

2.3　借贷记账法账户结构

借方	账户名称(会计科目)	贷方

图2-4　简化的账户格式

(一)资产类账户的结构

在借贷记账法下，资产类账户的借方登记它们的增加数，贷方登记它们的减少数，如果期末有余额，必定为借方余额，表示期末资产的实有数额。

资产类账户的基本结构如图2-5所示。

借方		贷方	
期初余额	×××		
本期增加额	×××	本期减少额	×××
	×××		×××
本期发生额	×××	本期发生额	×××
期末余额	×××		

图2-5　资产类账户

资产类账户的"本期借方发生额"为一定会计期间借方金额(增加)的合计数;"本期贷方发生额"为一定会计期间贷方金额(减少)的合计数;期末余额可以根据下列公式计算。

期末余额(借方)=期初余额+本期借方发生额-本期贷方发生额

(二)权益(负债、所有者权益)类账户的结构

由于权益类项目与资产类项目相反,列在会计等式的右方,因此借贷记账法规定资产类和权益类账户按照相反的方向予以记录,这样才能反映它们之间的平衡(相等)关系。既然资产类账户借方登记增加额,贷方登记减少额,那么与此相反,权益类账户的增加额记贷方,减少额记借方,如果期末有余额,必然在贷方,表明期末权益的实有数额。

权益类账户的基本结构如图2-6所示。

借方		贷方	
		期初余额	×××
本期减少额	×××	本期增加额	×××
	×××		×××
	×××		
本期发生额	×××	本期发生额	×××
		期末余额	×××

图2-6 权益类账户

权益类账户期末余额可以根据下列公式计算。

期末余额(贷方)=期初余额+本期贷方发生额-本期借方发生额

(三)成本费用类账户的结构

由于成本费用是企业生产经营过程中资产耗费的转化形态,因此成本费用类账户的结构与资产类账户的结构基本相同。

该类账户借方登记增加,贷方登记减少(或者转销),期末转销后一般无余额。在期末如有尚未完工的在产品,会有期末借方余额表示在产品成本。其期末余额的计算公式与资产类相同。成本费用类账户的基本结构如图2-7所示。

借方		贷方	
期初余额	×××		
本期增加额	×××	本期减少额(或转销、转出)	×××
	×××		×××
本期发生额	×××	本期发生额	×××
期末余额	×××(或平)		

图2-7 成本费用类账户

(四)收入类账户的结构

由于收入增加会导致所有者权益增加,因此收入类账户的结构与权益类账户的结构基本相同。

该类账户借方登记减少(或转销),贷方登记增加,由于本期实现的收入要于期末全部转出,以便与相配比的成本费用相抵来确定当期的利润或亏损,因此收入类账户在期末转销后无余额。收入类账户的基本结构如图2-8所示。

借方		贷方	
		期初余额	×××
本期减少额	×××	本期增加额	×××
	×××		×××
	×××		
本期发生额	×××	本期发生额	×××
		期末通常无余额	

图2-8 收入类账户

利润类账户的结构与权益类账户的结构基本相同。

二、借贷记账法的记账规则

借贷记账法以"有借必有贷,借贷必相等"作为记账规则。

这个规则是由资产总额等于权益总额的会计平衡关系与经济业务的发生引起的各项会计要素增减变动的四种类型所决定的。对每项经济业务都要以相等的金额同时记入一个账户的借方和另一个(或几个)账户的贷方,或者一个(或几个)账户的借方和另一个账户的贷方。记入借方的金额与记入贷方的金额必须相等。

2.4 借贷记账方的记账规则

三、借贷记账法的试算平衡

所谓试算平衡,就是会计核算中检验账户记录是否正确的一种方法。在借贷记账法下,由于资产类账户的余额在借方,权益类账户的余额在贷方,因此根据会计恒等式可以推导出下面的平衡公式。

所有总分类账户的借方期初(期末)余额合计=所有总分类账户的贷方期初(期末)余额合计

另外,根据借贷记账法"有借必有贷,借贷必相等"的记账规则,又可推导出下面的平衡公式。

所有账户借方发生额合计=所有账户贷方发生额合计

四、借贷记账法的运用

(一)账户对应关系及对应账户

采用复式记账法时,对每一笔经济业务必须在两个或两个以上的账户中相互联系地记录,这样两个或两个以上的账户之间就存在着一种相互依存的关系,即账户对应关系。这种由一笔经济业务引起的几个具有相互依存关系的账户,就称为对应账户。通过分析账户对应关系,一方面有助于会计信息使用者了解经济业务的内容,另一方面还可以检查经济业务的发生是否符合有关政策、法规。

(二)会计分录

为了保证账户对应关系准确无误,并便于检查账户分录,在把经济业务记入账户之前,应先按账户的对应关系编制会计分录,然后再根据会计分录记入有关账户。所谓会计分录,就是指在经济业务发生后,用来确定账户名称、记账方向和金额的记录。记账符号、账户名称、记账金额,构成会计分录的三要素。

2.5 会计分录书写规则

现根据例 2-1 中 SD 公司所发生的四项业务进行相应的会计处理。

(1) 向某单位购买原材料 5 000 元,款项尚未支付。

这项经济业务发生后,使资产方的原材料增加 5 000 元,同时又使权益方的应付账款增加 5 000 元。这项业务涉及"原材料"和"应付账款"两个不同性质的账户。由于资产类账户增加记借方,减少记贷方;权益类账户增加记贷方,减少记借方,因此该项业务应记入"原材料"账户的借方、"应付账款"账户的贷方。记录的金额相等,记录的方向相反,一个记借方,一个记贷方,结果等式两边同时等额增加,等式仍保持平衡关系。具体应编制如下会计分录。

借:原材料　　　　　　　　　　　　5 000
　　贷:应付账款　　　　　　　　　　　5 000

(2) 用银行存款归还短期借款 50 000 元。

这项经济业务发生后,使资产方的银行存款减少 50 000 元,同时又使权益方的短期借款减少 50 000 元。这项业务涉及"短期借款"和"银行存款"两个不同性质的账户,因此该项业务应记入"短期借款"账户的借方、"银行存款"账户的贷方。记录的金额相等,记录的方向相反,一个记借方,一个记贷方,结果等式两边同时等额减少,等式仍保持平衡关系。具体应编制如下会计分录。

借:短期借款　　　　　　　　　　　50 000
　　贷:银行存款　　　　　　　　　　　50 000

(3) 用银行存款购买不需要安装的固定资产 80 000 元。

这项经济业务发生后,使资产方的银行存款减少 80 000 元,同时又使资产方的固定资产增加 80 000 元。这项业务涉及"银行存款"和"固定资产"两个资产类账户,因此该项业务应记入"固定资产"账户的借方、"银行存款"账户的贷方。记录的金额相等,记录的方向相反,一个记借方,一个记贷方,结果等式左边等额一增一减,等式仍保持平衡关系。具体应编制如下会计分录。

借:固定资产　　　　　　　　　　　80 000
　　贷:银行存款　　　　　　　　　　　80 000

(4) 经批准,将资本公积 30 000 元转作实收资本。

这项经济业务发生后,使权益方的资本公积减少 30 000 元,同时又使权益方的实收资本增加 30 000 元。这项业务涉及"资本公积"和"实收资本"两个权益类账户,因此该项业务应记入"资本公积"账户的借方、"实收资本"账户的贷方。记录的金额相等,记录的方向相反,一个记借方,一个记贷方,结果等式右边等额一增一减,等式仍保持平衡关系。具体应编制如下会计分录。

借：资本公积　　　　　　　　　　　　　　　　30 000
　　贷：实收资本　　　　　　　　　　　　　　　　30 000

以上所编制的会计分录都是由一个账户的借方对应一个账户的贷方，这种会计分录称为简单会计分录。除了简单会计分录以外，还有复合会计分录，即一个账户的借方与多个账户的贷方相对应，或多个账户的借方与一个账户的贷方相对应。例如，SD公司又发生如下业务。

(5) 获得货币资金 200 000 元，其中 50 000 元为短期借款，150 000 元为其他单位投资。

这项经济业务发生后，使资产方的银行存款增加 200 000 元，同时又使权益方的实收资本增加 150 000 元，短期借款增加 50 000 元。这项业务涉及一个资产类账户"银行存款"和两个权益类账户"实收资本"与"短期借款"。该项业务应记入"银行存款"账户的借方、"实收资本"和"短期借款"账户的贷方。借方和贷方记录的金额总计相等，记录的方向相反，一个记借方，两个记贷方，结果等式两边等额增加，等式仍保持平衡关系。具体应编制如下会计分录。

借：银行存款　　　　　　　　　　　　　　　　200 000
　　贷：实收资本　　　　　　　　　　　　　　　　150 000
　　　　短期借款　　　　　　　　　　　　　　　　 50 000

(6) 以银行存款 120 000 元，偿还应付账款 50 000 元，短期借款 70 000 元。

这项经济业务发生后，使负债方的应付账款减少 50 000 元，短期借款减少 70 000 元，同时又使资产方的银行存款减少 120 000 元。这项业务涉及两个权益类账户"应付账款"与"短期借款"和一个资产类账户"银行存款"。该项业务应记入"应付账款"和"短期借款"账户的借方、"银行存款"账户的贷方。借方和贷方记录的金额总计相等，记录的方向相反，两个记借方，一个记贷方，结果等式两边等额减少，等式仍保持平衡关系。具体应编制如下会计分录。

借：应付账款　　　　　　　　　　　　　　　　 50 000
　　短期借款　　　　　　　　　　　　　　　　 70 000
　　贷：银行存款　　　　　　　　　　　　　　　　120 000

会计分录是登记账簿的依据，其正确与否，将直接影响账户记录的正确性和会计信息的质量。记账方向、会计账户或金额错误都会影响会计信息的质量。

(三)登账及编制试算平衡表

经济业务的会计分录全部编制完成后，应将所编制会计分录的内容分门别类地登记到各有关账户。现以 SD 公司为例，根据以上六笔会计分录登记入账，并进行月末结账，其登记结果如图 2-9 所示。

经济业务登记入账完毕之后，应检验账户登记的正确性，编制试算平衡表，如表 2-6 所示。

在编制试算平衡表时，请注意以下几点。

(1) 必须保证所有账户的发生额和余额均已填入试算平衡表。

(2) 如果试算平衡表发生额栏或余额栏的借方与贷方不相等，则账户记录肯定有错误，应认真查找，直到实现平衡为止。

(3) 在实际工作中,应先用铅笔结出各账户的本期发生额和期末余额,据以编制试算平衡表,验证无误后,再正式结账。

(4) 即使试算平衡表实现了有关三栏的平衡关系,也不能保证账户记录就完全正确,因为有些错误并不影响试算平衡表有关三栏的平衡关系。例如:①某笔经济业务重记或漏记,将使借、贷双方的发生额等额增加或减少,借贷仍然平衡;②某笔经济业务在账户的记录中,颠倒了记账方向,用错了会计科目,试算结果仍然平衡;③借方或贷方发生额中,偶然发生某笔业务多记而另一笔业务等额少记(相互抵消),借贷仍然平衡。因此,试算平衡方法不是绝对的,还应通过其他方法来发现错误。

借方	库存现金	贷方
期初余额 3 000		
期末余额 3 000		

借方	应收账款	贷方
期初余额 10 000		
期末余额 10 000		

借方	库存商品	贷方
期初余额 10 000		
期末余额 10 000		

借方	固定资产	贷方
期初余额 270 000		
(3) 80 000		
本期发生额 80 000		
期末余额 350 000		

借方	短期借款	贷方
(2) 50 000	期初余额 100 000	
(6) 70 000	(5) 50 000	
本期发生额 120 000	本期发生额 50 000	
	期末余额 30 000	

借方	资本公积	贷方
(4) 30 000	期初余额 50 000	
本期发生额 30 000	本期发生额 0	
	期末余额 20 000	

借方	应付账款	贷方
(6) 50 000	期末余额 50 000	
	(1) 5 000	
本期发生额 50 000	本期发生额 5 000	
	期末余额 5 000	

借方	实收资本	贷方
	期初余额 300 000	
	(4) 30 000	
	(5) 150 000	
	本期发生额 180 000	
	期末余额 480 000	

借方	原材料	贷方
期初余额 7 000		
(1) 5 000		
本期发生额 5 000		
期末余额 12 000		

借方	银行存款	贷方
期初余额 200 000	(2) 50 000	
(5) 200 000	(3) 80 000	
	(6) 120 000	
本期发生额 200 000	本期发生额 250 000	
期末余额 150 000		

图 2-9 SD 公司全部账户

表 2-6 SD 公司 2×21 年 1 月 31 日试算平衡表

账户名称	期初余额		本期发生额		期末余额	
	借方	贷方	借方	贷方	借方	贷方
库存现金	3 000				3 000	
银行存款	200 000		200 000	250 000	150 000	
应收账款	10 000				10 000	
原材料	7 000		5 000		12 000	
库存商品	10 000				10 000	
固定资产	270 000		80 000		350 000	
短期借款		100 000	120 000	50 000		30 000
应付账款		50 000	50 000	5 000		5 000
实收资本		300 000		180 000		480 000
资本公积		50 000	30 000			20 000
合　　计	500 000	500 000	485 000	485 000	535 000	535 000

思政案例

诚实守信是遵守会计职业道德的基本要求

美国安然公司，2000 年总收入高达 1 010 亿美元，名列《财富》杂志"美国 500 强第七名"，这一掌控着美国 20%的电能和天然气交易的公司在一宗涉及 20 多亿美元虚假利润的财务丑闻被曝光以后，在 2001 年冬申请破产。安然公司营运业务覆盖全球 40 个国家和地区，共有雇员 2.1 万人，资产额高达 620 亿美元，连续四年获得美国"最具创新精神的公司"称号。2001 年 10 月 16 日，安然公司公布第三季度的财务状况，宣布公司亏损总计达到 6.18 亿美元，安然公司从此瓦解。

2001 年 10 月 22 日，一家华尔街网站发表的文章进一步披露出安然与另外两个关联企业之间复杂的交易。安然通过这两个基金举债 34 亿美元，但是这些债务从未在安然季报和年报中披露。也就是在这一天，美国证券交易委员会盯上了安然，要求安然公司主动提交某些交易的细节内容，并于 10 月 31 日开始对安然公司进行正式调查。至此，安然事件终于爆发。

2001 年 11 月 8 日，在政府监管部门、媒体和市场的强大压力下，安然向美国证监会递交文件承认存在财务舞弊。从 1997 年到 2001 年，共虚报利润 5.86 亿美元，并且未将巨额债务入账。随后，媒体和公众将讨伐的目光对准给安然公司提供审计和咨询服务的安达信公司。人们纷纷指责其没有尽到应有的职责，并对其独立性表示怀疑。享誉全球的"五大"会计师事务所之一的安达信会计公司因审计过失和妨碍司法被迫解体。

安达信会计师事务所在全球专业服务业处于领导地位。它凭借自身在企业咨询、审计、税务和企业融资等领域全面深入的专业技术、经验和知识，向客户提供一体化的解决方案，并在一些国家和地区提供法律咨询服务。安达信在全世界 84 个国家拥有 85 000 多名员工。多年来，安达信公司经常被世界主要媒体及出版物评为"最适合工作的公司"，并在有关客户满意度的独立调查中持续名列榜首。作为国际"五大"会计师事务所之一，2002 年安达信会计师事务所因安然事件倒闭。倒闭后五大变为四大,分别是普华永道、毕马威、安永、德勤。

安然事件连同美国"9·11"事件、世界通信公司会计造假案和安达信解体,被美国证监会前主席哈维·皮特称为美国金融证券市场遭遇的"四大危机",可见安然事件对美国经济的影响之大。安然的财务危机严重影响了美国乃至全球的股市。

思政要点:

安然事件产生的原因有很多,内部腐败、追逐利益,其中财务欺诈是主要手段。

作为负责对安然公司进行审计的安达信会计师事务所应负责任如下。

(1) 安达信出具了严重失实的审计报告和内部控制评价报告。

(2) 安达信在已觉察安然公司会计问题的情况下,未采取必要的纠正措施。

(3) 销毁审计工作底稿,妨碍司法调查。安达信不仅为安然公司提供审计鉴证服务,而且提供收入不菲的咨询业务。安然公司是安达信的第二大客户,因担心失去这一重要客户,而使其失去审计的公正性。安然公司的许多高层管理人员为安达信的前雇员,他们之间的密切关系至少有损安达信形式上的独立性。

作为会计人员,安达信失去了诚信、客观性与公正性;作为审计人员,安达信失去了独立性与客观性。

本章小结

本章重点阐述了会计等式中各个会计要素之间的关系,会计等式的经济含义,以及经济业务发生后对会计等式中各个会计要素的影响。通过借贷记账法的初步介绍,围绕借贷记账法的基本特点,让学生学会用借贷记账法进行简单业务的账务处理,从而掌握会计分录的编制,理解账户对应关系和对应账户等基本概念和内容;明确会计科目的作用,以及科目内容和科目级次;了解会计科目与账户的关系;理解为什么要设置会计科目和账户;了解设置会计科目与账户对会计核算的重要意义;了解账户的基本结构。

同步测试题

一、单项选择题

1. 账户是按规定的( )在账簿中对各项经济业务进行分类、系统、连续记录的形式。
   A. 会计要素   B. 会计科目   C. 会计凭证   D. 会计对象
2. 会计科目是( )的名称。
   A. 会计要素   B. 会计报表   C. 会计对象   D. 账户
3. 会计恒等式反映了( )之间的基本数量关系,是设置会计科目、复式记账和编制会计报表的理论依据。
   A. 会计要素   B. 会计报表   C. 会计对象   D. 会计科目
4. 下列各项中,( )账户是所有者权益类账户。

A. "原材料"　　B. "生产成本"　　C. "产成品"　　D. "本年利润"

5. (　　)是对会计要素的具体分类,是会计核算的具体项目。
   A. 会计科目　　B. 会计要素　　C. 会计对象　　D. 账户

6. 下列各项中,属于资产类账户的是(　　)。
   A. 营业收入　　B. 应付账款　　C. 应收账款　　D. 财务费用

7. 下列经济业务中,同时引起资产总额和负债总额增加的是(　　)。
   A. 用银行存款购置固定资产　　B. 接受投资者投入的库存现金
   C. 用银行存款偿还短期借款　　D. 向银行借款存入银行存款账户

8. 下列业务中,资产与所有者权益同时增加的是(　　)。
   A. 用银行存款购买原材料　　B. 将盈余公积转增资本
   C. 接受投资者投入的专利权　　D. 向银行借款存入银行存款账户

9. 下列经济业务中,引起资产内部有增有减的是(　　)。
   A. 用银行存款购置原材料　　B. 用银行存款偿还短期借款
   C. 赊销商品　　D. 用资本公积转增实收资本

10. 能引起资产总额和负债总额同时减少的经济业务是(　　)。
    A. 用银行存款购买设备　　B. 接受投资者投入的设备
    C. 赊购原材料　　D. 用库存现金偿还欠款

11. 企业发生的经济业务仅涉及资产要素时,会引起该要素中的某些项目发生(　　)变动。
    A. 不增不减　　B. 有增有减　　C. 同增　　D. 同减

12. 无论企业的经济业务引起资产和权益发生怎样的变化,企业在任何时日的资产总额一定等于(　　)。
    A. 权益总额　　B. 资金总额　　C. 负债总额　　D. 资本总额

13. 若某公司年初的全部负债为25 000元,年末为19 000元,资产总额年末比年初增加11 000元,则该年度所有者权益增加(　　)元。
    A. 17 000　　B. 6 000　　C. 11 000　　D. 25 000

14. 某企业月初总资产为300万元,当月发生两笔经济业务:①购买固定资产20万元,价款未付;②用银行存款归还短期借款30万元。月末企业的权益总额为(　　)万元。
    A. 290　　B. 350　　C. 250　　D. 310

15. 下列账户中,属于明细分类账户的是(　　)。
    A. 钢材　　B. 原材料　　C. 库存现金　　D. 应付账款

16. 下列反映投入资本的会计账户是(　　)。
    A. 实收资本　　B. 本年利润　　C. 盈余公积　　D. 利润分配

17. 根据账户的基本结构,账户哪一方记增加,哪一方记减少取决于(　　)。
    A. 账户的结构　　B. 账户的名称
    C. 会计人员的判断　　D. 账户所反映的经济内容的性质

18. 某企业的所有者权益是其总资产的1/5,债权人权益为20 000元,则所有者权益是(　　)元。
    A. 5 000　　B. 25 000　　C. 4 000　　D. 10 000

19. 每个账户中各项金额的关系可以表示为(　　)。

A. 当期期末余额=当期期初余额
B. 左方发生额的合计数=右方发生额的合计数
C. 期初余额=期末余额-本期减少额+本期增加额
D. 本期增加数=期末余额+本期减少额-期初余额

20. 资产类会计账户按照资产的(　　)分为流动资产的会计账户和非流动资产的会计账户。
A. 流动性　　　B. 重要性　　　C. 一贯性　　　D. 一致性

21. "库存商品"账户的期初余额为1 000元,本期借方发生额为7 000元,本期贷方发生额为6 500元,则该账户的期末余额为(　　)元。
A. 1 500　　　B. 500　　　C. 8 000　　　D. 7 500

22. "应收账款"账户的期初余额为5 500元,本期借方发生额为1 500元,本期贷方发生额为6 000元,则该账户的期末余额为(　　)。
A. 借方余额1 000元　　　B. 贷方余额1 000元
C. 贷方余额10 000元　　　D. 借方余额2 000元

23. "应付账款"账户的期初贷方余额为5 000元,本期借方发生额为3 000元,本期贷方发生额为2 000元,则该账户的期末余额应是(　　)。
A. 借方余额6 000元　　　B. 贷方余额6 000元
C. 借方余额4 000元　　　D. 贷方余额4 000元

24. 下列错误中,能够通过试算平衡查找的有(　　)。
A. 重记经济业务　　　B. 漏记经济业务
C. 借贷方向相反　　　D. 借贷金额不等

25. 采购员预借差旅费,所引起的会计要素的变化是(　　)。
A. 资产和负债同时增加
B. 资产和负债同时减少
C. 资产中一个项目减少,一个项目增加
D. 负债中一个项目减少,一个项目增加

二、多项选择题

1. 下列经济业务中,会影响资产总金额变动的是(　　)。
A. 购进货物价款12 000元未付　　　B. 收到应收款36 000元存入银行
C. 以银行存款支付应付款10 000元　　　D. 以银行存款对外投资100 000元

2. 会计科目是(　　)。
A. 对会计要素进行分类核算的项目　　　B. 设置账户、进行账务处理的依据
C. 会计报表的名称　　　D. 账户的名称

3. 账户按提供指标的详细程度分为(　　)。
A. 成本费用类账户　　　B. 损益类账户
C. 总分类账户　　　D. 明细分类账户

4. 会计科目按经济内容分为(　　)。
A. 资产类　　　B. 负债类　　　C. 所有者权益类　　　D. 损益类

5. 下列经济业务中,属于资产和权益同时减少的有(　　)。
A. 购买材料,材料已入库,货款未付

B. 从银行提取库存现金

C. 用银行存款归还前欠货款

D. 以库存现金支付职工工资

6. 在借贷记账法下，借方记录的内容是(　　)。
   A. 资产的增加
   B. 资产的减少
   C. 权益的增加
   D. 成本费用的增加

7. 对于损益类账户，下列说法中正确的有(　　)。
   A. 借方登记收入的增加
   B. 借方登记费用的增加
   C. 期末没有余额
   D. 如果余额在借方，表示费用的增加

8. 企业的所有者权益类账户包括(　　)。
   A. 实收资本　　B. 资本公积　　C. 盈余公积　　D. 未分配利润

9. 企业长期负债类账户包括(　　)。
   A. 长期借款　　B. 应付债券　　C. 长期应付款　　D. 应付账款

10. 属于流动资产性质的账户有(　　)。
    A. 库存现金　　B. 应收账款　　C. 原材料　　D. 应收票据

11. 属于流动负债性质的账户有(　　)。
    A. 短期借款　　B. 应付账款　　C. 应交税费　　D. 应付债券

12. 能同时引起资产和负债发生增减变动的经济业务有(　　)。
    A. 以银行存款缴纳税费
    B. 向银行借款存入银行存款账户
    C. 将库存现金存入银行
    D. 将盈余公积转增实收资本

13. 只涉及会计等式一边增减变动的经济业务是(　　)。
    A. 以银行存款购置设备
    B. 用盈余公积转增实收资本
    C. 购进材料，货款未付
    D. 接受库存现金投资

14. 在借贷记账法下，账户的贷方一般登记(　　)。
    A. 资产的增加和负债的减少
    B. 收入的增加和费用的减少
    C. 资产的减少和负债的增加
    D. 所有者权益的增加

15. 反映成本类账户的有(　　)。
    A. 生产成本　　B. 制造费用　　C. 营业成本　　D. 销售费用

16. 下列经济业务中，需要编制复合会计分录的是(　　)。
    A. 购进材料10 000元，以银行存款支付8 000元，余款未付
    B. 以银行存款购置设备
    C. 职工报销差旅费1 200元，原预借1 000元，退还职工200元
    D. 销售商品25 000元，收到库存现金5 000元，余款尚未收到

17. 在借贷记账法下，会计期末应进行(　　)的试算平衡。
    A. 全部账户的借方余额合计数与贷方余额合计数
    B. 全部账户的期初余额合计数与期末余额合计数
    C. 全部账户的借方发生额合计数与贷方发生额合计数
    D. 每项经济业务的借方金额与贷方金额

18. 收回职工交回的差旅费库存现金300元，涉及的会计账户有(　　)。

A. 其他应收款　　B. 库存现金　　C. 应付账款　　D. 管理费用

19. 以下各项中，通过试算平衡无法发现的错误是(　　)。
    A. 借贷方向正确，但金额少写　　B. 漏记或重记某项经济业务
    C. 借贷记账方向彼此颠倒　　　　D. 借贷方向正确，但记错账户

20. 下列经济业务中，不影响所有者权益总额的是(　　)。
    A. 以银行存款支付保险费用　　B. 将资本公积转增实收资本
    C. 向银行借款偿还应付账款　　D. 将盈余公积转增资本

21. 借贷记账法的基本内容包括(　　)。
    A. 记账符号　　B. 账户结构　　C. 记账规则　　D. 账户名称

22. 以下等式中，属于会计等式的是(　　)。
    A. 资产=权益
    B. 资产=债权人权益+所有者权益
    C. 资产=负债+权益
    D. 资产=负债+所有者权益
    E. 资产=负债+所有者权益+(收入-费用)

23. 在借贷记账法下，期末结账后，一般有余额的是(　　)。
    A. 资产类账户　　　　　　　B. 负债类账户
    C. 收入类账户　　　　　　　D. 费用类账户
    E. 所有者权益类账户

三、判断题

1. 权益就是企业所有者对企业资产的要求权。　　　　　　　　　　　　(　)
2. "资产=负债+权益"这一会计等式是会计工作中进行复式记账的理论依据。(　)
3. 任何会计事项的发生都不会影响会计等式两边的金额。　　　　　　　(　)
4. 会计科目可以连续、系统地记录和反映某项经济内容的增减变化情况和最终结果。
   　　　　　　　　　　　　　　　　　　　　　　　　　　　　　　(　)
5. 会计账户的基本结构分为两部分——左方和右方，其中左方登记增加额，右方登记减少额。　　　　　　　　　　　　　　　　　　　　　　　　　　　　(　)
6. 在设置会计科目时，应符合国家统一的会计制度的规定。　　　　　　(　)
7. 会计科目和账户都是对会计对象具体内容的科学分类，两者口径一致，性质相同。
   　　　　　　　　　　　　　　　　　　　　　　　　　　　　　　(　)
8. 总分类账户、二级账户和明细分类账户共同对某类会计要素的有关项目进行详细程度不同的分类核算，它们之间的关系是后者统御前者，前者从属于后者。(　)
9. 任何一个明细分类账户都对应着一个所属总分类账户，任何一个总分类账户也同样对应着相应的明细分类账户。　　　　　　　　　　　　　　　　　　(　)
10. 会计核算中所有的总分类账户都要设置明细分类账户。　　　　　　(　)
11. 会计分录是标明某项经济业务应借、应贷账户的名称及金额的一种记录。(　)
12. 目前，在世界各国普遍采用的记账方法是收付记账法。　　　　　　(　)
13. 简单会计分录是一个借方和一个贷方的会计分录。　　　　　　　　(　)
14. 复合会计分录是涉及两个以上账户的会计分录。　　　　　　　　　(　)
15. 费用类账户和资产类账户都是借方记增加，贷方记减少，这两类账户的结构完全一致。　　　　　　　　　　　　　　　　　　　　　　　　　　　　　(　)

16. 通常，各类账户的期末余额和记录增加额的一方在同一方向。（   ）
17. 资产和权益是相互联系、相互依存的，从数量上来看，有一定的资产，就必然有对应这些资产的权益。（   ）
18. 资产、负债和所有者权益的平衡关系反映了企业资金运动的静态特征，如果考虑收入、费用等动态要素，则资产与权益总额的平衡关系必然遭到破坏。（   ）
19. 所有者权益类账户期末均有余额。（   ）
20. 复合会计分录是由简单会计分录组成的。（   ）
21. 借贷记账法要求，如果在一个账户中记借方，则在另外一个或几个账户中必然记贷方。（   ）
22. 在借贷记账法下，收入和费用类账户期末一般无余额。（   ）
23. 成本类账户和费用类账户的结构是相同的，即借方登记增加数，贷方登记减少数，期末余额为零。（   ）
24. 任何一个会计分录，都必须同时具备应记账户、记账方向和记账金额三项基本内容。（   ）

四、名词解释

1. 会计等式
2. 会计科目
3. 会计账户
4. 复式记账
5. 会计分录
6. 对应账户
7. 账户对应关系
8. 账户结构
9. 账户余额
10. 本期发生额
11. 借贷记账法
12. 试算平衡
13. 记账方法
14. 总分类科目
15. 明细分类科目

五、思考题

1. 会计等式有哪两种表达方式？
2. 简述会计等式的含义及其存在的意义。
3. 经济业务发生后，是否会破坏会计等式的平衡关系？为什么？
4. 会计科目和会计账户的区别与联系分别是什么？
5. 简述总分类科目和明细分类科目的联系与区别。
6. 会计科目应该如何分类？
7. 复式记账法有什么优点？
8. 借贷记账法有什么特点？

六、业务题

业务 2-1

【资料】SD 公司 2×21 年 3 月 31 日资产、负债及所有者权益情况如表 2-7 所示。

【要求】确定以上各项所属的会计科目，并将相同科目的金额加总，采用本章表 2-1 的格式编制 2×21 年 4 月 1 日的财务状况表。

表 2-7 SD 公司资产、负债及所有者权益情况　　　　　　　　　　单位：元

(1) 库存现金	1 000
(2) 存在银行的款项	150 000
(3) 应收大丰公司货款	5 000
(4) 应收光明公司货款	10 000
(5) 库存生产用原材料	50 000
(6) 库存燃料	10 000
(7) 未完工产品	35 000
(8) 库存完工产品	80 000
(9) 房屋	170 000
(10) 机器设备	150 000
(11) 运输车辆	80 000
(12) 银行借入长期借款	100 000
(13) 应付兴华工厂货款	5 000
(14) 未缴的税金	6 000
(15) 国家投入资本	480 000
(16) 盈余形成的公积金	150 000

业务 2-2

【资料】某企业 2×21 年 4 月发生以下经济业务。

(1) 投资人用一台价值 50 000 元的新机器作为对企业的投资。

(2) 以银行存款 50 000 元偿还银行长期借款。

(3) 收回大丰公司所欠货款 5 000 元，存入银行。

(4) 从银行提取库存现金 3 000 元。

(5) 从兴华工厂购入一批 6 000 元的材料，货款用银行存款支付。

(6) 向银行借入短期借款 100 000 元，其中 5 000 元用以支付前欠兴华工厂的货款。

(7) 用库存现金 1 000 元暂付职工差旅费。

(8) 将库存现金 1 000 元存入银行。

【要求】分析经济业务的发生会引起哪些会计要素发生增减变动？涉及哪些会计科目？并将增减变动的结果采用本章表 2-2 的格式进行列示。

业务 2-3

【资料】业务 2-2 中第(1)至第(8)项经济业务。

【要求】用借贷记账法编制会计分录。

业务 2-4

【资料】业务 2-1 所编表中数据资料和业务 2-3 编制的会计分录。

【要求】

(1) 根据业务 2-1 所编表中数据开设总分类账户，并登记期初余额。

(2) 根据业务 2-3 的会计分录登记有关总分类账户，并结算出各总分类账户的本期发生额和期末余额。

(3) 根据本章表 2-6 的格式编制试算平衡表。

第三章 账户分类

> 教学目标与要求

- 了解账户分类方法。
- 熟悉账户按用途和结构分类的具体内容。
- 掌握账户按经济内容分类的具体内容。

> 教学重点与难点

教学重点：
账户按经济性质和经济内容的分类、账户按用途和结构的分类以及账户的设置。

教学难点：
账户按经济性质和经济内容的分类。

> 案例分析

刘老师在讲课时讲到，会计有实账户，如"原材料"，它的期末余额表示材料占有的资金额，"银行存款"账户的期末余额表示银行存款的期末实存额；会计还有一种虚账户，一般期末没有余额。武刚同学恍然大悟，认为实账户都有实际经济意义，虚账户都没有实际经济意义。

思考与讨论：
你认为武刚同学的看法正确吗？

提示： 武钢同学的看法不正确，并不是实账户都有实际经济意义，虚账户都没有实际经济意义。实账户和虚账户只是从是否有期末余额这个角度划分的，与是否具有经济意义无关。通常，将期末有余额的账户称为实账户，实账户的期末余额代表企业的资产、负债或所有者权益；将期末无余额的账户称为虚账户，虚账户的发生额反映企业的损益情况。可见，实账户和虚账户都是对企业某类经济业务的核算，都具有经济意义。

第一节 账户分类的意义和种类

账户是核算经济业务增减变化情况及其结果的一种手段和方式。企业经济活动的多样性和复杂性导致反映经济活动变化及其结果的账户也是多样的。就某一具体账户而言,它只记录和反映企业经济活动的某一方面,如把各种账户结合在一起,即可构成一个完整的账户体系,就能充分、完整地记录和反映企业经济活动的全貌。

企业各种账户之间既有特性又有共性,为此有必要对账户的设置和运用进一步加以讨论。账户的分类就是研究账户体系中各账户之间的相互联系及其共性,以寻求规律,加深对账户的认识,更好地运用这个手段,对企业经济活动进行全面记录和反映,并使企业能够尽快适应根据国家统一规定而制定的会计科目随各个时期经济管理的不同要求而产生的变动。

账户可按不同的标准从不同的角度进行分类,但账户最基本的分类有两种:一是账户按经济性质和经济内容分类;二是账户按用途和结构分类。

第二节 账户按经济性质和经济内容分类

账户按经济性质和经济内容分类是账户最基本、最主要的一种分类方法。它对于企业外部报表使用者和内部管理者了解企业的资产、负债、所有者权益的增减变动,以及企业的偿债、获利能力等情况具有重要作用。

账户按经济性质和经济内容分类即是按企业的资金运动状态分类。资金运动在静态状态下表现为资产、负债及所有者权益;资金运动在动态状态下表现为收入、费用和利润,以上即通常所说的会计六要素。因此,有时也可将账户按经济性质和经济内容分类视为账户按会计要素分类。但需要说明的是,账户按经济性质和经济内容分类与账户按会计要素分类并不完全一致,其区别表现在:①账户按经济内容分类所指的"经济内容"是以制造业企业的经济活动为典型代表的,而在制造业企业资金运动过程中,"生产成本"是一种特殊的资产形态,反映生产资金的运动状况,因此在账户按经济性质和经济内容分类时,把"生产成本"账户作为独立的一类。②在账户按经济性质和经济内容分类时,对于利润这一会计要素,因为从所有权来说利润属于企业的所有者,所以不作为单独的一类账户,而是并入所有者权益;对于收入和费用这两个会计要素,因为均属于计算损益的要素,所以可合并为损益类账户。因此,账户按经济性质和经济内容分类可分为资产类账户、负债类账户、所有者权益类账户、成本类账户和损益类账户五大类账户。

3.1 账户分类简介

一、资产类账户

资产类账户是反映企业资产增减变动及其实有数额的账户。根据资产流动性的强弱,资产类账户又分为反映流动资产的账户和反映非流动资产的账户两类。根据流动资产的具体内容,流动资产类账户又分为反映货币资金的账户(如"库存现金""银行存款"等账户)、反映结算资产的账户(如"应收账款""应收票据""其他应收款"等账户)、反映存货资产的账户(如"原材料""低值易耗品""库存商品"等账户)等。按照非流动资产的具体内容,非流动资产类账户又分为反映固定资产的账户(如"固定资产""累计折旧"等账户)、反映无形资产的账户(如"无形资产"账户)和反映长期投资的账户(如"持有至到期投资""长期股权投资"等账户)。

二、负债类账户

负债类账户是反映企业负债增减变动及其实有数额的账户。按照负债偿还期的长短,负债可分为流动负债和长期负债。凡偿还期在一年或一个营业周期以内的负债称为流动负债。凡偿还期超过一年或一个营业周期的负债称为长期负债。相应地,负债类账户也分为反映流动负债的账户和反映长期负债的账户两类。反映流动负债的账户(如"短期借款""应付账款""应付票据""应付职工薪酬""应交税费""应付利润"以及"其他应付款"等账户),反映长期负债的账户(如"长期借款""应付债券""长期应付款"等账户)。

三、所有者权益类账户

所有者权益类账户是反映企业所有者权益增减变动及其实有数额的账户。根据所有者权益的形成特征,所有者权益账户又分为反映所有者原始投资的账户(如"实收资本""资本公积"等账户)、反映收益积累的账户(如"盈余公积"账户)以及反映利润形成、分配及未分配利润的账户(如"本年利润""利润分配"等账户)。

四、成本类账户

成本类账户是反映企业在生产经营过程中所发生的各种对象耗费情况及成本计算的账户。按照成本发生的环节及经济内容,成本类账户又分为反映材料采购的账户和反映产品生产成本的账户两类。反映材料采购的账户(如"材料采购"等账户),反映产品生产成本的账户(如"生产成本""制造费用"等账户)。

五、损益类账户

损益类账户是反映企业损益增减变动情况的账户。按照损益形成的内容以及与生产经营的关系,损益类账户又分为营业损益类账户和营业外损益类账户两类。营业损益类账户包括反映营业收益的账户(如"主营业务收入"账户)、反映营业费用的账户(如"主营业务成本""税金及附加""销售费用""管理费用""财务费用""所得税费用"等账户)。反映营业外损益的账户,按其经济性质的不同,又分为反映营业外收入的账户(如"营业外收入"账户)和反映营业外支出的账户(如"营业外支出"账户)等。

账户按经济性质和经济内容的分类如表3-1所示。

账户按经济性质和经济内容的分类,是以制造业企业的典型经济业务为代表的,因此账户的分类结果及账户名称都带有制造业行业的特征。其他行业的企业在设置和运用账户时,可根据自身行业的特点适当调整,如商品流通企业无须设置"生产成本"类账户。另外,不同的企业形式,在设置和运用账户时也可适当调整,如非股份制企业以"实收资本"反映原始投资的所有者权益,而股份制企业则以"股本"来反映。

表 3-1　账户按经济性质和经济内容分类表

会计账户	按经济性质和经济内容分类	资产类	按流动性	流动资产	库存现金、银行存款、原材料、应收账款、库存商品
				非流动资产	长期股权投资、持有至到期投资、固定资产、无形资产、长期待摊费用
		负债类	按偿还期限	流动负债	短期借款、应付账款、应付职工薪酬、应交税费
				长期负债	长期借款、应付债券、长期应付款
		所有者权益类	按形成和性质	资本类	实收资本或股本、资本公积
				留存收益	盈余公积、本年利润、利润分配
		成本类	按内容和性质	制造成本	生产成本、制造费用
				劳务成本	劳务成本
		损益类	按内容	收入	主营业务收入、其他业务收入、投资收益、营业外收入
				费用	主营业务成本、其他业务成本、营业外支出、管理费用、财务费用、销售费用、所得税费用

另外，如果短期投资期限超过一年或一个营业周期，则应归属于长期负债类账户；相反，如果长期负债期限到了最后一年，则也应归属于流动负债类账户。

第三节　账户按用途和结构分类

账户按经济性质和经济内容分类，对于企业建立完整的账户体系和明确各类账户核算的具体经济性质和经济内容具有重要意义。但是，这种分类方法并没有解决通过账户记录提供哪些数据及信息，即账户的用途问题；也没有解决如何使用，即账户的结构问题。因此，为了进一步认识和熟练使用各类账户，有必要在账户按经济性质和经济内容分类的基础上，再对账户按用途和结构进行分类。

账户的用途也即设置账户的目的，是指账户的作用以及能提供哪些会计指标。账户的结构是指发生经济业务时，如何取得各项会计数据和信息以及在账户中如何登记，即借方登记什么，贷方登记什么，余额在借方还是在贷方，表示什么含义。账户按用途和结构分类，可分为盘存账户、结算账户、资本账户、跨期摊提账户、集合分配账户、调整账户、待处理账户、损益计算账户、对比账户、成本计算账户和留存收益账户等11类。

一、盘存账户

盘存账户是用来核算实物资产和货币资产增减变动及结存情况的账户，如"固定资产""原材料""低值易耗品""库存商品""库存现金""银行存款"等账户。盘存账户的共同用途是可以提供与实物资产、货币资产实际数额相互核对的期末余额数据，并通过财产清查验证账实是否相符。盘存账户的共同结构是，借方登记实物资产与货币资产的增加数；贷方登记减少数；余额在借方，反映实际结存数。其结构如图3-1所示。

借方	盘存账户	贷方
期初余额：期初结存的实物资产与货币资产		
发生额：本期实物资产与货币资产增加数额	发生额：本期实物资产与货币资产减少数额	
期末余额：实物资产与货币资产期末结存数额		

图 3-1　盘存账户的结构

二、结算账户

结算账户是用来核算企业与其他单位、个人及国家之间发生的应收、应付款项的账户。其用途是核算应收、应付款项的增减变动，促使企业及时催收应收款项和及时支付应付款项，明确企业期末债权债务数额。由于应收、应付款项的性质不同，即分属于债权和债务，因此结算账户又可分为资产结算类账户、负债结算类账户以及资产负债类结算账户。

(一)资产结算类账户

资产结算类账户是用来核算企业各种应收款项的增减变动及其期末实有数额的账户。其用途是专门反映企业在往来结算中的各种债权。其基本结构是，借方登记各种应收款项的增加数额；贷方登记各种应收款项的减少数额；余额在借方，表示应收款项的实有数额，如图 3-2 所示。

借方	资产结算类账户	贷方
期初余额：期初应收账款实有数额		
发生额：本期应收账款增加数额	发生额：本期应收账款减少数额	
期末余额：期末应收账款实有数额		

图 3-2　资产结算类账户的结构

常用的资产结算类账户有"应收账款""其他应收款""应收票据"等账户。

(二)负债结算类账户

负债结算类账户是用来核算企业应付款项的增减变动及其实有数额的账户。其用途是专门反映企业在往来结算业务中的各种债务。其基本结构是，借方登记各种应付款项的减少数额；贷方登记各种应付款项的增加数额；余额在贷方，表示应付款项的实有数额，如图 3-3 所示。

借方	负债结算类账户	贷方
		期初余额：期初应付款项实有数额
发生额：本期应付款项减少数额		发生额：本期应付款项增加数额
		期末余额：期末应付款项实有数额

图 3-3　负债结算类账户的结构

常用的负债结算类账户有"应付账款""应付票据""其他应付款""短期借款""应付职工薪酬""应交税费""应付利润"等账户。

(三)资产负债类结算账户

资产负债类结算账户是用来核算企业与其他单位或个人之间所发生的往来结算款项的账户。在企业的经营活动中,与企业发生结算业务的往来单位,有时是企业的债权人,有时是企业的债务人。例如,企业与某单位有销售产品业务,当本企业向购货单位预收货款时,购货单位是企业的债权人;但当购货企业购货后款项未付时,购货单位则是企业的债务人。

对企业来说,购货单位的债权即是本企业的债务,购货单位的债务即是本企业的债权。为集中反映企业同某一单位或个人债权债务关系及其结算情况,可在一个账户中同时反映应收和应付款项的增减变动及其结余情况,这就是资产负债类结算账户。其用途是同时反映企业在往来结算业务中的债权、债务结算情况。其基本结构是,借方登记债权增加数额和债务减少数额;贷方登记债务增加数额和债权减少数额;余额在借方表示企业债权大于债务的净额数,余额在贷方则表示企业债务大于债权的净额数,如图3-4所示。

借方	资产负债类结算账户	贷方
期初余额:期初应收款项大于应付款项的差额		期初余额:期初应付款项大于应收款项的差额
发生额:本期应收款项的增加数额		发生额:本期应付款项的增加数额
本期应付款项的减少数额		本期应收款项的减少数额
期末余额:期末应收款项大于应付款项的差额		期末余额:期末应付款项大于应收款项的差额

图3-4　资产负债类结算账户的结构

由于资产负债类结算账户的总账账户内不能同时有两个余额,只能是借方余额或是贷方余额,而且借贷余额只表示债权与债务的差额,因此要了解某个具体的往来对象的结算情况,必须根据明细账户进行分析。如果明细账余额在借方,表示企业的债权;如果明细账余额在贷方,则表示企业的负债。

根据现行会计制度规定,在企业不单独设置"预收账款"账户时,用"应收账款"账户同时反映销售产品或提供劳务的应收款项和预收款项,这时"应收账款"账户便是资产负债类结算账户。预收款项时,记入该账户的贷方,按合同发出产品时,记入该账户的借方;先发货后收款,在发出产品时,记入该账户的借方,收到货款时,记入该账户的贷方;期末余额一般应根据该账户的各个明细账户,分别确定预收账款或应收账款的实有数额。在不单独设置"预付账款"账户的企业,"应付账款"账户同时核算企业购进物料的应付款项和预付款项,这时"应付款项"也是一个资产负债类结算账户。

三、资本账户

资本账户是企业用来核算取得资本及资本公积的增减变动及其实有数额的账户。其基本结构是,贷方登记企业取得投资者投入资本及资本公积的增加数额;借方登记投资者投入资本及资本公积的减少数额;余额在贷方,表示投资者投入资本及资本公积的实有数额,如图3-5所示。

借方	资本账户	贷方
	期初余额：期初所有者投入资本及资本 公积的实有数额	
发生额：本期所有者投入资本及资本 公积的减少数额	发生额：本期所有者投入资本及资本 公积的增加数额	
	期末余额：期末所有者投入资本及资本 公积的实有数额	

图 3-5　资本账户的结构

资本账户通常包括"实收资本""资本公积"等账户。

四、跨期摊提账户

跨期摊提账户是用来核算先一次性支付并应由超过一个会计年度的会计期间共同负担的费用的发生、分期摊销及摊余情况的账户。企业在生产经营过程发生的受益期限超过一年的费用，按照权责发生制原则的要求，必须严格划分费用的归属期并合理地分摊到几个会计年度，以正确计算各个会计期间的损益。跨期摊提账户有"长期待摊费用"账户等。该类账户借方登记费用的实际发生数额或支付数额；贷方登记应由某个会计期间负担的费用摊销数额；期末为借方余额，反映已支付尚未摊销的待摊费用。跨期摊提账户的结构如图 3-6 所示。

借方	跨期摊提账户	贷方
期初余额：以前各期已经支付 但尚未摊销的费用		
发生额：本期费用的实际支付额	发生额：本期费用的摊销额	
期末余额：期末已经支付但尚未 摊销的费用		

图 3-6　跨期摊提账户的结构

五、集合分配账户

集合分配账户是用来归集和分配企业生产经营过程中某个阶段所发生的各种费用的账户。在企业生产经营过程中，经常会发生一些不能直接明确对象的间接费用，这些费用在发生时不能直接计入某个产品成本计算对象，而应由各个产品成本计算对象共同负担。那么，集合分配账户的用途就是先把这些间接费用归集在一起，然后再按一定的标准分配计入各个成本计算对象，以便准确计算各个产品的生产成本。集合分配账户的基本结构是，借方登记各种需要集合分配的费用发生额，贷方登记按收益对象进行分配的费用分配额。由于各项集合分配费用在期末要全部分配到各个收益对象，因此集合分配账户一般没有余额。其结构如图 3-7 所示。

集合分配账户主要是"制造费用"账户。在需要分别确定各种产品销售利润的情况下，"销售费用"账户也是一个以销售产品为对象的集合分配账户。

借方	集合分配账户	贷方
发生额：归集各种费用的发生额		发生额：分配到各受益对象的费用数额

图 3-7　集合分配账户的结构

六、调整账户

3.2　调整账户

调整账户是为调整其他相关账户的数字而设置的账户。这里被调整的其他相关账户称为被调整账户。在会计核算中，由于经营管理或其他方面的需要，有时对一些会计要素的具体项目，既需要保持原有数据，又要反映原有数据的变动，即需要有两种数字从不同的方面进行反映。为此，反映原始数据的账户为被调整账户，对原始数据进行调整的账户为调整账户。将调整账户和被调整账户的有关数据相加或相减，即可得到调整后的实际数额。

调整账户按调整的方式不同，又分为备抵账户、附加账户和备抵附加账户三类。

(一)备抵账户

备抵账户是用来抵减被调整账户数字，以求得被调整账户实际数额的账户，又称为抵减账户。其调整方式如下：

被调整账户实际余额＝被调整账户余额－备抵账户余额

备抵账户的余额一定是与被调整账户的余额方向相反的。如果被调整账户余额在借方，备抵账户余额一定在贷方；相反，如果被调整账户余额在贷方，则备抵账户余额一定在借方。按照被调整账户的性质，备抵账户又可分为资产备抵账户和权益备抵账户。

1. 资产备抵账户

资产备抵账户是用来抵减某一资产账户(被调整账户)的余额，以求得该资产账户的实际余额的账户。资产备抵账户的余额在贷方，被调整账户的余额在借方。属于资产备抵账户的有"累计折旧"账户和"坏账准备"账户。"累计折旧"账户是"固定资产"账户的一个备抵账户。"固定资产"账户登记固定资产的原始价值，而"累计折旧"账户登记固定资产因计提折旧而减少的价值，即累计折旧数额。"固定资产"账户的借方余额减去"累计折旧"账户的贷方余额的差额，就是固定资产的账面净值，即实有数额。通过"固定资产"账户和"累计折旧"账户所提供的数字，可以分析和了解固定资产的新旧程度。"坏账准备"账户是"应收账款"账户的一个备抵账户。"应收账款"账户的期末余额表示应收但未收回的款项的数额，"坏账准备"账户余额表示可能发生的坏账数额，将"应收账款"账户的借方余额减去"坏账准备"账户的贷方余额后的差额，称为应收账款净额。

资产备抵账户的结构是，贷方登记某项资产抵减数的增加数额；借方登记某项资产抵减数的减少数额；余额在贷方，表示某项资产的累计抵减数额。

被调整账户与资产备抵账户的结构关系如图 3-8 所示。

2. 权益备抵账户

权益备抵账户是用来抵减某一权益账户(被调整账户)的余额，以求得该权益账户的实际余额的账户。权益备抵账户的余额在借方，被调整账户的余额则在贷方。"利润分配"账户就是"本年利润"账户的一个权益备抵账户。"本年利润"账户的期末贷方余额表示年终结算前累计已实现的利润数额,"利润分配"账户的期末借方余额,表示企业期末已分配的利润数额。"本年利润"账户的贷方余额减去"利润分配"账户的借方余额后的差额,称为企业期末尚未分配的利润数额。

借方	被调整账户	贷方
期末余额:期末某项资产的原始数额		

借方	资产备抵账户	贷方
		期初余额:期初累计抵减数额
发生额:本期抵减数的减少数额		发生额:本期抵减数的增加数额
		期末余额:期末累计抵减数额

图 3-8 被调整账户与资产备抵账户的结构关系

权益备抵账户的结构是,借方登记某项权益抵减数的增加数额;贷方登记某项资产抵减数的减少数额;余额在借方,表示某项权益的累计抵减数额。

被调整账户与权益备抵账户的结构关系如图 3-9 所示。

借方	被调整账户	贷方
		期末余额:期末某项权益的原始数额

借方	权益备抵账户	贷方
期初余额:期初累计抵减数额		
发生额:本期抵减数的增加数额		发生额:本期抵减数的减少数额
期末余额:期末累计抵减数额		

图 3-9 被调整账户与权益备抵账户的结构关系

(二)附加账户

附加账户是用来增加被调整账户余额,以求得被调整账户实际余额的账户,其调整方式如下。

$$被调整账户余额+附加账户余额=被调整账户实际余额$$

附加账户的余额总是与被调整账户的余额方向一致,即被调整账户的余额在借方,则附加账户的余额也一定在借方;反之,如果被调整账户的余额在贷方,则附加账户的余额也一定在贷方。例如,"应付债券——利息调整"账户就是"应付债券——面值"账户的一个附加账户。"应付债券——面值"账户的期末余额表示企业发行债券的面值总额,"应付债券——利息调整"账户的期末余额表示企业发行债券的实际价格高于其面值的溢价数额,"应付债券——面值"账户的期末贷方余额与"应付债券——利息调整"账户的期末贷方余额之和,称为企业期末应付债券的实际数额。

被调整账户与附加账户的结构关系如图 3-10 所示。

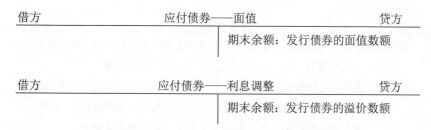

图 3-10　被调整账户与附加账户的结构关系

(三)备抵附加账户

备抵附加账户是既可以用来抵减，又可以用来增加被调整账户的账面余额，以求得被调整账户的实际余额的账户。这种账户兼有抵减和增加两种作用。其调整方式为：当备抵附加账户的余额与被调整账户的余额在相同方向时，其调整方式与附加账户相同；当备抵附加账户的余额与被调整账户的余额方向相反时，其调整方式与备抵账户相同。例如，"材料成本差异"账户就是"原材料"账户的一个备抵附加账户。在原材料按计划成本核算时，"原材料"账户的期末余额表示期末原材料的计划成本数额，"材料成本差异"账户的期末余额表示期末原材料计划成本与其实际采购成本的差额。当"材料成本差异"账户为借方余额时，表示实际采购成本大于计划成本的超支数，"原材料"账户借方余额加上"材料成本差异"账户的借方余额为原材料的实际成本，此时"材料成本差异"账户为附加账户；当"材料成本差异"账户的余额在贷方时，表示实际成本小于计划成本的节约数，"原材料"账户借方余额减去"材料成本差异"账户的贷方余额为原材料的实际成本，此时"材料成本差异"账户为抵减账户。被调整账户与备抵附加账户的结构关系如图 3-11 所示。

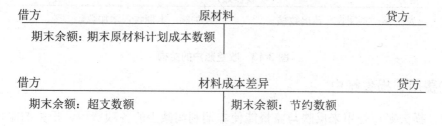

图 3-11　被调整账户与备抵附加账户的结构关系

七、待处理账户

待处理账户是用来核算尚未查明原因或尚未有处理方案的盘盈、盘亏资产以及有争议的结算款项的账户。设置待处理账户的原因是盘盈、盘亏资产或有争议的结算款项，必须在查明原因经批准后，才能根据处理意见来实现会计确认，并作正式的会计处理。因此，待处理账户具有暂记的特性。其基本结构为，借方登记待处理的盘亏、损失数额以及经批准处理的盘盈、收益数额；贷方登记待处理的盘盈、收益数额以及经批准处理的盘亏、损失数额。余额若在借方，表示尚待处理的盘亏和损失；余额若在贷方，表示尚待处理的盘盈和收益，如图 3-12 所示。

属于待处理账户的是"待处理财产损溢"账户。

借方	待处理账户	贷方
期初余额：期初尚待处理的盘亏和损失数额		期初余额：期初尚待处理的盘盈和收益数额
发生额：本期待处理的盘亏和损失数额，以及经批准处理的盘盈和收益数额		发生额：本期待处理的盘盈和收益数额，以及经批准处理的盘亏和损失数额
期末余额：期末尚待处理的盘亏和损失数额		期末余额：期末尚待处理的盘盈和收益数额

图 3-12　待处理账户的结构

八、损益计算账户

损益计算账户是用来核算企业本期经营活动过程中发生的各种能直接影响本期利润的有关收益、费用和损失的账户。其用途是按照权责发生制的要求将本期收入和费用进行配比，以便正确计算本期利润(或亏损)。损益计算账户按其反映的经济内容对利润的影响性质的不同，又分为收益账户和费用、损失账户两类。

(一)收益账户

收益账户是用来反映与监督能使本期利润增加的各项本期收入的账户，包括"主营业务收入"和"营业外收入"账户等。其基本结构是，贷方登记本期各项收入的增加数额；借方登记本期各项增加的收入结转至"本年利润"账户的数额；期末无余额；如图 3-13 所示。

借方	收益账户	贷方
发生额：本期收入转出数额		发生额：本期收入增加数额

图 3-13　收益账户的结构

(二)费用、损失账户

费用、损失账户是用来反映与监督能使本期利润减少的各项费用、损失的账户，包括"主营业务成本""税金及附加""管理费用""财务费用""销售费用""营业外支出""资产减值损失""信用减值损失""所得税费用"等账户。费用、损失账户的结构是，借方登记本期的各项费用、损失的增加数额；贷方登记本期各项增加的费用、损失结转至"本年利润"账户的数额，结转后；期末无余额，如图 3-14 所示。

借方	费用、损失账户	贷方
发生额：本期费用、损失增加数额		发生额：本期费用、损失结转数额

图 3-14　费用、损失账户的结构

九、对比账户

对比账户是采用两种不同的计价标准进行核算对比，以确定企业一定时期内某项经营成果的账户。这类账户的基本结构是,借方登记一定时期内发生的费用及损失,贷方登记一定时期内发生的收益。贷方大于借方的差额,表示净收益,从本账户的借方转出;借方大于贷方的差额,表示净损失,从本账户的贷方转出;结转后,期末无余额。对比账户的结构如图 3-15 所示。

借方	对比账户	贷方
发生额:本期费用、损失发生数额(转入额) 结转净收益		发生额:本期收入发生数额(转入额) 结转净损失

图 3-15 对比账户的结构

属于对比账户的有"本年利润"和"固定资产清理"账户。当原材料按计划成本核算时,"材料采购"账户也属于对比账户。

十、成本计算账户

成本计算账户是用来收集生产经营过程中某一阶段所发生的全部费用,并确定各个成本计算对象实际成本的账户。其用途是能够提供某阶段或某个时期已完成和未完成的某项经营活动的成本信息。成本计算账户包括"生产成本""材料采购"和"在建工程"等账户。成本计算账户的借方登记经营过程中某阶段所发生的应计入成本的全部费用(包括直接计入成本计算对象的直接费用);贷方登记转出某个阶段已结束的成本计算对象的实际成本数额;期末如有借方余额,则表示某个阶段的成本计算对象的实际成本。其结构如图 3-16 所示。

借方	成本计算账户	贷方
期初余额:期初尚未完成某个经营阶段成本 计算对象的实际成本数额 发生数额:归集经营过程中某个阶段所发生 的全部对象的费用数额		发生数额:结转已结束该阶段的成本计 算对象的实际成本数额
期末余额:尚未结束该阶段的成本计算对象 的实际成本数额		

图 3-16 成本计算账户的结构

十一、留存收益账户

留存收益账户是用来核算企业经营活动形成的所有者权益,即经营净收益的积累账户。其基本结构是,贷方登记权益的增加数额;借方登记权益的减少数额(或转出数额);余额一般在贷方,表示权益的结余数额,如图 3-17 所示。

借方	留存收益账户	贷方
		期初余额:期初结存的留存收益数额
发生额:本期减少数额		发生额:本期增加数额
		期末余额:期末结存的留存收益数额

图 3-17 留存收益账户的结构

属于留存收益账户的主要有"盈余公积"和"利润分配——未分配利润"账户等。

综上所述，账户按用途和结构进行的分类如图 3-18 所示。

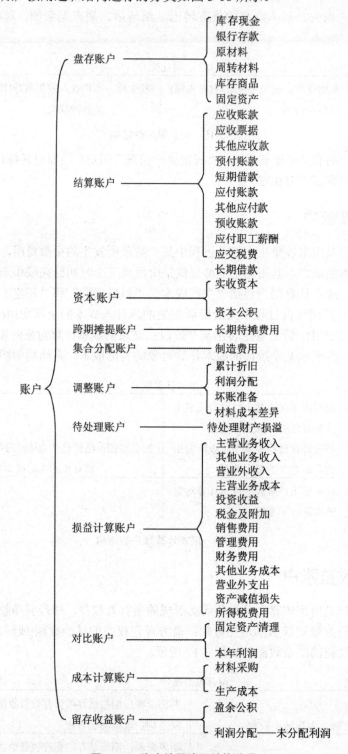

图 3-18 账户按用途和结构分类

▶ 思政案例

诚实守信是会计人员的基本职业道德

在18世纪初，随着大英帝国殖民主义的扩张，海外贸易有了很大的发展。英国政府发行中奖债券，并用发行债券所募集到的资金，于1719年创立了南海股份公司。该公司以发展南大西洋贸易为目的，获得了将非洲黑奴卖给西班牙、美洲的30年垄断权，其中公司最大的特权是可以自由地从事海外贸易活动。南海公司经过近10年的惨淡经营，其业绩始终平平。1719年，英国政府允许中奖债券总额的70%，即约1000万英镑，可与南海公司股票进行转换。该年年底，公司的董事们开始对外散布各种所谓的好消息，即南海公司在年底将有大量利润可实现，并煞有其事地预计，在1720年的圣诞节，公司可能要按面值的60%支付股利。这一消息一经宣布，加上公众对股价上扬的预期，促进了债券转换，进而带动了股价上升。1719年年中，南海公司股价为114英镑，到了1720年3月，股价飙升至300英镑以上。而自1720年4月起，南海公司的股票更是节节攀高，到了1720年7月，股票价格已高达1050英镑。

此时，南海公司老板布伦特又想出了新主意：以数倍于面额的价格，发行可分期付款的新股。同时，南海公司将获取的现金，转贷给购买股票的公众。这样，随着南海股价的扶摇直上，一场投机浪潮席卷全国。由此，170多家新成立的股份公司股票以及原有的公司股票，都成了投机对象，股价暴涨51倍，从事各种职业的人，包括军人和家庭妇女都卷入了这场旋涡。美国经济学家加尔布雷斯在其《大恐慌》一书中这样描绘当时人们购买股票的情形："政治家忘记了政治，律师放弃了买卖，医生丢弃了病人，店主关闭了铺子，教父离开了圣坛，甚至连高贵的夫人也忘了高傲和虚荣。"

1720年6月，为了制止各类"泡沫公司"的膨胀，英国国会通过了《泡沫公司取缔法》。自此，许多公司被解散，公众开始清醒过来，对一些公司的怀疑逐渐扩展到南海公司身上。从7月开始，外国投资者首先抛出南海公司股票，撤回资金。随着投机热潮的冷却，南海公司股价一落千丈，从1720年8月25日到9月28日，南海公司的股票价格从900英镑下跌到190英镑，到12月最终仅为124英镑。当年年底，政府对南海公司资产进行清理，发现其实际资本已所剩无几。那些高价买进南海股票的投资者遭受了巨大损失，政府逮捕了布伦特等人，另有一些董事自杀。"南海泡沫"事件使许多地主、商人失去了资产。此后较长一段时间，民众对参股新兴股份公司闻之色变，对股票交易心存疑虑。

(资料来源：https:///www.sohu.com/a/283113396-100133175，有删减.)

思政要点：

(1) "南海泡沫"事件的背后是利益驱动下的会计造假，1720年9月，英国议会组织了一个由13人参加的特别委员会，对"南海泡沫"事件进行秘密查证。在调查过程中，特别委员会发现该公司的会计记录严重失实，明显存在蓄意篡改数据的舞弊行为，于是特邀了一位名叫查尔斯·斯奈尔(Charles Snell)的资深会计师，对南海公司的分公司"索布里奇商社"的会计账目进行检查。这一行为也促成了历史上第一个上市公司审计案例。查尔斯·斯奈尔作为伦敦市彻斯特·莱思学校的习字和会计教师，商业审计实践经验丰富，理论基础扎实，在伦敦地区享有盛誉。查尔斯·斯奈尔通过对南海公司账目的查询、审核，于1721年提交了一份名为《伦敦市彻斯特·莱思学校的书法大师兼会计师对索布里奇商社的会计账簿进行检查的意见》的调查报告。在该份报告中，查尔斯指出了公司存在舞弊行为、会计记录严重不实等问题，但没有对公司为何编制这种虚假的会计记录表明自己的看法。

(2) 会计信息是人们在经济活动过程中运用会计理论和方法，通过会计实践获得反映会计主体价值运动状况的经济信息。会计信息失真是困扰会计界多年的老问题。会计信息，尤其是真实的会计信息对于企业本身，甚至整个国民经济都有着不可估量的作用。会计信息的严重失真可能对国家经济秩序构成严重威胁。这起发生在几百年前的上市公司造假案，直指会计记录造假和蓄意篡改数据。也就是说，上市公司造假案几乎无一例外地都和会计人员有着密不可分的关联。在会计人员的职业道德要求中，就有"诚实守信"一条，要求会计人员谨慎，信誉至上，不为利益所诱惑，不伪造账目，不弄虚作假，如实反映单位经济业务事项。

本章小结

账户按经济性质和经济内容分类，可分为五大类：资产类账户、负债类账户、所有者权益类账户、成本类账户和损益类账户。账户的用途是指账户的作用，即设置、运用账户的目的和账户记录所能提供的信息。账户的结构是指账户能够登记增加、减少和结余这三个部分以及各自所能反映的经济内容。账户按用途和结构分类，可分为盘存账户、结算账户、资本账户、跨期摊提账户、集合分配账户、调整账户、待处理账户、损益计算账户、对比账户、成本计算账户和留存收益账户等 11 类。通过本章的学习，要求理解和掌握设置不同类型账户的目的及其应用。

同步测试题

一、单项选择题

1. 账户分类的基础是按(　　)分类。
   A. 用途　　　　B. 结构　　　　C. 形式　　　　D. 经济内容
2. "固定资产"账户是"累计折旧"账户的(　　)。
   A. 被调整账户　　　　　　　　B. 附加调整账户
   C. 备抵调整账户　　　　　　　D. 备抵附加调整账户
3. 被调整账户余额的方向与备抵调整账户余额的方向(　　)。
   A. 相同　　　　B. 相反　　　　C. 一致　　　　D. 无关
4. 按用途和结构分类，"库存现金"和"银行存款"账户属于(　　)账户。
   A. 货币资金　　B. 费用　　　　C. 资产　　　　D. 盘存
5. 按反映的经济内容分类，"制造费用"账户属于(　　)账户。
   A. 资产类　　　B. 负债类　　　C. 成本类　　　D. 损益类
6. "累计折旧"账户按其经济内容分类，属于(　　)账户。
   A. 资产类　　　B. 负债类　　　C. 费用类　　　D. 备抵调整

7. "制造费用"账户按其用途和结构分类,属于( )账户。
   A. 成本计算   B. 集合分配   C. 负债   D. 成本费用
8. 下列各项中,属于集合分配账户的是( )账户。
   A. "本年利润"   B. "生产成本"   C. "制造费用"   D. "销售费用"
9. 调整账户与被调整账户的余额方向相反时,该调整账户是( )账户。
   A. 备抵   B. 备抵附加   C. 附加   D. 盘存
10. 按会计要素分类,"本年利润"账户属于( )账户。
    A. 资产类   B. 负债类   C. 所有者权益类   D. 对比类
11. "固定资产"账户借方余额为100 000元,"累计折旧"账户贷方余额为6 000元,固定资产净值为( )元。
    A. 100 000   B. 94 000   C. 100 200   D. 6 000
12. 按用途和结构分类,"坏账准备"账户属于( )账户。
    A. 集合分配   B. 结算   C. 调整   D. 跨期摊提
13. 按用途和结构分类,"生产成本"账户属于( )账户。
    A. 成本计算   B. 集合分配   C. 调整   D. 结算
14. 下列各项中,属于债权结算账户的是( )账户。
    A. "预付账款"   B. "预收账款"
    C. "应付股利"   D. "应付账款"
15. 下列各项中,属于对比账户的是( )账户。
    A. "生产成本"   B. "利润分配"
    C. "制造费用"   D. "本年利润"
16. 下列各项中,属于资产类账户的是( )账户。
    A. "预付账款"   B. "预收账款"
    C. "利润分配"   D. "制造费用"
17. 下列账户中,( )账户不是企业的负债类账户。
    A. "预付账款"   B. "应付账款"
    C. "其他应付款"   D. "递延所得税负债"
18. 甲企业采用计划成本进行材料的核算,月初结存材料的计划成本为80万元,成本差异为超支20万元,当月购入材料一批,实际成本为110万元,计划成本为120元。当月的材料成本差异为( )。
    A. 超支15万元   B. 超支10万元   C. 节约10万元   D. 节约15万元
19. 按( )分类,会计账户一般可分为五大类:资产类账户、负债类账户、所有者权益类账户、成本类账户和损益类账户。
    A. 核算对象   B. 会计要素   C. 经济内容   D. 用途和结构
20. 下列账户中,属于负债类账户的是( )账户。
    A. "累计折旧"   B. "预付账款"
    C. "未确认融资费用"   D. "所得税费用"
21. 反映( )的账户主要有"盈余公积"和"未分配利润"账户。
    A. 利润分配   B. 留存收益   C. 利润实现   D. 投入资本

22. 集合分配账户"制造费用"同时属于(　　)。
    A. 基本账户　　　B. 调整账户　　　C. 资本账户　　　D. 损益计算账户

二、多项选择题

1. 为了更好地(　　)，需要对账户进行科学的分类。
   A. 了解各个账户的特征　　　　　　B. 了解各组账户的共性
   C. 明了账户之间的关系　　　　　　D. 掌握各类账户的使用方法

2. 账户可以按(　　)等不同的标志进行分类，以便从不同的角度分析账户的体系结构。
   A. 会计要素　　　　　　　　　　　B. 用途和结构
   C. 资产和权益　　　　　　　　　　D. 统御与被统御关系

3. 以下各项中，属于资产类账户的有(　　)。
   A. "预收账款"账户　　　　　　　　B. "银行存款"账户
   C. "累计折旧"账户　　　　　　　　D. "固定资产清理"账户

4. 以下账户中，属于成本类账户的有(　　)。
   A. "生产成本"账户　　　　　　　　B. "主营业务成本"账户
   C. "制造费用"账户　　　　　　　　D. "研发支出"账户

5. 所有者权益类账户主要包括(　　)。
   A. "本年利润"账户　　　　　　　　B. "利润分配"账户
   C. "资本公积"账户　　　　　　　　D. "未分配利润"账户

6. 会计账户按经济性质和经济内容分类，可分为(　　)等。
   A. 资产、负债和所有者权益　　　　B. 收入和费用
   C. 收入、费用和利润　　　　　　　D. 成本和损益

7. 反映投资者投入资本的账户主要有(　　)。
   A. "实收资本"账户　　　　　　　　B. "未分配利润"账户
   C. "资本公积"账户　　　　　　　　D. "盈余公积"账户

8. 以下账户中，属于负债类账户的有(　　)。
   A. "预付账款"账户　　　　　　　　B. "预收账款"账户
   C. "其他应付款"账户　　　　　　　D. "应交税费"账户

9. 根据调整方式的不同，调整账户可以分为(　　)。
   A. 备抵调整账户　　　　　　　　　B. 附加调整账户
   C. 备抵附加调整账户　　　　　　　D. 结算账户

10. 以下账户中，属于资产备抵调整账户的有(　　)。
    A. "存货跌价准备"账户　　　　　　B. "累计折旧"账户
    C. "利润分配"账户　　　　　　　　D. "材料成本差异"账户

11. 以下说法中，正确的是(　　)。
    A. 调整账户与被调整账户反映的经济内容相同
    B. 调整账户不能离开被调整账户而存在
    C. 调整账户与被调整账户的余额在不同方向时相减，在相同方向时相加
    D. 调整账户与被调整账户的用途结构相同

12. "制造费用"账户属于(　　)账户。

A. 资产类　　　　B. 共同类　　　　C. 集合分配　　　D. 成本类

13. 对于负债类账户，以下说法中正确的是(　　)。
    A. 借方登记增加额，贷方登记减少额
    B. 借方登记减少额，贷方登记增加额
    C. 期末贷方余额表示期末负债余额
    D. 借方本期发生额一定大于贷方本期发生额
    E. 贷方本期发生额一定大于借方本期发生额

14. 下列各项中，属于债务结算账户的是(　　)账户。
    A. "应付账款"　B. "应付股利"　C. "预收账款"　D. "应收账款"

15. 下列各项中，属于备抵账户的是(　　)账户。
    A. "坏账准备"　B. "本年利润"　C. "累计折旧"　D. "利润分配"

16. 账户按用途和结构分类，属于盘存类账户的是(　　)账户。
    A. "库存现金"　B. "银行存款"　C. "原材料"　　D. "产成品"

17. 账户按会计要素分类，属于成本类账户的是(　　)账户。
    A. "生产成本"　B. "制造费用"　C. "管理费用"　D. "材料采购"

三、判断题

1. 按用途和结构分类，"累计折旧"账户应属于附加调整账户。(　　)
2. "实收资本"账户和"盈余公积"账户按经济性质和经济内容划分都属于所有者权益账户。(　　)
3. "累计折旧"账户是"固定资产"账户的备抵账户，其性质相同，账户结构也相同。(　　)
4. 所有盘存类账户通过设置明细分类账，都可以提供实物和价值两种指标。(　　)
5. 为了满足管理上对某种特殊指标的需要，对某些会计要素的内容的增减变化和结余情况，需要用两个不同的账户来反映，即被调整账户和调整账户。(　　)
6. 盘存类账户是任何企业单位都必须设置的基本账户。(　　)
7. 备抵账户是用来抵减被调整账户余额的，因此它与其被调整账户的账户结构相反，余额方向相反。(　　)
8. 企业各月月末都有在产品的情况下，"生产成本"账户就其结构和用途划分，既是成本计算类账户，又是盘存账户。(　　)
9. 盘存账户的余额总是在贷方。(　　)
10. 属于所有者权益的所有账户，它们的用途和结构都是相同的。(　　)
11. "制造费用"账户是成本计算类账户。(　　)
12. 备抵附加账户调整账户余额所在的方向与被调整账户余额的方向不一致时，是备抵调整账户。当余额所在的方向与被调整账户余额的方向一致时，是附加调整账户。即备抵附加调整账户是同时可以起备抵和附加作用的账户。(　　)
13. 当备抵附加账户的余额与其被调整账户的余额方向相同时，即为附加账户。(　　)
14. 盘存类账户的期末余额都在贷方。(　　)
15. "利润分配"账户是"本年利润"账户的调整账户。(　　)
16. 管理费用和待摊费用属于损益类费用。(　　)

17. 附加账户与其被调整账户的性质相同，结构相同，余额方向相同。如果被调整账户的余额在借方(或贷方)，则附加账户的余额也必定在借方(或贷方)。　　　　　　　(　　)

四、名词解释

1. 账户
2. 资产类账户
3. 负债类账户
4. 所有者权益类账户
5. 成本类账户
6. 损益类账户
7. 盘存账户
8. 结算账户
9. 资产结算类账户
10. 负债结算类账户
11. 资产负债结算类账户
12. 成本计算账户
13. 调整账户
14. 备抵账户
15. 附加账户
16. 备抵附加账户
17. 资本账户
18. 损益计算账户
19. 留存收益账户
20. 对比账户

五、思考题

1. 账户分类的作用是什么？
2. 账户按经济性质和经济内容分类，可分为几类？
3. 账户按经济性质和经济内容分类的意义是什么？
4. 什么是账户按用途和结构分类？
5. 账户为什么要按用途和结构分类？可分为几类？
6. 账户按用途和结构分类的意义是什么？
7. 结算账户可以分为几类？每一类的用途和结构如何？
8. 盘存账户的用途和结构有何特点？
9. 对比账户的用途是什么？
10. 调整账户分为几类？它们与被调整账户的关系如何？
11. 简述调整账户的结构和用途。
12. 为什么要设置集合分配账户？
13. 集合分配账户和成本计算账户各有什么特点？其设置的目的是什么？
14. 为什么要设置待处理账户？

六、业务题

业务 3-1

【资料】账户名称为"应收账款""应付账款""短期借款""制造费用""银行存款""应付票据""本年利润""实收资本""财务费用""管理费用""库存现金""生产成本""累计折旧""盈余公积""库存商品""利润分配——未分配利润""应交税费""固定资产""主营业务收入""主营业务成本""其他业务成本"。

【要求】将以上账户名称填入表 3-2 的相应栏目内。

表 3-2　账户名称表

账户分类	资产类账户	负债类账户	所有者权益类账户	成本类账户	损益类账户
盘存账户					
结算账户					
资本账户					
留存收益账户					
调整账户					
集合分配账户					
成本计算账户					
损益计算账户					
对比账户					

业务 3-2

【资料】金海工厂 2×21 年 11 月月末有关会计核算资料汇总列示如下。

(1) 各项财产物资(包括货币资金)的期末余额。

① 库存原料及主要材料 75 000 元。

② 库存辅助材料 5 000 元。

③ 库存燃料 3 000 元。

④ 库存完工产品 4 500 元。

⑤ 生产车间尚未完工产品 1 500 元。

⑥ 厂房和机器设备等原始价值 150 000 元，厂房和机器设备等累计折旧 35 000 元。

⑦ 银行存款 27 700 元。

⑧ 库存现金 300 元。

(2) 所有者权益的期末余额。

① 实收资本 205 000 元。

② 盈余公积 4 000 元。

(3) 结算往来款项的期末余额。

① 工商银行短期借款 13 000 元。

② 欠供应单位货款 7 100 元。

③ 应收购买单位货款 2 000 元。

(4) 跨期摊提账户的期末余额。

① 已预付尚未分摊的费用 1 200 元。

② 已预提尚未支付的费用 1 100 元。

(5) 财务成果的期末余额。

① 累计实现利润 40 000 元。

② 累计已分配利润 35 000 元。

【要求】指出以上资料的账户名称，并说明其是按经济性质和经济内容还是按结构和用途分类的，并进行试算平衡。

说明：业务用纸格式如表 3-3 所示。

表 3-3　业务用纸格式

账户名称	按经济性质和经济内容分类	按结构和用途分类	期末余额试算平衡	
			借　方	贷　方
合　计				

第二篇 流 程 篇

第四章 会计凭证

教学目标与要求

- 了解会计凭证的作用和种类,以及会计凭证的传递和保管。
- 熟悉原始凭证的填制与审核。
- 掌握记账凭证的填制与审核。

教学重点与难点

教学重点:
原始凭证的填制与审核;记账凭证的填制与审核。
教学难点:
原始凭证的审核和记账凭证的填制。

案例分析

【案例一】 2019年下半年开始,某公司向供货商先后采购了20 000多元的液化气,双方履行顺利未见纠纷。2020年3月2日,该公司突然收到法院传票。原来,供货商一纸诉状将其告上了法庭,要求支付货款20 000多元。审理中,被告承认供货事实,但称已经支付了该笔货款,并提供原告给其开具的发票为证。原告却提出发票上加盖的财务章不是该公司的,并拿来了财务章当庭对照。这时,被告才发现发票上的财务专用章的供货商名称"上海市某某液化气站"比原告名称"上海市某某石油液化气站"少了"石油"两个字。

浦东区法院认为,根据法律规定,当事人对自己提出的主张有责任提供证据,否则要承担举证不能的不利后果。此案被告既然主张支付了货款,就应提供有效证据,现发票所盖印章名称与供货商名称不符,即无法认定系原告开出,而被告又无其他证据证实该发票的真实性,因此该案因证据不足,对被告的抗辩不予采信。最后,法院判决该公司向供货商支付全部货款。

承办法官提示,在公司财务管理制度中,发票是作为付款的唯一有效凭证,因此公司的财务人员在支付货款时,对发票的任何项目都应仔细审查,如果取得了伪造或无效发票,经济损失就不可避免了。

思考与讨论: 分析原始凭证的填制应注意哪些问题?

【案例二】 企业的现金应由专职的出纳员保管。现金的收支应由出纳员根据收付款凭证办理,业务办理完毕后再由出纳员在有关的凭证上签字盖章。这是现金收支业务的正常账务处理程序。

但在大连某实业公司,这个正常的账务处理程序却被打乱了。企业的现金由会计人员保管,现金的收支也由会计人员办理。更为可笑的是,该企业的记账凭证由出纳员张某先盖好印章放在会计人员那里,给会计人员作弊提供了可乘之机。该实业公司会计(兼出纳)邵某就是利用这种既管钱又管账的"方便"条件,尤其是借用盖好章的记账凭证,编造虚假支出,贪污公款 1.4 万余元。

思考与讨论:

(1) 该企业的会计凭证处理是否妥当?应该如何处理?

(2) 企业这种会计处理程序违反了什么原则?应该如何处理?

提示:

《现金管理暂行制度》规定,应严格执行账款分管制度,出纳员不登记会计记录,非现金出纳员一律不得经手现金。

第一节 会计凭证概述

一、会计凭证的意义

会计凭证是记录经济业务,明确经济责任和据以登记账簿的书面证明。例如,购销商品时开具的发票,收料时开具的收料单,由会计人员编制据以登记账簿的收款、付款、转账凭单等都是会计凭证。

任何单位每发生一项经济业务,如货币资金的收支、财产物资的进出、各种债权债务的结算等,经办业务的有关人员必须按照规定的程序和要求,认真填制会计凭证,记录经济业务发生或完成的日期及经济业务的内容,并在会计凭证上签名盖章,有的凭证还需要加盖公章,以对会计凭证的真实性和正确性负责。一切会计凭证都必须经过有关人员的严格审核。只有经过审核无误的会计凭证,才能作为登记账簿的依据。认真填制和复核会计凭证是做好账务处理工作的前提。这对于保证账簿记录的真实、可靠,为经营管理提供真实、合法的会计资料具有重要的意义。填制和审核会计凭证的意义主要可归纳为以下四个方面。

(一)能使经济管理工作有条不紊地进行

一项经济业务从开始到完成,往往需要涉及企业内外的很多部门,而通过会计凭证的填制及科学的传递,能使各部门的分工协作合理协调。例如,若干联次发票的填制和流转,是购销双方各部门得以有条不紊工作的重要保证。

(二)有利于保证会计信息真实性的质量要求

会计凭证记载着经济业务发生的内容及数据,为会计核算提供数据,并且保证账簿记录的正确性。会计机构只有取得经审核无误的原始凭证才能据以填制记账凭证,然后根据审核无误的记账凭证登记账簿。这个过程在一定程度上保证了账簿记录的真实性、合法性,减少了账簿记录的差错率。

(三)便于有效发挥会计的监督作用

会计凭证在填制及传递过程中,有关经办人员都要在会计凭证上签名或盖章,以明确每一环节的责任及责任人。一旦发生问题,便于检查和分清有关人员的责任。同时,由于每份会计凭证须经过多人之手,因此起到了内部牵制的作用,在一定程度上防止了违法乱纪行为的发生。

(四)为事后审计提供原始依据,为会计机构审核经济业务提供条件

我国《会计档案管理办法》规定,多数会计凭证必须妥善保存 30 年。这些会计凭证为经济案件的事后审计提供了有力的法律依据,也为会计机构审核经济业务提供了条件。会计机构取得了会计凭证,就能了解到经济业务发生的时间和内容。通过对其审核,就可检查出经济业务是否合理、合法、合规,以发挥会计的监督作用,抵制违法乱纪行为,严肃财经纪律,保证公有财产的安全及合理使用。

二、会计凭证的分类

会计凭证按其填制程序和用途的不同,可分为原始凭证和记账凭证两大类。

4.1 会计凭证的分类

(一)原始凭证

原始凭证是在经济业务发生时取得或填制的。它是用来记载经济业务实际执行情况,明确经济责任,并具有法律效力的会计凭证,也是记账的原始依据。

原始凭证按其取得来源的不同,又可分为外来原始凭证和自制原始凭证两种。

1. 外来原始凭证

外来原始凭证是指本单位在同其他单位发生经济业务时,从外单位取得或认可的原始凭证,如购进商品的发票、银行盖章的结算凭证等。一般而言,对在经济生活中经常发生的经济业务所需要的原始凭证,应由当地的税务和财政部门统一印制,并加盖"税务监制专用章"和"财政监制专用章"。例如,外购材料时从供货方所取得的"增值税专用发票"、对外支付有关款项时所取得的收据等。

【例 4-1】 SD 公司于 2020 年 6 月 27 日向希德公司购入 ϕ15mm 钢材 100 吨,单价为 2 000 元,款项已通过银行转账。希德公司开出的增值税专用发票如图 4-1 所示。增值税专用发票基本联次为一式 3 联,第一联为记账联,第二联为抵扣联,第三联为发票联。其中,第一联留存于销货方用于记账,第二、三联交购货方用于纳税抵扣和记账。增值税专用发票一般为机制,自 2020 年 12 月 21 日起,增值税电子专用发票陆续在全国范围内推行,增值税

电子专用发票在票面上注有"增值税电子专用发票"字样。

SH 市增值税专用发票

6500133140

No.00223333

开票日期:2020 年 6 月 27 日

购买方	名称:SD 公司 纳税人识别号:13933333333 地址、电话:SH 市胜象路 96 号　5787711 开户行及账号:SH 市工商银行曹路支行　253-05396443				密码区	(略)		
货物及应税劳务、服务名称	规格型号	单位	数量	单价	金额		税率	税额
钢材	φ15mm	吨	100	2 000.00	200 000.00		13%	26 000.00
合　计					¥200 000.00			¥26 000.00
价税合计(大写)		⊗ 贰拾贰万陆仟元整					(小写) ¥226 000.00	
销售方	名称:希德公司 纳税人识别号:13022222222 地址、电话:SH 市 JH 路 29 号　3588866 开户行及账号:SH 市商业银行　265-03012345				备注	希德公司 发票专用章		

图 4-1　SH 市增值税专用发票

2. 自制原始凭证

自制原始凭证是指本单位有关经办人员在通知或执行完成某项经济业务时所填制的原始凭证,如销货发票、收料单等。

自制原始凭证按使用次数的不同,又可分为一次凭证、累计凭证、汇总原始凭证和记账编制凭证。

(1) 一次凭证。一次凭证是指经济业务发生后一次填写完毕的原始凭证。大部分自制凭证都是一次凭证,如收料单、借款单、差旅费报销单、领料单、销货发票等。

【例 4-2】 2020 年 3 月 16 日,SD 公司采购人员金海到北京办理采购事宜,预借差旅费 6 000 元,以现金付讫。该笔业务借款人应填制借款单,作为现金的支出凭证。其格式和填制方法如图 4-2 所示。

借　款　单

2020 年 3 月 16 日

差字第 *28* 号

借款人姓名	*金海*	所在单位或部门	*供应科*		
出差地点	*北京*	出差事由	*采购*		
往返时间	*10 天*	借款金额	*¥6 000.00*	预计还款日期	*3 月 26 日*
人民币(大写)	*陆仟元整*				

审批:(签章)　　出纳:(签章)　　借款单位负责人:(签章)　　借款人:*金海*

图 4-2　借款单

【例 4-3】 2020 年 3 月 26 日,金海出差归来报销差旅费共计 5 585 元,余额退回现金。该项业务应根据各种外来原始凭证填制差旅费报销单,经有关会计人员审核后予以报销。其具体格式和填制方法如图 4-3 所示。

差旅费报销单

2020 年 3 月 26 日

报销人姓名	金海		所在单位		供应科		出差地点		北京
出差事由	采购			出差时间			3月16日至3月25日		
采购费用项目	火车	飞机	船	交通费 长途汽车	市内汽车	住宿费	补助费	其他费用	合　计
凭证张数	2				10	1		3	
金额	3860				180	860	500	185	¥5 585.00
原借款金额	¥6 000.00		实际报销金额		¥5 585.00		补退金额	¥415.00	
人民币(大写)伍仟伍佰捌拾伍元整									
审核:(签章)			报销单位负责人:(签章)				报销人:(签章) 李阎国		

图 4-3　差旅费报销单

(2) 累计凭证。累计凭证是指在一定时期内每次都在一张凭证上记载同类经济业务,月末按累计额作记账依据的自制原始凭证。在会计实务中,最常见的累计凭证有"限额领料单"和"费用限额卡"等。

【例 4-4】 2020 年 3 月,SD 公司第四生产车间本月计划生产丙产品 1 000 件,单位产品 ϕ25mm 圆钢计划消耗定额 6 千克,共计 6 000 千克,单价 30 元/千克,计金额 180 000 元,本月实际领用 5 次(分别为 5 日、10 日、15 日、20 日、26 日),每次均为 1 200 千克,月底盘点尚有 100 千克未用,办理退库手续,实际领用 5 900 千克。限额领料单的格式及填制方法如图 4-4 所示。

限额领料单

领料单位:第四车间　　　　　　　　　　　　　　　　　编　　号:451

用　途:丙产品　　　　　　2020 年 3 月　　　　　　　发料仓库:5 号库

材料类别	材料编码	材料名称及规格	计量单位	单价/元	领用限额/千克	实际领用 数量	实际领用 金额/元
黑色金属	6538	ϕ25mm 圆钢	千克	30	6 000	5 900	177 000
供应部门负责人:		(签章)		生产计划部门负责人:(签章)			

领料日期	请领 数量	请领 领料单位负责人	实发 数量	实发 发料人	实发 领料人	限额结余	退库 数量	退库 退料单编号
5	1 200	张晓明	1 200	刘锦丽	赵永亮	4 800		
10	1 200	张晓明	1 200	刘锦丽	赵永亮	3 600		
15	1 200	张晓明	1 200	刘锦丽	赵永亮	2 400		
20	1 200	张晓明	1 200	刘锦丽	赵永亮	1 200		
26	1 200	张晓明	1 200	刘锦丽	赵永亮	0		
31							100	
合计	6 000		6 000				100	

图 4-4　限额领料单

(3) 汇总原始凭证。汇总原始凭证也称原始凭证汇总表，是指为减少记账凭证编制的工作量而将一定时期记录同类经济业务的若干份原始凭证汇总编制的，用以集中反映某类经济业务发生情况的原始凭证。例如，"发料凭证汇总表""收料凭证汇总表"等都是汇总原始凭证。

(4) 记账编制凭证。记账编制凭证是指会计人员根据账簿记录的结果，对某些特定会计事项进行归类、整理而编制的一种原始凭证。例如，在计算产品成本时编制的"制造费用分配表"就是根据制造费用明细账记录的数字按费用的用途填制的。

(二)记账凭证

记账凭证也称为记账凭单、分录凭证或传票。它是根据原始凭证或原始凭证汇总表编制，以确定会计分录的会计凭证。

由于原始凭证来自不同的单位，种类繁多、数量庞大、格式不一，不能清楚地表明应记入的会计科目的名称和方向。为了便于登记账簿，需要根据原始凭证反映的不同经济业务，加以归类和整理，填制具有统一格式的记账凭证，确定会计分录，并将相关的原始凭证附在记账凭证的后面。这样不仅可以简化记账工作，减少差错，而且还有利于原始凭证的保管，便于对账和查账，提高会计工作质量。

记账凭证按其编制方法的不同，又可分为复式记账凭证和单式记账凭证。

1. 复式记账凭证

复式记账凭证是根据同类经济业务所涉及的对应会计科目集中填制在一份凭证上的记账凭证。复式记账凭证按其用途的不同，又可分为专用记账凭证和通用记账凭证。

(1) 专用记账凭证。专用记账凭证是指专门用于某一种经济业务的记账凭证。它按记载的经济业务内容的不同，通常又可分为收款凭证、付款凭证及转账凭证三种。其中，收款凭证是用于现金及银行存款收入业务的记账凭证；付款凭证是用于现金及银行存款付出业务的记账凭证；转账凭证是用于不涉及现金及银行存款收付业务的记账凭证，如处理生产领料、产品入库等业务时，应采用转账凭证。

专用记账凭证可根据企业经济业务量的多少作适当的变通。经济业务多的企业可将收款凭证、付款凭证再细分为现金收入凭证、现金付出凭证、银行存款收入凭证、银行存款付出凭证等，并用不同的颜色印刷，以资区别。

(2) 通用记账凭证。在经济业务比较简单的经济单位，为了简化凭证，可不论收款、付款及转账业务都使用一种格式的记账凭证，这种记账凭证称为通用记账凭证。

2. 单式记账凭证

单式记账凭证也称为单项记账凭证，是指一张记账凭证中只填列一个会计科目的记账凭证。

在采用单式记账凭证处理经济业务时，若一笔会计分录同时涉及几个会计科目，则必须按会计科目填制同样张数的记账凭证。其中，填列借方科目的记账凭证称为借方记账凭证，也称为借项记账凭证；填列贷方科目的记账凭证称为贷方记账凭证，也称为贷项记账凭证。有些单式记账凭证虽然也列有对应科目，但仅仅是为了方便查询及参考，不据以登记账户。

采用单式记账凭证时，为方便审核及审计，其原始凭证应集中附在其中一张主要的记账凭证后。采用单式记账凭证处理会计事项，具有方便科目汇总，便于分工记账的优点。但是，这种方式的制证工作量极大,纸张花费也大,而且单式记账凭证因不能在一张凭证上集中反映一笔经济业务的全貌,故不便于事后查账。

此外,企业为简化登记总账的工作,可将记账凭证按会计科目进行汇总,编制科目汇总表或汇总记账凭证以登记总账。某些单位还直接在原始凭证或原始凭证汇总表中印制记载会计分录的格式,以用来兼代记账凭证。例如,某些单位的市外差旅报销单、银行结算凭证等均兼有分录格式。这种两证合一的会计凭证称为联合凭证。采用联合凭证可简化记账凭证的编制。

会计凭证的分类情况如图 4-5 所示。

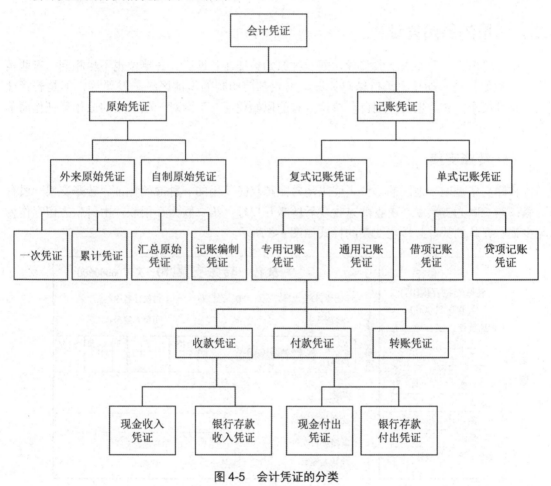

图 4-5　会计凭证的分类

第二节　原 始 凭 证

一、原始凭证应具备的基本内容

由于各单位的经济业务千差万别,因而各种原始凭证的具体内容必然也是多种多样的。在会计实务中,无论是哪一种原始凭证,都应该具备以下基本内容。

(1) 凭证的名称。

(2) 凭证的填制日期和经济业务发生的日期。

(3) 填制凭证的单位名称或填制人姓名。

(4) 经办人或责任人的签名或盖章。

(5) 接收凭证单位名称(俗称"抬头")。

(6) 经济业务内容(包括数量、单价、金额等)。

(7) 原始凭证的附件(如与业务有关的经济合同、费用预算等)。

上述基本内容，除第(7)条外，一般都不得缺少，否则就不能成为具有法律效力的书面证明。

二、常用的原始凭证

由于管理方式及要求上的差异，同一种原始凭证在各地区、各单位也不尽相同。有些是统一的原始凭证，如托收承付结算凭证、财政部门印制的本地区统一发票等，但是若管理上有特殊要求，企业也可印刷自己单位专有的原始凭证。下面对一些常用的原始凭证作简单介绍。

(一)转账支票

转账支票是同一地区的单位之间采用转账结算时使用的一种原始凭证。转账支票一般有两联：第一联为支票联，由收款方收取后解缴开户行；第二联为存根联，由付款方留存作为减少银行存款的凭证。转账支票的样式如图4-6所示。

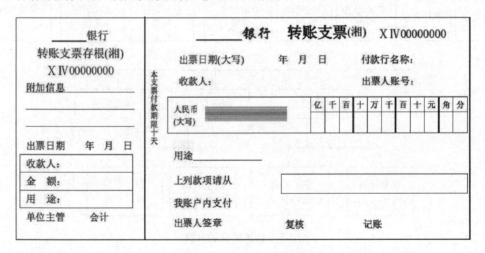

图4-6 转账支票的样式

(二)商业承兑汇票

商业承兑汇票是由收款人签发，经付款人承兑，或由付款人签发并承兑作为延期付款的票据。它既是一种结算凭证，也是一种商业信用。商业承兑汇票通常有三联：第一联为卡片联，由承兑人留存；第二联为汇票联，由收款人开户行随委托收款凭证寄付款人开户行作为付出传票；第三联为存根联，供签发人存查。商业承兑汇票的样式如图4-7所示。

商业承兑汇票　汇票号码

签发日期　年　月　日　　第　号

<table>
<tr><td rowspan="3">收款人</td><td>全　称</td><td colspan="3"></td><td rowspan="3">付款人</td><td>全　称</td><td colspan="10"></td></tr>
<tr><td>账　号</td><td colspan="3"></td><td>账　号</td><td colspan="10"></td></tr>
<tr><td>开户银行</td><td></td><td>行号</td><td></td><td>开户银行</td><td colspan="4"></td><td>行号</td><td colspan="5"></td></tr>
<tr><td colspan="2" rowspan="2">汇票金额</td><td colspan="5" rowspan="2">人民币
(大写)</td><td>千</td><td>百</td><td>十</td><td>万</td><td>千</td><td>百</td><td>十</td><td>元</td><td>角</td><td>分</td></tr>
<tr><td></td><td></td><td></td><td></td><td></td><td></td><td></td><td></td><td></td><td></td></tr>
<tr><td colspan="2">汇票到期日</td><td colspan="3">年　月　日</td><td colspan="2">交易合同号码</td><td colspan="10"></td></tr>
<tr><td colspan="5">本汇票已经本单位承兑，到期日无条件支付票款。此致
收款人
付款人盖章
负责　经办　年　月　日</td><td colspan="12">汇票签发人盖章
负责　经办</td></tr>
</table>

此联收款人开户行随结算凭证寄付款人

开户行作付出传票附件

图 4-7　商业承兑汇票的样式

(三)进账单

进账单是收款方向银行解交转账支票、本票、银行汇票等票款时使用的原始凭证。进账单一般有两联：第一联为回单联或收账通知，由银行盖章后退回，作为银行存款增加的凭证；第二联作为收入凭证，是收款行的入账依据。进账单的样式如图 4-8 所示。

××银行　进账单　(回单)

年　月　日

<table>
<tr><td rowspan="3">收款人</td><td>全　称</td><td colspan="3"></td><td rowspan="3">付款人</td><td>全　称</td><td colspan="11"></td></tr>
<tr><td>账　号</td><td colspan="3"></td><td>账　号</td><td colspan="11"></td></tr>
<tr><td>开户银行</td><td colspan="3"></td><td>开户银行</td><td colspan="11"></td></tr>
<tr><td rowspan="2">金额</td><td colspan="6" rowspan="2">人民币
(大写)</td><td>亿</td><td>千</td><td>百</td><td>十</td><td>万</td><td>千</td><td>百</td><td>十</td><td>元</td><td>角</td><td>分</td></tr>
<tr><td></td><td></td><td></td><td></td><td></td><td></td><td></td><td></td><td></td><td></td><td></td></tr>
<tr><td colspan="2">票据种类</td><td></td><td>票据张数</td><td></td><td colspan="13" rowspan="3">开户银行盖章</td></tr>
<tr><td colspan="2">票据号码</td><td colspan="3"></td></tr>
<tr><td colspan="5">复核　记账</td></tr>
</table>

此联是开户银行交给持(出)票人的回单

图 4-8　进账单的样式

(四)发票(发货票)

发票是商品交易的原始凭证。发票的种类很多，联次也各不相同，这里仅介绍较常用的一种——增值税专用发票。增值税专用发票是由国家税务总局监制设计印制的，只限于增值税一般纳税人领购使用，既作为纳税人反映经济活动中的重要会计凭证，又是兼记销货方纳税义务和购货方进项税额的合法证明。增值税专用发票由基本联次或者基本联次附加其他联次构成，基本联次为三联：发票联、抵扣联和记账联。发票联，作为购买方核算采购成本和增值税进项税额的记账凭证；抵扣联，作为购买方报送主管税务机关认证和留存备查的凭证；记账联，作为销售方核算销售收入和增值税销项税额的记账凭证。其他联次的用途，由一般纳税人自行确定。随着技术的不断发展，我国部分企业已经可以开具增值税电子发票，增值税电子发票无不同联次之分。纸质版本增值税专用发票的样式如图 4-1 所示，增值税电子专用发票的样式如图 4-9 所示。

SH 市增值税专用发票

6500133140

发 票 联

No.00223333

开票日期：2020 年 6 月 27 日

购买方	名　　　　称：						
	纳税人识别号：				密码区		
	地 址、电 话：						
	开户行及账号：						
项目名称	规格型号	单位	数　量	单价	金　额	税率	税　额
合　计							
价税合计(大写)			(小写)				
销售方	名　　　　称：				备注		
	纳税人识别号：						
	地 址、电 话：						
	开户行及账号：						

收款人：　　　　　　　　　复核：　　　　　　　　　开票人：

图 4-9　增值税电子专用发票的样式

(五)收料单

收料单是仓库验收入库的原始凭证。收料单一般为三联：第一联为存根联，留供应部门，作为物资供应统计的依据；第二联为记账联，留会计部门，作为入库材料核算的依据；第三联为保管联，留仓库，作为仓库材料明细账的记账依据。收料单的样式如图 4-10 所示。

收　料　单

供货单位：　　　　　　　　　　　　　　　　　凭证编号：
发票号码：　　　　　　　　　年　月　日　　　收料仓库：

材料编号	材料规格及名称	计量单位	数量		价格	
			应收	实收	单价	金额
备注					合计	

仓库负责人：　　　　记账：　　　　仓库保管：　　　　收料人：

图 4-10　收料单的样式

(六)领料单

领料单是仓库发出材料的原始凭证。领料单一般有四联：第一联为存根联，留领料部门备查，或作为车间二级核算的原始凭证；第二联为记账联，留会计部门，作为出库材料核算的依据；第三联为保管联，留仓库，作为仓库明细账的发出依据；第四联为业务联，留供应部门，作为物资统计的依据。领料单的样式如图4-11所示。

领 料 单

领料部门：						凭证编号：	
用　途：		年　月　日				发料仓库：	
材料编号	材料规格及名称	计量单位	数量		价格	
			请领	实领	单价	金额
备　注：					合计	
仓库负责人：		记账：		领料人：		发料人：	

图 4-11 领料单的样式

除上述原始凭证外，企业还有一些较常见的原始凭证。例如，向税务部门纳税时填制的各种税单；与银行往来的各种单证，如"现金解款单""现金支票""贷款借款凭证""贷款还款凭证"等；用于内部报销时填制的各种凭证，如"市内出差报销单""外埠差旅费报销单""医药费报销单""零星支出付款单"等；其他的原始凭证，如"工资单""外埠出差借款单""固定资产调拨单""现金收据""产品入库单"等都是企业较常用的原始凭证。

三、原始凭证的填制

为了确保会计核算资料的真实、正确并及时反映，应按下列要求填制原始凭证。

(一)真实、正确

原始凭证必须按经济业务发生的真实情况准确填制，包括时间、内容、金额等，不得伪造，否则会受到行政处分，情节严重的还要依法追究刑事责任。

(二)清楚、完整

原始凭证的填写，字迹要清楚，内容要完整，要符合会计工作规则。填写原始凭证时主要应注意以下七个方面。

(1) 填制凭证必须用蓝黑墨水或碳素墨水书写，一式几联的会计凭证必须用双面复写纸套写，字迹必须清晰、工整，不得潦草。

(2) 汉字大写金额数字，一律用正楷或行书字书写，不得任意自选简化字。金额前应有"人民币"字样紧靠大写金额，金额后(除"分"外)要有"整"字样。

(3) 阿拉伯数字不得连笔书写。小写金额前应有人民币符号"¥"紧靠数字，以元为单位的金额一律填写到角分，无角分的应填写"00"或符号"—"。

(4) 自制凭证必须由经办负责人或指定人员签名盖章，对外开出的原始凭证必须有本单位的公章。

(5) 各种凭证必须连续编号，以便查考。凭证如果已预先印定编号，在写错作废时，应当加盖"作废"戳记，并全部保存，不得撕毁。

(6) 各种凭证不得随意涂改、刮擦、挖补。填写错误需要更正时，应用划线更正法，即将错误的文字和数字用红色墨水划线注销，再将正确的数字和文字用蓝字写在划线部分的上面，并签字盖章。

(7) 各种凭证必须及时填制。一切原始凭证都应该按照规定程序，及时送交财会部门，由财会部门审核并编制记账凭证。

四、原始凭证的审核

原始凭证的审核是会计人员实行会计监督的重要手段。会计机构、会计人员对原始凭证必须进行审核，对不真实、不合法的原始凭证不应受理；对记载不正确、不完整的原始凭证应退回，要求更正、补充。只有审核无误的原始凭证才能据以编制记账凭证，然后登记入账。原始凭证的审核一般包括以下三个方面。

4.2 这个不可以报销

(一)真实性审核

审核原始凭证，首先要审核它的真实性。所谓真实，就是原始凭证上所反映的信息应是经济业务的本来面貌，不得掩盖、歪曲和颠倒。如果不真实，就谈不上完整性审核和合法性审核。

(二)完整性审核

所谓完整，指的是原始凭证应具备的要素完整和手续齐全。审核时要检查这些应具备的要素是否都已填写上。例如，发货票上应有销货单位的财务公章、税务专章、本联发货票的用途、发货票的编号等要素。若缺少某些项目，还应怀疑原始凭证是否真实。要素不完整的原始凭证，原则上应退回重填，特殊情况下需经旁证和领导批准后才能作为编制记账凭证的依据。

(三)合法性审核

所谓合法，就是按会计法规、会计制度和计划预算办事。这里所说的会计制度，包括本单位制定的正在使用的一些内部会计制度。

在审核时会计人员必须坚持原则，认真履行职责。对于违反制度、计划、预算和不符合增产节约原则的收支凭证，应拒绝办理，并报告领导人；对于不真实、不完整的原始凭证，发现后一定要退回重填或不予受理；对于虽真实、完整，但不合法的原始凭证，也不能受理。记账人员在登记账簿之前的审核中，如果发现了现行会计法规和会计制度不允许报销的原始凭证，应暂停登记，立即向会计主管报告。只有审核无误的原始凭证，才能作为填制记账凭证的依据。

第三节 记 账 凭 证

一、记账凭证的基本内容

记账凭证种类甚多，格式不一，但其主要作用都是对原始凭证进行分类、整理，并按照复式记账的要求，运用会计科目，编制会计分录，据以登记账簿。因此，记账凭证必须具备以下基本内容。

(1) 记账凭证的名称。

(2) 填制凭证的日期和凭证的编号。

(3) 会计科目(包括子目、细目)、借贷方向和金额(即会计分录)。

(4) 经济业务的内容摘要。

(5) 所附原始凭证的张数。

(6) 填制、审核、记账、会计主管等有关人员的签名或盖章，此外，收款和付款凭证还需有出纳人员的签章。

(7) 记账凭证应按月统一编号。

在会计实务中，有的单位还用自制原始凭证或原始凭证汇总表代替记账凭证，但应该具备记账凭证的上述基本内容。记账凭证有多种分类，常用的收款凭证、付款凭证、转账凭证的一般样式分别如图 4-12、图 4-13 和图 4-14 所示，也有不区分类别、可供所有业务使用的通用记账凭证，其样式与转账凭证相似。

借方科目		记账
一级科目	二级科目	

收款凭证

总字第　号

年　月　日　　收字第　号

摘要	贷方科目		金额										记账
	总账科目	二级或明细科目	千	百	十	万	千	百	十	元	角	分	
合计(大写)													

附件　张

主管:　审核:　出纳:　制单:　记账:

图 4-12　收款凭证的样式

贷方科目		记账
一级科目	二级科目	

付款凭证

总字第　号

年　月　日　　付字第　号

摘要	借方科目		金额										记账
	总账科目	二级或明细科目	千	百	十	万	千	百	十	元	角	分	
合计(大写)													

附件　张

主管:　审核:　出纳:　制单:　记账:

图 4-13　付款凭证的样式

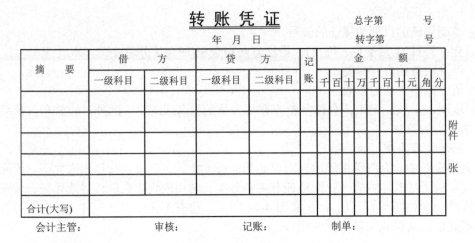

图4-14 转账凭证的样式

二、记账凭证的填制

4.3 专用记账凭证填写

填制记账凭证是一项重要的会计工作。填制出现错误,不仅会影响账簿登记,而且还会影响经费收支、费用汇集、成本计算和编制会计报表,更正时也要浪费会计人员的大量时间和精力。现将记账凭证的填制要求及有关事项填制的程序介绍如下。

(1) 必须根据审核无误的原始凭证填制记账凭证。记账凭证可以根据每一张原始凭证填制,也可以根据若干张同类原始凭证汇总填制,还可以根据原始凭证汇总表填制。

(2) 填制记账凭证的日期。填写日期一般是会计人员填制记账凭证的当天日期,也可以根据管理需要,填写经济业务发生的日期或月末日期。

(3) 填写经济业务的内容摘要。记账凭证的摘要栏填写经济业务的简要内容,填写时要用简明扼要的文字反映经济业务的概况。

(4) 会计科目(包括一级科目和二级科目)和会计分录的填制。应填写会计科目的全称和编号,不得简写或只写编号而不写名称。要写明一级科目、二级科目甚至三级科目,以便登记总分类账和明细分类账。会计科目的对应关系要填写清楚,不能把不同内容、不同类型的经济业务合并,编制一组会计分录,填制在一张凭证上。

(5) 金额栏数字的填写。记账凭证的金额必须与原始凭证的金额相符。在填写金额数字时,阿拉伯数字书写要规范,应平行对准借贷栏次和科目栏次,防止错栏、串行,金额的数字要填写到分位。合计数前面填写货币符号"¥",不是合计数的,则不填写货币符号。

(6) 记账凭证应按行次逐项填写,不得跳行或留有空行。对记账凭证中的空行,应该划斜线或一条"S"形线注销。

(7) 所附原始凭证张数的计算和填写。记账凭证一般应附有原始凭证,并注明其张数。凡属收付款业务的记账凭证,必须有附件,附件张数应用阿拉伯数字填写。

(8) 记账凭证的签章。记账凭证填制完成后,需要由有关会计人员签名或盖章,对于收付款记账凭证,还需由出纳人员签名或盖章,以表明出纳人员已对所签名或盖章的收付款记账凭证上的款项进行了收付。

(9) 使用收款凭证、付款凭证和转账凭证的单位，对现金和银行存款之间及各种银行存款之间相互划转的业务，如从银行提取现金或将现金存入银行等，只填制付款凭证，不再填制现金或银行存款的收款凭证，以避免重复记账。

三、记账凭证的审核

记账凭证的审核是为了保证和监督各种款项的收付、物资的收发、往来的结算以及账簿记录的正确性，是对所办理的经济业务的原始凭证的审核和记账凭证的填制是否符合规定进行复查。记账凭证审核的内容主要有以下几个方面。

(1) 应附的原始凭证是否附齐。
(2) 原始凭证与记账凭证的金额内容是否一致。
(3) 摘要是否简洁明了。
(4) 会计分录是否编制正确。
(5) 规定项目是否填齐。
(6) 有关人员是否都已签名盖章。

第四节　会计凭证的传递和保管

一、会计凭证的传递

(一)会计凭证传递的含义

由于经济管理过程中分工、内部牵制、监督控制机制等方面的需要，会计凭证从填制起到归档保管时止，往往需要经过会计主体内部多个部门或有关人员的处理，这个凭证处理过程就是会计凭证的传递。

会计凭证的传递程序是凭证组织的一个重要内容，也是会计的基础工作。

(二)正确组织会计凭证传递的意义

会计凭证承担着经济业务载体的功能，又是办理经济业务手续及记账的依据，因此在会计主体内部，各种会计凭证应由谁填制，填制后在什么时间递交什么部门、什么岗位，由谁接办业务手续，直到归档保管为止都应有合理的传递程序。如果是一式数联的会计凭证，还应具体规定各联的流程。组织科学合理的凭证传递程序，对及时、准确地提供会计信息有着重要的意义。其具体表现主要有以下三个方面。

(1) 组织科学合理的凭证传递程序，有利于各经办人员及时掌握经济业务发生情况，加速业务处理进程，从而提高工作效率。例如，商品的销售过程一般要经过开单、提货、发运、货款结算等环节，涉及业务、仓储、运输、会计等部门，如果凭证传递合理，就能使各部门协调工作，缩短销售过程，从而加速资金运转。

(2) 组织科学合理的凭证传递程序，有利于发挥会计监督作用。例如，在商品购进过程中，一般会计部门不仅应收到业务部门转来的购进发票，而且还应收到仓库部门转来的相应收货单。通过对发票及收货单的审核,可发挥会计的监督作用,以保护企业财产的安全。

(3) 组织科学合理的凭证传递程序,有利于加强内部牵制机制。例如,在现金报销过程中,一张会计凭证必须经过出纳、稽核、记账等多人之手,从而加强了内部牵制作用,预防了漏洞的产生。

(三)会计凭证传递程序设计的基本要求

从上述会计凭证传递的含义和意义的阐述中我们可以看出,整个会计凭证的传递过程,就是经济业务处理的一个执行过程。因此,会计凭证传递程序设计得优劣,直接影响管理机制运行的效果,必须重视会计凭证传递的设计。会计凭证传递程序的制定,通常应注意以下几个方面。

(1) 制定的程序要有利于会计监督及内部牵制。

(2) 要根据经济业务的特点、企业内部机构设置、人员分工情况及管理上的需要等实际情况,制定凭证需要的联数及流程。即使经济业务手续能顺利进行,又能利用凭证资料满足各方面的需要。

(3) 在满足管理需要的前提下,凭证的联数及流转环节力求简化,以免影响传递速度。

(4) 凭证在各环节停留时间的确定,不能过紧或过松。过紧会影响业务完成,过松则助长办事拖沓的风气。某些凭证的停留时间还应考虑外部特殊的要求,如按银行结算制度规定托收凭证的验单付款期只有 3 天,因此业务合同员从收单核对合同到交出凭证确定是否付款的时间绝不能多于 3 天。

(5) 原始凭证的传递一般都需要涉及多个部门和经办人员,因此应会同有关部门共同确定传递程序和时间。记账凭证虽为会计机构内部凭证,但会计主管也应与填制、审核、出纳、记账等人员商定传递程序及时间。

二、会计凭证的保管

会计凭证的保管是指会计凭证登账后的整理、装订和归档存查。会计凭证是记账的依据,是重要的经济档案和历史资料。因此,对会计凭证必须妥善整理和保管,不得丢失或任意销毁。

对会计凭证的保管,既要做到安全和完整无缺,又要便于事后调阅和查找。会计凭证归档保管的主要方法和要求具体如下。

(1) 每月记账完毕,要将本月的各种记账凭证加以整理,检查有无缺号和附件是否齐全,然后按顺序号排列,装订成册。为了便于事后查阅,应加具封面。为了防止任意拆装或抽张,应在装订处贴上封签并加盖装订人私章,然后在封面上填写所属会计期间、共有册数、每册记账凭证号起讫号和起讫日期等项目后归档。会计凭证封面的样式如图 4-15 所示。

(2) 对某种数量较多的原始凭证及今后可能需要抽出、利用的原始凭证,可另行装订或单独保管,但应在记账摘要中注明。

(3) 装订成册的会计凭证应集中保管,并指定专人负责。查阅时,要有一定的手续制度。原始凭证原则上不得外借,如有特殊原因,经会计主管批准后,可以复制。向外单位提供的原始凭证复制件,应当在专设的登记簿上登记,并由提供人员和收取人员共同签名或盖章。

凭 证 封 面

20 年 月

编号	

凭证名称					
册 数	第	册 共	册		
起讫编号	自第	号至第	号止 共计	张	
起讫日期	自20 年 月 日至20 年 月 日				
抽出附件登记	(一)			抽取人签章	
	(二)			抽取人签章	

财会主管： 保管： 装订：

图 4-15 会计凭证封面的样式

(4) 单位从外部接收的电子会计资料附有符合《中华人民共和国电子签名法》规定的电子签名的，可仅以电子形式归档保存，形成电子会计档案。

在计算机系统、会计核算系统和电子档案管理系统的安全、可靠方面要有保证。能够准确、完整、有效地接收和读取电子会计资料，能够输出符合国家标准归档格式的会计凭证、会计账簿、财务会计报表等会计资料，设定了经办、审核、审批等必要的审签程序；符合电子档案的长期保管要求，并建立电子会计档案与相关联的其他纸质会计档案的检索关系。

(5) 会计凭证的保管期限和销毁手续，必须严格执行会计制度的规定，任何人无权自行随意销毁。

企业和其他组织会计档案保管期限如表 4-1 所示。

表 4-1 企业和其他组织会计档案保管期限

(2016 年 1 月 1 日起执行)

序 号	档案名称	保管期限	备 注
一	会计凭证类		
1	原始凭证	30 年	
2	记账凭证	30 年	
二	会计账簿类		
3	总账	30 年	包括日记总账
4	明细账	30 年	
5	日记账	30 年	现金和银行存款，日记账保管 25 年
6	固定资产卡片		固定资产报废清理后保管 5 年
7	辅助账簿	30 年	
三	财务报告类		包括各级主管部门汇总财务报告
8	月、季度、半年度财务报告	10 年	包括文字分析
9	年度财务报告(决算)	永久	包括文字分析

续表

序　号	档案名称	保管期限	备　注
四	其他类		
10	银行存款余额调节表	10年	
11	银行对账单	10年	
12	纳税申报表	10年	
13	会计移交清册	30年	
14	会计档案保管清册	永久	
15	会计档案销毁清册	永久	
16	会计档案鉴定意见书	永久	

思政案例

<h4 style="text-align:center">坚持会计准则是对会计人员工作的基本要求</h4>

2001年有一个非常流行的词叫"打造新蓝筹",而这些蓝筹的代表就是银广夏(000557),被称作是中国股市的奇迹,那个时候贵州茅台、中国平安都未上市,根本没它们什么事儿。从1999年开始不到两年,银广夏股票价格上涨近10倍。银广夏主要靠种植麻黄草,提炼麻黄素盈利,子公司天津广夏萃取产品向德国出口产品价格高到离谱。2001年8月,《财经》杂志发表"银广夏陷阱"一文,银广夏虚构财务报表事件被曝光。专家意见认为,天津广夏出口德国诚信贸易公司的为"不可能的产量、不可能的价格、不可能的产品"。以天津广夏萃取设备的产能,即使通宵达旦运作,也生产不出所宣称的数量;天津广夏萃取产品出口价格高到近乎荒谬;对德出口合同中的某些产品,根本不能用二氧化碳超临界萃取设备提取。

4.4 思政案例:
银广夏事件

经过查证,银广夏串通会计师事务所,伪造了虚假的出口销售合同、银行汇款单、销售发票、出口报关单及德国诚信贸易公司支付的货款进账单。从生产到出口全部伪造,一条龙服务,虚增的利润超过7.7亿元。事件揭发后市场哗然,随后股票价格连续出现了15个跌停,短短时间跌幅达到80%。银广夏成为市场上造假案例中最知名的案例,无数股民损失惨重。

(资料来源: https://m.sohu.com/a/311998768_334519/.)

思政要点:

会计信息的传递包括从原始凭证、记账凭证到账簿、报表的一系列账务处理流程,会计信息造假往往贯穿其中。财务报表的造假追根溯源,往往是从业务的起点开始,银广夏通过伪造虚假出口销售合同、银行汇款单、销售发票、出口报关单及货款进账单等原始凭证,凭空捏造了进出口业务繁忙的假象,使投资者遭受了重大的损失。

会计人员应当秉承诚实守信、坚持准则的职业道德,对原始凭证的合法性、原始凭证的真实性、原始凭证的完整性、原始凭证的正确性进行全面审查。审查原始凭证反映的经济业务是否符合现行财政、税收、经济、金融等有关法令规定,是否符合现行财务会计制度;原始凭证所反映的经济业务是否同实际情况相符合;原始凭证的内容是否填写齐全,手续是否完备,是否有经办人签字或盖章;原始凭证所填列的数字是否符合要求,包括数量、单价、金额以及小计、合计等填写是否清晰，计算是否准确，是否用复写纸套写，有无涂改、刮擦、挖补等弄虚作假行为。

本章小结

本章围绕会计凭证的种类、作用、填制方法和填制要求展开阐述。重点讲解了原始凭证和记账凭证的不同分类，分类的标志和分类的结果；原始凭证应具备的基本内容，原始凭证的审核；原始凭证能如实反映企业的经济活动，是保证会计信息正确的关键。然后讲解了专用记账凭证的填制，要求掌握收款凭证、付款凭证和转账凭证的不同填制方法，以及记账凭证的审核。

一、单项选择题

1. 会计凭证按其( )的不同，可分为原始凭证和记账凭证。
   A. 填制方法　　　　　　　　B. 填制程序和用途
   C. 取得来源　　　　　　　　D. 反映经济业务次数
2. 以下各项中，属于外来原始凭证的是( )。
   A. 付款收据　　　　　　　　B. 入库单
   C. 出库单　　　　　　　　　D. 发出材料汇总表
3. "发出材料汇总表"是( )。
   A. 汇总原始凭证　　　　　　B. 汇总记账凭证
   C. 记账凭证　　　　　　　　D. 累计凭证
4. 会计凭证的传递是指( )，在单位内部有关部门及人员之间的传递程序和传递时间。
   A. 从会计凭证的填制到登记账簿止
   B. 从会计凭证的填制或取得到归档止
   C. 从会计凭证的审核到归档止
   D. 从会计凭证的填制后取得到汇总登记账簿止
5. 记账凭证是( )根据审核无误的原始凭证填制的。
   A. 经办人员　　B. 会计人员　　C. 主管人员　　D. 复核人员
6. 下列各项中，不属于原始凭证审核内容的是( )。
   A. 凭证是否有填制单位的公章和填制人员的签章
   B. 凭证项目的填列是否齐全
   C. 凭证所列事项是否符合有关的计划和预算
   D. 会计科目的使用是否正确
7. 填制原始凭证时应做到大小写数字符合规范、填写正确，如大写金额"壹仟零壹元伍角整"，其小写应为( )。

A. ￥1 001.50　　B. ￥1 010.50　　C. ￥1 001.50整　　D. ￥1 001.5

8. 记账凭证中不可能有(　　)。
   A. 记账凭证的编号　　　　　　B. 记账凭证的日期
   C. 记账凭证的名称　　　　　　D. 接收单位的名称

9. 甲企业销售产品一批，产品已发出，发票已交给购货方，货款尚未收到，甲企业的会计人员应根据有关的原始凭证编制(　　)。
   A. 收款凭证　　B. 付款凭证　　C. 转账凭证　　D. 汇总凭证

10. 企业外购商品一批，已验收入库，货款已付，根据这笔业务的有关原始凭证应该填制的记账凭证是(　　)。
    A. 收款凭证　　B. 付款凭证　　C. 转账凭证　　D. 汇总凭证

11. 车间领用材料，材料出库时填制的领料单属于(　　)。
    A. 自制原始凭证　　　　　　　B. 收款凭证
    C. 外来原始凭证　　　　　　　D. 付款凭证

12. 从银行提取现金，应填制的记账凭证是(　　)。
    A. 现金付款凭证　　　　　　　B. 银行付款凭证
    C. 现金收款凭证　　　　　　　D. 银行收款凭证

13. 将现金存入银行应填制的记账凭证是(　　)。
    A. 现金付款凭证　　　　　　　B. 现金收款凭证
    C. 银行收款凭证　　　　　　　D. 银行付款凭证

14. 赊销商品30 000元，这笔经济业务应填制(　　)。
    A. 收款凭证　　B. 付款凭证　　C. 转账凭证　　D. 原始凭证

15. 记账凭证与所附的原始凭证的金额(　　)。
    A. 必须相等　　B. 可能相等　　C. 可能不相等　　D. 一定不相等

16. 适用于任何经济业务的会计凭证是(　　)。
    A. 通用记账凭证　　　　　　　B. 收款凭证
    C. 付款凭证　　　　　　　　　D. 转账凭证

17. 填制会计凭证是(　　)的前提和依据。
    A. 成本计算　　　　　　　　　B. 编制会计报表
    C. 登记账簿　　　　　　　　　D. 设置账户

18. 收款凭证的贷方账户可能是(　　)。
    A. 原材料　　B. 库存商品　　C. 管理费用　　D. 预收账款

19. 原始凭证和记账凭证的相同点是(　　)。
    A. 具体作用相同　　　　　　　B. 编制时间相同
    C. 编制人员相同　　　　　　　D. 反映的经济业务相同

20. 自制原始凭证可分为一次凭证、累计凭证和汇总原始凭证，其分类标准是(　　)。
    A. 按其填制的程序和用途　　　B. 按其取得的不同来源
    C. 按其适用的经济业务　　　　D. 按其填制手续的不同

21. 通用记账凭证的填制方法与(　　)的填制方法相同。
    A. 原始凭证　　B. 收款凭证　　C. 转账凭证　　D. 付款凭证

22. 会计分录在会计实务中是填写在( )上的。
    A. 原始凭证   B. 记账凭证   C. 总分类账   D. 明细分类账
23. 会计人员在审核原始凭证时,对于不清楚、不完整的原始凭证应采取( )的做法。
    A. 退回重填   B. 拒绝办理
    C. 暂停登记   D. 向会计主管报告
24. 企业外购材料,价款 120 006.80 元以银行存款支付,在发票上填写的大写金额应为( )。
    A. 壹拾贰万零陆元捌角整   B. 拾贰万元零陆元捌角整
    C. 壹拾贰万零陆元捌角   D. 壹拾贰万元零陆元捌角整
25. 根据《会计档案管理办法》的规定,会计凭证的保管期限为( )年。
    A. 10   B. 15   C. 25   D. 30

二、多项选择题

1. 原始凭证按使用次数的不同,可分为( )。
    A. 通用凭证   B. 一次凭证   C. 累计凭证   D. 汇总原始凭证
2. 下列单据中,可作为会计核算原始凭证的有( )。
    A. 购销发票   B. 出差车票   C. 购销合同   D. 现金支票存根
    E. 医药费报销单
3. 原始凭证是( )。
    A. 记录经济业务的书面凭证
    B. 填制记账凭证的依据
    C. 明确经济责任的具有法律效力的文件
    D. 会计核算的客观依据
    E. 编制会计报表的依据
4. 各种原始凭证必须具备的基本内容包括( )。
    A. 凭证的名称、编号和日期
    B. 接收单位的名称
    C. 填制单位的名称和有关人员的签章
    D. 应借、应贷会计科目名称
    E. 经济业务的详细内容
5. 付款凭证左上角的"贷方科目"可能登记的科目是( )。
    A. "银行存款"   B. "库存现金"   C. "应付账款"   D. "应收账款"
6. 复式记账凭证是( )。
    A. 记账凭证的一种
    B. 可以集中反映一项经济业务的科目对应关系
    C. 一次可以反映若干项经济业务的凭证
    D. 会计人员根据同类经济业务加以汇总编制的凭证
7. 对于记账凭证的审核主要包括( )。
    A. 记账凭证是否附有原始凭证,所附的原始凭证是否齐全,是否已审核无误,记录的内容是否与所附原始凭证的内容相符

B. 应借、应贷的会计科目及其金额是否正确
C. 记账凭证中的各个项目填列是否齐全，有关人员的签章是否齐全
D. 审核和合同、计划或预算是否相符

8. 收款凭证的贷方科目可能是( )科目。
   A. "库存现金"   B. "银行存款"
   C. "主营业务收入"   D. "应收账款"
   E. "材料采购"

9. 收款凭证左上角的"借方科目"不可能登记的会计科目是( )。
   A. "银行存款"   B. "库存现金"   C. "应收账款"   D. "原材料"

10. 职工李利报销差旅费 1 100 元，原预借 1 200 元，这笔经济业务应填制的记账凭证包括( )。
    A. 收款凭证   B. 付款凭证   C. 转账凭证   D. 原始凭证

11. 企业购进材料，货款未付，材料已验收入库，则应编制的会计凭证是( )。
    A. 收款凭证   B. 付款凭证   C. 收料单   D. 转账凭证

12. 下列需编制现金付款凭证的经济业务是( )。
    A. 以现金购买办公用品   B. 向银行存入现金
    C. 从银行提取现金   D. 预付本年度报刊订阅费

13. 下列经济业务中，需编制转账凭证的是( )。
    A. 赊销商品   B. 购进材料款未付
    C. 接受外单位的设备投资   D. 提取固定资产折旧

14. 购进材料 300 吨，共计 99 300 元，其中 90 000 元已用银行存款支付，余款尚未支付。这笔经济业务应编制的会计凭证有( )。
    A. 收款凭证   B. 转账凭证   C. 付款凭证   D. 原始凭证

15. 记账凭证应该是( )。
    A. 根据审核无误的原始凭证填制的   B. 由经办人员填制的
    C. 由会计人员填制的   D. 登记账簿的直接依据

16. 下列各项中，属于一次性原始凭证的有( )。
    A. 收料单   B. 销货发票
    C. 产品质量检验单   D. 限额领料单

17. 原始凭证的内容有( )。
    A. 凭证的名称、日期和编号   B. 接收凭证的单位名称
    C. 会计分录   D. 经济业务的内容

18. 原始凭证的填制要求有( )。
    A. 记录真实   B. 内容齐全   C. 手续完备   D. 书写规范

19. 记账凭证的填制要求有( )。
    A. 摘要简明   B. 分录正确   C. 连续编号   D. 标明附件

20. 科学合理地组织会计凭证的传递一般包括规定凭证的( )。
    A. 传递路线   B. 传递内容   C. 传递手续   D. 传递时间

21. 原始凭证不得涂改、刮擦、挖补，对于有错误的原始凭证，正确的处理方法是( )。

A. 由出具单位重开

B. 由出具单位在凭证上更正并由经办人员签字

C. 原始凭证金额有错误的,必须由出具单位重开,不得在凭证上更正

D. 非金额错误,可由出具单位在原始凭证上更正并加盖出具单位的印章

22. 原始凭证的审核内容包括( )。

A. 真实性审核　　　　　　　B. 合法性、合规性和合理性审核

C. 完整性审核　　　　　　　D. 正确性审核

三、判断题

1. 只有原始凭证是登记账簿的依据。（　）
2. 各种记账凭证都只能根据一张原始凭证逐一编制。（　）
3. 付款凭证的贷方科目只能填写"库存现金"或"银行现金"。（　）
4. 原始凭证是登记账簿的直接依据。（　）
5. 记账凭证和原始凭证同属于会计凭证,都可以用来证明会计业务的发生。（　）
6. 记账凭证按填制方法的不同,可分为复式记账凭证和单式记账凭证。（　）
7. 原始凭证填制要求大写金额数字后面不到分的,要在大写金额后面再写上"整"字。（　）
8. 原始凭证都是外来凭证。（　）
9. 付款凭证只有在涉及现金支付时才编制。（　）
10. 经济业务发生时从单位取得的凭证称为自制原始凭证。（　）
11. 为了避免重复记账,涉及库存现金和银行存款之间的划转业务时,只填制收款凭证。（　）
12. 限额领料单按其填制方法属于累计凭证。（　）
13. 通用记账凭证适用于任何经济业务。（　）
14. 凡是库存现金和银行存款减少的经济业务都必须填制收款凭证。（　）
15. 外来原始凭证一般都是一次凭证。（　）
16. 付款凭证是只用于银行存款付出业务的记账凭证。（　）
17. 转账凭证是用于不涉及库存现金和银行存款收付业务的其他转账业务所用的记账凭证。（　）
18. 记账凭证都是累计凭证。（　）
19. 有时为了简化会计核算工作,可以将不同内容、不同类型的经济业务汇总编制一份原始凭证。（　）
20. 单式和复式收款凭证的格式基本相同,区别在于一张单式收款凭证内,只列一个一级科目,而复式的则不是。（　）
21. 会计人员在审核原始凭证时,如发现内容不全、数额差错、手续不完备的原始凭证,应拒绝办理。（　）
22. 所有的记账凭证,其格式都有"借方金额""贷方金额"的内容,以便登记账簿。（　）
23. 会计人员审核原始凭证时,如发现经办人员对经济业务内容或所记金额填写有错误,应代其改正,然后才能填制记账凭证。（　）

24. 会计凭证的传递是指会计凭证从取得或编制到归档保管止，在单位内部各有关部门及人员之间的传递程序和传递时间。（   ）

四、名词解释

1. 会计凭证
2. 原始凭证
3. 外来原始凭证
4. 记账凭证
5. 自制原始凭证
6. 一次凭证
7. 累计凭证
8. 单式记账凭证
9. 复式记账凭证
10. 专用记账凭证
11. 收款凭证
12. 付款凭证
13. 转账凭证
14. 通用记账凭证
15. 汇总记账凭证
16. 借方记账凭证

五、思考题

1. 什么是会计凭证？
2. 填制和审核会计凭证有何意义？
3. 简述会计凭证的分类。
4. 简述原始凭证的种类和特点。
5. 原始凭证应具备哪些基本内容？
6. 在填制原始凭证的过程中应该注意哪些问题？
7. 常用的原始凭证有哪些？
8. 原始凭证的审核工作应从哪些方面展开？
9. 记账凭证应该具备哪些基本内容？
10. 在填制记账凭证的过程中应该注意哪些问题？
11. 常用的记账凭证有哪些？
12. 记账凭证的审核工作主要包括哪些方面？
13. 正确组织会计凭证传递的意义是什么？
14. 在会计凭证的传递程序设计中有什么要求？
15. 保管会计凭证的主要方法有哪些？
16. 会计凭证保管的要求是什么？

六、业务题

业务 4-1

【资料】

(1) 固定资产折旧计算表
(2) 入库单
(3) 限额领料单
(4) 制造费用分配表
(5) 现金收入汇总表
(6) 转账凭证
(7) 付款凭证

A. 一次凭证
B. 记账凭证
C. 外来原始凭证
D. 记账编制凭证
E. 累计凭证
F. 汇总原始凭证

(8) 购货发票

【要求】用直线连接，标出上述会计凭证按不同标志的分类。

业务 4-2

【资料】某企业有关总分类账户登记如图 4-16 所示。

```
        现金                              其他应收款
(1)  250  | (2)  1 000              (2)  1 000  |
          | (4)    300                          | (4)  1 000
          | (6)  1 000

      银行存款                             生产成本
(6) 1 000  | (1)    250              (3)  6 000  |
           | (5)  2 000

      原材料                              管理费用
(3) 8 000  |                         (3)  2 000  |
                                     (4)  1 300  |
                                     (5)  2 000  |
```

图 4-16 "T"型总分类账

【要求】根据以上总分类账户的登记，找出账户的对应关系，用文字叙述各项经济业务内容，写出相应的会计分录，并指明应填制的记账凭证。

业务 4-3

【资料】SD 公司 2020 年 5 月发生下列业务。

(1) 5 月 6 日，财务科开出转账支票，支付向大兴工厂购入材料所欠款 4 680 元，该支票号码为 AC1213506，公司账号为 356002587，开户银行为工商银行静安区分处。

(2) 5 月 10 日，SD 公司向中原商店销售商品一批，收到对方签发的一张 9 360 元的转账支票，SD 公司财务科立即填制了一张进账单连同转账支票一起送交银行，进账单号码为 0089，中原商店的账号为 2860502689，开户银行为工商银行曹路分处。

(3) 5 月 14 日，公司向丰华工厂销售甲商品 400 千克，每千克 5 元，共计 2 000 元，增值税税率为 13%。公司开出发票一张，该发票编号为 0188，甲商品的货号为 05866。

(4) 5 月 20 日，公司购入 A 材料 1 000 千克，每千克 3 元，共计 3 000 元。材料已验收入库，为此填制收料单，该收料单的编号为 001358。

【要求】

① 根据资料(1)，填制转账支票。(见附录 A)

② 根据资料(2)，填制进账单。(见附录 A)

③ 根据资料(3)，填制发票。(见附录 A)

④ 根据资料(4)，填制收料单。(见附录 A)

⑤ 并填制相应的收付款及转账凭证。(见附录 B)

第五章 会计账簿

教学目标与要求

- 了解设置会计账簿的意义和原则。
- 明确会计账簿的种类和格式。
- 掌握日记账、总账和明细账等账簿的登记依据、登记基本要求。

教学重点与难点

教学重点：
会计账簿的启用和登记；会计账簿的记账规则。

教学难点：
不同账簿在会计核算过程中的选择与应用。

案例分析

【案例一 会计账簿的设置规则】在一家小型企业做了三年会计的小李最近跳槽成为一家外资公司的会计，进入公司后，小李发现这家公司有几个与他以前工作的公司不一样的地方：公司设账有外账和内账之分，有些费用不能进外账，还有一些不开发票的收入只在内账中反映，外账是对外的，给税务局的人看的，内账是给公司老板看的，所以内账就要求做到全面、真实，不要漏计收入、费用。比如有些钱直接进入老板的私人账户但没有进入公司账户，这个外账就不会做，但是内账要计入。外账会计月末要出利润表、资产负债表；内账则要详细计算出企业各项真实的收入、费用、成本，真实反映企业的盈亏。经过不到三个月的试用期，尽管这家公司给出的报酬高出其他类似公司，但小李还是决定辞职。

思考与讨论：
请问，小李为什么会辞职？你如果处在他的位置你会辞职吗？

【案例二 平行登记法该如何使用】大学毕业生小王应聘进了一家上市公司做会计，工作中他发现该公司的"原材料"和"应收账款"平常不登记总分类账，只是登记明细分类账，往往是等一段时间才补登总分类账；而"固定资产"账户平时不登记明细分类账，只登记总分类账。小王觉得根据平行登记法的要求，总账和明细账应该同时登记，才便于核对，于是便向财务部门经理提出公司现在的这种做法不符合平行登记原则，但是财会部门经理认为这样做没有违反平行登记。

思考与讨论：

你认为小王与财务经理谁的看法对？

第一节　会计账簿概述

一、会计账簿的概念和意义

在会计核算中，每一项经济业务都必须取得和填制会计凭证，哪怕是很小的企业，日积月累下来，会计凭证的数量也相当可观。由于每张凭证只能记载单项经济业务的内容，所提供的信息是零碎的，不便于查阅，也无法全面、连续、系统地反映企业在一定时期内某一类和全部经济业务活动的情况。因此，为了满足信息使用者的需求，企业还必须设置和登记账簿，把分散在会计凭证上的信息加以汇总整理，以提供更为有用的会计信息。

会计账簿是指由一定格式、互有联系的账页组成，以会计凭证为依据，进行序时、分类、连续、全面地记录和反映经济业务的簿籍。会计账簿具有汇总会计数据，便于保管的特性，是分类、归纳、整理会计资料的重要工具。虽然会计账簿与凭证都是会计信息的载体，所记内容相同，但不能因此就简单地认为可以"以凭证代账"，因为记账过程本身就是一种重新核对信息并汇总的过程，是对凭证进一步的整理。账簿作为一种专门的会计信息载体，与凭证及其他会计信息载体相比有其不可替代的作用。

会计账簿是会计凭证与财务报表联系的纽带，是编制会计报表的基础。会计账簿设置的成功与否对会计信息质量和会计工作质量的高低有着至关重要的影响。

二、会计账簿设置的原则

会计账簿的设置应以能够全面、系统地反映经济业务的交易情况为原则，繁简适当，全面系统。具体地讲，应有以下三个方面。

(1) 设置会计账簿应详简相宜。既能满足记录经济业务的需要，又力求简便实用，避免烦琐重复。

(2) 会计账簿体系应严密，尽量做到既可分工协作，又可互相监督和制约。

(3) 各单位必须依法设置会计账簿，并保证其真实性和完整性。

《中华人民共和国会计法》规定，有下列行为者将承担相应的法律责任，构成犯罪的还要追究刑事责任。

(1) 不依法设置会计账簿的。

(2) 私设会计账簿的。

(3) 伪造、变造会计账簿的。

(4) 隐匿或故意销毁会计账簿的。

三、会计账簿的种类

会计核算中应用的账簿很多，不同的账簿，其用途、形式、登记内容和方法也各不相同，一般来说，会计主体设置账簿体系时应根据国家的会计制度以及具体单位的交易量和管理水平而定。

5.1 会计账簿的分类

(一)按用途分类

会计账簿按其用途分类，可以分为分类账、日记账和备查簿三种。

1. 分类账

分类账是账簿体系中的核心账簿，是对全部经济业务进行分类登记的会计账簿。根据其反映内容的详细程度，分类账又可分为总分类账和明细分类账。

总分类账又称总账，是指按总分类会计科目设置账户，根据总分类会计科目的发生额登记的会计账簿。总分类账的科目都是一级会计科目。明细分类账又称明细账，是按明细会计科目设置账户，登记发生额的账簿。它是在对总账分类的基础上，按一定标准进行的再分类，反映了会计要素的明细资料。例如，在赊销业务中，为反映应收款总额而设置的"应收账款"账户是总分类账，按照客户名称设置的"应收账款——甲公司"或"应收账款——乙公司"等账户就是明细分类账。如果有必要，明细分类账可进行再分类，直到满足管理需要为止。一般称它们为二级、三级明细账。

设置总分类账和明细分类账的目的是为了使管理机构在了解总体情况的同时，也能了解客户或业务的细节情况。其关系可概括为：两者所反映的经济业务、记账的原始依据均相同，但总账反映总括、综合内容，明细账反映详细、具体内容，二者的信息互为补充，以便全面记录经济业务的全貌。因此，总账是所属明细账的统御账户，对明细账起着控制作用；明细账是总账的从属账户，对相关总账起着辅助作用。由于在反映信息要求上的不同，总账和明细账的格式应各有特点。

2. 日记账

日记账也称序时账，是根据经济业务发生或完成时间的先后顺序，逐日逐笔顺序登记发生额，并每日结出余额的账簿。在古代会计中，也把它称为"流水账"。它充分反映了经济业务的时间特征，提供了某一经济业务的每日动态。由于记录工作量较大，因此一般只对那些发生频繁、需要严加控制的项目设置日记账。在实际工作中，应用较为广泛的日记账是库存现金日记账和银行存款日记账。

3. 备查簿

备查簿是用于登记那些无法记入分类账或日记账的会计事项的会计账簿。设置备查簿的目的是为了备忘备查，提供管理需要的资料，因此也把它称为辅助登记簿。通常，设置备查簿的业务有代保管材料物资、经营性租入固定资产、受托加工材料等。例如，某企业经营性租入设备一台(现行会计制度规定经营性租入固定资产不纳入固定资产核算范围，因此必须进行辅助登记)，备查簿中应反映的内容包括：租出单位名称、设备名称、原值、净值、租用时间、月度或年度租金、租金支付方式、期满退租方式、租用期间的修理改造的规定等，退租时做退租记录。企业的销售发票往往需要设置发票备查簿来登记发票的领购、缴销、结存等情况，支票也需要设置支票备查簿以记录支票的开出时间、用途、金额等信息。备查簿通常没有固定的格式，一般由企业根据自己的需要设计。

(二)按外观形式分类

会计账簿按其外观形式分类，可以分为订本式、活页式和卡片式三种。

1. 订本式

订本式账簿是指账簿在启用前就已将连续编号的账页装订成册的会计账簿。其优点是便于保管，并可防止账页散失和被任意抽换。其缺点是由于账页固定而无法增减账页，在预留账页不足时，影响正常登记；而如果预留过多，又会造成浪费。一本订本账同一时间只能由一人记账，也不利于会计人员分工协作。在实际工作中，库存现金日记账、银行存款日记账和总分类账必须使用订本账。

2. 活页式

活页式账簿是指事先并不固定，可根据需要增减账页数量的会计账簿。活页式账簿的账页应随时编号。其优点是使用灵活，避免浪费。其缺点是容易遗失或被任意抽换。为防止这种情况的出现，可在启用时就对空白账页进行连续编号，并在年度终了时装订成册。一般明细账都采用活页账。

3. 卡片式

卡片式账簿是指将硬卡片作为账页，存放在卡片箱内保管，根据需要可随时取用的会计账簿。它实际上是一种活页账，为了防止经常抽取造成破损而采用硬卡片形式，一般用于记录固定资产，最大的优点是可以跟随所记的资产内部转移。卡片式账簿可以跨年度使用。

第二节　会计账簿的格式及登记

一、登记账簿的要求

会计人员应根据审核无误的会计凭证登记会计账簿。登记会计账簿的基本要求主要有以下八条。

(1) 登记会计账簿时，应将会计凭证日期、编号、业务、内容、摘要、金额和其他有关资料逐项记入账内，做到数字准确、摘要清楚、登记及时、字迹工整。

(2) 登记完毕后，要在记账凭证上签名或者盖章，并注明已经登账的符号"√"，防止重复入账。

(3) 记账要保持清晰、整洁，记账文字和数字要端正、清楚，严禁刮擦、挖补、涂改或用药水消除字迹。账簿的数字记录应紧靠行格的底线书写，一般只占方格高度的1/2或2/3，并应适当向右倾斜，这样不但美观，而且也方便采用划线更正法予以更正错误。

(4) 登记账簿要用蓝墨水或者碳素墨水书写，不得使用圆珠笔(银行的复写账簿除外)或者铅笔书写。

(5) 下列情况，可以用红色墨水记账。①按照红字冲账的记账凭证，冲销错误记录。

②在不设借贷等栏的多栏式账页中，登记减少数。③在三栏式账户的余额栏前，如未印明余额方向，在余额栏内登记负数余额。④根据国家统一会计制度的规定可以用红字登记的其他会计记录。

(6) 各种账簿按页次顺序连续登记，不得跳行、隔页，如果发生跳行、隔页，应当将空行、空页划线注销，或者注明"此行空白""此页空白"字样，并由记账人员签名或者盖章。

(7) 凡需结出余额的账户，结出余额后，应在"借或贷"等栏内写明"借"或者"贷"字。没有余额的账户，应当在"借或贷"等栏内写"平"字，并在余额栏内用"0"表示。现金日记账和银行存款日记账必须逐日结出余额。

(8) 每一账页登记完毕结转下页时，都应当结出本页合计数及余额，写在本页最后一行和下页第一行的有关栏内，并在摘要栏内注明"过次页"和"承前页"字样，也可以将本页合计数及金额只写在下页第一行有关栏内，并在摘要栏内注明"承前页"字样，以保证账簿记录的连续性。

二、日记账的登记

日记账是按经济业务发生时的时间顺序登记的会计账簿。虽然会计实务中可以按业务的内容设置多种日记账，但由于库存现金和银行存款的流动性强，易被非法占用，因此企业一般只设置库存现金日记账和银行存款日记账。如果需要，还可以根据情况设置采购和销售日记账等。

(一)库存现金日记账和银行存款日记账

存在库存现金、银行存款收付业务的单位，均应设置库存现金日记账和银行存款日记账，将库存现金、银行存款的日记账和总账核对，以达到加强对现金和银行存款监管的目的。

1. 库存现金日记账和银行存款日记账的格式

库存现金日记账、银行存款日记账一般有三种格式，即三栏式、多栏式和收付分页式，格式分别如表 5-1、表 5-2、表 5-3 和表 5-4 所示。其中三栏式较为常见。多栏式日记账与三栏式日记账在登记方法上基本相同，但在格式上多栏式略微复杂，这是由于信息需求的增加使设置的专栏增多。多栏式比三栏式能提供更多信息的同时，也会造成分栏过多和账页过长、容易看错和登错的问题。收付分页式日记账是避免账页过大而产生的，它与前两类日记账的登记方法也基本相同，不同的是每日结束时应将日记账中的当日支出合计数转记入收入日记账中的"当日支出"栏内，用以结出当日的账面结余数。

2. 库存现金日记账和银行存款日记账登记的方法

(1) 库存现金日记账的登记应由出纳负责。每日登记完毕，应结出日记账账面余额，并同库存现金核对。如果不相符，应及时查明原因，报告主管人员。银行存款日记账与库存现金日记账的登记方法基本一致，但无须每日与实际银行存款数核对，一般每月与银行对账单核对一次，避免透支。

(2) 依据审核后的凭证进行日记账登记，对于同时涉及库存现金、银行存款的业务，会计惯例是只登记付款凭证，因此过账时应根据同一份付款凭证登记库存现金日记账和银行存款日记账，避免重复记账。

(3) 期末应结出本月、本年的收入合计、支出合计及余额。

表5-1 三栏式库存现金日记账

年		凭证编号	摘 要	对方科目	收入	支出	结余
月	日						
1	1		期初余额				900
	3	现付1	预付张某差旅费	其他应收款		500	400
	3	银付1	从银行提取现金	银行存款	600		1 000
	3		本日合计		600	500	1 000
	⋮	⋮	⋮				
	31		本月合计		2 500	2 200	1 200
2	5	现收1	售废旧边角料	其他业务收入	800		2 000
	6	现付5	将多余现金存入银行	银行存款		800	1 200
	⋮	⋮	⋮				
	28		本月合计		2 300	2 600	900
	⋮	⋮	⋮				
12	31		本年合计		9 700	10 200	400

表5-2 多栏式现金日记账

年		凭证编号	摘 要	收入栏				支出栏				结余
				应贷科目				应借科目				
月	日			银行存款	营业外收入	……	合计	其他应收款	银行存款	……	合计	
1	1		期初余额									900
	3	现付1	预付张某差旅费					500				400
	3	银付1	从银行提取现金	600								1 000
	3		本日合计	600			600	500			500	1 000
	⋮						⋮	⋮				⋮
	31		本月合计				2 500				2 200	1 200

表5-3 收付分页式日记账(现金收入日记账)

年		凭证编号	摘 要	贷方科目		收入合计	支出合计	结余
月	日			银行存款	……			
1	1		期初余额					900
	3	银付1	提取现金	600		600	500	1 000
	⋮	⋮	⋮	⋮		⋮		
	31		本月合计			2 500	2 200	1 200

表 5-4 收付分页式日记账(现金支出日记账)

年		凭证编号	摘 要	借方科目			支出合计
月	日			其他应收款	……	……	
1	3	现付 1	预付张某差旅费	500			500
	⋮			⋮	⋮	⋮	⋮
	31		本月合计				2 200

(二)其他日记账

1. 普通日记账

在使用记账凭证的情况下,将全部经济业务序时记成两栏式(包括借方金额和贷方金额两栏)的日记账,称作普通日记账。它可全面地记录经济业务,但因工作量大,又不便于分工记账,因此较少使用。这种日记账还有一种改进形式,即"专栏日记账",它针对普通日记账记账时不分类的缺点进行了改进,加以适当的分类和汇总,但账页过大仍是它的缺点。普通日记账的格式如表 5-5 所示。

表 5-5 普通日记账

2020 年		摘 要	会计科目	借方科目	贷方科目	过 账
月	日					
10	1	购修理用料	原材料 银行存款	2 000	2 000	
	3	支付第四季度房租	预付账款 库存现金	300	300	
	10	提现	库存现金 银行存款	400	400	
	18	修理收入	库存现金 其他业务收入	1 000	1 000	
	26	存现	银行存款 库存现金	500	500	
	30	本月应计房租	管理费用 预付账款	100	100	
	30	本月应计折旧	管理费用 累计折旧	50	50	
		合 计		4 350	4 350	

2. 转账日记账

在使用库存现金日记账、银行存款日记账后,如果认为有必要,还可以设置转账日记账,用于登记除现金、银行存款以外的业务。这种日记账可以设置也可以不设置,取决于企业的实际情况。转账日记账的格式如表 5-6 所示。

表 5-6　转账日记账

2020年		转账凭证编号	摘　要	借　方		贷　方	
月	日			一级科目	金　额	一级科目	金　额
10	3	1	摊销本月房租	管理费用	100	预付账款	100
	30	2	应计利息	财务费用	30	应付利息	30
	30	3	应计本月折旧	管理费用	50	累计折旧	50
10	31		合　计		180		180

3. 采购和销售日记账

除了库存现金日记账、银行存款日记账以外，如果企业希望单独、系统地反映采购和销售业务，还可以再设置采购和销售日记账。因业务性质与库存现金、银行存款不同，故日记账的项目在设置时也是不同的，如需设置客户名称等，具体可采用表 5-7 和表 5-8 的格式。

表 5-7　采购日记账

年		凭证编号	摘　要	供货单位名称	库存商品借方	原材料借方	应付账款贷方	过　账
月	日							

表 5-8　销售日记账

年		凭证编号	摘　要	购货单位名称	应收账款借方	主营业务收入贷方	过　账
月	日						

三、总分类账的登记

(一)总分类账的格式

总分类账简称总账，它是根据总分类会计科目设置的，是用来汇总特定要素的经济业务的，因此总分类账能较全面地反映企业的经营情况和经营成果。总分类账主要采用三栏式的格式。通常三栏式中所指的三栏是"借方""贷方"和"余额"，但在实际账页上，除了这三栏外还应包括日期、"凭证编号""摘要""借或贷"等栏以描述相应的信息。

(二)总分类账登记的方法

总分类账一般由会计人员登记。登记的依据是审核后的记账凭证或汇总记账凭证或科目汇总表或多栏式日记账，最终使用何种依据取决于企业具体采用的账务处理程序。

四、明细分类账的登记

明细分类账是根据不同的账户开设的，因此不同特点的账户应根据情况设置与其经济业务相适应的明细分类账账页格式。

(一)明细分类账的主要格式

1. 三栏式明细分类账

三栏式明细分类账的细节与总分类账的"三栏式"相似,主要适用于对金额进行核算的账户。其代表账户有"应收账款""应付账款"等债权债务类和权益类账户。三栏式明细分类账的格式如表 5-9 所示。

表 5-9 ×××明细分类账

二级或明细科目:

年 月	日	凭证编号	摘要	借方	贷方	借或贷	余额

2. 数量金额式明细分类账

企业对于所拥有的实物资产需要同时反映数量和金额的增减变化时,可采用数量金额式明细分类账。数量金额式明细分类账比较有代表性的账户包括"原材料""库存商品"等。数量金额式明细分类账的格式如表 5-10 所示。

表 5-10 原材料明细分类账

类 别: 编 号:
品名及规格: 存放地点: 储备金额: 计量单位:

2020年		凭证编号	摘要	收入			支出			结余		
月	日			数量	单价	金额	数量	单价	金额	数量	单价	金额
5	1		期初余额							20	100	2 000
	5	银付2	购买原材料	30	100	3 000				50	100	5 000
	19	转1	领用原材料				40	100	4 000	10	100	1 000
	31		本月合计	30	100	3 000	40	100	4 000	10	100	1 000

3. 多栏式明细分类账

多栏式明细分类账是在一张账页上按有关明细科目或明细项目分设若干栏目,以在同一张账页上集中反映某一总账科目或明细科目全部明细项目信息的账簿。多栏式明细分类账适用于登记明细项目较多,而且借贷方向单一的经济业务。按照经济业务的特点和管理的需要,多栏式明细分类账又可以分为借方多栏式、贷方多栏式和借贷方多栏式三种格式。借方多栏式明细账主要用于登记费用类和成本类账户,一般只在借方设专栏,以便分类、分项登记成本或费用的具体内容,如"材料采购"明细账、"生产成本"明细账、"管理费用"明细账、"制造费用"明细账等,参考格式见表 5-11。贷方多栏式明细账主要用于登记收入类账户,一般只在贷方设专栏,以便登记收入的具体来源或内容,如"主营业务收入"明细账、"其他业务收入"明细账、"营业外收入"明细账等。借贷方多栏式明细账则在借方和贷方均设有专栏,它适用于借贷方均需要设置多个栏目进行明细登记的账户,如"应交税费——

应交增值税"明细账、"材料成本差异"明细账等。

表 5-11 材料采购明细账

材料名称或类别：甲材料

2020年		凭证编号	摘要	数量/千克	借方(采购成本项目)			
月	日				买价	运费	装卸费	合计
5	1		购入材料单价85元	200	17 000	800	200	18 000
	3		购入材料单价85元	100	8 500			8 500
	4		发生采购费用			400	100	500
	6		结转入库材料总成本	300	25 500	1 200	300	27 000
	31		入库材料单位成本		85	4	1	90

(二)明细分类账登记的方法

依据审核无误的记账凭证和所附的原始凭证逐笔登记明细账。

五、总分类账和明细分类账的平行登记

会计信息在记入总账和明细账时，必须采用平行登记的方法。所谓平行登记，是指凡涉及明细账户的同一笔经济业务要在总分类账户和所属明细分类账户中按同依据、同时、同向、同金额的方法进行登记，它的要点如下。

(1) 依据相同。即对发生的经济业务，在登记总账和明细账时，都要以相同的会计凭证为依据。

(2) 同时登记。即对同一笔经济业务，在同一月的会计期内，既要记入有关的总分类账户，又要记入它所属的有关明细分类账户，不能漏记或重记。

(3) 方向相同。登记时的借贷方向应一致，即总分类账户的登记在借方，明细分类账户也应登记在借方；总分类账户的登记在贷方，明细分类账户也应登记在贷方。

(4) 金额相等。登记后的总账和明细账的金额应保持一致，即总账账户借方发生额、贷方发生额和余额应分别与所属明细账金额之和相等。

> 思政案例

账务处理中的会计造假案例

2019年4月末，对于中国南方来说，气温应该早就达到30度了。四月快要结束的时候，康美药业公布了公司2018年年报以及2019年第一季度的季报，与此同时，康美药业还发布了《关于前期会计差错更正的公告》。尤其是这份公告，自公布的那一刻开始，对于康美来说，燥热的夏天就提前到来了。会计差错更正，就是之前某个经营周期会计进行核算计量的时候，数据算错了，现在修改一下，一般来说小的改动无伤大雅，但是对于康美这种级别的企业来说，那可是几百亿人民币的改动。2017年货币资金调减299.44亿元、存货调增195.46亿元、销售商品提供劳务收到的现金调减103亿元。2017年，货币资金多计了300亿元，增幅高达700%多。2017年，收入虚增了造假前的一半多(51%)，

5.2 思政案例：
康美药业

同时还虚增了近7成的成本。为了不让最后的利润太难看，康美还少列了销售费用和财务费用，最终让自己的利润看起来前途光明。原本这样的造假很难被识破，可偏偏造假的会计不专业，营业收入虚增的同时，营业税金反而在减少，狐狸还是露出了尾巴。5月17日下午，证监会通报了康美药业的调查结果。据证监会称，现已初步查明，康美药业披露的2016至2018年财务报告存在重大虚假行为，一是使用虚假银行单据虚增存款，二是通过伪造业务凭证进行收入造假，三是部分资金转入关联方账户买卖本公司股票。公司涉嫌违反《证券法》第63条等相关规定。

(资料来源：https://zhuanlan.zhihu.com/p/124997759.)

思政要点：

随着生产力的发展和社会的进步，人们对于信息的依赖程度越来越高。会计信息在现代经济中发挥着重要的作用，会计信息真实与否直接关系到信息使用者的经济决策是否合理、有效。上市公司会计造假不仅误导了广大投资者和债权人，而且严重扰乱了证券市场的秩序，使国家、集体和个人都蒙受了不应有的损失。在形形色色的会计造假案中，会计人员往往扮演着非常关键的角色，也必然会承担相应的行政责任、刑事责任和民事责任。

在会计人员的职业道德要求中，有坚持会计准则的要求，要求会计人员熟悉财经法律、法规和国家统一的会计制度，在处理经济业务过程中，不为主观或他人意志所左右，始终坚持按照会计法律、法规和国家统一的会计制度的要求进行会计核算，实施会计监督，确保所提供的会计信息真实、完整，以维护国家利益、社会公众利益和正常的经济秩序。

本章小结

账簿是会计信息的载体，登记账簿的依据是审核无误的会计凭证所提供的数据。本章重点阐述企业应设置的账簿体系，各类账簿的账页格式、登记依据和登记方法；期末进行账簿核对的方法，对账簿核对中发现的错账进行更正的方法，要求掌握划线更正法、红字更正法和补充登记法的适用范围、更正方法，以及掌握账簿的结账方法。

同步测试题

一、单项选择题

1. 库存现金日记账和银行存款日记账，需根据有关的凭证(　　)登记。
   A. 逐日汇总　　B. 一次汇总　　C. 定期汇总　　D. 逐日逐笔
2. 数量金额式明细分类账适用于(　　)类账户的明细分类核算。
   A. 收入　　B. 费用　　C. 财产物资　　D. 债权债务
3. 从银行提取现金的经济业务，应根据(　　)登记库存现金日记账。
   A. 库存现金收款凭证　　　　B. 库存现金付款凭证
   C. 银行存款收款凭证　　　　D. 银行存款付款凭证

4. 将现金送存银行的经济业务，应根据(　　)登记银行存款日记账。
   A. 库存现金收款凭证　　　　　B. 库存现金付款凭证
   C. 银行存款收款凭证　　　　　D. 银行存款付款凭证
5. 库存现金日记账属于(　　)。
   A. 明细分类账　B. 总分类账　C. 普通日记账　D. 特种日记账
6. 采用平行登记的方法，记入总账的金额，必须与记入所属明细的(　　)。
   A. 余额之和相等　B. 金额之和相符　C. 余额相等　D. 实际金额相等
7. 一般来讲，明细分类账可根据需要采用(　　)。
   A. 订本式账簿　B. 卡片式账簿　C. 备查账簿　D. 活页式账簿
8. 鉴于总账及其所属明细账的相互关系，在进行账簿登记时应采用(　　)。
   A. 复式记账法　B. 借贷记账法　C. 平行登记法　D. 加权平均法
9. 按账簿的(　　)划分，银行存款日记账属于序时账簿。
   A. 用途　　　B. 账页格式　　C. 外表形式　　D. 内容
10. 利润账户可以采用(　　)账页格式。
    A. 三栏式　　B. 订本式　　C. 数量金额式　　D. 多栏式
11. 序时账簿按其记录的经济业务内容不同，可分为(　　)。
    A. 现金日记账、银行存款日记账和转账日记账
    B. 进货日记账和销货日记账
    C. 日记总账和备查账
    D. 普通日记账和特种日记账
12. 账簿的外表形式主要有卡片式、活页式和订本式三种，库存现金日记账和银行存款日记账必须采用(　　)账簿。
    A. 订本式　　B. 活页式　　C. 三栏式　　D. 多栏式
13. 记账人员登账完毕之后，要在记账凭证上注明已经登账的符号，这主要是为了(　　)。
    A. 避免空行、空页　　　　　B. 分清责任
    C. 防止凭证丢失　　　　　　D. 避免重记或漏记
14. 现金日记账的格式一般是(　　)。
    A. 三栏式　　B. 数量金额式　　C. 多栏式　　D. 横线登记式

二、多项选择题
1. 会计账簿按用途的不同，可分为(　　)。
   A. 序时账簿　B. 三栏式账簿　C. 分类账簿　D. 备查账簿
2. 以下各项中，属于特种日记账的是(　　)。
   A. 库存现金日记账　　　　B. 银行存款日记账
   C. 普通日记账　　　　　　D. 转账日记账
3. 以下各项中，属于备查账簿的有(　　)。
   A. 租入固定资产登记簿　　B. 应收票据备查簿
   C. 转账日记账　　　　　　D. 日记总账
4. 三栏式账簿适用于(　　)。
   A. 日记账　　B. 总账　　C. 费用、成本账　D. 收入账

5. 数量金额式账簿中的账页先分为"收入、支出、结存"三个栏目，在每一个大栏内又设置(　　)等几个小栏目。
   A. 数量　　　　B. 单价　　　　C. 金额　　　　D. 单位
6. 数量金额式明细分类账的账页，分别设有收入、发出和结存的有(　　)。
   A. 数量栏　　　B. 金额栏　　　C. 单价栏　　　D. 余额栏
7. 库存现金日记账可以根据(　　)登记。
   A. 库存现金收款凭证　　　　B. 库存现金付款凭证
   C. 银行存款付款凭证　　　　D. 银行存款收款凭证
8. 总分类账和明细分类账在平行登记时，应遵循(　　)的要点。
   A. 方向相同　　B. 金额相同　　C. 依据相同　　D. 时点相同
9. 多栏式日记账的适用范围是(　　)的单位。
   A. 经济业务量较多　　　　　B. 生产经营规模较大
   C. 使用会计科目较少　　　　D. 使用会计科目较多
10. 账簿按其外表形式的不同，可分为(　　)。
    A. 订本式账簿　B. 活页式账簿　C. 卡片式账簿　D. 三栏式账簿
11. 在下列账簿中，必须逐日逐笔进行登记的是(　　)。
    A. 现金日记账　　　　　　　B. 银行存款日记账
    C. 各种总分类账　　　　　　D. 各种明细分类账
12. 新的会计年度开始，不可能继续使用而要启动新账的有(　　)。
    A. 日记账　　　　　　　　　B. 总分类账
    C. 固定资产卡片　　　　　　D. 原材料明细分类账
13. 登记总分类账的依据是(　　)。
    A. 记账凭证　　B. 科目汇总表　C. 三栏式日记账　D. 汇总记账凭证
14. 下列账簿中通常采用订本式形式的有(　　)。
    A. 库存现金日记账　　　　　B. 银行存款日记账
    C. 总分类账　　　　　　　　D. 原材料明细分类账
15. 下列会计凭证中，可以作为登记银行存款日记账的依据的是(　　)。
    A. 自制原始凭证　　　　　　B. 外来原始凭证
    C. 付款凭证　　　　　　　　D. 收款凭证

三、判断题

1. "原材料"明细账一般采用多栏式。　　　　　　　　　　　　　　　　(　　)
2. 日记账是对各项经济业务按照发生时间的先后顺序进行登记的账簿。(　　)
3. "应付账款"明细账的格式一般采用三栏式。　　　　　　　　　　　(　　)
4. 备查账簿是对某些未能在日记账和分类账中记录的经济业务事项进行补充登记的账簿。　　　　　　　　　　　　　　　　　　　　　　　　　　　　　(　　)
5. 特种日记账只对某一特定种类的经济业务按其发生时间的先后顺序逐日逐笔登记，主要包括库存现金日记账和银行存款日记账。　　　　　　　　(　　)
6. 在登记账簿时，总账和明细账有着直接的联系。为简化记账程序，总账可以根据明

细账的结果进行登记。 （   ）
7. 原材料和制造费用明细账一般采用多栏式明细账格式。 （   ）
8. 银行存款日记账与库存现金日记账的登记方法基本相同。 （   ）
9. 日记账可以采用三栏式，也可以采用多栏式。 （   ）
10. 所有明细账都可适用三栏式和数量金额式账页。 （   ）
11. 根据总账与明细账的平行登记要求，每项经济业务必须在同一天登记明细账和总账。 （   ）
12. 账簿按其用途的不同，可分为序时账、分类账和备查账。 （   ）
13. 库存现金日记账应在每日终了时结出余额，并与库存现金核对相符。 （   ）
14. 记账时不慎发生"隔页""跳行"情况，则应在空页或空行处用红色墨水笔画对角线，在空页中还应加盖"作废"戳记。 （   ）

四、名词解释

1. 会计账簿   2. 账页
3. 总分类账   4. 明细分类账
5. 日记账   6. 备查账簿
7. 订本式账簿   8. 活页式账簿
9. 卡片式账簿   10. 总分类账户
11. 平行登记法

五、思考题

1. 账簿在会计核算中有什么作用？
2. 账簿设置的原则是什么？
3. 作为会计账簿应具备哪些基本内容？
4. 账簿包括哪些种类？请具体说明。
5. 什么是日记账？日记账的种类有哪些？怎样登记库存现金日记账和银行存款日记账？
6. 简述明细分类账的主要格式及其适用性。
7. 简述总分类账和其所属明细分类账的关系。
8. 在同时登记总分类账和所属明细分类账时应采取什么方法？应注意哪些问题？
9. 账簿按外表形式的不同可分为哪几类？
10. 比较不同种类账簿的优缺点及其适用性。

六、业务题

【资料】

(1) SD 公司 2019 年 1 月 1 日各总分类账的期初余额如表 5-12 所示。

(2) SD 公司为增值税一般纳税人，公司 1 月发生下列经济业务。

① 1 月 2 日，收到南国公司前欠货款 2 830 元，存入银行。

② 1 月 3 日，购入甲材料一批，买价为 8 000 元，增值税税额为 1 040 元，材料已运达企业，但尚未验收入库，货款和税金未付。

③ 1 月 5 日，从银行提取现金 300 元备用。

④ 1月6日，采购员王林出差，以现金预支差旅费400元。

表5-12 总分类账的期初余额　　　　　　　　　　　　　　　　　单位：元

账户名称	借方金额	账户名称	贷方金额
库存现金	280	短期借款	8 400
银行存款	12 560	应付账款	1 300
应收账款	2 830	应付利息	120
材料采购	7 800	实收资本	30 000
其他应收款	360	盈余公积	2 100
预付账款	480	累计折旧	3 190
固定资产	25 800	本年利润	5 000
合　计	50 110	合　计	50 110

⑤ 1月8日，以银行存款预付本年度厂部财产保险费6 000元。

⑥ 1月9日，以银行存款支付上年购货欠款1 300元。

⑦ 1月11日，以银行存款归还到期短期借款5 000元。

⑧ 1月12日，以银行存款支付厂部办公用品费500元。

⑨ 1月15日，从银行提取现金500元备用。

⑩ 1月16日，以现金400元支付管理部门日常修理费。

⑪ 1月20日，采购员王林报销差旅费450元，与原借款的差额以现金补足。

⑫ 1月22日，向银行借入短期借款2 000元，存入银行。

⑬ 1月26日，销售A产品一批，售价为6 000元，增值税税额为780元，货款和税金尚未收到。

⑭ 1月31日，摊销应由本月负担的厂部财产保险费500元。

⑮ 1月31日，以银行存款支付应由本月负担的短期借款利息200元。

⑯ 1月31日，计提厂部固定资产折旧费用500元。

⑰ 1月31日，将损益类账户结转至"本年利润"账户。

【要求】

(1) 根据上述经济业务，编制记账凭证。

(2) 开设有关总分类账，登记期初余额，并根据所编制的记账凭证登记有关总分类账户。

(3) 开设库存现金和银行存款日记账(可使用附录D和附录E)，登记期初余额，并根据所编制的记账凭证登记有关日记账。

(4) 进行库存现金和银行存款日记账与总账的核对，编制"总分类账户本期发生额及余额表"，进行试算平衡。

第六章 期末会计处理

教学目标与要求

- 了解试算表的作用和编制要求。
- 掌握错账更正方法。
- 了解期末账项调整的主要内容。
- 熟悉财产清查的概念和种类。
- 掌握各种财产物资的清查方法及财产清查结果的账务处理。
- 掌握期末会计账簿对账、结账的基本要求。

教学重点与难点

教学重点：
期末会计账务处理的主要内容和对账、结账方法。

教学难点：
登记账簿发生错误时的更正方法。

案例分析

【**案例一 财产清查发现问题的处理**】X企业的副经理张某某将企业正在使用的一台设备借给朋友使用，未办理任何手续。清查人员在年底盘点时，发现了一台设备盘亏，原值为300 000元，已经计提折旧50 000元，账面净值250 000元。经过追踪调查，发现这台设备是由张某某借出。清查人员派人向借方索要，借方声称该设备已经被偷走，询问公司副经理张某某关于此事的处理意见，张某某建议按照设备正常报废处理。

思考与讨论：
盘亏的设备按照正常报废处理是否符合会计制度的要求？企业应当怎样正确处理盘亏的资产？

【**案例二 错账的影响和更正方法**】Y企业自主研发了一套客户管理系统价值300万元，该公司会计人员在账务处理上计入了"固定资产——电子设备"，并作了如下分录。

借：固定资产——电子设备　　　　　300万元
　　贷：银行存款　　　　　　　　　　300万元

并且按照3年折旧年限在当年进行了折旧处理100万元，作分录如下。

借：管理费用——折旧费　　　　　　100万元
　　贷：累计折旧　　　　　　　　　　100万元

而实际上，客户管理系统300万元不应该计入"固定资产——电子设备"，而应该计入"无形资产"。把无形资产错误地计入固定资产，会产生以下后果。

(1) 导致资产不真实。
(2) 导致当年摊入的费用多列了70万元。
(3) 导致当年利润不真实。
(4) 导致当年企业所得税漏缴。

思考与讨论：

你认为这笔错误的会计记录应该如何进行改正？

第一节　试算与调整

一、试算表

(一)试算表的用途

试算，就是将总分类账中各账户的借方总额与贷方总额相抵销以后的余额，汇总列表以验证分录与记账工作是否有误，试算工作所用的账户余额汇总表即为试算表。试算表可以帮助会计人员验证会计记录中的计算有无错误，为编制财务报表做好准备。

(二)试算表的编制原理和方法

借贷复式记账法的基本规则是"有借必有贷，借贷必相等"，试算表也是利用这一原理来验证账务处理的正确性。试算表的格式如表6-1所示。试算表以总分类账的余额编制，总分类账中的数据来自记账凭证中的各笔分录，而记账凭证中的每笔分录的借贷金额既然相等，则所有分录借贷总额也必然相等，所有账户的借贷余额也必定相等。若试算结果发现借贷两方不等，则分录计算过程必定有错，必须及时更正。但是，值得注意的是，即使试算表借贷余额合计相等，也不一定表明账务记录无误，因为有可能发生重复记录等错误。

表 6-1 试算平衡表

×× 公司

×× 年 ×× 月 ×× 日

科目名称	期初余额		本期发生额		期末余额	
	借方	贷方	借方	贷方	借方	贷方
合计						

二、错误更正

尽管会计人员在填写记账凭证和登记账簿之前已经对原始凭证、记账凭证进行了多次核对，但账簿记录中仍难免出现错误。

(一)记账时可能出现的错误

与账簿登记有关的差错通常包括以下几种情况。

(1) 串户。把业务记错账户，称之为串户，如将应记入"应收账款"账户的业务，记入"应付账款"账户。

(2) 反方。把应记入借方的错记入贷方。

(3) 错位。如把 1 500.00 元写成 150 000 元。

(4) 写错。因看错等原因，将某数字写成与其完全不相干的数字，如把 6 780 元写成 48 元。

(5) 倒码。如把 87 写成 78。

(二)记账错误的查找方法

在每天发生很多笔经济业务的单位，想在众多账簿记录中检查出错误所在并非易事，但日常工作中总结出的一些做法可以帮助会计人员提高检查效率。常见的错账查找方法有差数法、倍数法和除 9 法三种。

1. 差数法

差数法一般适用于寻找和发现漏记账目。记账人员首先通过对比不同的会计记录，确定错账的差数，再根据差数去查找错误。

2. 倍数法

倍数法也叫除 2 法，这种方法适用于会计账簿因栏次错写而造成的方向错误，如误将应记入借方栏的金额写入贷方栏，或者误将应记入贷方栏的金额写入借方栏。这种错误一般会造成双倍的误差，因此在算出借方和贷方的差额后，再根据差额的一半来查找错误，可以较为快捷地发现错误所在。

3. 除9法

除9法一般用于查找数字错位和数字颠倒的错误，如将 890 误写成 980。这种情况所形成的差额通常可以被9除尽，因此可以先算出借方与贷方的差额，再除以9来查找错误。如果仅仅是数字错位，采用除9法可以较快地查找到错误所在。例如，将 10 000 元误写成 1 000 元，其差额为 9 000 元，除9后即为 1 000 元的错误金额。

以上的错误查找方法仅仅适用于查找单一的、特定的错误，若是错误较多，上述差错方法不一定能够检查出错误所在，会计人员就只能使用全面检查法。全面检查法就是对一定时期的账目进行全面核对的检查方法，具体又分为顺查法和逆查法。顺查法就是按照记账的顺序，从头到尾依次检查原始凭证、记账凭证、总账、明细账以及会计科目余额表等。逆查法则与记账的顺序相反，也就是首先检查科目余额表中数字的计算是否正确，再检查各账户的计算是否正确，然后核对各账簿与记账凭证是否相符，最后检查记账凭证与原始凭证是否相符的方法。

(三)记账错误的更正方法

错账的更正应使用不同的更正方法。手工账簿记录发生错误时，不允许采用涂改、挖擦、刮补的手段更正，也不应使用化学试剂消除字迹。账页一般不允许撕掉重抄，确因账页严重受损或其他特殊原因导致的字迹模糊等，允许重抄，但重抄前应经会计主管批准，抄好后还应仔细复核。注意，原账页应保留在原处不得销毁。电算化系统中，由于记账的过程由系统后台完成，通常情况下不会发生抄录错误，主要是由记账凭证错误引发，应先更正记账凭证，再更正账簿。总的来说，记账错误的更正方法一般有以下三种。

6.1 错账更正

1. 划线更正法

划线更正法又称"红线更正法"。当记账凭证正确，账簿中的文字或数字有错且错误记录(包括文字和数字)是因记账笔误引起的时，应使用此法更正。这种更正方法不需作会计分录，可以在账簿中直接更正。更正时，在错误的文字或数字上划一红线，以示注销。划线时，要划去错误数字的整个数码，不能只划其中个别数码，然后在红线上空白处填写正确的文字或数字，并由更正人在更正处盖章，以示负责。例如，在登记账簿中，记账人员林立误将记账凭证上列示的 128.50 元抄写成 125.80 元，则应作如下更正。

$$\begin{array}{c} 128.50 \\ \overline{125.80} \end{array} \boxed{林立}$$

2. 红字更正法

红字更正法是在记账或结账以后，发现记账凭证中所列会计科目或金额发生错误，继而引起账簿记录错误而使用的更正错账的方法。

(1) 记账以后，发现编制的记账凭证用错了会计科目而登错了账簿，可以用红字更正法之全部冲销法。更正时先用红字金额编制一张与原错误凭证相同科目的记账凭证,并注明"冲销×月×日错账",用红字金额记入有关账簿中,冲销原来的错误记录;然后再编制正确的记账凭证,并记入有关账簿,在摘要栏中同样注明"更正×月×日错误"。

【例6-1】 3月5日,SD公司以银行存款向某批发公司支付前欠购料款1 170元。编制记账凭证时,把借方"应付账款"科目误记为"其他应付款"科目,具体如下。

  借:其他应付款   1 170
    贷:银行存款   1 170
并据此登记入账。

3月29日对账时发现该项错账,先编制一张红字数额的、与原记账凭证科目相同的凭证,予以冲销。

  借:其他应付款 |1 170|
    贷:银行存款 |1 170|
("□"代表红字)
再用蓝字编制正确的记账凭证并过账。

  借:应付账款   1 170
    贷:银行存款   1 170
账簿记录如图6-1所示。

其他应付款	银行存款	应付账款
1 170		1 170
	1 170		1 170	
		1 170		
		1 170	

图6-1 账簿记录(全部冲销法)

(2) 在记账或结账以后,如果发现编制凭证时,会计科目运用正确,但其所列金额大于正确金额,并已记入账簿,可采用红字更正法之部分冲销法。即先计算出正确金额与错误金额的差额,然后以此差额编制一张与原凭证相同科目的红字金额记账凭证,据以登记入账将原多记的数字冲销掉。

【例6-2】 3月5日,SD公司以银行存款向某批发公司支付前欠购料款1 170元。编制记账凭证时,其金额误为1 710元,具体如下。

  借:应付账款   1 710
    贷:银行存款   1 710

3月29日对账时发现上述错误,这时可将多记的540元,用红字填制一张相同科目的记账凭证,并登记入账,予以冲销。

  借:应付账款 |540|
    贷:银行存款 |540|
账簿记录如图6-2所示。

图 6-2　账簿记录(部分冲销法)

3. 补充登记法

在记账以后，如果发现记账凭证中科目运用正确，仅仅是金额少记的情况，可使用补充登记法。这种更正法既要更正记账凭证，也要更正账簿记录。其具体操作是，用蓝色笔填写一份记账凭证，其中的会计科目与被更正的凭证相同，金额为少记的数字(数字为蓝色)，然后登记账簿并在摘要中注明更正或补充第几号凭证。

【例 6-3】 用现金预支员工差旅费 1 500 元，付款凭证错记为 150 元，已经登记入账。其错误的记账凭证如下。

借：其他应收款　　　　　　　　　　　　　150
　　贷：库存现金　　　　　　　　　　　　　　150

补充的记账凭证如下。

借：其他应收款　　　　　　　　　　　　1 350
　　贷：库存现金　　　　　　　　　　　　　1 350

账簿记录如图 6-3 所示。

图 6-3　账簿记录(补充登记法)

三、期末账项调整

(一)期末账项调整的必要性

依据权责发生制的规则，账簿的日常记录还不能确切地反映本期的收入和费用，有些收入款项虽然在本期内已经收到和入账，但并不归属本期，而有些收入虽然在本期内尚未收到，却按照收入实现原则应归属本期。同时，有些费用虽然在本期内已经支付和入账，但并不归属本期，而有些费用虽在本期尚未支付却归属本期。所以在期末结账以前必须对账簿记录做必要的调整。期末账项调整不仅影响利润表账目，也影响资产负债表账目。经过调整，财务报表可以正确反映企业的经营成果和财务状况。

(二)期末应予调整的账项

一般企业年末结账时应予调整的项目分为以下三类。

一是应计项目，凡是本会计期内已经赚取的收入及已发生的费用，虽因尚未收付现金而平时未记录，但在期末应予调整入账。该部分主要包括应付费用和应收收入。应付费用是指本期已经发生耗用但尚未支付现金的各项费用，如应付利息、应付租金等。应付费用的调整，一方面应确认费用,另一方面应增加负债。应收收入又称应计收入,是指本会计期内已经实现而尚未收现的各项收入,如应收利息、应收租金、应收佣金等。应计收入的调整,一方面应增加收入,另一方面还应增加资产。

二是递延项目,所谓递延即推迟确认已收现的收入或已付现的费用,这类预收收入或预付费用随营业的继续会逐渐转为已实现收入或已发生费用。该部分主要包括预付费用和预收收入。预付费用是指通常需预先支付的保险、租金等项目,此类交易如果金额较小,一般在款项付出时记作费用;如果金额较大,可以通过预付账款等账户处理。预收收入是在提供产品或劳务之前,先行收取的款项。因尚未向客户提供产品或劳务,故将其列为负债,但随着产品的交付或劳务的提供,此项收入便逐渐得以实现,已经赚取的部分应从负债账户调整到收入账户。

三是估计项目,除上述应计账项和递延账项外,为使成本与收入能更密切地配合,以正确计算利润,还有一些账项需要调整,这些账项调整与前述账项调整的不同之处在于调整的金额具有不确定性。在计算此类金额时,必须考虑未来可能发生的事作为计算依据,故此类账项称为估计项目。如坏账损失的计提、固定资产折旧的提取等。

第二节 财产清查

一、财产清查的意义

企业各种财产物资的增减变动和结存情况,通过凭证的填制与审核、账簿的登记与核对,已经在账簿体系中得到了正确的反映,但账簿记录的正确并不足以说明各种财产物资实际结存情况的正确。在具体会计工作中,即使是账证相符、账账相符的情况下,财产物资的账面数与实际结存数仍然可能不相一致。根据资产管理制度以及为编制会计报表提供正确、可靠的核算资料的要求,必须使账簿中所反映的有关财产物资和债权债务的结存数额与其实际数额保持一致,做到账实相符。因此,必须运用财产清查这一会计核算的专门方法。

(一)财产清查的概念

财产清查也称盘存,就是通过对财产物资、库存现金进行实地盘点,对各项银行存款和往来款项进行询证核对,确定各项财产物资、货币资金和往来款项的实存数,并查明实存数与账存数是否相符的会计核算方法。

6.2 财产清查内涵和分类简介

财产清查是会计核算的任务之一,反映和监督财产物资的保管和使用情况,保护企业财产物资的安全完整,提高各项财产物资的使用效果。各经济单位应通过账簿记录来反映和监督各项财产的增减变动及结存情况。在会计实际工作中,账簿记录的资料往往与各项财产物资实有数不一致。

(二)造成账实不符的原因

造成账实不符的原因主要有以下几个方面。

(1) 在财产物资收发过程中,由于计量、检验不准确而发生了品种上、数量上或质量上的差错。

(2) 管理不善或工作人员失职造成财产破损、变质、短缺。
(3) 财产物资在保管或运输过程中发生自然损耗或自然升溢。
(4) 火灾、水灾等意外事故造成非常损失。
(5) 贪污盗窃、营私舞弊等违法行为造成财产的短缺。
(6) 会计人员业务素质差,在账簿中错记、漏记、重记或计算错误,或者人为编造假账等。

(三)财产清查的作用

财产清查的作用主要体现在以下几个方面。

1. 保证会计核算资料的真实、可靠

会计核算经过填制会计凭证,严格审核凭证,然后登记入账的程序,按理说账簿资料应该是能反映企业财产物资的实有数,账实也应该是相符的。但是,在实际工作中,由于各种人为的或自然的原因,都可能会使财产物资的实际结存数与账面结存数发生差异。通过财产清查,可以确定各项财产的实存数,将实存数与账存数进行对比,确定盘盈、盘亏数额,及时调整账簿记录,做到账实相符,以保证账簿记录的真实、正确,提高会计资料的质量,为经济管理提供可靠的数据资料。

2. 健全财产物资的管理制度,挖掘各项财产的潜力,加速资金周转

不断挖掘内部潜力,充分利用各种财产物资,是提高经济效益的一个重要方面。充分利用各种财产物资,必须经常了解各项财产物资的使用情况。通过财产清查,可以查明各项财产盘盈、盘亏的原因和责任,从而找出财产管理中存在的问题,改善经营管理;还可以查明各项财产物资的储备情况,查明各项财产物资占用资金的合理性和利用情况,以便挖掘各项财产物资的潜力,提高其使用效能。

3. 保证各项财产物资的安全、完整

财产清查既是会计核算的一种专门方法,又是一项行之有效的会计监督活动。通过财产清查,不仅可以查明各项财产物资的实际结存数,以及实际结存数与账面结存数的差异,而且还可以进一步分析产生差异的原因,检查各项财产物资有无毁损、变质,是否被贪污盗窃。同时,通过财产清查,还可以检查各项财产物资的增减、收支是否按照规定的制度办理了必要的手续,各种物资的保管是否安全妥善等。总之,通过财产清查,可以及时发现问题,建立健全财产物资保管的岗位责任制,保证各项财产物资的安全、完整。

4. 保证结算制度的贯彻执行

在财产清查中,对于债权债务等往来结算账款也要与对方逐一核对清楚。对于各种应收及应付款项应及时结算,已确认的坏账应按规定处理,避免长期拖欠和常年挂账;已确认的确实无法支付的应付款项,应转作"营业外收入"处理。通过财产清查,可促使经办人员自觉遵守结算纪律和国家财政、信贷的有关规定,及时结清债权债务,共同维护结算纪律和商业信用。

二、财产清查的种类

(一)按财产清查的对象和范围分类

按财产清查的对象和范围分类,财产清查可分为全面清查和局部清查两种。

1. 全面清查

全面清查是对企业所有的财产物资、货币资金和债权债务进行盘点和核对。其特点是清查范围大、投入人力多、耗费时间长。一般来说,以下情况需进行全面清查。

(1) 年终决算前,为了确保年终决算会计资料真实、正确,需进行一次全面清查。

(2) 单位撤销、合并、联营、实行股份制改造或改变隶属关系,需进行全面清查,以明确经济责任。

(3) 开展清产核资,需进行全面清查。

(4) 单位主要负责人调离工作,需进行全面清查。

2. 局部清查

局部清查是指根据需要对一部分财产物资进行的清查,其清查的主要对象是流动性较强、易发生损耗以及比较贵重的财产,如库存现金、原材料、在产品和库存商品等。其特点是清查范围小、专业性强、人力与时间的耗费较少。一般有以下几种情况。

(1) 对于库存现金应由出纳员在每日业务终了时点清,做到日清月结。

(2) 对于银行存款和银行借款,应由出纳员每月至少与银行核对一次。

(3) 对于原材料、在产品和库存商品除年度清查外,应有计划地每月重点抽查,对于贵重的财产物资,应每月抽查盘点一次。

(4) 对于债权债务,应在年度内至少核对一至两次,发现问题应及时解决。

(二)按财产清查的时间分类

按财产清查的时间分类,财产清查可分为定期清查和不定期清查两种。

1. 定期清查

定期清查是指根据管理制度的规定或预先计划安排的时间对财产所进行的清查。这种清查可以是全面清查也可以是局部清查。清查的目的在于保证会计核算资料的真实、正确,一般是在年末、季末或月度末结账时进行。

2. 不定期清查

不定期清查是指根据需要所进行的临时清查。不定期清查是局部清查。在更换财产物资经管人员(出纳员、仓库保管员)时;财产物资遭受自然灾害或意外损失时;单位合并、迁移、改制和改变隶属关系时;财政、审计、税务等部门进行会计检查时;按规定开展临时性清产核资工作时,都可以根据不同需求进行全面清查或局部清查。其目的在于分清责任,查明情况。

三、财产清查的方法

财产清查是一项涉及面广,工作量大,既复杂又细致的工作。它不仅是会计部门的一项重要任务,而且是各项财产物资经管部门的一项重要职责。为了保证财产清查工作的顺利进行,必须采用科学的方法,有计划、有组织地进行清查工作。

(一)确定财产物资账面结存的方法

财产清查的重要环节是盘点财产物资的实存数量,为使盘点工作顺利进行,应建立一定的盘存制度。一般来说,财产物资的盘存制度(或称盘存方法)有两种,即永续盘存制和实地盘存制。

1. 永续盘存制

永续盘存制也称账面盘存制,是指通过账面记录,随时反映各项财产物资的增加、减少以及结存数量和金额,并通过财产清查,将账存数与实存数进行核对。这种盘存制度可用公式表示如下:

账面期末余额=账面期初余额+本期增加额-本期减少额

该盘存制度要求财产物资的进出都有严密的手续,便于加强会计监督。在有关账簿中对财产物资的进出进行连续登记,且随时结出账面结存数,便于随时掌握财产物资的占用情况和动态,有利于加强对财产物资的管理。其不足之处在于会增加平时财产物资明细账的工作量。在一般情况下,企业均采用永续盘存制。

2. 实地盘存制

实地盘存制也称"以存计销制"或"盘存计销",是指对各项财产物资进行日常核算时,只根据会计凭证在明细账簿中登记财产物资增加的数量和金额,不登记减少的数量和金额,到月末,对各项财产物资进行盘点,根据实地盘点所确定的实存数,倒挤出本月各项财产物资的减少数。这种盘存制度用公式表示如下:

本期资产减少金额=期初账面结存金额+本期增加金额-期末资产结存金额

根据以上的计算倒挤出本期减少数,再登记有关账簿,因此每月月末,对各项财产物资进行实地盘点的结果,是计算、确定本月财产物资减少数的依据。

该盘存制度平时不需要计算、记录财产物资的减少数和结存数,可以大大简化日常核算工作量。但是,由于各项财产物资的减少数没有手续,不便于实行会计监督,倒挤出的各项财产物资减少数中成分复杂,除了正常耗用外,可能还有毁损和丢失的;而且,由于每个会计期末必须花大量的人力、物力对财产物资进行盘点和计价,加大了期末会计核算的工作量。因此,非特殊原因,企业一般情况下不宜采用这种盘存制度。只有那些平时确实无法记录财产物资减少数的单位才采用这种方法,如零售商店、持续投料的生产企业等。

(二)清查财产物资的技术方法

不同品种的财产物资,由于其实物形态、体积重量、堆放方式不同,因而采用不同的清查方法,一般采用实地盘点法、推算盘点法、抽样盘点法和查询核实法四种。

1. 实地盘点法

实地盘点法是指在财产物资堆放现场进行逐一清点数量或用计量仪器确定实存数的一种方法。这种方法适用范围广，要求严格，数字准确可靠，清查质量高，但是工作量大，若事先按财产物资的实物形态进行科学的码放，如五五排列、三三制码放等，会有利于提高清查的速度。

2. 推算盘点法

推算盘点法是利用技术方法(如量方计尺)对财产物资的实存数进行推算的一种方法。这种方法适用于大堆存放、物体笨重、价值低廉、不便逐一盘点的实物资产。例如，化肥、水泥、砂石等数量大、价值低廉等物资的清查。从本质上讲，它是实地盘点法的一种补充方法。

3. 抽样盘点法

抽样盘点法是对数量多、价值小、重量均匀的财产物资，采用从中抽取少量样品，以确定其数量的一种方法。

4. 查询核实法

查询核实法是指通过向对方单位发函调查，并与本单位的账存数相核对的一种方法。

为了明确经济责任，进行财产物资盘点时，有关保管人员必须在场，并参加盘点工作。对各项财产物资的盘点结果，应逐一如实地登记在"盘存单"上，并由参加盘点的人员和实物保管人员共同签章生效。

"盘存单"是记录各项财产物资实物盘点结果的书面证明，也是用来编制"实存账存对比表"的依据，是财产清查工作的原始凭证之一。"盘存单"至少要填制一式两份，一份交实物保管人保存，一份交会计部门与账面记录相核对。"盘存单"的一般格式如表6-2所示。

表6-2 盘存单

单位名称： 财产类别： 编号：

盘点时间： 年 月 日 存放地点：

序 号	名 称	规格型号	计量单位	实存数量	单 价	金 额	备 注

盘点人签章： 实物保管人签章：

盘点完毕，将"盘存单"中所记录的实存数额与账面结存数额相比，填制"实存账存对比表"。通过对比，揭示账面结存数和实际结存数之间的差异，并做出适当的处理。实际工作中，为了简化编表工作，"实存账存对比表"上通常只编列账实不符的物资，确定财产物资盘盈、盘亏的数额。在清查工作中，也可以不编制"盘存单"，而是根据盘点结果和账簿记录直接编制"实存账存对比表"。该表是财产清查的重要报表，是调整账面记录的原始凭证，也是分析盈亏原因，明确经济责任的重要依据。"实存账存对比表"的一般格式如表6-3所示。

表 6-3　实存账存对比表

单位名称：　　　　　　　　　　　　　　　　　　　　　　　　　存放地点：
财产类别：　　　　　　　　　　　　　　　　　　　　　　　　　清查时间：

序号	名称	计量单位	单价	实存		账存		实存与账存对比				备注
								盘盈		盘亏		
				数量	金额	数量	金额	数量	金额	数量	金额	
	金额合计											

盘点人签章：　　　　　　　　　　　　　　　　　　　　　　　　会计签章：

四、财产清查结果的处理

财产清查的结果，必须按国家有关政策、法令和制度的规定，妥善给予处理。财产清查中发现的盘盈、盘亏、毁损和其他损失，应认真核准数字，调查分析产生差异的原因，按规定的程序再行处理。对于各种变质或超储积压物资等问题，应查明原因及时清理；对于长期不清或有争执的债权、债务，也应核准数字加以处理；对于财产清查中发现的问题和漏洞，应吸取教训，提出改进工作的措施，建立健全必要的管理制度和内部控制制度。

(1) 核准数字，查明原因。根据清查情况，编制全部清查结果的"实存账存对比表"(也称"财产盈亏报告单")，核准货币资金、财产物资及债权债务的盈亏数字，对各项差异产生的原因进行分析，明确经济责任，据实提出处理意见。对于债权债务在核对过程中出现的争议问题，应及时组织清理；对于超储积压物资应同时提出处理方案。

(2) 调整账簿，做到账实相符。根据"财产盈亏报告单"和企业会计制度规定的处理方法编制记账凭证，并据以登记账簿，使各项财产物资做到账实相符。对于确实无法收回的应收款项，按制度规定采用备抵法处理。

第三节　对账与结账

一、对账

(一)对账的意义

所谓对账，是指为确保会计信息客观、完整、系统和连续，在将相关经济业务登记入账后，对会计记录进行核对的工作。如果有必要，对账可以在会计循环的任何环节进行，但考虑到工作效率和会计成本的高低，通常会计人员会在月末、季末和年末，所有经济业务入账后且尚未结账时进行定期地对账。此外，若在会计期间出现会计人员调动也应及时对账。

会计核算中难免出现差错，对账的目的就是发现并更正记账中的差错。因此，定期对账对后续工作，特别是为报表编制提供了良好的基础。

(二)对账的主要内容

对账的主要内容包括账证核对、账账核对、账实核对三个方面。

1. 账证核对

账证核对是将各种账簿(包括总分类账、明细分类账、日记账)与相关凭证(包括原始凭证和记账凭证)进行核对。其主要是核对经济业务发生的时间、凭证编号、业务内容、交易金额等项目。这种核对主要在平时进行,便于及时发现问题。

2. 账账核对

账账核对主要包括以下四个方面的内容。
(1) 所有总分类账中的借方金额合计数是否与贷方金额合计数相符。
(2) 库存现金、银行存款总账与相关的日记账的余额数核对。
(3) 总分类账账面余额与明细账账面余额核对。
(4) 会计部门的物资明细账的账面余额与物资保管部门和使用部门的明细账核对。

3. 账实核对

账实核对是指在前两个方面核对的基础上核对账面余额与实物资产的实存数,确保账面数和实际数相符。账实核对主要包括以下四个方面。
(1) 现金日记账的账面余额与库存现金的实有数核对。
(2) 银行存款日记账的账面余额与银行对账单核对。
(3) 债权、债务明细账与结算单位的账面余额核对。
(4) 实物资产的明细账余额与实际实物量核对。

(三)对账结果的处理

如果对账后未发现错误或遗漏等异常情况,即可进入下一个会计步骤;如果存在错误或遗漏,应进行必要的更正和调整。

二、结账

(一)结账的含义

结账就是把一定时期内所发生的经济业务,在全部登记入账的基础上,结算出每个账户的本期发生额和期末余额,并将期末余额转入下期或下一年的新账中。企业的信息使用者(如投资人、债权人、政府管理部门等)需要了解企业的财务状况和经营成果,但由于会计资料在经过大量的记录后显得过于庞杂,不能直接满足他们对资产、负债、利润总额等核心信息的需求,因此通过结账汇总企业的总体情况,并为编制会计报表做好准备。

结账是会计工作中必不可少的一项。它将持续经营中的企业资产、权益情况和收入、费用情况划分为较短的期间,使信息使用者可以及时了解企业的财务状况和经营成果。

(二)结账前应注意的方面

(1) 确保记录的完整性,即会计记录中应包括所有的交易或者事项。

(2) 确保经济业务记入恰当的会计期间,即经济业务没有被提前或拖后入账,没有被高估和低估。

(三)结账工作的具体内容

结账工作的具体内容主要有以下两个方面。

(1) 结算各个资产、负债和所有者权益的总分类账户和明细分类账户,分别结出它们的本期发生额及期末余额。此时的会计工作行为仅限于对原来的总账、明细账和日记账记录的账面进行处理,而不涉及会计分录的编制,故不需要编制记账凭证。

(2) 结算各种收入、费用等损益类账户,并据以计算确定本期的利润或亏损,把经营成果在账上揭示出来。此时的结账工作是通过编制会计分录和过账实现的,因此会计行为既涉及编制会计分录,也与登记账簿记录有关,但无须专门的原始凭证作原始依据。

(四)结账后的试算平衡

结账后,可以再次试算平衡,看一下所有存在借方余额的账户的余额合计是否等于所有贷方余额的合计数。其目的是避免直接编制报表时存在过多的错误。但是,这只是一个建议,而不是一个必需的步骤,会计人员也可直接编制报表。

(五)结账的方法

在实际工作中,一般采用划线结账方法进行结账。在我国,结账方式一般可分为月结、季结、年结三种。

1. 月结

办理月结时,应在各账户最后一笔记录下面划一道通栏红线,在红线下结算本月发生额和月末余额(如无余额,应在余额栏内注明"0",并在借或贷栏内写上"平"字),并在摘要栏内注明"本月合计"或"本月发生额及余额"或 "××月份月结"字样,然后在下面再划一道通栏红线。

2. 季结

选择季结方式的企业,要在月结完成的基础上进行季结。季末结账,应计算并填列"本季发生额"和"季末余额",将其记录登记在该账页最后一个月月结的下一行内,如果没有余额应在账页的余额栏内写"0",并在借或贷栏内写上"平"字,同时在同一行的摘要栏注明"×季度季结"字样,并在季结下划一道通栏红线。

3. 年结

年末结账,首先要完成月结和季结。随后再计算并填列"本年发生额"和"本年余额",将其记录登记在该账页最后一个季结的下一行,如果没有余额应在账页的余额栏内写"0",并在借或贷栏内写上"平"字,同时在同一行的摘要栏内注明"××年度年结"字样,并在年结下划两道通栏红线。

> 思政案例

账实核对中的会计造假

中国上市公司造假史上最大的案例之一,非2002年的蓝田股份(600709)莫属,蓝田股份曾被冠上农业神话的头衔,结局却大跌眼镜。18年前,刘姝威用600字短文以四两拨千斤之力粉碎了一家上市公司,将其推下神坛(现已退市)。蓝田股份年报显示,公司的蓝田野藕汁、野莲汁饮料销售收入达5亿元之巨,然而市面上根本没有看到销售所谓的野藕汁、野莲汁。资料显示,蓝田股份有约20万亩大湖围养湖面及部分精养鱼池,仅水产品每年都卖几个亿,而且全都是现金交易,而事实上有没有鱼无人知晓。真正揭开蓝田业绩之谜的是蓝田股份的2001年年报,三年来的财务指标来了一个"大变脸":主营业务收入1999年的业绩调整前是18.5亿元,调整后是0.2亿元,2000年调整前是18亿元,调整后只有0.4亿元。也就是说有十几亿元都是造假。2002年3月,公司被处理,股票简称变更为"ST生态",2002年5月13日,因最近三年连续亏损的"ST生态"自当日起暂停上市。

2008年10月,北京市第二中级人民法院一审以单位行贿罪,判处蓝田集团董事长瞿兆玉有期徒刑3年,缓刑4年。造假者最终制造的是牢狱之灾,蓝田的谎言被彻底戳破。这些谎言所付出的代价是惨重的,这里损失的不仅仅是金钱,还有相关部门的信誉和国人的信心以及无辜的股民。

(资料来源:https://m.sohu.com/a/311998768_334519/.)

思政要点:

(1) 蓝田事件是中国证券市场一系列欺诈案之一,被称为"老牌绩优"的蓝田巨大泡沫的破碎,是继银广夏之后,中国股市上演的又一出丑剧,成为2002年中国经济界一个重大事件。蓝田股份曾经创造了中国股市长盛不衰的绩优神话。这家以养殖、旅游和饮料为主的上市公司,一亮相就颠覆了行业规律和市场法则。1996年发行上市以后,在财务数字上一直保持着神奇的增长速度:总资产规模从上市前的2.66亿元发展到2000年年末的28.38亿元,增长了9倍,历年年报的业绩都在每股0.60元以上,最高达到1.15元。5年间股本扩张了360%,创造了中国农业企业罕见的"蓝田神话"。

揭露蓝田事件的刘姝威经过同业对比发现,2000年蓝田股份的水产品收入位于上市公司同业的最高水平,高于同业平均值3倍。蓝田股份采取"钱货两清"和客户上门提货的销售方式,这与过去渔民在湖边卖鱼的传统销售方式是相同的。蓝田股份的传统销售方式不能支持其水产品收入异常高于同业企业,除非蓝田股份大幅度降低产品价格,巨大的价格差异才能对客户产生特殊的吸引力。但是,蓝田股份与武昌鱼和洞庭水殖位于同一地区,自然地理和人文条件相同,生产成本不会存在巨大的差异,若蓝田股份大幅度降低产品价格,它将面临亏损。

(2) 部分企业因为其产品特殊,很难在财产清查中进行账实一一核对,但这并不意味着企业就可以任意伪造收益或损失。同业对比依然能够发现造假企业的诸多问题,世界上不可能有两片完全一样的树叶,也不可能有完全一样的企业,哪怕是在同一地区,经营同一行业,雇用同样的员工,经营同样的规模,最终也不可能完全一样,甚至相差甚远。但是,它们的相关财务指标是相近的,行业平均数据不会有太大的偏差。会计人员应清楚地认识到这一事实真相，遵守职业道德，不被利益所诱惑，不伪造账目，不弄虚作假，如实反映单位经济业务事项。

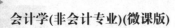 本章小结

会计期末工作内容繁杂，除了记录正常发生的生产经营活动以外，还要进行一系列期末账务处理，包括调整前的试算平衡，编制试算平衡表，查找日常账务处理中的错误；编制调整分录，将未在平时记录却影响企业当前财务状况和经营成果的会计事项加以补记；进行财产清查，对于财产物资、库存现金、银行存款和往来款项需要运用不同的清查方法，并对财产清查结果进行业务处理和账务处理；对账和结账，结出各个账户调整后的期末余额，为编制财务报表做好准备等。本章的重点和难点是期末会计账务处理的主要内容，对账、结账方法，以及登记账簿发生错误时的更正方法。通过学习本章内容，要求学生了解会计期末账务处理的主要工作，理解财产清查的概念及种类，并能对清查结果进行账务处理，掌握错账的更正方法。

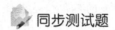 同步测试题

一、单项选择题

1. 在下列有关账项的核对中，属于账实核对的内容是(　　)。
   A. 银行存款日记账余额和银行对账单余额的核对
   B. 银行存款日记账余额和其总账余额的核对
   C. 总账账户借方发生额合计与其明细账借方发生额合计的核对
   D. 总账账户贷方余额合计与其明细账贷方余额合计的核对
2. 对账时，账账核对不包括(　　)。
   A. 总账各账户的余额核对　　　B. 总账和明细账之间的核对
   C. 总账和备查账之间的核对　　D. 总账与日记账的核对
3. (　　)是指核对会计账簿记录的原始凭证，记账凭证时间、凭证字号、内容、金额是否一致，记账方向是否相符。
   A. 账证核对　　B. 账账核对　　C. 账实核对　　D. 账表核对
4. 某企业购进材料 5 000 元，款未付，原记账凭证为：借记原材料，贷记银行存款，现已入账，则应采用(　　)予以更正。
   A. 红字更正法　　B. 划线更正法　　C. 补充登记法　　D. 挖补法
5. 若记账凭证上的会计科目和应借、应贷方向未错，但所记金额小于应计金额，并已经入账，则应采用(　　)更正。
   A. 划线更正法　　B. 红字更正法　　C. 补充登记法　　D. 更正分录法
6. 一般而言，单位撤销、合并时，要进行(　　)。
   A. 定期清查　　B. 全面清查　　C. 局部清查　　D. 实地清查

7. 盘亏的存货，在减去过失人或者保险公司等赔款和残料价值之后，属于非常损失的应计入( )。
　　A. 管理费用　　　B. 营业外支出　　C. 营业费用　　D. 其他业务支出
8. 盘亏的固定资产在处理时应( )。
　　A. 计入其他业务成本　　　　　B. 计入营业外支出
　　C. 冲减其他业务收入　　　　　D. 冲减营业外收入
9. 在永续盘存制下，平时在账簿中对各项财产物资的登记方法是( )。
　　A. 只登记增加数，不登记减少数　　B. 只登记减少数，不登记增加数
　　C. 既登记增加数，又登记减少数　　D. 上述方法都可以
10. 盘亏及毁损财产物资中属于自然灾害造成的非常损失应记入( )。
　　A. "其他应收款"账户的借方　　　B. "营业外支出"账户的借方
　　C. "管理费用"账户的借方　　　　D. "其他应收款"账户的贷方
11. ( )是记录盘点结果的书面证明，也是反映财产物资实存数的原始凭证。
　　A. 盘存单　　　　　　　　　　B. 实存账存对比表
　　C. 盘点盈亏报告表　　　　　　D. 以上均是

二、多项选择题

1. 下列内容中，属于对账范围的有( )。
　　A. 现金日记账余额与库存现金的核对
　　B. 账簿记录与有关会计凭证的核对
　　C. 总分类账户余额与有关明细账户余额合计数的核对
　　D. 日记账余额与有关总分类账户余额的核对
　　E. 应收、应付账款明细账户余额与有关单位及个人的核对
　　F. 原材料、库存商品明细账户余额与库存实物的核对
2. 发生错账的基本类型为( )。
　　A. 记账凭证错误，但账簿登记正确
　　B. 记账凭证正确，但依据正确的记账凭证登记账簿时发生错误
　　C. 记账凭证错误，导致账簿登记也发生错误
　　D. 记账凭证正确，账簿科目记错
3. 更正错账的方法有( )。
　　A. 划线更正法　　B. 红字更正法　　C. 补充登记法　　D. 备抵法
4. 结账的时点可以在( )。
　　A. 会计期末　　B. 报销时　　C. 合并时　　D. 重组时
5. 在下列情况中，可以用红色墨水笔记账的是( )。
　　A. 按照红字冲账的记账凭证，冲销错误记录
　　B. 在不设借栏或贷栏的多栏式账页中，登记减少数
　　C. 在三栏式账户的余额栏前，未印明余额方向的，在余额栏内登记负数余额
　　D. 登记固定资产明细账
6. 财产物资的盘存制度有( )。
　　A. 收付实现制　　　B. 权责发生制　　　C. 永续盘存制

D. 实地盘存制　　　　　　　E. 岗位责任制

7. 财产清查按照清查的时间可分为(　　)。
   A. 全面清查　　　　B. 局部清查　　　　C. 定期清查
   D. 不定期清查　　　E. 内部清查

8. 企业进行全面清查主要发生的情况有(　　)。
   A. 年终决算后　　　B. 清产核资时　　　C. 关停并转时
   D. 更换现金出纳时　E. 单位主要负责人调离时

9. 财产清查按照清查的执行单位不同，可分为(　　)。
   A. 内部清查　　　　B. 局部清查　　　　C. 定期清查
   D. 不定期清查　　　E. 外部清查

10. 常用的实物财产清查方法包括(　　)。
    A. 实地盘点法　　　B. 技术推算法　　　C. 函证核对法
    D. 抽样盘点法　　　E. 永续盘存法

11. 按清查的范围不同，可将财产清查分为(　　)。
    A. 全面清查　　　　B. 局部清查　　　　C. 定期清查
    D. 内部清查　　　　E. 外部清查

12. 采用实地盘点法进行清查的项目有(　　)。
    A. 固定资产　　　　B. 库存商品　　　　C. 银行存款
    D. 往来款项　　　　E. 现金

13. 定期清查的时间一般是(　　)。
    A. 年末　　　　　　B. 单位合并　　　　C. 中外合资时
    D. 季末　　　　　　E. 月末

三、判断题

1. 会计人员根据记账凭证登记账簿时误将789元登记为798元，则应用补充登记法予以更正。（　　）
2. 年终结账时，有余额的账户，应将其余额直接记入下一年新账余额栏内，不需要编制记账凭证。（　　）
3. 对账工作至少每两年进行一次。（　　）
4. 若记账凭证上的会计科目和应借、应贷方向未错，但所记金额小于应记金额并已经入账，则应采用红字更正法予以更正。（　　）
5. 期末损益类账户一般没有余额，应结转到利润表中，不作专门的会计分录。（　　）
6. 对账的时间一般是在会计期末，将本月内的全部经济业务登记入账并结出各账户的期末余额之后、结账之前。（　　）
7. 造成财产物资账实不符的原因主要是登账错误。（　　）
8. 永续盘存制下，通过实地盘点确定的财产物资期末实存数等于其期末账面结存数。（　　）
9. 企业单位撤销、合并或改变隶属关系时，应对企业的部分财产进行重点清查。（　　）
10. 全面清查可以定期进行，也可以不定期进行。（　　）

11. 盘亏的存货,在减去过失人或者保险公司等赔款和残料价值之后,均应计入当期管理费用。 (　)
12. 盘亏的固定资产,计入当期营业外支出。 (　)

四、名词解释

1. 财产清查　　　　　　　　2. 全面清查
3. 局部清查　　　　　　　　4. 定期清查
5. 不定期清查　　　　　　　6. 实地盘存制
7. 永续盘存制　　　　　　　8. 对账
9. 账证核对　　　　　　　　10. 账实核对
11. 账账核对　　　　　　　 12. 结账
13. 划线更正法　　　　　　 14. 补充登记法
15. 红字更正法　　　　　　 16. 账项调整

五、思考题

1. 记账时可能出现的错误有哪些?
2. 记账错误更正的方法有哪几种?
3. 为什么要结账和对账?
4. 结账前的注意事项有哪些?
5. 结账和对账的具体内容有哪些?
6. 财产清查有什么作用?
7. "永续盘存制"和"实地盘存制"有什么区别?
8. 财产清查结果的处理主要包括哪四个方面的工作?
9. 简述财产清查结果的账务处理。

六、业务题

业务6-1

【资料】中兴公司2020年11月有关乙材料的收入、发出和结存情况如下。
(1) 月初结存2 000千克,计4 000元。
(2) 本月5日购进入库3 000千克,实际成本6 000元。
(3) 本月10日购进入库1 000千克,实际成本2 000元。
(4) 本月13日生产领用1 500千克,计3 000元。
(5) 本月15日生产领用2 000千克,计4 000元。
(6) 月末实地盘点乙材料实存2 000千克,计4 000元。
【要求】分别按"永续盘存制"和"实地盘存制"填列表6-4。

表6-4　乙材料明细账

2020年		凭证号数	摘要	收入			发出			结存		
月	日			数量	单价	金额	数量	单价	金额	数量	单价	金额
11		略										
11	30		本月合计									

业务 6-2

【资料】假定 SD 公司 2019 年 6 月在登账后结账前发现下列错账。

(1) 本月以银行存款预付厂部报纸杂志订阅费 5 400 元，记账凭证无误，但登记入账时错记为 4 500 元。

(2) 购入生产用设备一台，共计 60 000 元，货款尚未支付，但记账凭证上借、贷双方都记为 6 000 元。

(3) 计提本月生产车间固定资产折旧费用 1 000 元，编制记账凭证如下。

  借：累计折旧   1 000
    贷：固定资产   1 000

(4) 收到购货单位前欠货款 8 600 元，而记账凭证上将金额误记为 9 600 元。

【要求】根据上述情况说明错账原因，并指出应采用哪一种方法予以更正。

第七章 会计报表

教学目标与要求

- 了解财务报告的概念和基本内容,理解编制要求并掌握编报前的各项对账和结账工作。
- 明确资产负债表、损益表的内容和结构及编制原理,并掌握其编制方法。
- 了解现金流量表的内容和结构及编制原理。

教学重点与难点

教学重点:
资产负债表、损益表的内容和结构及编制原理。

教学难点:
资产负债表、损益表的编制方法。

案例分析

【案例一】中原火电厂审计处对本厂 2020 年度会计报告进行审计,发现以下可疑事项,而这些事项未在该厂财务报表或报表附注中披露。

(1) 本厂涉嫌侵犯捷达公司专利权,数额较大,已被起诉。按以往其他企业遇到的类似情况,本厂败诉的可能性很大。

(2) 由于近来煤炭短缺,价格大幅上涨,本厂很可能面临限产甚至间歇性停产,这会给企业造成较大损失。

(3) 财务报表中披露了期末存货的金额,但报表附注中未披露任何与存货有关的信息。

(4) 中原火电厂对发电机组的预计使用年限和预计净残值进行了重新估计,但在报表附注中未做任何说明。

(5) 2020 年 10 月 26 日,中原火电厂自行建造的小型设备交付管理部门使用,共计支出 208 000 元,但资产负债表"固定资产"项目中并未将其列入,而是在"在建工程"项目中反映。该固定资产当年应提折旧 20 000 元。

思考与讨论：

作为会计人员，应如何对以上事项做出恰当的会计处理？

【案例二】请从图书馆或因特网上找一家知名公司的年度报告。

思考与讨论：

(1) 在这家公司的资产负债表上，哪项资产的金额最大？为什么公司在这项资产上作了大笔投资？资产负债表上的项目中，哪三项发生了最大的百分比变动？

(2) 该公司利润表上是净利润还是净亏损？净利润或净亏损占营业收入的比重是多少？利润表上的项目中，哪三项发生了最大的百分比变动？

(3) 假定你是银行，这家公司要求借一笔相当于总资产10%的借款，期限是90天，你认为这家公司有信用风险吗？为什么？

(4) 你认为这家公司的优势和弱项何在？

第一节　会计报表的作用、种类和编制要求

一、会计报表的作用

会计报表是根据日常会计核算资料定期编制的，总括反映企业某一特定日期的财务状况和某一会计期间经营成果、成本费用以及现金流量情况的书面文件。编制会计报表是会计核算的一种专门方法。

会计报表的使用者主要包括会计主体内部使用者和外部使用者。前者是指会计主体的经营管理当局，后者是指投资人、债权人、职工、业务关联企业、有关政府部门和社会公众等。不同的信息使用者，通过会计报表可以获得各自有用的财务资料。具体地说，会计报表有如下作用。

(一)会计报表可以为国家经济管理部门进行宏观调控和管理提供依据

在我国，企业是国家经济的细胞，通过对企业提供的会计报表进行汇总分析，可以使国家有关部门考核国民经济各部门的运行情况及各种财经法律制度的执行情况，一旦发现问题可及时采取相应措施，通过各种经济杠杆和政策倾斜，发挥市场经济在优化资源配置中的基础性作用。

(二)会计报表可以为企业管理当局正确进行财务决策提供依据

通常，会计报表能够较全面、系统、连续地跟踪和反映企业取得资源的渠道、性质、分布状态以及资源的运用效果。虽然会计报表主要是对过去经营成果和财务状况的反映与总结，但反映过去是为了预测未来。由于事物的发展存在着一定的连续性、系统性和规律性，因此会计报表可以通过对已经发生的资金运动及其结果的反映，帮助企业管理部门正确地进行预测和决策。

(三)会计报表可以为所有者和债权人合理进行投资、信贷等决策提供依据

投资者(股东)主要关注投资报酬和投资风险,因此在投资前需要了解企业的资金状况和经济活动情况,以便做出正确的投资决策;投资后需要了解企业的经营成果、资金使用状况以及支付资金报酬的情况。债权人主要关注其所提供给企业的资金是否安全,了解资金的运用情况和偿债能力等信息。

这些投资者和债权人一般不参与企业的生产经营活动,不能从中获得其所需的信息,为了进行投资等方面的决策,就需要通过企业的会计报表来了解企业的财务状况,分析企业的偿债能力和盈利能力,并对企业的财务状况做出准确的判断,以作为投资、信贷、融资等决策的依据。

二、会计报表的种类

会计报表按不同的方法可以分为不同的种类,具体如下。

7.1 会计报表内容简介

(一)会计报表按经济内容分类

会计报表按所反映的经济内容的不同,可分为财务状况报表和经营成果报表。

财务状况报表是反映企业在一定时间财务状况的报表,主要有企业的资产负债表、所有者权益变动表和现金流量表。通过反映企业的资产、负债、所有者权益和经营资金来源与运用的情况,明确企业的财务状况,以供有关部门和人员进行分析和决策。

经营成果报表是反映企业在某一期间内收入实现、成本消耗和利润形成及分配情况的报表,主要有企业的利润表。通过该报表可以分析企业的获利能力,评价企业管理部门的经营业绩。

(二)会计报表按编制时间分类

会计报表按编制时间的不同,可分为月度会计报表、季度会计报表、半年度会计报表和年度会计报表。

月度会计报表简称月报,是指每月月末编报的会计报表,通常称为计算报表,如资产负债表、损益表等。季度会计报表简称季报,是指每季季末编报的会计报表,通常称为结算报表。季报通常是将月报的内容累计,综合反映一个季度的情况。半年度会计报表是每年年中编制的中期会计报表。广义的中期会计报表包括月报、季报和半年报。年度会计报表也称年度决算报表,是按年度编制的报表。企业每年编制一次年度会计报表,反映全年的综合情况,如资产负债表、损益表、现金流量表、利润分配表、资产减值准备明细表、股东权益增减变动表等。

(三)会计报表按企业资金运动的状态分类

会计报表按企业资金运动状态的不同,可分为静态报表和动态报表。

静态报表是综合反映企业一定时点资金的存在(资产情况)、资金的取得形成(负债)和所有者权益情况的报表,如企业的资产负债表。这类报表的特点是反映某一特定时间的情况,一般是根据账簿余额填列的。

动态报表是综合反映企业一定时期内资金的耗费和收回情况的报表,如企业的损益表、现金流量表、反映成本方面的报表等。这类报表的特点是反映某一段期间内的资金变化情况,一般是根据账簿的发生额填列的。

(四)会计报表按编报主体分类

会计报表按编报主体的不同,可分为个别会计报表和合并会计报表。

个别会计报表是企业在自身会计核算基础上对账簿记录进行加工而编制的报表。它主要用于反映企业自身的财务状况、经营成果和现金流量情况。

合并会计报表是将某一企业所属的子公司或分支机构的财务会计报告与母公司财务会计报告合并,借以反映包括子公司在内的整个企业的财务状况、经营成果和现金流量情况的会计报表。编制合并会计报表时,不能简单地相加,否则就会出现重复计算。例如,母公司与子公司之间的资金拨付、内部往来以及商品的内部交易等,需在编制合并会计报表时加以调整。

三、会计报表的编制要求

会计报表是根据日常会计核算资料归集、加工、汇总而成的一个完整的报告体系,用于总括地反映企业经济活动的全貌。为了保证会计信息的质量,使之为使用者进行决策服务,在保证日常会计核算质量和做好编表前准备工作的基础上,编制会计报表必须满足以下几项要求。

(一)真实性要求

会计报表编制的真实性是客观性和正确性的统一。客观性要求如实反映,正确性要求指标计算正确、方法适当。编制会计报表必须根据核对无误的账簿记录,严禁弄虚作假,不得填列估计数或计划数,不得为编表而提前结账。会计报表所填数字要计算正确,各种报表之间有关联的数字必须相互衔接一致,做到账表相符、表表相符。

(二)相关性要求

会计报表所提供的信息要具有相关性,以准确、有效地满足各种报表使用者获得有用信息,以利于进行决策。

(三)一致性要求

在编制会计报表时,为了保证各期会计报表的可比性,要求在会计计量和填报方法上保持前后会计期一致,不得随意变动。如有变动,需在报表附注中加以说明。各会计报表之间、会计报表各项目之间的相关数据计算口径应一致。

(四)全面性要求

会计报表提供的信息,要能全面反映企业的财务状况和经营成果,因此应根据要求填报齐全。对于某些重要资料,应在相关项目内用括号说明,或利用附注、附表等形式加以说明,使报表阅读者不至于产生误解或偏见。

(五)及时性要求

会计报表作为会计信息的核心形式和集中体现,尤其注重及时性。会计信息失去了及时性,也就丧失了预测价值和反馈价值。因此,会计报表必须在规定的时间内编制完成并及时报送出去,以使会计报表使用人适时掌握和运用会计信息,并进行经济预测和决策。

第二节 资产负债表

一、资产负债表的概念和作用

(一)资产负债表的概念

7.2 资产负债表平衡之美

资产负债表是一张静态会计报表,它是反映企业某一特定日期(月末、季末、半年末、年末)财务状况的会计报表。

资产负债表是根据"资产=负债+所有者权益"这一基本会计恒等式,按照一定分类标准和一定次序,把企业特定日期的资产、负债及所有者权益三项要素所属项目予以适当排列编制而成的,其主要目的是为了反映企业在一定日期的财务状况。因此,资产负债表又叫"财务状况表"。所谓财务状况,通常是指企业在某一时点资产、负债及所有者权益的构成及其相互关系。它表明企业在某一特定日期所拥有或控制的经济资源、所承担的现有义务和所有者对净资产的要求权。

(二)资产负债表的作用

作为反映财务状况的基本会计报表,资产负债表在会计报表体系中具有举足轻重的地位,它可以为报表使用者提供十分有用的信息。其主要作用有以下三点。

(1) 资产负债表可以向报表使用者提供企业所拥有或控制的经济资源,以及这些经济资源的分布和结构。它把企业所拥有或控制的经济资源(资产)按其流动性分成流动资产和非流动资产,且各项目之下又具体分成明细项目。这样,使用者就可以一目了然地从资产负债表中了解到企业在某一特定时日所拥有的资产总量及其结构。

(2) 资产负债表可以准确地反映企业的债务和资本结构。资本结构是指在企业的资金来源中负债和所有者权益的比值。资产负债表把企业的全部经营资金划分为所有者权益和负债两大类。这样,企业的资金来源及其构成情况都可以在资产负债表中得到充分的反映。

(3) 通过对资产负债表的分析对比,可以了解企业的支付能力、偿债能力以及财务实力,并可以预测企业的财务发展趋势。资产负债表中资产和负债是按其流动性大小排列的,通过对流动资产与流动负债的比较,总资产与总负债的比较,可以比较清晰地反映企业的偿债能力。通过对前后各期资产负债的对比,可以了解企业资金结构的变化,并据此分析和预测企业财务状况的变化情况及变化趋势。

二、资产负债表的结构和项目排列

一张完整的资产负债表包括表首、正表和附注三部分。正表有报告式和账户式两种。报告式也称垂直式,它将资产、负债和所有者权益按顺序垂直列示。账户式将企业的资产放在左边,负债及所有者权益放在右边。我国规定采用账户式资产负债表。表首填列报表名称、编制单位、编报日期和计量单位。附注填列有关项目的备查记录或明细数据,必要时可用文字加以说明和解释。

账户式资产负债表的正表是根据"资产=负债+所有者权益"这一平衡原理,把资产、负债和所有者权益项目分别列示在表的左右两方。左方为资产方,按照流动性大小可分为流动资产和非流动资产。右方列示负债和所有者权益,其中负债是按债务的偿还期限进行分类,将偿还期限在一年内或长于一年的一个营业周期内的流动负债排列在前,在一年以上或长于一年的一个营业周期以上的长期负债排列在后,所有者权益则按实收资本、资本公积、盈余公积和未分配利润项目顺序列示。编制的结果要求,左方的资产总计与右方的负债和所有者权益总计相等。正表中每一项目均要填列年初数和期末数,以便于使用者对比分析。

资产负债表的格式如表 7-1 所示。

表 7-1 资产负债表

会企 01 表

编制单位:　　　　　　　　　　年　月　日　　　　　　　　　单位:元

资　产	期末余额	年初余额	负债和所有者权益(或股东权益)	期末余额	年初余额
流动资产:			流动负债:		
货币资金			短期借款		
交易性金融资产			交易性金融负债		
衍生金融资产			衍生金融负债		
应收票据			应付票据		
应收账款			应付账款		
应收款项融资			预收账款		
预付账款			合同负债		
其他应收款			应付职工薪酬		
存货			应交税费		
合同资产			其他应付款		
持有待售资产			持有待售负债		
一年内到期的非流动资产			一年内到期的非流动负债		
其他流动资产			其他流动负债		
流动资产合计			流动负债合计		
非流动资产:			非流动负债:		
债权投资			长期借款		
其他债权投资			应付债券		
长期应收款			其中:优先股		
长期股权投资			永续债		
其他权益工具投资			租赁负债		
其他非流动金融资产			长期应付款		
投资性房地产			预计负债		
固定资产			递延收益		
在建工程			递延所得税负债		

续表

资　产	期末余额	年初余额	负债和所有者权益(或股东权益)	期末余额	年初余额
生产性生物资产			其他非流动负债		
油气资产			非流动负债合计		
使用权资产			负债合计		
无形资产			所有者权益(或股东权益):		
开发支出			实收资本(或股本)		
商誉			其他权益工具		
长摊待摊费用			其中: 优先股		
递延所得税资产			永续债		
其他非流动资产			资本公积		
非流动资产合计			减: 库存股		
			其他综合收益		
			专项储备		
			盈余公积		
			未分配利润		
			所有者权益(或股东权益)合计		
资产总计			负债和所有者权益(或股东权益)总计		

三、资产负债表的编制

(一)资产负债表编制的基本要求

编制资产负债表时，应注意满足以下几点基本要求。

(1) 应按期编制资产负债表。资产负债表反映企业在资产负债表日的财务状况。资产负债表日为月末、季末、半年末和年末。

(2) 资产负债表的表头应列示企业名称、资产负债表日、货币单位和报表编号。这些项目也体现了会计核算的四个基本假设。

(3) 资产负债表各项目金额均以"元"为单位，元以下填至"分"。采用外币为记账本位币的企业，应将外币反映的资产负债表折合为以人民币为计量单位的资产负债表。

(4) 最好编制至少两年期期末的比较资产负债表，以便报表使用者分析企业财务状况的变动情况，预测其发展趋势。如果上期项目的名称和内容与本期不一致，应按本期要求对上期数据进行调整，以使各期项目具有可比性。

7.3 资产负债表编制

(二)资产负债表的编制方法

1. 一般企业资产负债表的列报方法

资产负债表年末各项目的数字应根据各项目有关账户或明细账户的期末余额直接填列或计算分析填列，此处选择报表中常见的项目加以说明，完整的资产负债表列报要求请参考《企业会计准则第 30 号——财务报表列报》及其应用指南的规定。

1) 资产项目的列报说明

(1) "货币资金"项目，反映企业库存现金、银行结算户存款、外埠存款、银行汇票存款、银行本票存款、信用卡存款、信用证保证金存款等的合计数。本项目应根据"库存现金""银行存款""其他货币资金"科目期末余额的合计数填列。

(2) "交易性金融资产"项目，反映企业持有的以公允价值计量且其变动计入当期损益的、为交易目的所持有的债券投资、股票投资、基金投资、权证投资等金融资产。本项目应根据"交易性金融资产"科目的期末余额填列。

(3) "应收票据"项目，反映企业因销售商品、提供劳务等而收到的商业汇票，包括银行承兑汇票和商业承兑汇票。本项目应根据"应收票据"科目的期末余额填列。

(4) "应收账款"项目，反映企业因销售商品、提供劳务等经营活动应收取的款项。本项目应根据"应收账款"和"预收账款"科目所属各明细科目的期末借方余额合计数，减去"坏账准备"科目中有关应收账款计提的坏账准备期末余额后的金额填列。例如，"应收账款"科目所属明细科目期末有贷方余额的，应在资产负债表"预收款项"项目内填列。

(5) "预付款项"项目，反映企业按照购货合同规定预付给供应单位的款项等。本项目应根据"预付账款"和"应付账款"科目所属各明细科目的期末借方余额合计数填列。例如，"预付账款"科目所属各明细科目期末有贷方余额的，应在资产负债表"应付账款"项目内填列。

(6) "其他应收款"项目，反映企业除应收票据、应收账款、预付账款、应收股利、应收利息等经营活动以外的其他各种应收、暂付的款项。本项目应根据"其他应收款"科目的期末余额填列。

(7) "存货"项目，反映企业期末在库、在途和在加工中的各种存货的可变现净值。本项目应根据"材料采购""原材料""低值易耗品""库存商品""周转材料""生产成本"等科目的期末余额合计，减去"存货跌价准备"科目期末余额后的金额填列。

(8) "长期股权投资"项目，反映企业持有的对子公司、联营企业和合营企业的长期股权投资。本项目应根据"长期股权投资"科目的期末余额，减去"长期股权投资减值准备"科目期末余额后的金额填列。

(9) "固定资产"项目，反映企业各种固定资产原价减去累计折旧和累计减值准备后的净额。本项目应根据"固定资产"科目的期末余额，减去"累计折旧"和"固定资产减值准备"科目期末余额后的金额填列。

(10) "在建工程"项目，反映企业期末各项未完工程的实际支出，包括交付安装的设备价值、未完建筑安装工程已经耗用的材料、工资和费用支出、预付出包工程的价款等的可收回金额。本项目应根据"在建工程"科目的期末余额，减去"在建工程减值准备"科目期末余额后的金额填列。

(11) "固定资产清理"项目，反映企业因出售、毁损、报废等原因转入清理但尚未清理完毕的固定资产的净值，以及固定资产清理过程中所发生的清理费用和变价收入等各项金额的差额。本项目应根据"固定资产清理"科目的期末借方余额填列，若"固定资产清理"科目期末为贷方余额，以"-"号填列。

(12) "无形资产"项目，反映企业持有的无形资产，包括专利权、非专利技术、商标权、著作权、土地使用权等。本项目应根据"无形资产"科目的期末余额，减去"累计摊销"和

"无形资产减值准备"科目期末余额后的金额填列。

2) 负债项目的列报说明

(1) "短期借款"项目，反映企业向银行或其他金融机构等借入的期限在一年以下(含一年)的借款。本项目应根据"短期借款"科目的期末余额填列。

(2) "应付票据"项目，反映企业因购买材料、商品和接受劳务供应等而开出、承兑的商业汇票，包括银行承兑汇票和商业承兑汇票。本项目应根据"应付票据"科目的期末余额填列。

(3) "应付账款"项目，反映企业因购买材料、商品和接受劳务供应等经营活动而应支付的款项。本项目应根据"应付账款"和"预付账款"科目所属各明细科目的期末贷方余额合计数填列。例如，"应付账款"科目所属明细科目期末有借方余额的，应在资产负债表"预付款项"项目内填列。

(4) "预收款项"项目，反映企业按照购货合同规定预付给供应单位的款项。本项目应根据"预收账款"和"应收账款"科目所属各明细科目的期末贷方余额合计数填列。例如，"预收账款"科目所属各明细科目期末有借方余额的，应在资产负债表"应收账款"项目内填列。

(5) "应付职工薪酬"项目，反映企业根据有关规定应付给职工的工资、职工福利、社会保险费、住房公积金、工会经费、职工教育经费、非货币性福利、辞退福利等各种薪酬。本项目应根据"应付职工薪酬"账户的期末余额填列。

(6) "应交税费"项目，反映企业按照税法规定计算应缴纳的各种税费，包括增值税、消费税、所得税、资源税、土地增值税、城市维护建设税、房产税、土地使用税、车船使用税、教育费附加、矿产资源补偿费等。企业代扣代缴的个人所得税，也通过本项目列示。企业所缴纳的税金不需要预计应缴数的，如印花税、耕地占用税等，不在本项目列示。本项目应根据"应交税费"科目的期末贷方余额填列，若"应交税费"科目期末为借方余额，以"-"号填列。

(7) "应付利息"项目，反映企业按照规定应当支付的利息，包括分期付息到期还本的长期借款应支付的利息、企业发行的企业债券应支付的利息等。本项目应当根据"应付利息"科目的期末余额填列。

(8) "应付股利"项目，反映企业分配的现金股利或利润。企业分配的股票股利，不通过本项目列示。本项目应根据"应付股利"科目的期末余额填列。

(9) "其他应付款"项目，反映企业除应付票据、应付账款、预收款项、应付职工薪酬、应付股利、应付利息、应交税费等经营活动以外的其他各项应付、暂收的款项。本项目应根据"其他应付款"科目的期末余额填列。

(10) "长期借款"项目，反映企业向银行或其他金融机构借入的期限在一年以上(不含一年)的各项借款。本项目应根据"长期借款"科目的期末余额填列。

(11) "应付债券"项目，反映企业为筹集长期资金而发行的债券本金和利息。本项目应根据"应付债券"科目的期末余额填列。

3) 所有者权益项目的列报说明

(1) "实收资本(或股本)"项目，反映企业各投资者实际投入的资本(或股本)总额。本项目应根据"实收资本(或股本)"科目的期末余额填列。

(2)"资本公积"项目,反映企业资本公积的期末余额。本项目应根据"资本公积"科目的期末余额填列。

(3)"盈余公积"项目,反映企业盈余公积的期末余额。本项目应根据"盈余公积"科目的期末余额填列。

(4)"未分配利润"项目,反映企业尚未分配的利润。本项目应根据"本年利润"科目和"利润分配"科目的余额计算填列。未弥补的亏损在本项目内以"-"号填列。

2. 资产负债表"年初余额"栏的填列方法

资产负债表"年初余额"栏通常根据上年末有关项目的期末余额填列,且与上年末资产负债表"期末余额"栏一致。

3. 资产负债表"期末余额"栏的填列方法

资产负债表"期末余额"栏内各项数字,一般应根据资产、负债和所有者权益类科目的期末余额填列,具体如下。

1) 根据总账科目的余额直接填列

例如,"交易性金融资产""固定资产清理""短期借款""交易性金融负债""应付票据""应付职工薪酬""应交税费""应付利息""应付股利""其他应付款""实收资本(或股本)""资本公积""盈余公积"等项目应根据有关总账科目的余额直接填列。

2) 根据几个总账科目的余额计算填列

例如,"货币资金"项目应根据"库存现金""银行存款""其他货币资金"三个总账科目余额的合计数填列。"其他流动负债"项目应根据有关科目的期末余额分析填列。

【例7-1】某企业2020年12月31日结账后的"库存现金"科目余额为20 000元,"银行存款"科目余额为5 000 000元,"其他货币资金"科目余额为3 000 000元,则该企业2015年12月31日资产负债表中的"货币资金"项目的金额如下。

20 000+5 000 000+3 000 000=8 020 000(元)

本例中,企业应当以"库存现金""银行存款"和"其他货币资金"三个总账科目余额加总后的金额,作为资产负债表中"货币资金"项目的金额。

3) 根据明细账科目余额计算填列

例如,"开发支出"项目应根据"研发支出"科目中所属的"资本化支出"明细科目期末余额填列;"应付账款"项目应根据"应付账款"和"预付账款"两个科目所属的相关明细科目的期末贷方余额合计数填列;"预收款项"项目应根据"预收账款"和"应收账款"科目所属各明细科目的期末贷方余额合计数填列;"未分配利润"项目应根据"利润分配"科目中所属的"未分配利润"明细科目的期末余额填列。

【例7-2】某企业2020年12月31日结账后有关科目所属明细科目借、贷方余额如表7-2所示。

该企业2020年12月31日资产负债表中相关项目的金额如下。

(1)"应收账款"项目金额为:1 400 000+300 000=1 700 000(元)。

(2)"预付账款"项目金额为:700 000+600 000=1 300 000(元)。

(3)"应付账款"项目金额为:50 000+1 600 000=1 650 000(元)。

(4)"预收账款"项目金额为:1 200 000+200 000=1 400 000(元)。

表 7-2 某企业有关科目所属明细科目借、贷方余额   单位：元

明细科目	明细科目借方余额合计	明细科目贷方余额合计
应收账款	1 400 000	200 000
预付账款	700 000	50 000
应付账款	600 000	1 600 000
预收账款	300 000	1 200 000

4) 根据有关科目余额减去其备抵科目余额后的净额填列

例如，"长期股权投资""在建工程"项目应根据相关科目的期末余额填列，已计提减值准备的，还应扣减相应的减值准备；"固定资产""无形资产"项目应根据相关科目的期末余额扣减相应的累计折旧(摊销、折耗)填列，已计提减值准备的，还应扣减相应的减值准备。

【例 7-3】某企业 2020 年 12 月 31 日结账后的"固定资产"科目余额为 5 000 000 元，"累计折旧"科目余额为 1 000 000 元，"固定资产减值准备"科目余额为 500 000 元，则该企业 2020 年 12 月 31 日资产负债表中的"固定资产"项目的金额如下。

5 000 000-1 000 000-500 000=3 500 000(元)

本例中，企业应当以"固定资产"总账科目余额，减去"累计折旧"和"固定资产减值准备"两个备抵总账科目余额后的金额，作为资产负债表中"固定资产"项目的金额。

第三节 利 润 表

一、利润表的概念和作用

利润表也称损益表或收益表，是反映企业在一定期间经营成果形成情况的报表。它是一张动态报表。利润是企业经营成果最直接的体现，也是企业生存和发展的动力。

7.4 趣解利润表

利润表作为企业对外提供的重要会计报表之一，其所发挥的作用可概括为如下几个方面。

(1) 利润表所提供的信息，可用于反映和评价企业生产经营活动的经营业绩，即经济效益。

(2) 利润表所提供的信息，综合地反映了企业生产经营活动各个方面的情况，可据以考核企业管理者的工作业绩。

(3) 利润表所提供的信息，可用于分析企业的获利能力，预测企业未来的盈利趋势。

(4) 利润表所提供的信息，可作为对企业经营成果分配的重要依据。

二、利润表的结构和内容

利润表由表头和基本部分组成。表头部分列明报表的名称、编制单位、编制时间和金额单位。基本部分的格式有单步式和多步式两种。

所谓单步式利润表，是将所有的收入和收益相加，然后减去所有的费用和损失，即得出净利润。在这种结构中，净利润的计算仅通过一个相减的步骤，"单步式"由此得名。单步式利润表的优点是简单明了，但它只能得到利润的最终结果，无法得到利润形成过程的信息，不便于分析企业损益的构成情况。

多步式利润表把企业经营成果的形成过程人为地划分为若干步骤，每个步骤得到的中间金额都可以表明构成利润总额各要素之间的关系。这样，不但要将各项收入和费用、成本全面列入表中，而且更要注意损益项目的分类及其列示的次序，以便更好地服务于报表使用者。

我国规定企业应采用多步式利润表，其格式如表 7-3 所示。

表 7-3 利润表

会企 02 表

编制单位：　　　　　　　　　　　年　月　　　　　　　　　　　单位：元

项　目	本期金额	上期金额
一、营业收入		
减：营业成本		
税金及附加		
销售费用		
管理费用		
财务费用		
资产减值损失		
加：公允价值变动收益(损失以"-"号填列)		
投资收益(损失以"-"号填列)		
二、营业利润(亏损以"-"号填列)		
加：营业外收入		
非流动资产处置利得		
减：营业外支出		
非流动资产处置损失		
三、利润总额(亏损总额以"-"号填列)		
减：所得税费用		
四、净利润(净亏损以"-"号填列)		
五、每股收益		
(一)基本每股收益		
(二)稀释每股收益		
六、其他综合收益		
七、综合收益总额		

三、利润表的编制

(一)利润表的编制步骤

多步式利润表是将利润的计算分解为多个步骤，清晰地反映出各类收入、费用、支出项目之间的内在联系，便于报表使用者分析、对比。利润表

7.5 利润表编制

通常从营业收入开始，依次计算出营业利润、利润总额和净利润。

企业可以按如下三个步骤编制利润表。

第一步，以营业收入为基础，减去营业成本、税金及附加、销售费用、管理费用、财务费用、资产减值损失，加上公允价值变动收益(减去公允价值变动损失)和投资收益(减去投资损失)，计算出营业利润。

第二步，以营业利润为基础，加上营业外收入，减去营业外支出，计算出利润总额。

第三步，以利润总额为基础，减去所得税费用，计算出净利润(或净亏损)。

普通股或潜在普通股已公开交易的企业，以及正处于公开发行普通股或潜在普通股过程中的企业，还应当在利润表中列示每股收益信息。

(二)利润表的编制方法

1. 一般企业利润表的列报方法

利润表中的栏目分为"本期金额"栏和"上期金额"栏。"本期金额"栏应根据"营业收入""营业成本""税金及附加""销售费用""管理费用""财务费用""资产减值损失""公允价值变动收益""营业外收入""营业外支出""所得税费用"等损益类科目的发生额分析填列。其中，"营业利润""利润总额""净利润"项目根据本表中相关项目计算填列。

"上期金额"栏应根据上年该期利润表"本期金额"栏内所列数字填列。如果上年该期利润表规定的各个项目的名称和内容同本期不相一致，应对上年该期利润表各项目的名称和数字按本期的规定进行调整，填入利润表"上期金额"栏内。

2. 利润表各项目的填列方法

1) 利润表项目的填列说明

(1) 根据有关总分类账户的本期发生额分析填列，如"税金及附加""销售费用""管理费用""财务费用""营业外收入""营业外支出""所得税费用"等项目。

(2) 根据两个总分类账户的本期发生额相加或相减后的金额填列，如"营业收入"项目应根据"主营业务收入"和"其他业务收入"的本期发生额相加后的金额填列，"营业成本"项目应根据"主营业务成本"和"其他业务成本"的本期发生额相加后的金额填列。

(3) 根据报表中有关项目的数字计算后填列，如"营业利润""利润总额""净利润"等项目。

2) 利润表各项目的内容及其填列方法

(1) "营业收入"项目，反映企业经营活动所取得的收入总额。本项目应根据"主营业务收入""其他业务收入"等科目的贷方发生额分析填列。

(2) "营业成本"项目，反映企业经营活动中发生的实际成本。本项目应根据"主营业务成本""其他业务成本"等科目的借方发生额分析填列。

(3) "税金及附加"项目，反映企业经营业务应负担的消费税、城市维护建设税、资源税、土地增值税和教育费附加及房产税、土地使用税、车船使用税、印花税等相关税费。

(4) "销售费用"项目，反映企业在销售商品过程中发生的包装费、广告费等费用和为销售本企业商品而专设的销售机构的职工薪酬、业务费等经营费用。

(5)"管理费用"项目,反映企业为组织和管理生产经营发生的管理费用。

(6)"财务费用"项目,反映企业筹集生产经营所需资金等而发生的筹资费用。

(7)"资产减值损失"项目,反映企业各项资产发生的减值损失。

(8)"公允价值变动净收益"项目,反映企业按照相关准则规定应当计入当期损益的资产或负债公允价值变动净收益,如交易性金融资产当期公允价值的变动额,若为净损失,以"-"号填列。

(9)"投资收益"项目,反映企业以各种方式对外投资所取得的收益,若为净损失,以"-"号填列。企业持有的交易性金融资产处置时,处置收益部分应当自"公允价值变动损益"项目转出,列入本项目。

(10)"营业外收入"项目,反映企业发生的与其经营活动无直接关系的各项收入。

(11)"营业外支出"项目,反映企业发生的与其经营活动无直接关系的各项支出。其中,处置非流动资产净损失时,应当单独列示。

(12)"利润总额"项目,反映企业实现的利润总额,若为亏损总额,以"-"号填列。

(13)"所得税费用"项目,反映企业根据所得税准则确认的应从当期利润总额中扣除的所得税费用。

(14)"净利润"项目,反映企业所实现的利润中属于本企业的部分,可以根据公式"净利润=总利润-所得税"计算填列,也可以根据"本年利润"账户借、贷方发生额计算填列。若出现净亏损,以"-"号表示。

(15)"综合收益"项目,反映企业在某一期间除与所有者以其所有者身份进行的交易之外的其他交易或事项所引起的所有者权益的变动。

(16)"综合收益总额"项目反映净利润和其他综合收益扣除所得税影响后的净额相加后的合计金额。

(17)"其他综合收益"项目,反映企业根据其他会计准则规定未在当期损益中确认的各项利得和损失。"其他综合收益"项目应当根据其他相关会计准则的规定分下列两类列报。

① 以后会计期间不能重分类进损益的其他综合收益项目,主要包括重新计量设定收益计划净负债或净资产导致的变动、按照权益法核算的在被投资单位以后会计期间不能重分类进损益的其他综合收益中所享有的份额等。

② 以后会计期间在满足规定条件时将重分类进损益的其他综合收益项目,主要包括按照权益法核算的在被投资单位以后会计期间,在满足规定条件时将重分类进损益的其他综合收益中所享有的份额、可供出售金融资产公允价值变动形成的利得或损失、持有至到期投资重分类为可供出售金融资产形成的利得或损失、现金流量套期工具产生的利得或损失中属于有效套期的部分、外币财务报表折算差额等。

第四节 现金流量表

一、现金流量表的意义和作用

现金流量表是反映企业一定会计期间现金及现金等价物流入和流出的报表,它是一张动态表。编制现金流量表的作用如下。

7.6 趣解现金流量表

(1) 能够说明企业一定时期内现金流入和流出的原因,用来分析企业的偿债能力和支付股利的能力。

(2) 有助于分析企业未来获取现金的能力,以及企业投资理财活动对经营成果和财务状况的影响。

(3) 通过补充资料的形式,能够提供不涉及现金的投资和筹资活动方面的信息,使会计报表使用者能够全面了解和分析企业的投资和筹资活动情况。

二、现金流量表的编制基础

现金流量表是以现金为基础编制的。这里的现金是广义的概念,指的是现金及现金等价物,具体包括如下几种。

(1) 库存现金。它是指企业持有的可随时用于支付的现金,即出纳手里保管的现金限额。

(2) 银行存款。它是指企业存在银行或其他金融机构的,随时可以用来支付的存款。但是,如果存在银行或其他金融机构不能随时用于支付的存款,不作为现金流量表中的现金;而提前通知银行或其他金融机构便可提取的定期存款,则包括在现金流量表的现金概念中。

(3) 其他货币资金。它是指企业存在银行有特定用途的资金,如外埠存款、银行汇票存款、信用证存款、信用卡、在途货币资金等。

(4) 现金等价物。它是指企业持有的期限短、流动性强、易于转换为已知金额的现金,价值变动风险很小的投资,通常是指自购买日起 3 个月内到期的投资。

三、现金流量表的内容及结构

(一)现金流量表的内容

现金流量表通常将企业一定时期内产生的现金流量分为经营活动产生的现金流量、投资活动产生的现金流量和筹资活动产生的现金流量三种。

1. 经营活动产生的现金流量

经营活动是指企业投资活动和筹资活动以外的所有交易或者事项,包括销售商品或提供劳务、经营租赁、购买商品或接受劳务、制造产品、广告宣传、推销产品、缴纳税款等。通过现金流量表中反映的经营活动产生的现金流入和现金流出,可以说明企业经营活动对现金流入和现金流出净额的影响程度。

2. 投资活动产生的现金流量

投资活动是指企业长期资产的购建和不包括在现金等价物范围内的投资及其处置活动,包括取得或收回权益性证券的投资,购买或收回债券投资,购建或处置固定资产、无形资产和其他长期资产等。通过现金流量表中反映的投资活动所产生的现金流量,可以分析企业通过投资获取现金流量的能力,以及投资产生的现金流量对企业现金流量净额的影响程度。

3. 筹资活动产生的现金流量

筹资活动是指导致企业所有者权益及借款规模和构成发生变化的活动,包括吸收权益投资、发行债券、借入资金、偿还债务、支付股利等。通过现金流量表中所反映的筹资活动产生的现金流量,可以分析企业筹资的能力,以及筹资产生的现金流量对企业现金流量净额的影响程度。

(二)现金流量表的结构

现金流量表的结构分为正表和补充资料两部分。正表部分反映企业的经营活动、投资活动及筹资活动产生的现金流入和流出情况。补充资料部分则反映不涉及现金收支的投资和筹资活动,将净利润调节为经营活动的现金流量,以及现金及现金等价物净增加情况。现金流量表的格式如表7-4所示。

企业应当采用间接法在现金流量表附注中披露将净利润调节为经营活动现金流量的信息。现金流量表附注的格式如表7-5所示。

表7-4 现金流量表

会企03表

编制单位： 　　　　　　　　　　　　　年　月　　　　　　　　　　　　　单位：元

项　目	本期金额	上期金额
一、经营活动产生的现金流量：		
销售商品、提供劳务收到的现金		
收到的税费返还		
收到的其他与经营活动有关的现金		
经营活动现金流入小计		
购买商品、接受劳务支付的现金		
支付给职工以及为职工支付的现金		
支付的各项税费		
支付的其他与经营活动有关的现金		
经营活动现金流出小计		
经营活动产生的现金流量净额		
二、投资活动产生的现金流量：		
收回投资收到的现金		
取得投资收益收到的现金		
处置固定资产、无形资产和其他长期资产收回的现金净额		
处置子公司及其他营业单位收到的现金净额		
收到的其他与投资活动有关的现金		
投资活动现金流入小计		
购建固定资产、无形资产和其他长期资产支付的现金		
投资支付的现金		
取得子公司及其他营业单位支付的现金净额		
支付的其他与投资活动有关的现金		
投资活动现金流出小计		
投资活动产生的现金流量净额		

续表

项 目	本期金额	上期金额
三、筹资活动产生的现金流量：		
吸收投资收到的现金		
取得借款收到的现金		
收到的其他与筹资活动有关的现金		
筹资活动现金流入小计		
偿还债务支付的现金		
分配股利、利润或偿付利息支付的现金		
支付的其他与筹资活动有关的现金		
筹资活动现金流出小计		
筹资活动产生的现金流量净额		
四、汇率变动对现金及现金等价物的影响		
五、现金及现金等价物净增加额		
加：期初现金及现金等价物余额		
六、期末现金及现金等价物余额		

表7-5　现金流量表附注

补充资料	本期金额	上期金额
一、将净利润调节为经营活动现金流量：		
净利润		
加：资产减值准备		
固定资产折旧、油气资产折耗、生产性生物资产折旧		
无形资产摊销		
长期待摊费用摊销		
处置固定资产、无形资产和其他长期资产的损失(收益以"-"号填列)		
固定资产报废损失(收益以"-"号填列)		
公允价值变动损失(收益以"-"号填列)		
财务费用(收益以"-"号填列)		
投资损失(收益以"-"号填列)		
递延所得税资产减少(增加以"-"号填列)		
递延所得税负债增加(减少以"-"号填列)		
存货的减少(增加以"-"号填列)		
经营性应收项目的减少(增加以"-"号填列)		
经营性应付项目的增加(减少以"-"号填列)		
其他		
经营活动产生的现金流量净额		

续表

补充资料	本期金额	上期金额
二、不涉及现金收支的重大投资和筹资活动：		
债务转为资本		
一年内到期的可转换公司债券		
融资租入固定资产		
三、现金及现金等价物净变动情况：		
现金的期末余额		
减：现金的期初余额		
加：现金等价物的期末余额		
减：现金等价物的期初余额		
现金及现金等价物净增加额		

四、现金流量表的编制

(一)经营活动产生的现金流量表的编制方法

1. 直接法

7.7 现金流量表编制

直接法是指通过现金收入和现金支出的主要类别反映企业来自经营活动的现金流量的方法。

按照中国《企业会计准则第 31 号——现金流量表》的规定，直接法下经营活动现金流量的内容及编制主要包括以下项目。

(1) "销售商品、提供劳务收到的现金"项目，反映企业本期销售商品、提供劳务收到的现金，以及前期销售商品、提供劳务本期收到的现金(包括销售收入和应向购买者收取的增值税销项税额)和本期预收的款项，减去本期销售本期退回的商品和前期销售本期退回的商品支付的现金。企业销售材料和代购代销业务收到的现金，也在本项目中反映。

(2) "收到的税费返还"项目，反映企业收到返还的增值税、所得税、消费税、关税和教育费附加返还款等各种税费。

(3) "收到的其他与经营活动有关的现金"项目，反映企业收到的罚款收入、经营租赁收到的租金等其他与经营活动有关的现金流入，金额较大的应当单独列示。

(4) "购买商品、接受劳务支付的现金"项目，反映企业本期购买商品、接受劳务实际支付的现金(包括增值税进项税额)，以及本期支付前期购买商品、接受劳务的未付款项和本期预付款项，减去本期发生的购货退回收到的现金。

(5) "支付给职工以及为职工支付的现金"项目，反映企业本期实际支付给职工的工资、奖金、各种津贴和补贴等职工薪酬，但是应由在建工程、无形资产负担的职工薪酬以及支付的离退休人员的职工薪酬除外。

(6) "支付的各项税费"项目，反映企业本期发生并支付的、本期支付以前各期发生的以及预缴的教育费附加、矿产资源补偿费、印花税、房产税、土地增值税、车船税等税费，计入固定资产价值、实际支付的耕地占用税、本期退回的增值税、所得税等除外。

(7)"支付的其他与经营活动有关的现金"项目,反映企业支付的罚款支出,支付的差旅费、业务招待费、保险费,经营租赁支付的现金等其他与经营活动有关的现金流出,金额较大的应当单独列示。

2. 间接法

间接法是指以本期净利润为起点,调整不涉及现金的收入、费用、营业外收支以及应收应付等项目的增减变动,据以计算并列示经营活动的现金流量。

采用间接法将净利润调节为经营活动的现金流量时,需要调整的项目分为四大类。

(1) 实际没有支付现金的费用,如"计提的坏账准备或转销的坏账""固定资产折旧""无形资产摊销"等项目。这些费用应加入净利润中。

(2) 实际没有收到现金的收益,如"固定资产盘盈"等项目。这些收益应在净利润中减去。

(3) 不属于经营活动的损益,如"处置固定资产损益""投资损益""财务费用"等项目。这些损益应根据实际发生数增减净利润。

(4) 经营性应收应付项目的增减变动。对经营性应收项目的增加应冲减净利润,经营性应收项目的减少应增加净利润,而对经营性应付项目的增加应增加净利润,经营性应付项目的减少,则应减少净利润。

(二)投资活动产生的现金流量表的编制方法

(1) "收回投资收到的现金"项目,反映企业出售、转让或到期收回除现金等价物以外的交易性金融资产、长期股权投资而收到的现金,以及收回长期债权投资本金而收到的现金,但长期债权投资收回的利息除外。

(2) "取得投资收益收到的现金"项目,反映企业因股权性投资而分得的现金股利,从子公司、联营企业或合营企业分回利润而收到的现金,以及因债权性投资而取得的现金利息收入,但股票股利除外。

(3) "处置固定资产、无形资产和其他长期资产收回的现金净额"项目,反映企业出售、报废固定资产、无形资产和其他长期资产所取得的现金(包括因资产毁损而收到的保险赔偿收入),减去为处置这些资产而支付的有关费用后的净额,但现金净额为负数的除外。

(4) "处置子公司及其他营业单位收到的现金净额"项目,反映企业处置子公司及其他营业单位所取得的现金减去相关处置费用后的净额。

(5) "购建固定资产、无形资产和其他长期资产支付的现金"项目,反映企业购买、建造固定资产,取得无形资产和其他长期资产所支付的现金及增值税款,支付的应由在建工程和无形资产负担的职工薪酬现金支出,但为购建固定资产而发生的借款利息资本化部分、融资租入固定资产所支付的租赁费除外。

(6) "投资支付的现金"项目,反映企业取得的除现金等价物以外的权益性投资和债权性投资所支付的现金以及支付的佣金、手续费等附加费用。

(7) "取得子公司及其他营业单位支付的现金净额"项目,反映企业购买子公司及其他营业单位购买出价中以现金支付的部分,减去子公司或其他营业单位持有的现金及现金等价物后的净额。

(8)"收到的其他与投资活动有关的现金""支付的其他与投资活动有关的现金"项目，反映企业除上述(1)至(7)项目外收到或支付的其他与投资活动有关的现金流入或流出，金额较大的应当单独列示。

(三)筹资活动产生的现金流量表的编制方法

(1)"吸收投资收到的现金"项目，反映企业以发行股票、债券等方式筹集的资金。这是将实际收到的款项，减去直接支付给金融企业的佣金、手续费、宣传费、咨询费、印刷费等发行费用后的净额。

(2)"取得借款收到的现金"项目，反映企业举借各种短期、长期借款而收到的现金。

(3)"偿还债务支付的现金"项目，反映企业以现金偿还债务的本金。

(4)"分配股利、利润或偿付利息支付的现金"项目，反映企业实际支付的现金股利、支付给其他投资单位的利润或用现金支付的借款利息、债券利息。

(5)"收到的其他与筹资活动有关的现金""支付的其他与筹资活动有关的现金"项目，反映企业除上述(1)至(4)项目外收到或支付的其他与筹资活动有关的现金流入或流出，包括以发行股票、债券等方式筹集资金而由企业直接支付的审计和咨询等费用，为购建固定资产而发生的借款利息资本化部分，融资租入固定资产所支付的租赁费，以分期付款方式购建固定资产以后各期支付的现金等。

(四)"汇率变动对现金的影响"项目的编制方法

(1)企业外币现金流量及境外子公司的现金流量折算为记账本位币时，所采用的现金流量发生日的即期汇率或按照系统合理的方法确定的、与现金流量发生日即期汇率近似的汇率折算的金额。

(2)"现金及现金等价物净增加额"中外币现金净增加额按期末汇率折算的金额。

第五节 所有者权益变动表

所有者权益变动表反映构成所有者权益的各组成部分当期的增减变动情况，披露所有者权益的变动幅度及变动原因。该表中的一些项目所涉及的知识点超出了本书的范围，初学者大体了解即可。

一、所有者权益变动表的内容和结构

所有者权益变动表如表 7-6 所示。所有者权益变动表第一栏列示影响所有者权益的各因素，后续各栏为所有者权益的具体构成，所有者权益变动表第一行和最后一行反映所有者权益的上年年末余额和本年年末余额，中间各行反映不同因素对所有者权益增减变动的影响，揭示出所有者权益如何从上年年末余额变化至本年年末余额。所有者权益变动表提供本年和上年两年的数据。

表 7-6 所有者权益变动表

会企 04 表

编制单位：　　　　　　　　　　　　　　　　　　年度　　　　　　　　　　　　　　　　　　单位：元

项目	本年金额											上年金额										
	实收资本(或股本)	其他权益工具			资本公积	减:库存股	其他综合收益	专项储备	盈余公积	未分配利润	所有者权益合计	实收资本(或股本)	其他权益工具			资本公积	减:库存股	其他综合收益	专项储备	盈余公积	未分配利润	所有者权益合计
		优先股	永续债	其他									优先股	永续债	其他							
一、上年末余额																						
加：会计政策变更																						
前期差错更正																						
其他																						
二、本年初余额																						
三、本年增减变动金额(减少以"-"填列)																						
(一)综合收益总额																						
(二)所有者投入和减少资本																						
1. 所有者投入的普通股																						
2. 其他权益工具持有者投入资本																						
3. 股份支付计入所有者权益的金额																						
4. 其他																						
(三)利润分配																						
1. 提取盈余公积																						
2. 对所有者(或股东)的分配																						
3. 其他																						
(四)所有者权益内部结转																						
1. 资本公积转增资本(或股本)																						
2. 盈余公积转增资本(或股本)																						
3. 盈余公积弥补亏损																						
4. 设定受益计划变动额结转留存收益																						
5. 其他综合收益结转留存收益																						
6. 其他																						
四、本年末余额																						

二、所有者权益变动表的填列方法

1. 上年金额栏的填列方法

"上年金额"栏内的各项目数字应根据上一年度所有者权益变动表"本年金额"栏内所列数字填列。如果因为会计政策调整等原因,导致上年所有者权益变动表的各个项目的名称和内容与本年都不一致,则应对上年度所有者权益变动表各项目的名称和数字,按本年度的规定进行调整,填入所有者权益变动表"上年金额栏"内。

2. 本年金额栏的填列方法

"本年金额"栏内各项目数字一般应根据"实收资本(或股本)""资本公积""盈余公积""其他综合收益""利润分配""库存股""以前年度损益调整"等科目的发生额分析填列,具体如下。

(1) "会计政策变更"项目,反映企业采用调整法处理会计政策变更,对盈余公积和未分配利润的累计影响。本项目应根据"盈余公积""利润分配""以前年度损益调整"等科目的发生额分析填列。

(2) "前期差错更正"项目,反映企业采用追溯重述法处理的会计差错更正对盈余公积和未分配利润的累计影响。本项目应根据"盈余公积""利润分配""以前年度损益调整"等科目的发生额分析填列。

(3) "综合收益总额"项目,反映当年实现的综合收益总额的影响,本项目应根据"净利润"和"其他综合收益"等科目的发生额分析填列。

(4) "所有者投入和减少资本"项目,反映企业当年所有者投入的资本和减少的资本,将影响"实收资本(或股本)"和"资本公积"。其中,"所有者投入的普通股"项目,反映企业接受投资者投入形成的实收资本(或股本)和资本溢价或股本溢价,并对应列在"实收资本"和"资本公积"栏;"其他权益工具持有者投入资本"项目,反映企业发行的除普通股以外分类为权益工具的金融工具的持有者投入资本的金额,应根据金融工具类科目的相关明细科目的发生额分析填列;"股份支付计入所有者权益的金额"项目,反映企业处于等待期中的权益结算的股份支付当年计入资本公积的金额,并对应填列在"资本公积"栏。

(5) "利润分配"项目,反映当年对所有者(或股东)分配的利润(或股利)金额和按照规定提取的盈余公积金额,并对应填列在"未分配利润"和"盈余公积"栏。其中,"提取盈余公积"项目,反映企业按照规定提取的盈余公积;"对所有者(或股东)的分配"项目,反映对所有者(或股东)分配的利润(或股利)金额。

(6) 所有者权益内部结转,反映不影响当年所有者权益总额的所有者权益各组成部分之间当年的增减变动,包括资本公积转增资本(或股本)、盈余公积转增资本(或股本)、盈余公积弥补亏损等项金额。其中,"资本公积转增资本(或股本)"项目,反映企业以资本公积转增资本或股本的金额;"盈余公积转增资本(或股本)"项目,反映企业以盈余公积转增资本或股本的金额;"盈余公积弥补亏损"项目,反映企业以盈余公积弥补亏损的金额;其他项目的填列需要对相关准则制度深入了解,为免读者困扰,本书不再一一细述。该项目应根据"其他综合收益"科目的相关明细科目的发生额分析填列。

> 思政案例

坚守准则，是会计人员必须坚守的高压线

1984年，科龙电器创立。1996年7月，科龙电器H股在香港联交所成功上市，成为首家在香港上市的乡镇企业。

1999年，科龙电器被美国《福布斯》杂志评为20家最优秀的中小型企业之一。其所产容声牌冰箱占据国内冰箱市场份额逾20%，是当仁不让的龙头企业。然而，自从上市开始，科龙便开始出现大额亏损，2000年首次出现了高达6.78亿元的亏损。2001年净亏损15.56亿元。科龙的巅峰时代从此结束。科龙的利润情况一览表如表7-7所示。

表7-7 科龙的利润情况一览表　　　　　　　　　　　　　　单位：亿元

	2000年	2001年 中期	2001年 年报	2002年	2003年	2004年
主营业务收入	44.12	27.9	47.2	48.78	61.68	1.27
较上年差异			3.96	1.58	12.9	-60.41
管理费用	4.74		9.12	0.6	3.65	5.23
较上年差异			4.38	-8.52	3.05	1.58
净利润	-6.78	0.2	-15.56	1.01	2.01	-0.64
较上年差异			-8.77	16.57	1	-2.66

然而，科龙的亏损并不单纯。科龙2001年下半年出现近16亿元巨额亏损的主要原因之一是计提减值准备6.35亿元。到了2002年，科龙转回各项减值准备，对当年利润的影响是3.5亿元。经查，在2002年至2004年的3年间，科龙共在其年报中虚增利润3.87亿元(其中，2002年虚增利润1.1996亿元，2003年虚增利润1.1847亿元。2004年虚增利润1.4875亿元)。

如果2001年没有计提各项减值准备(包括坏账准备)，科龙电器2002年的扭亏为盈将不可能。

如果没有2001年的计提减值和2002年的转回，科龙电器在2003年也不会盈利。

如果科龙电器业绩没有经过上述财务处理，早就被冠以退市风险警示，甚至退市处理了。

可见，科龙电器2002年和2003年根本没有盈利，科龙扭亏只是一种会计数字游戏的结果。

(资料来源：https://wenku.baidu.com/view/ee1a06f55e0e7cd184254b35eefdc8d376ee14bc.html.)

思政要点：

在市场竞争日趋激烈、商业信用较为普及的今天，企业拥有大量赊销业务，发生坏账损失成为不可避免的事实。正确确认企业当期的坏账损失，有利于客观反映企业当期的财务状况、经营成果和现金流量，有利于财务信息的外部使用者做出更切合实际的判断与决策。

当前，企业存在应收款项数量较大、变现能力较差、周转速度较慢等问题，隐含着大量的坏账损失，影响了企业整体资产质量，导致企业虚盈实亏；更有甚者利用坏账损失确认标准不足乘机粉饰财务报表、操纵股价，损害投资者利益。

经查明，科龙电器采取虚构主营业务收入、少计坏账准备、少计诉讼赔偿金等手段编造虚假财务报告。

对于科龙财务造假，中国证监会已做出处罚决定，但其引发的相关问题令人深思。

科龙及当时一些公司利用减值准备调整利润的做法引起了财政部和证监会的关注，进而推动了新的会计准则规定调整，并间接影响了后续的证券市场价格。

本章小结

编制财务会计报告是对会计核算工作的全面总结，应重点理解编制会计报表的作用、要求和格式，以及现金流量表的编制基础。掌握资产负债表的基本内容、利润表的基本内容、现金流量表的具体内容、所有者权益变动表的内容、报表附注及其披露的内容，以及资产负债表、利润表、所有者权益变动表及现金流量表的编制方法和编制技能。加强教学训练措施，结合实例讲解会计报表的种类、格式，以及资产负债表、利润表、利润分配表以及现金流量表的编制方法。

同步测试题

一、单项选择题

1. 累计折旧账户余额在贷方，则资产负债表中应填列在(　　)项目中反映。
   A. 负债　　　　B. 资产　　　　C. 所有者权益　　　　D. 费用
2. 下列资产负债表项目中，应根据其总账账户期末余额直接填列的是(　　)。
   A. 在建工程　　B. 长期借款　　C. 应付账款　　　　D. 预收账款
3. 资产负债表的下列项目中，需要根据几个总账账户汇总填列的是(　　)。
   A. 货币资金　　B. 固定资产　　C. 累计折旧　　　　D. 应交税费
4. 下列项目中，不符合现金流量表中现金概念的项目是(　　)。
   A. 企业的库存现金　　　　　　　B. 企业的银行汇票存款
   C. 企业购入的 24 个月到期的国债　　D. 不能随时用于支付的定期存款
5. 资产负债表中，"应付账款"项目应(　　)。
   A. 直接根据"应付账款"账户的期末贷方余额填列
   B. 根据"应付账款"账户的期末贷方余额和"应收账款"账户的期末借方余额计算填列
   C. 根据"应付账款"和"预付账款"账户所属相关的明细账户的期末贷方余额计算填列
   D. 根据"应付账款"账户的期末贷方余额和"预收账款"账户的期末贷方余额计算填列
6. 现金流量表的编制基础是(　　)。
   A. 库存现金　　　　　　　　　　B. 库存现金和银行存款

C. 营运资金   D. 广义的现金

7. 下列各项中，不属于筹资活动产生的现金流量的是(　　)。
   A. 吸收权益性投资收到的现金   B. 收回债券投资收到的现金
   C. 发行债券收到的现金   D. 借入资金收到的现金

8. 如果"应收账款"科目所属各明细科目期末出现贷方余额，应在(　　)项目中列示。
   A. 应付账款   B. 预付账款   C. 预收账款   D. 其他应收款

9. 已知某企业产品销售利润为100万元，管理费用为20万元，财务费用为10万元，销售费用为5万元，营业外收入为8万元，填入利润表中的营业利润为(　　)万元。
   A. 70   B. 65   C. 73   D. 78

10. 处置固定资产的净损益应归为(　　)。
    A. 经营活动   B. 投资活动
    C. 筹资活动   D. 经营活动或投资活动

11. 用直接法和间接法编制现金流量表，是为了反映(　　)。
    A. 经营活动现金流量   B. 投资活动现金流量
    C. 筹资活动现金流量   D. 以上三种情况皆有可能

12. 以下不属于投资活动现金流量的是(　　)。
    A. 支付融资租入的固定资产的租赁费
    B. 购买专利权支付的现金
    C. 收回购买股票时已宣告发放但尚未领取的现金股利
    D. 收回债券投资时已到付息期但尚未领取的债券利息

二、多项选择题

1. 下列各项中，属于会计报表的有(　　)。
   A. 资产负债表   B. 利润表
   C. 现金流量表   D. 附注

2. 通过资产负债表可以了解到(　　)。
   A. 企业所掌握的经济资源及其构成   B. 企业资金的来源渠道及其构成
   C. 企业短期的偿债能力   D. 企业的财务成果及其形成过程

3. 资产负债表包括的会计要素有(　　)。
   A. 资产   B. 负债   C. 收入
   D. 费用   E. 所有者权益

4. 资产负债表是(　　)。
   A. 总括反映企业财务状况的报表   B. 反映企业报告期末财务状况的报表
   C. 反映企业财务状况的动态报表   D. 反映企业报告期间财务状况的报表
   E. 反映企业财务状况的静态报表

5. 资产负债表的数据可以(　　)。
   A. 根据总账账户余额直接填列   B. 根据总账账户余额计算填列
   C. 根据明细账户余额计算填列   D. 根据明细账户余额直接填列

6. 利润表是(　　)。

A. 根据有关账户的发生额编制的 　　　　B. 动态报表
C. 静态报表 　　　　　　　　　　　　　D. 反映财务状况的报表
E. 反映财务成果的报表

7. 利润表中，营业收入减去营业成本减去税金及附加，再减去(　　)后等于营业利润。
A. 制造费用　　　B. 管理费用　　　C. 财务费用　　　D. 销售费用

8. 下列各项中，应在利润表"税金及附加"项目反映的是(　　)。
A. 增值税　　　　B. 消费税　　　　C. 资源税　　　　D. 教育费附加

9. 现金等价物应具备的特点是(　　)。
A. 期限短　　　　B. 流动性强　　　　C. 价值变动风险小
D. 易于转换为已知金额的现金　　　　E. 价值风险大，但流动性强

10. "实际没有支付现金的费用"包括(　　)。
A. 计提的固定资产折旧　　　　B. 计提的坏账准备
C. 无形资产的摊销　　　　　　D. 无形资产的取得成本

11. "实际没有收到现金的收益"包括(　　)。
A. 冲销的坏账准备　　　　　　B. 计提的坏账准备
C. 冲销的存货跌价准备　　　　D. 计提的存货跌价准备

12. 下列属于投资活动产生的现金流量的是(　　)。
A. 无形资产的购建和处置　　　　B. 融资租入固定资产支付的租金
C. 收到联营企业分回的利润　　　D. 债权性投资的利息收入

三、判断题

1. 财务报表按其反映内容的不同，可分为动态报表和静态报表。（　　）
2. 财务会计报告是指企业对外提供的反映企业某一会计期间的财务状况、经营成果和现金流量等会计信息的文件。（　　）
3. 资产负债表是反映企业一定期间财务状况的报告。（　　）
4. 我国资产负债表采用账户式结构，利润表采用多步式结构。（　　）
5. 我国资产负债表中有关资产的排列顺序依次是流动资产、长期资产、固定资产、无形资产和其他长期资产。（　　）
6. 在资产负债表的项目中，"应收账款"项目应根据"应收账款"科目所属的明细科目的借方余额合计填列，"预付账款"科目所属明细科目有借方余额的，也应包括在该科目内。（　　）
7. 资产负债表中的各个项目均可以根据会计科目余额直接填列。（　　）
8. 资产负债表左方反映资产，右方反映负债，左右两边的金额应相等。（　　）
9. 利润表是反映企业某一特定日期的经营成果的财务报表。（　　）
10. 我国企业利润表的结构是单步式利润表。（　　）
11. 企业利润表中"本年金额"栏内的各项数字，都应当按照相关账户的发生额分析填列。（　　）
12. 现金流量表是反映企业一定会计期间现金及现金等价物的流入和流出的报表。（　　）

13. 现金流量表是反映企业现金流入和流出的财务报表,是企业必须对外提供的财务报表之一。（ ）

14. 经营活动现金在现金流量表中按照直接法报告,在现金流量表附注中按照间接法报告。（ ）

15. 企业接受投资者用固定资产进行的投资属于投资活动。（ ）

四、名词解释

1. 会计报表
2. 资产负债表
3. 利润表
4. 现金流量表
5. 直接法
6. 间接法
7. 投资活动
8. 筹资活动
9. 经营活动

五、思考题

1. 会计报表有什么作用?
2. 会计报表有哪些种类?各包括哪些内容?
3. 在编制会计报表时,必须符合哪些基本要求?
4. 现金流量表中现金的含义是什么?它包括哪些内容?
5. 资产负债表、利润表和现金流量表的作用有什么不同?
6. 简述资产负债表项目的具体填制方法。
7. 简述利润表项目的填列方法。
8. 经营活动产生的现金流量主要包括哪些内容?
9. 投资活动产生的现金流量主要包括哪些内容?
10. 筹资活动产生的现金流量主要包括哪些内容?

六、业务题

业务7-1

【资料】某企业某月末部分账户期末余额如表7-8所示。

表7-8　某企业某月末部分账户余额　　　　　　　　　　　单位:元

总账账户			所属明细账户		
名　称	借	贷	名　称	借	贷
应收账款	300 000		A企业	320 000	
			B企业		20 000
坏账准备	500				
预付账款	2 000		C企业	2 500	
			D企业		500
长期股权投资	25 000				
固定资产原价	8 000 000				
累计折旧		5 000 000			
应付账款		6 000	E企业		8 000
			F企业	2 000	

续表

总账账户			所属明细账户		
名称	借	贷	名称	借	贷
预收账款		3 000	G企业		3 500
			H企业	500	
应付职工薪酬		12 000			
长期借款		10 000			
应付债券		20 000			
利润分配		5 000	未分配利润		5 000
本年利润		14 000			

【要求】根据以上资料填制资产负债表有关项目(年初数略)，其格式如表7-9所示。

表7-9 资产负债表　　　　　　　　　　　　　　　　　　　　　　单位：元

资产	期末数	负债和所有者权益	期末数
应收账款		应付账款	
预付账款		预收账款	
长期股权投资		应付职工薪酬	
固定资产原价		长期借款	
减：累计折旧		应付债券	
		未分配利润	

业务7-2

【资料】SD公司2020年11月结转利润前，各损益类账户的发生额如表7-10所示。

表7-10　SD公司2015年11月损益类账户发生额

2020年11月30日　　　　　　　　　　　　　　　　　　　金额单位：元

账户名称	11月发生额	
	借方	贷方
营业收入		5 860 500.00
营业成本	4 271 100.00	
税金及附加	29 658.00	
营业费用	135 000.00	
管理费用	178 000.00	
财务费用	45 000.00	
资产减值损失	50 000.00	
公允价值变动损益		50 000.00
投资收益		
营业外收入		500.00
营业外支出	100 000.00	
所得税费用	587 087.50	
合计	5 395 845.50	5 911 000.00

【要求】根据表7-10所列资料编制SD公司2020年11月的利润表。

第三篇 核 算 篇

第八章 资 产

教学目标与要求

- 了解货币资金的性质和分类。
- 掌握现金、银行存款,以及应收及预付款项的会计核算。
- 掌握存货的会计核算。
- 掌握固定资产及无形资产等的会计核算。

教学重点与难点

教学重点:

现金清查及其会计处理;银行存款余额调节表的编制。存货的取得、发出的会计处理,存货计价方法,存货盘盈盘亏的会计处理方法。

教学难点:

应收账款的会计处理;应收票据的计算与会计处理;成本与市价孰低法的设计思路。

案例分析

会计小敏是公司出纳,负责现金、银行存款的收付,并掌握空白支票和企业在银行预留的法人代表印章,自己从银行取银行对账单并负责与银行对账。由于炒股失败,小敏壮着胆子偷拿了一张9000多元的支票,希望赚回钱后再还给公司。

小敏每日提心吊胆,月底,取回银行对账单后,小敏对着原对账单把偷拿的款项去掉,并填制银行存款余额调节表。小敏在忐忑不安中度过了一个月,可什么事也没发生。

小敏胆子也越来越大,在前后不到一年的时间里,多次用同样的手段挪用公款近120万元。

终于,年终审计时企业发现异常,小敏明白自己违反了《中华人民共和国会计法》《会计基础工作规范》《会计人员职业规范条例》等国家有关法律法规的规定,遂向公安局投案自首。

思考与讨论：

你认为该公司货币资金管理存在哪些漏洞？

提示：

(1) 无有效的控制程序，无上级审批就可提款。出纳人员可以擅自签发支票套购物品，不留存根，不记账。企业与银行的对账制度要求出纳人员应与负责现金的清查盘点人员和负责与银行对账的人员相分离。

(2) 无明确的岗位责任会计，出纳岗位职责划分不清，没有做好"相关岗位责任制度"就无法进行"职务分离制度"。出纳除了办理涉及现金、银行存款收付的本职业务外，同时还兼保管银行存款全套印鉴、核对银行对账单等会计业务，一人身兼数职，混岗和职能的交叉引起货币资金的挪用和侵吞。

(3) 缺少稽核制度，月末无货币资金的清查盘点制度，导致小敏挪用公款、涂改银行对账单等违法事实没有及时被发现、制止。

第一节　资 产 概 述

资产是企业从事生产经营活动必需的各种资源，它们由企业拥有或者控制，通过合理配置和使用，使企业的生产经营活动维持正常。资产具体表现为货币资金、厂房、机器设备、原材料、包装物、在产品、产成品、债权、无形资产等。本章主要介绍有关资产的取得、使用或摊销、处置的核算等。

一、资产的概念

我国《企业会计准则——基本准则》将资产定义为：资产是指企业过去的交易或者事项形成的、由企业拥有或者控制的、预期会给企业带来经济利益的资源。

(1) 企业过去的交易或者事项包括购买、生产、建造行为或其他交易或者事项。预期在未来发生的交易或者事项不形成资产。

(2) 由企业拥有或者控制，是指企业享有某项资源的所有权，或者虽然不享有某项资源的所有权，但该资源能被企业所控制。

(3) 预期会给企业带来经济利益，是指直接或者间接导致现金和现金等价物流入企业的潜力。

二、资产的确认

符合上述资产定义的资源，在同时满足以下条件时，确认为资产。

(1) 与该资源有关的经济利益很可能流入企业。

(2) 该资源的成本或者价值能够可靠地计量。

三、资产在报表中的列示

符合资产定义和资产确认条件的项目，应当列入资产负债表；符合资产定义但不符合资产确认条件的项目，不应当列入资产负债表。

四、资产的分类

按照资产的变现、出售、耗用时间的长短来分，资产可以分成流动资产和非流动资产两大类。

(一)流动资产

流动资产是企业在生产经营过程中短期置存的资产，是指可在一年内或超过一年的一个营业周期内变现或者耗用的资产。

资产在一个生产经营周期内循环一次，表现为在一个营业周期内可以变现或者耗用，这是衡量资产流动性的主要标志。

流动资产的主要构成项目有货币资金、应收和预付款项、交易性金融资产、存货等。

(二)非流动资产

非流动资产是指除了流动资产以外的资产，主要构成项目有长期债权投资、长期股权投资、固定资产、在建工程、工程物资、无形资产、投资性房地产等。

第二节 流动资产

一、货币资金

(一)货币资金的性质和账户设置

货币资金是指企业生产经营过程中处于货币形态的资产。在资产负债表中，流动资产大类下的"货币资金"项目，是根据"库存现金""银行存款"和"其他货币资金"三个总账科目的借方余额合计数填列的。

从企业的整个生产经营来看，在企业从开业到清算的整个存续过程中，货币资金与各个业务循环存在着广泛而紧密的联系。货币资金与其他业务循环的关系主要有四个方面：销售与收款循环、筹资与投资循环、购货与付款循环和生产循环。一般而言，企业所涉及的货币资金业务主要是货币资金收入业务、货币资金支出业务、货币资金在其不同项目之间的流动以及零星备用金业务。

(二)库存现金

1. 库存现金的含义

库存现金通常是指存放于企业财会部门、由出纳人员经管的货币，包括人民币现金和外币现金。库存现金是企业流动性最强的资产，企业应当遵守国家有关现金管理制度，正确进行现金收支的核算，监督现金使用的合法性与合理性。

2. 国家现金管理制度的有关规定

一个单位可以在若干家银行开户，但只能在一家银行开设现金结算户，支取现金，并由该家银行负责核实现金库存限额,进行现金管理检查。

1) 开支使用现金的范围

企业只能在下列范围内开支使用现金。

(1) 职工工资、各种工资性津贴。这里所说的职工工资,是指企业、事业单位和机关、团体、部队支付给职工的工资和工资性津贴。

(2) 个人劳务报酬。这是指由于个人向企业、事业单位和机关、团体、部队等提供劳务而由企业、事业单位和机关、团体、部队等向个人支付的劳务报酬,包括新闻出版单位支付给作者的稿费,各种学校、培训机构等支付给外聘教师的讲课费,以及设计费、装潢费、安装费、制图费、化验费、测试费、医疗费、法律服务费、咨询费、各种演出与表演费、技术服务费、介绍服务费、经纪服务费、代办服务费及其他劳务费用等。

(3) 支付给个人的各种奖金,包括根据国家规定颁发给个人的各种科学技术、文化艺术、体育等各种奖金。

(4) 各种劳保、福利费用以及国家规定的对个人的其他现金支出,如退休金、抚恤金、学生助学金、职工困难生活补助费等。

(5) 收购单位向个人收购农副产品和其他物资,如金银、工艺品、废旧物资等的价款。

(6) 单位预借出差人员必须随身携带的差旅费。

(7) 结算起点以下的零星支出。按照规定,结算起点为1 000元;超过结算起点的,应实行银行转账结算。在结算起点以下的零星支出可以使用现金进行结算,结算起点的调整由中国人民银行确定,报国务院备案。

(8) 中国人民银行确定需要现金支付的其他支出,如因采购地点不确定、交通不便、抢险救灾以及其他特殊情况,办理转账结算不方便,必须使用现金的支出。

2) 库存现金限额的规定

各开户单位的库存现金都要核定限额。库存现金限额由开户单位提出计划,报开户银行审批。库存现金限额每年核定一次。经核定的库存现金限额,开户单位必须严格遵守。

3) 现金坐支

坐支是指企业、事业单位和机关、团体、部队把本单位的现金收入直接用于现金支出。按照《现金管理暂行条例》及其实施细则的规定:"开户单位支付现金,可以从本单位现金库存中支付或者从开户银行提取,不得从本单位的现金收入中直接支付(即坐支)。""需要坐支现金的单位,要事先报经开户银行审查批准,由开户银行核定坐支范围和限额。坐支单位必须在现金账上如实反映坐支现金,并按月向开户银行报送坐支金额和使用情况。"一般情况下,企业可以在申请库存现金限额申请批准书内同时申请坐支,说明坐支的理由、用途和金额,报开户银行审查批准,也可以专门申请批准。

4) 现金管理"八不准"

(1) 不准用不符合财务制度的凭证顶替库存现金。

(2) 不准单位之间相互借用现金。

(3) 不准谎报用途套取现金。

(4) 不准利用银行账户代其他单位和个人存入或支取现金。

(5) 不准将单位收入的现金以个人名义存入储蓄。

(6) 不准保留账外公款(即小金库)。

(7) 不准发生变相货币。

(8) 不准以任何票券代替人民币在市场上流通。

开户单位如违反上述有关规定，开户银行有权责令其停止违法活动，并根据其情节轻重给予警告或罚款。

3. 库存现金收付的核算

库存现金收入的内容主要有：从银行提取的现金，职工出差报销时交回的剩余借款，收取结算起点以下的零星收入款，收取对个人的罚款，无法查明原因的现金溢余等。收取现金时，借记"库存现金"科目，贷记有关科目。

企业应当严格按照国家有关现金管理制度的规定，在允许的范围内，办理现金支出业务。企业按照现金开支范围的规定支付现金时，借记有关科目，贷记"库存现金"科目。

【例8-1】从开户银行提取现金6 000元备用。

借：库存现金　　　　　　　　6 000
　　贷：银行存款　　　　　　　　　　6 000

【例8-2】以现金支付职工工资65 000元。

借：应付职工薪酬——工资　　65 000
　　贷：库存现金　　　　　　　　　　65 000

4. 库存现金借支的核算

职工出差预支差旅费，通过"其他应收款"科目核算，职工预支差旅费时，企业应借记"其他应收款"科目，贷记"库存现金"科目。职工凭发票报账时，应按照批准的报销金额，借记"管理费用"科目，贷记"其他应收款"科目，按照收回的(或者补付的)现金借记(或贷记)"库存现金"科目。

【例8-3】采购员王民出差预借差旅费2 000元，以现金付讫。

借：其他应收款——王民　　　2 000
　　贷：库存现金　　　　　　　　　　2 000

【例8-4】王民出差费用经批准予以报销，交回相关发票并支付现金余款300元。

借：管理费用　　　　　　　　2 300
　　贷：库存现金　　　　　　　　　　300
　　　　其他应收款——王民　　　　2 000

5. 库存现金清查的核算

库存现金清查是指对库存现金的盘点与核对，包括出纳人员每日终了前进行的库存现金账款核对和清查小组进行的定期或不定期的库存现金盘点、核对。对于库存现金清查的结果，应编制库存现金盘点报告单，注明库存现金溢缺的金额。若发现库存现金短缺或溢余且原因有待查明的，应通过"待处理财产损溢——待处理流动资产损溢"账户核算。

在库存现金清查中发现溢余的库存现金，应按溢余的金额，借记"库存现金"账户，贷记"待处理财产损溢——待处理流动资产损溢"账户，待查明原因后，按以下要求进行处理。

一是如为库存现金短缺，属于应由责任人赔偿的部分，借记"其他应收款——应收库存现金短缺款"或"库存现金"等账户，贷记"待处理财产损溢——待处理流动资产损溢"账户；属于应由保险公司赔偿的部分，借记"其他应收款——应收保险赔款"账户，贷记"待处理财产损溢——待处理流动资产损溢"账户；属于无法查明的其他原因，根据管理权限，经批准后处理，借记"管理费用——库存现金短缺"账户，贷记"待处理财产损溢——待处理流动资产损溢"账户。

二是如为库存现金溢余，属于应支付给有关人员或单位的，应借记"待处理财产损溢——待处理流动资产损溢"账户，贷记"其他应付款——应付库存现金溢余"账户；属于无法查明原因的库存现金溢余，经批准后，借记"待处理财产损溢——待处理流动资产损溢"账户，贷记"营业外收入——库存现金溢余"账户。

【例 8-5】 在库存现金清查中，发现库存现金较账面余额多出 50 元。

  借：库存现金   50
    贷：待处理财产损溢——待处理流动资产损溢 50

后经反复核查，上述库存现金长款原因不明，经批准转作营业外收入处理。

  借：待处理财产损溢——待处理流动资产损溢 50
    贷：营业外收入   50

如果经查明应退回给有关单位或人员，应贷记"其他应付款"账户。

【例 8-6】 在库存现金清查中，发现库存现金较账面余额短缺 160 元。

  借：待处理财产损溢——待处理流动资产损溢 160
    贷：库存现金   160

后经调查，上述库存现金短缺属于出纳员张扬的责任，应由该出纳员赔偿。

  借：其他应收款——张扬   160
    贷：待处理财产损溢——待处理流动资产损溢 160

收到出纳员张扬的赔款 160 元时。

  借：库存现金   160
    贷：其他应收款——张扬   160

6. 备用金的核算

企业各职能科室、车间如有经常性的零星支出，为了方便支付，减少报销手续，可以实行定额备用金制度。设立备用金的部门，对于领用的备用金应当定期或在快用完时向财务部门报销。

财务部门拨出备用金时。

  借：备用金(或"其他应收款——备用金")
    贷：库存现金

各职能科室、车间平时的零星支出可以用备用金支付，不必进行会计处理，但应保管好相应的发票凭证。当向财务部门报销并补足备用金数额时，财务部门根据报销数直接确认相关费用的发生和库存现金的减少，报销数和拨补数都不再通过"备用金"或"其他应收款——备用金"账户核算。

  借：管理费用
    贷：库存现金

如果企业调整备用金数额，或者取消备用金制度，则要通过"备用金"账户核算。企业调整备用金数额，借记或贷记"备用金""库存现金"账户；如果取消备用金制度，则借记"库存现金"账户，贷记"备用金"账户。

(三)银行存款

银行存款是指企业存放在银行或其他金融机构的货币资金。

1. 银行存款的管理规定

企业应当根据业务需要,按规定在其所在地银行开设账户,运用所开设的账户进行存款、取款以及各种收支转账业务的结算。银行结算账户的开立和使用应当遵守法律、法规,不得利用银行结算账户进行偷逃税款、逃废债务、套取库存现金及其他违法犯罪活动,不得出租、出借银行结算账户,不得利用银行结算账户套取银行信用,不得将单位款项转入个人银行结算账户。

2. 银行存款的核算

1) 银行存款收支的核算

为了总括反映银行存款的收付及其结存情况,企业应设置"银行存款"账户。该科目的借方反映企业银行存款的增加;贷方反映企业银行存款的减少;期末余额在借方,反映企业期末银行存款的余额。

【例8-7】2×21年8月5日,SD公司开出现金支票一张,从开户行提取现金3 000元作为零星支付备用。

借:库存现金　　　　　　　　　　　　　　3 000
　　贷:银行存款　　　　　　　　　　　　　　　3 000

【例8-8】SD公司销售商品一批,货款收入50 000元,增值税6 500元,价税合计56 500元已通过托收承付结算方式收妥,存入存款账户。

借:银行存款　　　　　　　　　　　　　　56 500
　　贷:主营业务收入　　　　　　　　　　　　50 000
　　　　应交税费——应交增值税(销项税额)　　6 500

2) 银行日记账和银行存款余额调节表

为了全面、系统、连续、详细地反映有关银行存款收支的情况,企业应当按照开户银行和其他金融机构、存款种类等,分别设置银行存款日记账,由出纳人员根据审核无误的银行存款收、付款凭证,按照业务发生的先后顺序逐日、逐笔登记。每日终了时,应计算银行存款收入合计、银行存款支出

8.1 银行存款余额调节表

合计及结余数,银行存款日记账应定期与银行转来的银行对账单进行核对。如果发现企业银行存款日记账余额与银行对账单余额不符,首先应检查记账有否差错;如果有差错,先更正差错,然后在记账正确的前提下再对未达账项进行调节。

所谓未达账项,是指由于企业与银行取得有关凭证的时间不同,发生的一方已经取得凭证登记入账而另一方由于未取得凭证尚未入账的款项。具体有以下四种情况。

(1) 企业已收款入账,银行尚未收款入账。如企业已将销售产品收到的支票送存银行,对账前银行尚未入账的款项。

(2) 企业已付款入账,银行尚未付款入账。如企业开出支票购货,根据支票存根已登记银行存款的减少,而银行尚未接到支票,未登记银行存款减少。

(3) 银行已收款入账,企业尚未收款入账。如银行收到外单位采用托收承付结算方式购货所付的款项,已登记入账,而企业未收到银行通知未入账的款项。

(4) 银行已付款入账，企业尚未付款入账。如银行根据有关规定代企业支付了款项，已登记企业银行存款的减少，而企业因未收到付款凭证尚未记账的款项。

对未达账项应通过编制银行存款余额调节表进行检查核对，如没有记账错误，调节后的双方余额应相等。

【例 8-9】SD 公司 2×21 年 8 月 31 日银行存款日记账的余额为 86 850 元，银行转来对账单的余额为 124 500 元。经逐笔核对，发现以下未达账项。

① 送存银行转账支票 90 000 元，企业已登记银行存款增加，银行未记账。
② 开出转账支票 67 500 元，持票单位未到银行办理转账，银行未记账。
③ 委托银行代收某公司购货款 72 000 元，银行登记入账，企业未记账。
④ 银行代付电话费 6 000 元，银行登记入账，企业未记账。
⑤ 另外，8 月 15 日开出转账支票一张，系付应付账款 6 500 元，当时编制的银行付款凭证为

借：应付账款　　　　　　　　　　　　　　　650
　　贷：银行存款　　　　　　　　　　　　　　　　650

该错误凭证已登记入账。

根据上述既存在会计差错又存在未达账项的情况，应先更正会计差错，再编制银行存款余额调节表。

(1) 采用补充登记法更正差错。

借：应付账款　　　　　　　　　　　　　　　5 850
　　贷：银行存款　　　　　　　　　　　　　　　　5 850

更正差错后，SD 公司 2×21 年 8 月 31 日基本存款账户银行存款日记账的余额为 81 000 元。

(2) 编制银行存款余额调节表，如表 8-1 所示。

表 8-1　SD 公司银行存款余额调节表

2×21 年 8 月 31 日　　　　　　　　　　　单位：元

项目	金额	项目	金额
企业银行存款日记账余额	81 000	银行对账单余额	124 500
加：银行已收、企业未收	72 000	加：企业已收、银行未收	90 000
减：银行已付、企业未付	6 000	减：企业已付、银行未付	67 500
调节后的存款余额	147 000	调节后的存款余额	147 000

需要指出的是，银行存款余额调节表只是为了核对账目，并不能作为调整银行存款账面余额的原始凭证。

(四)其他货币资金的核算

1. 其他货币资金的内容

其他货币资金是指企业除库存现金、银行存款以外的各种货币资金，主要包括外埠存款、银行本票存款、银行汇票存款、信用证保证金存款、信用卡存款和存出投资款等。

2. 其他货币资金的核算

为了反映和监督其他货币资金的收支和结存情况，企业应设置"其他货币资金"账户。

该科目的借方登记其他货币资金的增加数；贷方登记其他货币资金的减少数；期末余额在借方，反映企业实际持有的其他货币资金。该账户应按其他货币资金的种类设置明细账户，进行明细分类核算。

1) 外埠存款、银行本票存款、银行汇票存款、信用证保证金存款的核算

外埠存款是指企业到外地进行临时或零星采购时，汇往采购地银行开立采购专户的款项。银行本票存款是指企业为取得银行本票按照规定存入银行的款项。银行汇票存款是指企业为取得银行汇票按照规定存入银行的款项。信用证保证金存款是指企业为取得信用证按规定存入银行的保证金。这几类其他货币资金主要用于与销货单位的货款结算，一旦购货结束，如果有余款，会很快转回其开户银行。

【例8-10】SD公司于2×21年6月5日从基本存款户汇往外地某银行临时账户40 000元，用于临时经营采购。

借：其他货币资金——外埠存款　　　　　　40 000
　　贷：银行存款　　　　　　　　　　　　　　40 000

6月9日，用上述外埠存款共支付采购原材料款项38 420元，其中价款34 000元，增值税4 420元。

借：在途物资　　　　　　　　　　　　　　34 000
　　应交税费——应交增值税(进项税额)　　 4 420
　　贷：其他货币资金——外埠存款　　　　　　38 420

6月15日，根据银行的收账通知，上述外埠存款的余款已汇入基本存款账户。

借：银行存款　　　　　　　　　　　　　　　220
　　贷：其他货币资金——外埠存款　　　　　　 220

银行本票存款、银行汇票存款、信用证保证金存款的使用及核算方法基本同外埠存款。

2) 信用卡存款的核算

当单位进行集团消费时，可以用信用卡的方式进行结算。当存入信用卡存款时，借记"其他货币资金——信用卡存款"账户，贷记"银行存款"账户；当单位进行消费用信用卡结算时，借记"管理费用"(或"营业费用"等)账户，贷记"其他货币资金——信用卡存款"账户。

3) 存出投资款的核算

存出投资款是指企业进行证券投资时预先存放在金融机构的资金，当企业存出投资款时，借记"其他货币资金——存出投资款"账户，贷记"银行存款"账户；当购入证券投资时，借记"交易性金融资产""投资收益"等账户，贷记"其他货币资金——证券投资"账户。

二、应收和预付款项

应收和预付款项是企业资产的一个重要组成部分，它是指企业在日常生产经营过程中发生的各项债权，包括应收款项(包括应收账款、应收票据、其他应收款、长期应收款)、预付账款、应收股利和应收利息等。

(一)应收账款

应收账款是指企业由于采用赊销方式销售商品或提供劳务，而享有的向客户收取款项的

权利。它是以商业信用为基础,以购销合同、商品出库单、发票和发运单等书面文件为依据而确认的。因此应收账款的会计处理,需要解决应收账款入账时间和入账价值这两个问题。应收账款入账时点应与收入实现时点一致。

当企业由于赊销商品而产生应收取客户的款项时,应设置"应收账款"账户来核算,可按债务人名称进行明细核算。

1. 应收账款的入账时间

由于应收账款是因为赊销业务而产生的,因此,其入账时间与确认销售收入的时间是一致的,它们的入账时间可以根据确认收入实现的时间来定,具体确定方法将在第十章"损益"中论述。

2. 应收账款的入账价值

通常情况下,按照历史成本计价原则,应收账款应根据交易实际发生的金额记账,包括发票金额和代购货单位垫付的运杂费两部分。

【例8-11】SD公司赊销商品一批,按价目表的价格计算,货款金额总计100 000元,适用的增值税税率为13%,代垫运杂费5 000元(假设不作为计税基数)。应编制会计分录如下。

```
借:应收账款                              118 000
    贷:主营业务收入                       100 000
        应交税费——应交增值税(销项税额)    13 000
        银行存款                             5 000
```

收到货款时,应编制会计分录如下。

```
借:银行存款                              118 000
    贷:应收账款                           118 000
```

(二)应收票据

应收票据是指企业持有的尚未到期兑现的商业汇票,是企业拥有的将来向付款人收回款项的一种权利。商业汇票按承兑人的不同可以分为承兑人为付款单位的商业承兑汇票和承兑人为银行的银行承兑汇票。商业汇票按计息的不同又可以分为带息票据和不带息票据。带息票据到期可以按票据的面值和规定的利率收取本金和利息,不带息票据到期按面值收取款项。商业汇票可以背书转让,也可以贴现,具有流通性。

企业作为债权人收到商业汇票时,应设置"应收票据"账户核算,可按债务人名称进行明细核算。

(1) 收到应收票据时。

```
借:应收票据
    贷:应收账款
        主营业务收入等
```

(2) 票据到期收回时。

```
借:银行存款
    贷:应收票据
```

(3) 商业承兑汇票到期,承兑人违约拒付或无力偿还票款时。

借：应收账款
　　贷：应收票据

【例8-12】SD公司2×21年2月1日销售产品一批，售价40 000元，应收取的增值税税额为5 200元，增值税税率为13%，产品已经发出，货款尚未收到。2月5日，企业收到买方承兑的商业承兑汇票一张，付款期为3个月，面值为45 200元。5月5日，接到开户行通知，已经收到款项。

(1) 2月1日，确认收入时。

借：应收账款　　　　　　　　　　　　　　45 200
　　贷：主营业务收入　　　　　　　　　　　40 000
　　　　应交税费——应交增值税(销项税额)　5 200

(2) 2月5日，收到汇票时。

借：应收票据　　　　　　　　　　　　　　45 200
　　贷：应收账款　　　　　　　　　　　　　45 200

(3) 5月5日，收到货款时。

借：银行存款　　　　　　　　　　　　　　45 200
　　贷：应收票据　　　　　　　　　　　　　45 200

(4) 如果5月5日，接到开户行通知，该客户无力偿付货款时。

借：应收账款　　　　　　　　　　　　　　45 200
　　贷：应收票据　　　　　　　　　　　　　45 200

(三)预付账款

1. 预付账款的性质

预付账款与应收账款不同，预付账款是企业预付给供货方购货款项而产生的债权。

2. 设置账户

对于预付账款，企业可以单独设置"预付账款"账户核算。预付账款业务不多的企业，也可以通过"应付账款"账户核算。"预付账款"账户可按债务人名称进行明细核算。

3. 主要账务处理

预付账款的账务处理主要包括预付货款、收到货物以及补付货款等业务事项。采用预付货款的方式购买原材料，应在预付材料货款时，按照实际预付的金额，借记"预付账款"账户，贷记"银行存款"账户；交易完成后，冲回"预付账款"账户，预付账款不足的，补足款项，会计处理为借记"预付账款"账户，贷记"银行存款"账户。

【例8-13】SD公司2×21年为增值税一般纳税人，2月10日，向B企业预付材料款8 000 000元；2月20日，收到B企业的材料，并验收入库。B企业开具的增值税专用发票上注明材料款为10 000 000元，增值税为1 300 000元，故补足B企业款项3 300 000元。其会计处理如下。

(1) 2月10日，预付材料款8 000 000元时。

借：预付账款——B企业　　　　　　　　　　8 000 000
　　贷：银行存款　　　　　　　　　　　　　8 000 000

(2) 2月20日，材料入库，并补足货款时。

借：原材料 10 000 000
　　应交税费——应交增值税(进项税额) 1 300 000
　　贷：预付账款——B企业 11 300 000
借：预付账款——B企业 3 300 000
　　贷：银行存款 3 300 000

(四)其他应收款

1. 其他应收款的核算范围

其他应收款是指企业除了产品销售、劳务供应等款项以外的其他业务引起的结算款项，如应收的各种赔款、罚金，出租包装物的租金，应向职工收取的各种垫付款项，存出保证金等。企业应设置"其他应收款"账户进行核算，并按应收内容应收对象设置明细账，进行明细分类核算。

其主要内容包括以下几方面。

(1) 应收的各种赔款、罚款。例如，因职工失职给企业造成一定损失而应向该职工收取的赔款，或因企业财产等遭受意外损失而应向有关保险公司收取的赔款等。

(2) 应收的出租包装物租金。

(3) 存出保证金，如租入包装物支付的押金。

(4) 备用金(向企业各职能科室、车间等拨付的备用金)。

(5) 应向职工收取的各种垫付的款项，如为职工垫付的水电费及应由职工负担的医药费、房租费等。

(6) 其他各种应收、暂付款项。

2. 其他应收款的会计处理

企业发生其他应收款时，借记"其他应收款"账户，贷记"库存现金""银行存款""营业外收入"等账户；收回备用金以外的其他应收款时，借记"库存现金""银行存款"等账户，贷记"其他应收款"账户。

【例8-14】SD公司租入包装物一批，以银行存款向出租方支付押金4 000元。有关账务处理如下。

借：其他应收款——存出保证金 4 000
　　贷：银行存款 4 000

租入包装物按期如数退回，收到出租方退还的押金4 000元并存入银行时，有关账务处理如下。

借：银行存款 4 000
　　贷：其他应收款——存出保证金 4 000

三、交易性金融资产

(一)交易性金融资产的定义

交易性金融资产项目在资产负债表中的流动性仅次于货币资金项目。交易性金融资产是企业分类以公允价值计量且其变动计入当期损益的金融资产。例如，股票(不考虑特殊指定的情况)、基金、可转换债券等企业常见的投资产品，是资产负债表中资产的主要组成项目。

(二)交易性金融资产的账户设置

为了反映和监督交易性金融资产的取得、取得现金股利或利息、出售等情况，企业应当设置"交易性金融资产""公允价值变动损益"和"投资收益"等科目进行核算。

"交易性金融资产"科目核算企业分类为以公允价值计量且其变动计入当期损益的金融资产，借方登记交易性金融资产的取得成本，资产负债表日其公允价值高于账面余额的差额，以及出售交易性金融资产时结转公允价值低于账面余额的变动金额；贷方登记资产负债表日其公允价值低于账面余额的差额，以及出售金融资产时结转的成本和公允价值高于账面余额的变动金额；期末借方余额反映企业交易性金融资产的类别和品种，分别设置"成本""公允价值变动"等明细科目进行核算。

"公允价值变动损益"科目核算企业交易性金融资产等的公允价值变动而形成的应计入当期损益的利得和损失。借方登记资产负债表日企业持有的交易性金融资产等的公允价值低于账面余额的差额；贷方登记资产负债表日企业持有的交易性金融资产等的公允价值高于账面余额的差额；期末将本科目的余额转入"本年利润"科目，结转后本科目应当无余额。

"投资收益"科目核算企业持有交易性金融资产等的期间内取得的投资收益以及出售交易性金融资产等实现的投资收益或投资损失。借方登记企业取得交易性金融资产时支付的交易费用、出售交易性金融资产等发生的投资损失；贷方登记企业持有交易性金融资产等的期间内取得的投资收益以及出售交易性金融资产等实现的投资收益；期末将本科目的余额转入"本年利润"科目，结转后本科目应当无余额。

(三)交易性金融资产的核算

交易性金融资产的主要账务处理如下。

(1) 企业取得交易性金融资产，按其公允价值，借记"交易性金融资产——成本"账户；按发生的交易费用，借记"投资收益"账户；按实际支付的金额，贷记"银行存款""其他货币资金"等账户。

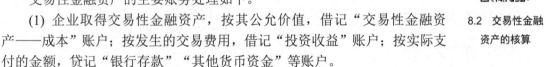

8.2 交易性金融资产的核算

(2) 交易性金融资产持有期间被投资单位宣告发放的现金股利或在资产负债表日按分期付息、一次还本债券投资的票面利率计算的利息，借记"应收股利"或"应收利息"账户，贷记"投资收益"账户。

(3) 资产负债表日，交易性金融资产的公允价值高于其账面余额的差额，借记"交易性金融资产——公允价值变动"账户，贷记"公允价值变动损益"账户；公允价值低于其账面余额的差额，做相反的会计分录。

(4) 出售交易性金融资产时，应按实际收到的金额，借记"银行存款"等账户；按该金融资产的账面余额，借记或贷记"交易性金融资产"有关明细账户；按其差额，贷记或借记"投资收益"账户；同时，将原计入该金融资产的公允价值变动转出，借记或贷记"公允价值变动损益"账户，贷记或借记"投资收益"账户。

【例8-15】2020年5月11日，南湖电器股份有限公司从上海证券交易所购入武汉西湖股份有限公司股票100 000股，该笔股票投资在购买日的公允价值为1 000 000元，另支付相关交易费用 2 500 元。

购买武汉西湖股份有限股份公司股票时，会计处理如下。

  借：交易性金融资产——成本   1 000 000
    贷：其他货币资金——存出投资款   1 000 000

支付相关交易费用时，会计处理如下。

  借：投资收益   2 500
    贷：其他货币资金——存出投资款   2 500

假定 2021 年 3 月 20 日，武汉西湖股份有限公司宣告发放 2020 年现金股利，南湖电器股份有限公司按其持有上市公司股份计算确定应分得现金股利为 800 000 元。假定不考虑相关税费。会计处理如下。

  借：应收股利   800 000
    贷：投资收益   800 000

假定 2021 年 6 月 30 日，南湖电器股份有限公司持有武汉西湖股份有限公司股票的公允价值为 2 000 000 元。会计处理如下。

  借：交易性金融资产——公允价值变动   1 000 000
    贷：公允价值变动损益   1 000 000

假定 2021 年 7 月 30 日，南湖电器股份有限公司出售了所持有的全部武汉西湖股份有限公司股票，价款 2 700 000 元。不考虑相关税费和其他因素。会计处理如下。

  借：其他货币资金——存出投资款   2 700 000
    贷：交易性金融资产——成本   1 000 000
         ——公允价值变动   1 000 000
    投资收益   700 000

四、存货

(一)存货的定义和分类

1. 存货的定义

存货是指企业在日常活动中持有以备出售的产品或商品、处在生产过程中的在产品、在生产过程或提供劳务过程中耗用的材料或物料等，包括各类原材料、在产品、半成品、产成品、商品以及包装物、低值易耗品、委托代销商品等。存货通常在一年或超过一年的一个经营周期内出售或耗用，是资产负债表中流动资产的主要组成项目。

2. 存货的分类

处在不同行业中的企业其存货内容也会有所不同。在零售商、批发商等商品流通企业中，存货主要是从制造业购买准备加价后再次销售的商品。在以提供劳务为主的服务性企业中，存货相对较少，多为办公用品、物料耗材等。而在制造业企业中，由于其业务流程通常包括购买原材料，对原材料进行生产加工，然后形成产品对外销售，因此存货种类繁多，具体包括各类原材料、在产品、半成品、产成品、包装物、低值易耗品和委托代销商品等。在制造业企业中，存货往往在流动资产中占有较大的比重。

原材料是指企业在生产过程中经过加工改变其形态或性质并构成产品主要实体的各种

原料、主要材料和外购半成品，以及不构成产品实体但有助于产品形成的辅助材料。原材料具体包括原料及主要材料、辅助材料、外购半成品、外购件修理用备件、备品备件、包装材料、燃料等。

在产品是指制造企业正在制造，但尚未完工的生产物或者已经制造完成但尚未验收入库的产品。

半成品是指制造企业经过一定生产过程，并已检验合格交付半成品仓库，但尚未制造完工，仍需进一步加工的中间产品。

产成品是指制造企业已经完成全部的加工过程，并经检验合格验收入库，可以对外销售的产品。

包装物是指企业为包装产品而储备的，以及在销售中周转使用的各种包装物品，如箱、桶、瓶、袋等，但不包括包装用的纸、绳等。

低值易耗品是指使用年限在一年以内，不作为固定资产管理的各种用具、物品，如管理用具、玻璃器皿，以及替换设备、劳动保护用品等，其特点是单位价值低或者容易发生损耗，在使用过程中基本保持其原有的实物形态。

委托代销商品是企业委托其他单位代为销售的商品。

(二)存货的计价

企业在取得存货时，应当按照历史成本原则计量，即按照企业取得存货所发生过的实际成本入账。不同的方式和途径取得的存货，其成本的构成内容也不同。一般来说，存货成本包括采购成本、加工成本和其他成本等。采

8.3 存货的计价

购成本是指在存货采购过程中形成的成本，包括购买价款、相关税费、运输费、装卸费、保险费以及其他可归属于存货采购成本的费用。加工成本是指在存货的加工过程中发生的追加费用，包括直接人工以及按照一定方法分配的制造费用。其他成本是指除采购成本、加工成本以外的，使存货达到目前场所和状态所发生的其他支出。只有正确区分计入存货的费用和计入当期损益的费用，才能正确反映企业的财务状况和当期费用，从而正确地在资产负债表和利润表中列示。

1. 购入存货的计价方法

购入存货的实际成本包括从采购到存货入库前所发生的全部必要支出，主要构成项目为：①购买价款，指企业购入的材料或商品的发票账单上列明的价款，但不包括按照规定可以抵扣的增值税进项税额。②相关税费，指企业购买存货发生的进口关税、消费税、资源税和不能抵扣的增值税进项税额，以及相应的教育费附加等应计入存货采购成本的税费。③运杂费，指运输费、装卸费、包装费、保险费和仓储费等。④其他可归属于存货采购成本的费用，是指除上述各项外的可归属于存货采购的费用。如在存货运输途中的合理损耗、入库前的挑选整理费用等。运输途中的合理损耗是指商品在运输过程中因商品性质、自然条件以及技术设备等因素所发生的自然的或不可避免的损耗。例如，煤炭在运输过程中的自然散落、易挥发液体在运输过程中的自然挥发等。入库前的挑选整理费用是指购入的存货在入库前需要挑选整理而发生的费用，包括挑选过程中所发生的工资、费用支出和必要的损耗，但要扣除可回收残次品的价值。

以上各项费用若能由某种存货负担，可以直接计入该种存货的采购成本，不能分清的应

采用一定的方法分配计入各种存货的采购成本。分配方法应当简便、合理，所采用的分配标准应能够表明各种材料对该采购费用的合理分担关系，通常采用重量、体积、件数、价值等作为分配标准。通过计算分配率，据以计算每种材料应分配的采购费用。其分配方法如下。

$$采购费用分配率=\frac{实际发生的采购费用}{各种材料分配标准之和(总重量、总体积、总价等)}$$

某材料应分配的采购费用＝该材料的分配标准×采购费用分配率

【例8-16】 现以SD公司2×21年12月份的有关资料为例，说明材料采购成本的计算方法。

(1) 购入如表8-2所示的材料，用银行存款支付价款11 000元和发票上标明的增值税额1 430元。

表8-2 SD公司购入材料明细

品　种	体积/立方米	重量/千克	买价/元
甲材料	100	1 000	3 000
乙材料	200	4 000	8 000

(2) 以银行存款支付甲、乙材料的运杂费2 700元，按材料的重量和体积乘积的比例分配该项采购费用。

根据上述资料，即可编制材料采购费用分配表，如表8-3所示。

表8-3 材料采购费用分配表

材料品种	分配标准(重量与体积之积)	分配率	运杂费分配额/元
甲材料	100 000	0.003	300
乙材料	800 000	0.003	2 400
合　计	900 000		2 700

通过材料采购费用分配表的编制，即可求得各种材料的采购成本。甲、乙两种材料的采购成本如表8-4所示。

表8-4 材料采购成本计算表　　　　　　　　　　　　　　　　　　　　　　单位：元

材料品种	买　价	运杂费	总成本	单位成本
甲材料	3 000	300	3 300	3.3
乙材料	8 000	2 400	10 400	2.6
合　计	11 000	2 700	13 700	

需要注意的是，在实务工作中，为了简化会计核算，对于某些原本应计入材料采购成本的采购费用，如采购人员的差旅费、市内零星运杂费以及某些专设采购机构经费等，不计入材料采购成本，而计入了"管理费用"等期间费用科目。

2. 发出存货的计价方法

企业的存货不仅类别品种繁多，而且每次取得时，由于采购的地点、时间或者生产的时间、条件不同，相同存货的单位成本都可能不一样。为了确定发出存货和期末存货的成本，会计处理上可以事先对存货的成本流转做一个合乎逻辑的假设，并以此为依据，选择本期发出存货成本和期末结存存货成本的分配方法。在实际工作中，企业应当根据存货实物的流转方式、企业管理的要求、存货的性质等实际情况，合理地确定发出存货成本的计算方法，从而确定当期发出的存货的成本。企业发出的存货可以按照实际成本法核算，也可以按照计划成本法核算。对于性质和用途相同的存货，应当采用相同的成本计算方法确定发出存货的成本。

发出存货成本的计价方法，可采用个别计价法、先进先出法、月末一次加权平均法、移动加权平均法和后进先出法等。

1) 个别计价法

个别计价法也叫个别认定法、具体辨认法、分批认定法。采用这一方法是假设存货具体项目的实物流转与成本流转相一致，按照各种存货逐一辨认各批发出存货和期末存货所属的购进批次或生产批次，分别按其购入或生产时所确定的单位成本，计算各批发出存货和期末存货成本。个别计价法的成本计算准确，符合实际情况，但在存货收发频繁情况下，其发出成本分辨的工作量较大。这种计价方法要求企业保存详细的存货记录，存货保管时应以明确的标志区别同一品种、不同批次的存货。因此这种方法通常适用于单位价值比较高的存货，以及为特定项目专门购入或制造的存货等。

2) 先进先出法

先进先出法假设先购入的存货先发出，即用于消耗或销售。企业发出存货时按照购入存货的先后次序进行，先购入的存货先发出，并按照先购入存货的单位成本作为发出存货的单位成本，进而确定期末存货的成本。采用先进先出法可以随时结转存货发出成本，但如果存货收发业务较多，且存货单价不稳定时，其工作量较大，在物价持续上升时，期末存货成本偏高，而发出成本偏低，会高估企业当期利润和库存存货价值。反之，在物价持续下跌时，则会低估企业存货价值和当期利润。

3) 月末一次加权平均法

月末一次加权平均法是以月初存货数量和本月增加的全部数量作为权数，去除月初结存存货成本和本月增加存货成本之和，计算出存货的加权平均单位成本，以此为基础，计算本月发出存货的成本和月末结存存货的成本的一种方法。其计算公式如下。

$$存货加权平均单位成本 = \frac{月初结存存货实际成本 + 本月收入存货实际成本}{月初结存存货数量 + 本月收入存货数量}$$

$$本月发出存货成本 = 本月发出存货数量 \times 存货加权平均单位成本$$

$$月末库存存货成本 = 月末库存存货数量 \times 存货加权平均单位成本$$

采用月末一次加权平均法时，平时不计算发出存货的成本，只在月末计算一次加权平均单价，简化了存货的日常核算。但由于平时无法从账上提供发出和结存存货的单价和金额，影响了成本计算的及时性，不利于存货成本的日常管理与控制。

4) 移动加权平均法

移动加权平均法是指以每次进货的成本，加上原有结存存货的成本的合计额，除以每次进货数量，加上原有结存存货的数量的合计数，计算加权平均单位成本，作为在下次进货前计算各次发出存货成本依据的一种方法。只要每次新增存货的单位成本与结存存货的单位成本不一致，就要重新计算一次加权平均单位成本，作为后续发出存货和期末存货的计价标准。其计算公式如下。

$$移动加权平均单位成本 = \frac{上次结存存货成本 + 本次入库存货成本}{上次结存存货数量 + 本次入库存货数量}$$

本次发出存货成本=本次发出存货数量×移动加权平均单位成本

本次发出后结存存货成本=本次发出后结存存货数量×移动加权平均单位成本

采用移动加权平均法，有利于及时更新存货账户信息，便于加强管理。计算的平均单位成本以及发出和结存的存货成本比较客观，但由于每次收货都要计算一次平均单位成本，计算工作量较大，对收发货较频繁的企业不太适用。

5) 后进先出法

后进先出法与先进先出法的成本流转正好相反，它假设最近增加(后进)的存货最先发出，构成当前的销售成本或者发出成本。采用后进先出法，本期销售(发出)成本是按照最近增加的存货的单位成本确定的，其成本接近市价，由此得到的利润也接近实际。同时如果取得存货的单位成本不断上升时，期末存货成本以较低的成本计算，一定程度上也体现了会计处理的谨慎原则。

我国《企业会计准则第 1 号——存货》规定，企业应当采用先进先出法、加权平均法或者个别计价法确定发出存货的实际成本，不允许采用后进先出法确定发出存货的实际成本。这一规定和国际会计准则相同。

3. 期末存货的计量

我国《企业会计准则第 1 号——存货》规定，存货应当按照取得成本进行初始计量，发出或销售时按照存货计价方法确定存货减少的成本，同时求得结存存货的成本。以后如果发生减值，期末应当按照规定计提相应的减值准备。因此，由于存货价格在持有过程中可能发生变化，在资产负债表日，存货的价值不一定就是账面结存存货的成本。

期末存货计价采用成本与可变现净值孰低法。如果存货的成本低于可变现净值，存货按照成本计价；如果可变现净值低于成本，存货按照可变现净值计价。其中，成本是指存货的历史成本，也就是按照个别计价法、先进先出法、加权平均法等方法确定的期末存货成本。可变现净值是指企业在正常生产经营活动中，以存货的估计售价减去至完工时估计将要发生的成本、销售费用以及相关税费后的金额。确定存货的可变现净值时，首先应当参照当期能够取得的最可靠的证据，如果存在存货的市场销售价格或相同、类似的存货的市场销售价格等，则以销售价格为依据进行估计。同时也要考虑持有存货的目的，如持有存货是为了按照合同销售，通常以合同价作为计价基础。

技术进步、产品更新等各种因素都可能会导致存货的可变现净值下跌，甚至会低于账面成本。这部分跌价损失应当从存货的价值中扣除，计入当期损益，若仍然按照历史成本计价，则会出现虚增资产的现象，从而影响企业经营成果和财务状况的真实性。

(三)存货的会计处理

存货的种类繁多，其会计处理也不尽相同，存货核算是企业会计核算的一项重要内容，此处选择存货中较为常见的原材料和库存商品，对存货的会计处理作简要介绍。

8.4 存货的会计核算

1. 原材料

原材料的日常核算需要设置"原材料"和"在途物资"/"材料采购"科目。"原材料"账户是资产类账户，用于核算企业各种库存材料的收入、发出、结存情况。其借方反映已验收入库材料的成本(如果是外购,则为采购成本;如果是自制,则为自制成本);贷方反映发出材料的成本;余额在借方,表示期末库存材料的成本。

"在途物资"/"材料采购"账户是资产类账户,采用实际成本法的企业使用"在途物资"账户,而采用计划成本法的企业使用"材料采购"账户。本书仅介绍"在途物资"账户的使用。"在途物资"科目核算企业采用实际成本或进价进行日常核算的,货款已付尚未验收入库的各种材料的采购成本。其借方登记购入材料的买价和采购费用;贷方登记已验收入库材料的实际成本(转入"原材料"账户);余额通常在借方,反映尚未验收入库的材料的实际成本,即在途材料的实际成本。

由于支付方式不同,原材料入库时间与付款时间可能一致,也可能不一致,在会计处理上也有所不同。

1) 购入材料的会计处理

(1) 货款已经支付同时材料已验收入库的情况下,借记"原材料""应交税费——应交增值税(进项税额)"等科目,贷记"银行存款"等科目。

【例8-17】SD公司购入材料一批,取得的增值税专用发票上注明价款为100万元,增值税税额为13万元。款项已用转账支票支付,材料验收入库。公司采用实际成本进行材料日常核算,其会计处理如下。

借:原材料　　　　　　　　　　　　　　　　　1 000 000
　　应交税费——应交增值税(进项税额)　　　　130 000
　　贷:银行存款　　　　　　　　　　　　　　1 130 000

(2) 货款已经支付,材料尚未到达或尚未验收入库的情况下,借记"在途物资""应交税费——应交增值税(进项税额)"等科目,贷记"银行存款"等科目。

【例8-18】SD公司购入材料一批,取得的增值税专用发票上注明价款为100万元,增值税税额为13万元。款项已用转账支票支付,公司采用实际成本进行材料日常核算。

收到相关采购发票但货物尚未收到时,其会计处理如下。

借:在途物资　　　　　　　　　　　　　　　　1 000 000
　　应交税费——应交增值税(进项税额)　　　　130 000
　　贷:银行存款　　　　　　　　　　　　　　1 130 000

材料验收入库时,会计处理如下。

借:原材料　　　　　　　　　　　　　　　　　1 000 000
　　贷:在途物资　　　　　　　　　　　　　　1 000 000

(3) 货款尚未支付或已开出承兑商业汇票,材料已验收入库的情况下,借记"原材料""应交税费——应交增值税(进项税额)"等科目,贷记"应付账款""应付票据"等科目。

【例8-19】SD公司购入材料一批,取得的增值税专用发票上注明价款为100万元,增值税税额为13万元。款项尚未支付,公司采用实际成本进行材料日常核算。

材料验收入库时,其会计处理如下。

借:原材料　　　　　　　　　　　　　　　　　1 000 000
　　应交税费——应交增值税(进项税额)　　　　130 000
　　贷:应付账款　　　　　　　　　　　　　　1 130 000

如果材料已先行收到并验收入库,但没有收到发票账单,因此无法确定实际成本,则期末先按照暂估价值入账。在下月初再用红字冲销原本暂估入账的业务,在收到发票账单后再按照实际金额记账。

上例中,如果企业在没有收到发票、无法确认货物价值的情况下收到货物,则在月末首先参照历史记录等暂估价格 800 000 元,业务处理如下。

借：原材料　　　　　　　　　　　　　　　　　　　　　800 000
　　贷：应付账款——暂估应付账款　　　　　　　　　　　800 000

下月初用红字冲销上月末暂估入账金额,会计处理如下。

借：原材料　　　　　　　　　　　　　　　　　　　　　800 000
　　贷：应付账款——暂估应付账款　　　　　　　　　　　800 000

上述材料等到收到发票账单后,再根据增值税专用发票上注明的价款和企业的付款方式等,进行对应的会计处理。

(4) 货款已经预付但材料尚未验收入库的情况下,首先根据预付款情况,借记"预付账款"科目,贷记"银行存款"科目,同时根据采购单据内容,借记"在途物资""应交税费——应交增值税(进项税额)"等科目,贷记"预付账款"等科目。

在进行货款结算时,如果预先支付的材料款小于实际材料款,需要补差价,借记"预付账款"科目,贷记"银行存款"科目；如果预先支付材料款大于实际材料款,需要退回差价,则借记"银行存款"科目,贷记"预付账款"科目。

【例 8-20】SD 公司向希德公司采购材料一批,根据购销合同规定,向希德公司预付价款的 50%,共计 50 万元,已通过汇兑方式汇出。SD 公司采用实际成本进行材料日常核算。

预付货款时会计处理如下。

借：预付账款　　　　　　　　　　　　　　　　　　　　500 000
　　贷：银行存款　　　　　　　　　　　　　　　　　　　500 000

所购材料取得的增值税专用发票上注明价款为 100 万元,增值税税额为 13 万元,所欠款项以银行存款支付。会计处理如下。

借：原材料　　　　　　　　　　　　　　　　　　　　1 000 000
　　应交税费——应交增值税(进项税额)　　　　　　　　130 000
　　贷：预付账款　　　　　　　　　　　　　　　　　　1 130 000
借：预付账款　　　　　　　　　　　　　　　　　　　　630 000
　　贷：银行存款　　　　　　　　　　　　　　　　　　　630 000

【补充阅读】

增值税的设计原理

存货在购入过程中,不可避免地涉及增值税的问题。在此对我国增值税征缴的原理进行简单介绍,以便更好地理解会计业务处理中的增值税相关科目。

8.5　虚开增值税专用发票行为分析

企业在买卖货物时会在增值税专用发票上注明货物的金额和相应的税额,交易的总价款就是价税合计。发票上注明的税额对于卖方来讲就是销项税额,而对于买方来讲就是进项税额。按照增值税的设计原理，企业向税务机关缴纳的增值税额，在理论上是根据其经济业务所实现的增值额乘以适用的税率计算而来的。举例来说，企业购入价格为 100 元的材料，按照当前 13%的增值税率计算，应支付 113 元，其中包含 13 元(100×13%)增值税进项税额；企业将 100 元的材料加工成售价为 200 元商品，出售后可以收到 226 元，其中包含 26 元(200×13%)增值税销项税额。在这个行为中，材料加工成商品并出售后，实现增值 100 元(200-100)，企业应交的增值税为 13 元(26 元销项税额-13 元进项税额)，即为增值额的 13%。

但在实际中，购销之间可能存在较长的时间差，不可能逐笔针对每一笔业务计算其增值额，于是就发展出了分别汇总计算进项税额和销项税额，再根据两者之差来确定增值税应纳税额的办法。

增值税的征税对象是在中华人民共和国境内销售货物、服务、无形资产、不动产，提供加工、修理修配劳务，进口货物的单位和个人。货物是指有形动产，包括电力、热力、气体在内。

增值税纳税人分为一般纳税人和小规模纳税人，年应征增值税销售额，超过财政部和国家税务总局规定标准的纳税人为一般纳税人，未超过规定标准的纳税人为小规模纳税人。相应地，增值税的计税方法包括一般计税方法和简易计税方法。一般纳税人用一般计税方法计税，小规模纳税人适用简易计税方法计税。一般计税方法的应纳税额是指当期销项税额抵扣当期进项税额后的余额。当期销项税额小于当期进项税额不足抵扣时，其不足部分可以结转下期继续抵扣。简易计税方法的应纳税额是指按照销售额和增值税征收率计算的增值税额，不得抵扣进项税额，增值税征收率为 3%，而财政部和国家税务总局另有规定的除外。其应纳税额计算公式为：应纳税额=销售额×征收率。

2) 发出材料的会计处理

企业生产经营领用材料，根据材料领用的部门不同，分别借记"生产成本""制造费用""管理费用"等科目，贷记"原材料"科目。

【例 8-21】SD 公司为生产甲产品领用原材料 2 000 千克，每千克 80 元，总价为 160 000元；同时车间一般性消耗领用原材料 20 000 元，管理部门领用原材料 10 000 元。其会计处理如下：

```
借：生产成本——甲产品              160 000
    制造费用                       20 000
    管理费用                       10 000
  贷：原材料                                190 000
```

2. 库存商品

库存商品是指企业已完成全部生产过程并已验收入库，合乎标准规格和技术条件，可以按照合同规定的条件送交订货单位，或可以作为商品对外销售的产品以及外购或委托加工完成验收入库用于销售的各种商品。企业应设置"库存商品"科目，核算库存商品的增减变化及其结存情况。"库存商品"科目借方登记完工转入的产成品成本或外购并验收入库的商品成本；贷方登记发出的产成品成本或商品成本；期末余额在借方，反映企业库存产成品或商品成本。

【例 8-22】SD 公司本月生产完工的甲产品 10 000 件，乙产品 8 000 件，产品已验收入库，甲产品的生产成本为 5 000 000 元，乙产品的生产成本为 4 800 000 元，会计处理如下。

  借：库存商品——甲产品   5 000 000
     ——乙产品   4 800 000
   贷：生产成本——甲产品   5 000 000
      ——乙产品   4 800 000

(四) 存货清查的会计处理

  企业在进行存货的日常收发及保管过程中，由于收发错误、保管不善或非常事项等原因，可能会造成存货实际结存数量与账面结存数量不符。为了确保账实相符，企业应定期或不定期进行存货盘点。发生存货盘盈(实际结存数量大于期末账面结存数量)、盘亏(实际结存数量小于账面结存数量)及毁损等非常性事项造成的存货损失时，应及时查明原因并进行会计处理，以保证账实一致。

  企业应设置"待处理财产损溢"科目核算在清查财产过程中查明的各种财产盘盈、盘亏和毁损的价值。该科目借方登记清查时存货的盘亏数、毁损数及报经批准后存货盘盈的转销数；贷方登记清查时存货盘盈数及报经批准后存货盘亏的转销数；期末该科目应无余额。

  企业在发生存货盘盈时，借记"原材料""库存商品"等科目，贷记"待处理财产损溢"科目，查明原因、按管理权限报经批准后，借记"待处理财产损溢"科目，贷记"管理费用"科目。

  企业发生存货盘亏毁损时，借记"待处理财产损溢"科目，贷记"原材料""库存商品"等科目。查明原因、按管理权限报经批准后，借记"管理费用""其他应收款""营业外支出"等科目，贷记"待处理财产损溢"科目。如果存货采用计划成本核算的，还应当同时结转材料成本差异，涉及增值税的还应进行相应的税务处理。

  【例 8-23】SD 公司在财产清查中盘盈材料 300 千克，每千克成本为 50 元，经查属于材料收发计量方面的错误。批准处理前，会计处理如下。

  借：原材料   15 000
   贷：待处理财产损溢   15 000
  批准处理后，会计处理如下。
  借：待处理财产损溢   15 000
   贷：管理费用   15 000

  【例 8-24】SD 公司在财产清查中盘亏材料 20 千克，实际单位成本为 500 元，相关增值税专用发票上注明的增值税税额为 13 000 元。经查为管理不善所致。批准处理前，会计处理如下。

  借：待处理财产损溢   113 000
   贷：原材料   100 000
    应交税费——应交增值税(进项税额转出)   13 000
  批准处理后，会计处理如下。
  借：管理费用   113 000
   贷：待处理财产损溢   113 000

第三节 非流动资产

一、长期股权投资

(一)长期股权投资的定义

长期股权投资是指企业取得并意图长期持有被投资单位股份的投资，包括股票投资和其他股权投资。

股票投资是指企业以购买股票的方式对被投资企业所进行的投资。企业购买并持有某股份有限公司的股票后，即成为该公司的股东，投资企业有权参与被投资企业的经营管理，并按持有股份的比例分享利润、分担亏损；如果股份有限公司破产，投资企业(股东)不但分不到红利，而且有可能失去入股的本金。因此，与债券投资相比，股票投资具有投资风险较大、责任权力较大、获取经济利益较多等特点。

其他股权投资是指除股票投资以外具有股权性质的投资，一般是企业直接将现金、实物或无形资产等投入其他企业，取得股权的一种投资。其他股权投资是一种直接投资，一经投出，除期满或由于特殊原因企业解散外，一般不得抽回投资；投资企业根据被投资企业经营的好坏，按其投资比例分享利润或分担亏损。

(二)长期股权投资的主要内容

长期股权投资主要包括以下内容：①投资企业对被投资单位实施控制的权益性投资，即对子公司投资；②投资企业与其他合营方一同对被投资企业实施共同控制的权益性投资，即对合营企业投资；③投资企业对被投资企业具有重大影响的权益性投资，即对联营企业投资；④投资企业持有的对被投资单位不具有控制、共同控制或重大影响的权益性投资，一般作为金融资产中的"其他权益工具投资"处理。

(三)长期股权投资的核算

1. 长期股权投资账户的设置

企业设置"长期股权投资"账户对长期股权投资事项进行核算，并可按被投资单位名称进行明细核算。借方登记长期股权投资取得时的成本；贷方登记收回长期股权投资的价值；期末借方余额反映企业持有的长期股权投资的价值。

2. 长期股权投资的会计核算

1) 取得长期股权投资

企业所发生的与取得长期股权投资直接相关的费用、税金及其他必要支出应计入长期股权投资的初始投资成本，借记"长期股权投资"科目，贷记"银行存款"等科目。

此外，企业取得长期股权投资，实际支付的价款或对价中包含的已宣告但尚未发放的现金股利或利润，作为应收项目处理，不构成长期股权投资的成本，借记"应收股利"科目，贷记"银行存款"科目。

【例 8-25】SD 公司 2×20 年 1 月 10 日购买胜祥公司发行的股票 50 000 股准备长期持

有，从而拥有 B 公司 55%的股份。每股买入价为 6 元，另外，企业购买该股票时发生有关税费 5 000 元，款项已由银行存款支付。甲公司应作如下会计处理。

借：长期股权投资　　　　　　　　　　　　　　305 000
　　贷：银行存款　　　　　　　　　　　　　　　　305 000

2) 长期股权投资的处置

处置长期股权投资时，按实际收到的金额，借记"银行存款"等科目，并应同时结转已计提的长期股权投资减值准备，借记"长期股权投资减值准备"科目；按该项长期股权投资的账面余额，贷记"长期股权投资"科目；按尚未领取的现金股利或利润，贷记"应收股利"科目；按其差额，贷记或借记"投资收益"科目。

【例 8-26】SD 公司将其作为长期股权投资持有的光彪公司 15 000 股股票，以每股 10 元的价格卖出，支付相关税费 1 000 元，取得价款 149 000 元。款项已由银行收妥。该长期股权投资的账面价值为 140 000 元，假定没有计提减值准备。SD 公司应作如下会计处理。

借：银行存款　　　　　　　　　　　　　　　　149 000
　　贷：长期股权投资　　　　　　　　　　　　　　140 000
　　　　投资收益　　　　　　　　　　　　　　　　　9 000

二、固定资产

(一)固定资产的概念

1. 固定资产的定义和特征

根据《企业会计准则——固定资产》的定义，固定资产是指同时满足下列特征的有形资产：①为生产商品、提供劳务、出租或经营管理而持有的；②使用寿命超过一个会计年度。

在生产经营过程中，有些固定资产是直接参加劳动过程，起着把劳动者的劳动传导到劳动对象上去的作用，如机器设备、生产工具等；有些固定资产起着辅助生产的作用，如动力设备、传导设备、运输工具等；还有一些固定资产是作为进行生产经营的必要条件而存在的，如房屋、建筑物等。尽管固定资产在生产经营过程中所起的作用各不相同，但一般来说，都具备如下主要特征。

(1) 固定资产是有形资产。固定资产有一个实体存在，这与企业的无形资产不同。

(2) 可供企业长期使用。固定资产属于长期耐用资产，使用期限至少超过 1 年，其实物形态不会因为使用而发生变化或显著损耗，这也有别于存货。

(3) 不以投资和销售为目的而取得。企业取得各种固定资产的目的是为了服务于企业自身的生产经营活动，而不是为了出售，或将其对企业外部进行投资。

(4) 具有可衡量的未来经济利益。企业取得固定资产的目的是为了获取未来的经济利益，虽然这种经济利益是来自于对固定资产服务潜能的利用，而不是来自可直接转换为多少数量的货币，但它必须能在未来为企业带来可以用货币加以合理计量的经济利益。无此特点的则不能列为固定资产。

2. 固定资产的分类

企业的固定资产根据不同的管理需要和核算要求以及不同的分类标准，可以进行不同的分类，主要有以下几种分类方法。

1) 按固定资产的经济用途分类

按固定资产的经济用途分类，固定资产可分为生产经营用固定资产和非生产经营用固定资产。生产经营用固定资产是指直接服务于企业生产、经营过程的各种固定资产，如生产经营用的房屋、建筑物、机器、设备、器具、工具等。非生产经营用固定资产是指不直接服务于生产、经营过程的各种固定资产，如职工宿舍、食堂、浴室、理发室等使用的房屋、设备和其他固定资产等。

2) 按固定资产的使用情况分类

按固定资产的使用情况分类，固定资产可分为使用中固定资产、未使用固定资产和不需用固定资产。使用中固定资产是指正在使用中的经营性和非经营性固定资产。由于季节性经营或大修理等原因，暂时停止使用的固定资产仍属于企业使用中的固定资产，企业出租(指经营性租赁)给其他单位使用的固定资产和内部替换使用的固定资产仍属于使用中的固定资产。未使用固定资产是指已完工或已购建的尚未正式使用的新增固定资产以及因进行改建、扩建等原因暂停使用的固定资产，如企业购建的尚未正式使用的固定资产、经营任务变更停止使用的固定资产及主要的备用设备等。不需用固定资产是指本企业多余的或不适用的各种固定资产。

3) 按固定资产的所有权分类

按固定资产的所有权分类，固定资产可分为自有固定资产和租入固定资产。自有固定资产，是指企业拥有的可供企业自由地支配使用的固定资产；租入固定资产，是指企业采用租赁的方式从其他单位租入的固定资产。租入固定资产又可分为经营租入固定资产和融资租入固定资产。

4) 按固定资产的经济用途和使用情况综合分类

按固定资产的经济用途和使用情况综合分类，可把企业的固定资产分为七大类：生产经营用固定资产、非生产经营用固定资产、租出固定资产、不需用固定资产、未使用固定资产、土地、融资租入固定资产。

3. 固定资产的确认

按企业会计准则的规定，固定资产只有在同时满足以下两个条件时，才能加以确认。

(1) 该固定资产包含的经济利益很可能流入企业。这一条件要求企业必须有一定的证据对所确认固定资产未来经济利益流入企业的确定程度做出可靠的估计，只有在企业确认通过该项资产很可能获得报酬时才确认为企业的固定资产。

(2) 该固定资产的成本能够可靠地计量。这是资产确认的一个基本条件，也就是确认资产的价值量问题。

(二)固定资产的初始计量

固定资产的价值构成是指固定资产价值所包括的范围，也就是固定资产的初始成本。由于固定资产的来源渠道不同，其价值构成的具体内容也有所差异。确定取得固定资产的价值构成过程，就是固定资产的初始计量过程。

1. 购入的固定资产

企业购入的固定资产有两种形式，有的可以不经过安装直接投入使用，有的则需要经过安装才可投入使用。企业对于不需安装的固定资产,直接以购入固定资产实际支付的价款作为计价依据,借记"固定资产""应交税费"等科目,贷记"银行存款"科目。企业购入需要安装的固定资产,由于从支付价款、设备运抵企业到设备正式投入使用,尚需经过设备安装过程,并发生各种安装成本,其安装成本应先记入"在建工程""应交税费"等科目,待设备安装完成后,将设备的买价、支付的运输费连同设备安装成本,一并由"在建工程"科目转入"固定资产"科目。

【例8-27】SD公司购入一台不需要安装的设备,设备买价为60 000元,增值税税额为10 200元,支付运杂费1800元。编制的会计分录如下。

  借:固定资产   61 800
    应交税费——应交增值税(进项税额)   10 200
    贷:银行存款   72 000

【例8-28】SD公司购入一台需要安装的设备,设备买价为50 000元,增值税税额为8 500元,安装费1 500元。编制的会计分录如下。

(1) 设备运达企业,投入安装。

  借:在建工程   50 000
    应交税费——应交增值税(进项税额)   8 500
    贷:银行存款   58 500

(2) 用银行存款支付安装费1500元。

  借:在建工程   1 500
    贷:银行存款   1 500

(3) 设备安装完毕,投入使用。

  借:固定资产   51 500
    贷:在建工程   51 500

2. 自制自建的固定资产

企业自制自建的固定资产,从开始建造到完工交付使用,需要经历较长的时间。为了归集各种支出,合理确定固定资产的实际建造成本,企业应设置"在建工程"科目。该科目既用于归集企业自制自建工程所发生的支出和计算固定资产的实际成本,也用于核算企业改建、扩建固定资产的净增加值,还可用于反映设备安装工程的成本。企业为工程所购入的工程材料、物资通过"工程物资"科目核算。"在建工程"科目余额反映尚未完工或虽已完工但尚未办理竣工决算的工程实际支出。

企业自制自建的固定资产按其营建方式分为自营工程和出包工程两种。其中,自营工程的主要会计问题是要分清发生的各种支出的性质,即分清哪些支出应作为资本性支出,计入工程成本;哪些支出应作为收益性支出,计入当期损益。

企业为建造固定资产而发生的直接材料、直接人工等直接计入工程成本。而对于间接费用,通常只将专为工程项目提供的水、电等变动费用计入工程成本。

【例8-29】SD公司采用自营方式建造厂房一幢。为工程购置物资340 000元,全部用于工程建设,为工程支付工资90 000元,为工程借款而发生的资本化的利息40 000元,工程完工交付使用。编制的会计分录如下。

(1) 购入工程物资。

借：工程物资　　　　　　　　　　　　　　　340 000
　　贷：银行存款　　　　　　　　　　　　　　340 000
(2) 领用工程物资。
借：在建工程　　　　　　　　　　　　　　　340 000
　　贷：工程物资　　　　　　　　　　　　　　340 000
(3) 支付工程人员工资。
借：在建工程　　　　　　　　　　　　　　　 90 000
　　贷：应付职工薪酬　　　　　　　　　　　　 90 000
(4) 结转为工程借款而发生的利息。
借：在建工程　　　　　　　　　　　　　　　 40 000
　　贷：长期借款　　　　　　　　　　　　　　 40 000
(5) 工程完工验收，结转工程成本。
借：固定资产　　　　　　　　　　　　　　　470 000
　　贷：在建工程　　　　　　　　　　　　　　470 000

(三)固定资产的折旧

1. 固定资产折旧的含义

固定资产折旧，是指在固定资产的使用寿命内，按照确定的方法对固定资产应计折旧额进行的系统分摊。其中应计折旧额，是指应当计提折旧的固定资产原价扣除其预计净残值后的余额。如果对固定资产计提了减值准备，还应扣除已计提的固定资产减值准备。而预计净残值是指假定固定资产预计使用寿命已满并处于使用寿命终了时的预期状态，企业目前从该项资产处置中获得的扣除预计处置费用后的金额。

8.6　固定资产的折旧方法

2. 固定资产折旧范围

除了已提足折旧的固定资产、单独计价入账的土地、提前报废的固定资产、处于更新改造过程而停止使用的固定资产以外，企业应当对其所拥有的全部固定资产计提折旧。

固定资产应当从达到预定可使用状态开始，至终止确认时为止，按月计提折旧。

为了简化核算，当月增加的固定资产，当月不计提折旧，从下月起计提；当月减少的固定资产，当月仍计提折旧，从下月起不提。

3. 固定资产折旧方法

企业应当根据与固定资产有关的经济利益的预期实现方式选择折旧方法。可选择的折旧方法包括年限平均法、工作量法、双倍余额递减法和年数总和法等。固定资产折旧方法一经选定，不得随意变更。

一般而言，固定资产折旧方法最常用的是年限平均法，也称直线法，是以固定资产预计使用寿命为分摊标准，将固定资产应提折旧总额均衡地分摊到各期的一种方法。

采用这种方法计提折旧，各期固定资产折旧额完全相等。其计算公式如下。

$$年折旧率 = \frac{1-预计净残值率}{预计使用年限} \times 100\%$$

月折旧率 ＝ 年折旧率÷12

月折旧额 ＝ 固定资产原值×月折旧率

【例8-30】SD公司有一厂房，原价为500 000元，预计可使用20年，预计净残值率为2%，计算该厂房的月折旧率和月折旧额。则

年折旧率=(1-2%)÷20×100%=4.9%

月折旧率=4.9%÷12 ≈ 0.41%

月折旧额=500 000×0.41%=2 050(元)

年限平均法计提折旧简便易行，容易理解，因而是会计实务中最常使用的一种方法。但这种方法会使固定资产在整个使用期间的使用成本不均衡，同时也忽视了各期的使用情况。

除此以外，有的企业还会选择使用加速折旧法。加速折旧法是指固定资产折旧费用在早期提的较多，在使用后期计提较少，以使固定资产的大部分成本在使用早期尽快得到补偿，从而相对加速折旧速度的一种计算折旧的方法。

加速折旧法有如下特点。

(1) 可以使固定资产的使用成本各年保持大致相同。固定资产的使用成本主要包括折旧费用和修理维护费用两项内容。一般来说，修理维护成本会随着资产的老化而逐年增加，为了使固定资产的使用成本在使用年限中大致保持均衡，计提的折旧费用就应逐年递减。

(2) 可以使收入和费用合理配比。固定资产的服务能力在服务早期总是比较高的，因而能为企业提供较多的利益，而在使用后期，随着资产的老化、修理次数增多，产品质量下降，将大大影响企业利益的获得。为了使固定资产的成本与其所提供的收益相配比，就应在早期多提折旧，而在使用后期少提折旧。

(3) 能使固定资产账面净值比较接近于市价。资产一经投入使用就成了旧货，其可变现价值会随之降低，因而在最初投入使用时多提一些折旧，可使资产账面净值更接近于资产的现时市价。

(4) 可降低无形损耗的风险。无形损耗是由于企业外部因素引起的价值损耗，企业很难对其做出合理估计，出于谨慎性考虑，将固定资产的大部分成本在使用早期收回，可使无形损耗的影响降至最低。

我国目前允许采用的加速折旧法主要包括双倍余额递减法和年数总和法两种。

4. 固定资产折旧的账务处理

企业应当按月计提固定资产折旧时，借记"制造费用""营业费用""管理费用""其他业务支出"等科目，贷记"累计折旧"科目。

其中，"累计折旧"是固定资产的备抵科目，当计提固定资产折旧额和增加固定资产而相应增加其已提折旧时，记入该科目的贷方；因出售、报废清理、盘亏等原因减少固定资产而相应转销其所提折旧额时，记入该科目的借方；该科目的余额在贷方，反映企业现有固定资产的累计折旧额。在资产负债表中，累计折旧作为固定资产的减项单独列示。

【例8-31】SD公司2×21年1月份计提折旧的情况如下。

第一生产车间厂房计提折旧7.6万元，机器设备计提折旧9万元。

管理部门房屋建筑物计提折旧13万元，运输工具计提折旧4.8万元。

销售部门房屋建筑物计提折旧6.4万元，运输工具计提折旧5.26万元。

此外，本月第一生产车间新购置一台设备，原价为122万元，预计使用年限10年，预

计净残值 1 万元。按年限平均法计提折旧。

本例中，新购置的设备本月不提折旧。应从 2×21 年 2 月开始计提折旧。

故甲公司 2×21 年 1 月份计提折旧的账务处理如下。

借：制造费用——第一生产车间	166 000
管理费用	178 000
销售费用	116 600
贷：累计折旧	460 600

(四)固定资产的处置

固定资产满足下列条件之一的，应当终止确认：①该固定资产处于处置状态；②该固定资产预期通过使用或处置不能产生经济利益。

当企业以各种方式转出固定资产时，均须通过"固定资产清理"科目记录，如投资转出的、捐赠转出的、以非现金资产抵偿债务方式转出的、以非货币性资产交换换出的等。企业一般意义上的固定资产处置，主要指由于出售、报废和毁损等原因减少的固定资产。

企业由于出售、报废和毁损等原因减少的固定资产，会计核算一般可分以下几个环节：第一，固定资产转入清理的处理；第二，发生清理费用的处理；第三，出售收入和残料等的处理；第四，保险赔偿的处理；第五，清理净损益的处理。固定资产清理后的净收益，属于生产经营期间的，计入当期损益，借记"固定资产清理"科目，贷记"营业外收入"科目。

【例 8-32】SD 公司的一辆运输卡车在一次交通事故中报废。该卡车原价 120 000 元，已提折旧 40 000 元，收回过失人赔偿款 64 000 元，残料变价收入 4 000 元。该企业编制的会计分录为

(1) 将报废卡车注销。

借：固定资产清理	80 000
累计折旧	40 000
贷：固定资产	120 000

(2) 收到过失人赔偿款及变价收入。

借：银行存款	68 000
贷：固定资产清理	68 000

(3) 结转净损益。

借：营业外支出——处置非流动资产损失	12 000
贷：固定资产清理	12 000

三、无形资产

(一)无形资产的概念

无形资产是指企业拥有或者控制的没有实物形态的可辨认非货币性资产。对企业来说，常见的无形资产包括专利权、商标权、非专利技术、著作权、土地使用权和特许权等。

8.7　无形资产与商誉的区别

无形资产的特征主要包括：①没有实物形态；②将在较长时期内为企业带来经济利益；③企业持有无形资产的目的是生产商品、提供劳务、出租给他人，或是用于企业的管理而不是其他方面；④所提供的未来经济利益具有高度的不确定性。

根据《企业会计准则——无形资产》规定，无形资产在符合定义的同时，须满足以下两个条件才能予以确认：①与该无形资产有关的经济利益很可能流入企业；②该无形资产的成本能够可靠地计量。

(二)无形资产的核算

1. 无形资产的科目设置

无形资产核算的账户主要有"无形资产""累计摊销""无形资产减值准备""研发支出"等。

"无形资产"科目用来核算企业持有的无形资产的成本。借方登记取得无形资产的成本，贷方结转处置无形资产的成本。本科目期末余额在借方，反映企业无形资产的成本。本科目可按无形资产项目进行明细核算。

"累计摊销"科目用来核算企业对使用寿命有限的无形资产计提的累计摊销。企业按期(月)计提无形资产的摊销额，借记"管理费用""其他业务成本"等科目，贷记本科目。处置无形资产还应同时从本科目的借方结转累计摊销额。本科目期末余额在贷方，反映企业无形资产的累计摊销额。本科目可按无形资产项目进行明细核算，明细科目的设置与"无形资产"科目的明细科目设置保持一致。

"无形资产减值准备"科目用来核算企业无形资产的减值准备。在资产负债表日，无形资产发生减值的，按应减记的金额，借记"资产减值损失"科目，贷记本科目。处置无形资产还应同时从本科目的借方结转减值准备。本科目期末余额在贷方，反映企业已计提但尚未转销的无形资产减值准备。本科目可按无形资产项目进行明细核算，明细科目的设置与"无形资产"科目的明细科目设置保持一致。

"研发支出"科目用来核算企业进行研究与开发无形资产过程中发生的各项支出。借方登记企业自行开发无形资产发生的研发支出，贷方结转达到预定用途的研究开发项目已资本化的金额和期末结转本科目归集的费用化金额。本科目期末余额在借方，反映企业正在进行的无形资产研究开发项目满足资本化条件的支出。本科目可按研究开发项目区分"费用化支出""资本化支出"进行明细核算。

2. 无形资产的初始计量

1) 外购无形资产

购入的无形资产，以其购入成本作为入账价值。无形资产的成本包括购买价款、相关税费以及直接归属于使该项资产达到预定用途所发生的其他支出。如果购买价款超过正常信用条件延期支付、实质上具有融资性质的，无形资产的成本以购买价款的现值为基础确定。实际支付的价款与购买价款的现值之间的差额，应予以资本化的除外，应当在信用期间内计入当期损益。对于一揽子购入的无形资产，其成本通常应按无形资产和其他资产的公允价值相对比例确定。但是，如果该无形资产的相对价值较小，根据重要性原则可不单独核算，可以计入其他资产的成本，视同其他资产的组成部分核算。

会计处理上，购入的无形资产，按实际支付的价款，借记"无形资产"科目，贷记"银行存款"等科目。

【例 8-33】SD 公司购入一项专利技术，双方协商确认的价值为 480 000 元，取得增值税专用发票，税率为 6%，价款已通过银行存款支付。其账务处理如下。

借：无形资产——专利权　　　　　　　　480 000
　　应交税费——应交增值税(进项税额)　 28 800
　　贷：银行存款　　　　　　　　　　　508 800

2) 自行开发的无形资产

企业自行开发的无形资产，以其开发成本作为入账价值。在满足无形资产确认条件和开发阶段支出资本化条件的情况下，其成本为达到预定用途前所发生的支出总额，但是对于以前期间已经费用化的支出不再调整。无形资产的成本既包括开发阶段符合资本化条件的支出，也包括为申请专利权而发生的注册费、律师费等。

企业内部研究开发成本能够证明下列各项时，才能确认为无形资产：第一，从技术上来讲，完成该无形资产以使其能够使用或出售具有可行性。第二，具有完成该无形资产并使用或出售意图。第三，无形资产产生未来经济利益的方式，包括能够证明运用该无形资产生产的产品存在市场或无形资产自身存在市场；无形资产将在内部使用时，应当证明其有用性。第四，有足够的技术、财务资源和其他资源支持，以完成该无形资产的开发，并有能力使用或出售该无形资产。第五，归属于该无形资产开发阶段的支出能够可靠地计量。

会计处理上，研发阶段发生研发支出时的账务处理如下。

借：研发支出——费用化支出(未满足资本化条件的金额)
　　研发支出——资本化支出(满足资本化条件的金额)
　　贷：原材料
　　　　银行存款
　　　　应付职工薪酬

达到预定用途时的账务处理如下。

借：无形资产
　　管理费用
　　贷：研发支出——资本化支出
　　　　研发支出——费用化支出

3. 无形资产的处置

企业处置无形资产，应当将取得的价款扣除该无形资产账面价值以及出售相关税费后的差额记入营业外收入或营业外支出。

核算时，应按实际收到的金额等，借记"银行存款"等科目；按已计提的累计摊销，借记"累计摊销"科目；按应支付的相关税费及其他费用，贷记"应交税费""银行存款"等科目；按其账面余额，贷记"无形资产"科目；按其差额，贷记"营业外收入——处置非流动资产利得"科目或借记"营业外支出——处置非流动资产损失"科目。

> 思政案例

研发费用加计扣除

2021年3月31日,华为发布2020年年度报告,在新冠肺炎疫情和地缘政治的双重打压下,华为度过了极为艰难的一年:从财务数据来看,美国的针对性封锁对华为打击较大,华为整体业绩严重承压,营收增速大幅放缓至3.8%;从销售地域上来看,华为严重依赖中国市场,海外市场业务收入下降。

虽说时局艰辛,但华为仍在积极努力自救,2020年华为研发支出达1 418亿元,占营业收入的15.9%,比2019年的1 317亿元保持小幅增长,过去10年累计研发费用超过7 200亿元。华为自身在积极突破困境的同时,国家也在出台政策支持企业的创新发展。3月24日,在国务院常务会议上部署实施提高制造业企业研发费用加计扣除比例等政策,将制造业企业研发费用加计扣除比例由75%提高至100%,相当于企业每投入100万元研发费用,可在应纳税所得额中扣除200万元。

粗略估计,实施这项政策,将为华为减免税额2 836亿元。2020年华为总营收为8 914亿元,净利润为646亿元,研发投入为1 418亿元,占收入的15.9%。按照此前政策,华为研发费用可按照75%的比例加计扣除,可减免税额2 481.5亿元。伴随新的政策,提升加计扣除比例,华为可再多减税354.5亿元,共计减免税额2 836亿元,预计净利润可进一步提升。

不仅华为可以从此项税收优惠政策中获益,其他制造业企业特别是高新技术企业也可从此项新规中获得实实在在的好处。江苏海隆软件技术有限公司财务负责人吴杰表示,"当税务工作人员告诉我这次预缴申报可以自主选择就前三季度研发费用享受加计扣除优惠政策,而且是三个季度的研发费用支出全部都可以加计扣除的时候,我们第一反应是十分惊喜的!"江苏海隆软件技术有限公司的主营业务是软件开发,截至2021年第三季度,企业可以加计扣除的研发成本为600余万,预计能减免企业所得税100余万。新政策大大减少了资金的占用,减少了公司的财务成本。

(资料来源:https://www.sohu.com/a/458666270_100115449
https://tech.gmw.cn/2021-10/15/content_35236195.htm.)

思政要点:

虽然国民经济发展依旧面临着疫情、国际打压等种种考验,但国家一直在积极支持着中国企业的发展,在各个方面寻求解决办法,对外以不卑不亢的态度争取中国应得利益,对内制定各种惠民政策促进经济发展。

科技研发创新是企业发展的"引擎",也是企业应对激烈市场竞争的底气所在。产品研发的过程充满了不确定性,前期往往需要巨大的资金支持。为进一步鼓励企业特别是科技型企业加大研发费用投入,国家在研究开发费用税前加计扣除比例方面不断扩大范围、提升扶持力度,覆盖范围从科技型中小企业到制造业整体范围,研发费用加计扣除比例由50%提高到75%再到100%。研发费用加计扣除比例提高后,不仅能够有效增加流动资金、缓解资金压力,更能够提振企业加大研发力度的信心和底气,为建设科技强国、质量强国、航天强国、网络强国、交通强国、数字中国、智慧社会提供有力支撑。

本章小结

资产包括流动资产和非流动资产两大类。流动资产的主要构成项目有货币资金、应收和预付款项、存货等。非流动资产是除了流动资产以外的资产,主要构成项目有债权投资、长期股权投资、固定资产、在建工程、工程物资、无形资产、投资性房地产等。本章主要阐述流动资产及非流动资产的会计处理方法,包括资产的取得、处置等会计核算。通过本章的学习,要求理解和掌握设置资产类账户的确认、计量及核算。

同步测试题

一、单项选择题

1. 职员李四出差归来,报销差旅费 1 500 元,退回剩余现金 500 元。应编制的分录是( )。
   A. 借:现金 2 000　　　贷:其他应收款 2 000
   B. 借:管理费用 2 000　　贷:其他应收款 2 000
   C. 借:其他应收款 2 000　　贷:现金 500　管理费用 1500
   D. 借:管理费用 1500　现金 500　贷:其他应收款 2 000

2. SD 公司在现金清查中发现库存现金较账面余额多出 200 元。经反复核查,长款原因仍然不明,经批准后应转入( )科目。
   A. "现金"　　　　　　　　B. "营业外收入"
   C. "待处理财产损溢"　　　D. "其他应付款"

3. 企业收到承租方交来现金 500 元,系出租包装物押金。会计分录为( )。
   A. 借:现金 500　贷:主营业务收入 500
   B. 借:现金 500　贷:其他业务收入 500
   C. 借:现金 500　贷:其他应收款 500
   D. 借:现金 500　贷:其他应付款 500

4. 下列各项中,属于企业产品成本核算内容的是( )。
   A. 用现金支付销售人员的工资
   B. 用银行存款支付短期借款利息
   C. 用现金支付行政管理部门的办公费
   D. 生产车间厂房的自然磨损

5. 已经完成全部生产过程并已验收入库,可供对外销售的产品即为( )。
   A. 库存商品　　B. 已销产品　　C. 销售成本　　D. 生产成本

6. SD 公司购进甲材料 200 吨,每吨 85 元;购进乙材料 100 吨,每吨 50 元。购进两种材料共支付运费 420 元,运费按重量比例分配,则甲材料的采购成本是( )元。
   A. 17 280　　B. 17 000　　C. 5 000　　D. 5 140

7. 从外地采购的材料验收入库后，应记入(　　)账户的借方。
   A. "原材料"　　　B. "制造费用"　　　C. "销售费用"　　　D. "管理费用"
8. 2×17年7月10日，辉煌公司购入一台需要安装的生产用设备，取得的增值税专用发票上注明的设备买价为100 000元，增值税税额为17 000元，运输费为1 000元，运费未取得发票，皆以银行存款支付。安装设备时，支付工资5 000元。则该固定资产的入账价值是(　　)元。
   A. 123 000　　　B. 118 000　　　C. 101 000　　　D. 106 000
9. 辉煌公司2×17年1月以58万元的价格出售一台设备。该设备的原值为60万元，已提折旧35万元。假设不考虑相关税费，本期出售该设备影响当期损益的金额为(　　)万元。
   A. 25　　　B. 3　　　C. 2　　　D. 33
10. 按照现行规定，下列各项中，股份有限公司应作为无形资产入账的是(　　)。
    A. 开办费
    B. 开发新技术过程中发生的研究开发费
    C. 为获得土地使用权支付的土地出让金
    D. 商誉
11. 无形资产期末借方余额，反映企业无形资产的(　　)。
    A. 成本　　　B. 可收回金额　　　C. 账面价值　　　D. 摊余价值

二、多项选择题

1. 其他货币资金包括(　　)。
   A. 支票存款　　　　　　B. 银行汇票存款　　　　　　C. 银行本票存款
   D. 信用证存款　　　　　E. 专项存款
2. 按照《现金管理暂行条例》的规定，(　　)属于现金收入的范围。
   A. 职工交回差旅费剩余款　　　　B. 从银行提取现金
   C. 将现金送存银行　　　　　　　D. 收取结算起点以下的小额销货款
3. 下列各项中，违反现金收入管理规定的是(　　)。
   A. 坐支现金　　　　　　　　　　　　　　　B. 收入的现金于当日送存银行
   C. 将企业的现金收入按个人储蓄方式存入银行　D. "白条"抵库
4. 根据规定，银行账户一般分为(　　)等几种。
   A. 基本存款账户　　　　　　　B. 一般存款账户
   C. 临时存款账户　　　　　　　D. 专用存款账户
5. 银行存款日记账的核对，是指银行存款日记账(　　)。
   A. 与银行存款余额调节表的核对　　B. 与银行存款收、付款凭证的核对
   C. 与银行存款总账的核对　　　　　D. 与银行存款对账单的核对
6. 运杂费的分配标准有(　　)。
   A. 材料的数量　　　　　　　B. 材料的重量
   C. 材料的体积　　　　　　　D. 材料的买价金额
   E. 材料的采购成本
7. 下列有关"在途物资"账户中，说法正确的是(　　)。

A. 计算材料采购成本的账户　　B. 资产类账户
C. 借方是采购成本的归集　　D. 贷方是入库材料实际成本的结转

8. 外购材料的采购成本应包含( )。
A. 材料的买价　　B. 运杂费
C. 途中的合理损耗　　D. 采购机构的费用

9. 制造业企业原材料供应过程中涉及的账户有( )。
A. "应付账款"　　B. "在途物资"
C. "原材料"　　D. "银行存款"
E. "应交税费——应交增值税"

10. 企业外购存货的成本一般可包括运杂费、装卸费和( )。
A. 买价　　B. 保险费　　C. 进口关税　　D. 增值税

11. 计提固定资产折旧应借记的会计科目有( )。
A. "制造费用"　　B. "销售费用"　　C. "管理费用"
D. "其他业务成本"　　E. "研发支出"

12. 固定资产的特征一般表现为( )。
A. 固定资产是有形资产　　B. 可供企业长期使用
C. 不以投资和销售为目的　　D. 具有可衡量的未来经济利益

13. 下列项目中，构成外购固定资产入账价值的有( )。
A. 购买固定资产发生的运杂费　　B. 取得固定资产而缴纳的增值税
C. 购买固定资产发生的搬运费　　D. 购买固定资产发生的安装费

14. 下列各项资产，符合固定资产定义的有( )。
A. 企业为生产拥有的厂房　　B. 企业购买的生产用设备
C. 企业经营租赁租入的机器设备　　D. 企业购买的办公用品

三、判断题

1. 现金清查，是以实地盘点法核对库存现金实有数与账存数的。　　( )
2. 盘点现金出现溢余，可以在"其他应付款"账户的贷方反映，待日后短缺时用于抵扣。　　( )
3. 无法查明原因的现金短缺，根据管理权限批准后记入"营业外支出"账户。( )
4. 银行存款余额调节表是调整企业银行存款账面余额的原始凭证。　　( )
5. 对于银行已经入账而企业尚未入账的未达账项，企业应当根据"银行对账单"编制自制凭证予以入账。　　( )
6. 外购材料的单位采购成本就是供货单位发票上的单价。　　( )
7. 最基本的成本项目有三项：直接材料、直接人工和制造费用。　　( )
8. 企业购入原材料的采购成本中包括增值税进项税额。　　( )
9. "在途物资"账户用以核算企业库存的各种材料。　　( )
10. 固定资产是一种有形资产，凡是具有一定实物形态的房屋、设备等都应被确认为企业的固定资产。　　( )
11. 不需用的固定资产不需要提取折旧，等实际应用时再开始提取折旧。　　( )

12. "累计折旧"账户的期末贷方余额,反映固定资产已计提折旧的累计数。 ( )

13. 企业的固定资产一般是按年计提折旧。 ( )

14. 企业拥有或控制的没有实物形态的可辨认货币性资产不属于无形资产。 ( )

四、业务题

业务 8-1

【资料】SD 公司 3 月份发生的业务如下。

(1) 3 月 12 日,企业开出现金支票一张,从银行提取现金 3 600 元,企业用现金支付企业水电费 400 元。张明去北京采购材料,不方便携带现款,故委托当地银行汇款 5 850 元到北京开立采购专户,并从财务预借差旅费 2 000 元,财务以现金支付。

(2) 3 月 18 日,张明返回企业,交回采购有关的供应单位发票账单,共支付材料款项 5 650 元,其中,材料价款 5 000 元,增值税 650 元。张明报销差旅费 2 200 元,财务以现金补付余款。

(3) 3 月 21 日,企业收到上海公司上月所欠货款 47 000 元的银行转账支票一张。企业将支票和填制的进账单送交开户银行。

(4) 3 月 25 日,采购员持银行汇票一张前往深圳采购材料,汇票价款 8 000 元,购买材料时,实际支付材料价款 6 000 元,增值税为 780 元。

(5) 3 月 30 日,企业对现金进行清查,发现现金短缺 600 元。原因正在调查。

(6) 3 月 30 日,发现短缺的现金是由于出纳员小华的工作失职造成的,应由其负责赔偿,金额为 300 元,另外 300 元没办法查清楚,经批准转作管理费用。

(7) 月底,企业开始与银行进行对账,银行对账单上的存款余额为 31 170 元,经核对,发现有以下未达账项。

① 3 月 29 日,企业委托银行代收款项 2 000 元,银行已收入账,企业尚未收到入账通知。

② 3 月 30 日,银行代企业支付租金 630 元,尚未通知企业。

③ 3 月 30 日,企业收到深圳公司代收手续费 1 200 元。

【要求】编制相关分录,并编制"银行余额调节表"核对双方记账有无错误。

补充条件:银行存款期初余额 2 230 元。

业务 8-2

甲公司 2×21 年 10 月与存货相关的信息如下。

(1) 委托外单位代销的货品 5 000 元尚未售出。

(2) 购进货物 10 000 元,货款已经支付,货物尚在运输途中。

(3) 存放于公司仓库中的商品 8 000 元,销售部已经开票,客户尚未提走货物。

(4) 其他公司寄存在本公司仓库里的货物 12 000 元。

(5) 尚未付款的商品 20 000 元,货物已收到并已经验收入库。

(6) 依照合同约定,将于明年 1 月采购的货物 30 000 元。

请根据上述资料确定应计入公司存货账户的内容。

业务 8-3

甲公司 2×21 年 11 月发生如下经济业务。

(1) 从外地购入一批原材料,取得的增值税专用发票上注明价款为 500 000 元,增值税税额为 65 000 元,发生运输费用 25 000 元(不考虑增值税),款项均已采用银行支票支付,材料尚未到达公司。

(2) 上述材料到达公司并验收入库。

(3) 生产甲产品领用原材料 200 000 元，生产乙产品领用原材料 350 000 元，车间一般性消耗原材料 40 000 元。

(4) 本月生产完工 A 产品 100 件，完工产品成本为 100 000 元，完工 B 产品 600 件，完工产品成本为 400 000 元。

公司采用实际成本进行材料日常核算，请根据上述经济业务编制会计分录。

业务 8-4

先锋公司 2×21 年 10 月从外地永安公司购入如表 8-5 所示的材料。

表 8-5　先锋公司购入材料明细

品　种	数量/千克	单价/(元/千克)	买价/元
甲材料	4 000	29.5	118 000
乙材料	1 000	9.00	9 000

购买上述材料，共支付的运杂费如下所示。

水、陆运输费　　　　　　　　　　　　　　　　　2 500 元
装卸、搬运费　　　　　　　　　　　　　　　　　500 元

【要求】

(1) 以材料重量为标准，分配材料的采购费用。

(2) 编制材料采购成本计算表。

业务 8-5

SD 公司主要为通信业提供电子配件，在 2×16 年度财务报告中披露，电子配件的价值大幅度下降，账面成本 5 200 万元，预计跌价损失 1 200 万元。2×17 年该批存货按照 4 800 万元出售。按照成本与可变现净值孰低法，2×16 年公司发生了 1 200 万元亏损，而 2×17 年实现了 800 万元的盈利。

请分析这种做法可能存在的问题以及解决这个问题的主要办法，并说明理由。

业务 8-6

甲公司和乙公司的资产负债表附注说明如下：甲公司发出存货采用移动加权平均法，期末存货采用成本与可变现净值孰低法；乙公司存货采用先进先出法，期末存货采用成本与可变性净值孰低法。假定两家公司的存货相同，市价都属于上升趋势，请回答以下问题。

(1) 哪家公司采用的存货计价方法比较谨慎？

(2) 在其他条件相同的前提下，哪家公司缴纳的所得税更少，为什么？

(3) 哪种方法对企业最有利？

业务 8-7

辉煌公司购入一台不需要安装的设备，发票价款为 300 000 元，增值税税额为 51 000 元，发生搬运费 2000 元，款项全部付清。请代为编制有关的会计分录。

业务 8-8

2×17 年 1 月，辉煌公司购入运输卡车一辆，原价 200 000 元，预计净残值 5 000 元，预计使用年限为 5 年，使用平均年限法计提折旧。请计算辉煌公司 2×17 年运输卡车的折旧金额。

业务 8-9

辉煌公司 2×17 年 1 月份计提折旧情况如下。

(1) 生产车间厂房计提折旧 50 000 元，机器设备计提折旧 10 000 元。
(2) 管理部门房屋建筑物计提折旧 10 000 元，运输工具计提折旧 15 000 元。
(3) 销售部门房屋建筑物计提折旧 20 000 元，运输工具计提折旧 10 000 万元。

请根据有关资料，编制会计分录。

第九章 权 益

> 教学目标与要求

- 了解负债的概念、分类和基本特征,理解流动负债与非流动负债的区别。
- 掌握短期借款、应付账款、预收账款、应付职工薪酬、应交税费的会计处理。
- 了解长期借款、应付债券的会计处理。
- 了解所有者权益的概念、来源以及内容,理解所有者权益与负债的区别与联系。
- 了解实收资本、资本公积、留存收益的概念,掌握其相关会计处理。

> 教学重点与难点

教学重点:

短期借款、应付票据和应付账款的核算;所有者权益的概念和所有者权益的来源、内容;实收资本的构成和会计处理。

教学难点:

应付职工薪酬、应交税费的核算;长期借款费用的会计处理;资本公积的概念和构成;留存收益的概念和会计处理。

> 案例分析

A、B、C、D四家公司决定各出资50万元组建一家新公司,取名为SD公司,但投资协议规定只有A和B公司为投资方,其中A公司占25%的股权,B公司占75%的股权,C公司和D公司各将投资款50万元汇入B公司银行账户,由B公司代为出资。

根据以上资料,分析以下问题。

(1) 以上投资是否违反规定?是否存在税收风险?

(2) B公司如何进行会计处理,B公司的股权投资应该是50万元,还是150万元?

(3) SD公司的利润分配如何通过B公司转给C公司和D公司?

提示:

(1) 以上属于违规操作, B 公司无法对上述业务进行账务处理。

(2) C 公司、D 公司将投资款汇入 B 公司账户时, B 公司只能作负债处理, B 公司投出 150 万元属于 B 公司股权。B 公司从 SD 公司分得税后利润, 无法支付给 C、D 公司。即使支付只能以利息的形式, 这必然导致 C、D 公司多缴纳利息收入营业税(按"金融保险业"税目, 适用税率 5%)。如果这部分利息超过了同期同类银行贷款利率计算的利息, B 公司在计算所得税时还需进行纳税调整。

(3) 如果 C、D 公司各出资 50 万元投资于 B 公司, 这将改变 B 公司原有的资本结构。B 公司出资 150 万元仍然是 B 公司股权, C 公司和 D 公司不可能取得相当于 SD 公司 25%的股权。

唯一的做法是: A、B、C、D 均以自己的名义各出资 50 万元, 共同投资组建 SD 公司。如果 C、D 公司一定要以 B 公司名义投资, 说明另有隐情, 应当努力寻找其他途径解决问题。

第一节 负 债

一、负债概述

(一)负债的概念及特征

根据我国《企业会计准则——基本准则》的定义, 负债是指企业过去的交易或者事项形成的、预期会导致经济利益流出企业的现时义务。

9.1 负债的概念

从定义中可以看出, 负债具有以下基本特征。

负债是过去的交易或事项产生的。过去的交易或事项是指已经完成的经济业务, 负债只与已经发生的交易或事项相关, 而与尚未发生的交易或事项无关。

负债是企业承担的现时义务, 这是负债的一个基本特征。现时义务, 是指企业在现行条件下已承担的义务。未来发生的交易或事项形成的义务, 不属于现时义务, 不应当确认为负债。

负债的清偿会导致企业未来经济利益的流出。负债的清偿是指解除企业对债权人的经济责任。一般是以向债权人支付资产或提供劳务方式, 履行企业对债权人的负债义务, 所以负债的偿还是以牺牲企业的经济利益为代价的。

(二)负债的分类与计量

根据我国的财务报告体系, 在资产负债表中, 将负债按其流动性进行分类, 分为流动负债和非流动负债。流动负债是指预计在一个正常营业周期中清偿, 或者主要为交易目的而持有, 或者自资产负债表日起在一年内到期应予以清偿, 或者企业无权自主地将清偿推迟至资产负债表日后一年以上的负债。流动负债主要包括短期借款、应付票据、应付账款、预收账款、应付职工薪酬、应交税费、应付利息、应付股利、其他应付款和一年内到期的长期借款等。非流动负债, 是指流动负债以外的负债, 包括长期借款、应付债券和长期应付款等。

这种分类能使企业分清两种负债形成的不同原因(如流动负债是在企业经营活动过程中

发生的，往往是常规业务；而长期负债是企业投融资决策的结果)，便于企业安排负债经营决策；同时也有利于有关信息使用者通过对报表的对比分析，正确评价企业的财务状况。

从理论上说，任何负债都应以未来应付金额的现值来计量。但在实务中，由于流动负债的期限较短，其到期值或面值与现值之间的差异不会很大，所以基于重要性原则和谨慎性原则，按其未来应付金额或面值来计量并列示于资产负债表上；而非流动负债的计量由于期限较长，所以一般要考虑货币时间价值。

二、流动负债

流动负债，是指企业将在一年(含一年)或者超过一年的一个营业周期内偿还的债务。流动负债往往是在企业日常经营过程中形成的，其形成的具体原因一般如下。

(1) 筹集资金过程中形成的负债，例如短期借款。
(2) 结算过程中形成的负债，例如应付账款、应付票据。
(3) 权责发生制下调整费用形成的负债，例如预收账款。
(4) 利润分配过程中形成的负债，例如应付利润。

根据我国现行会计准则和财务报告体系，流动负债一般包括短期借款、应付账款、应付票据、预收账款、其他应付款、应付职工薪酬、应交税费、应付股利、应付利息和一年内到期的长期借款等。

本节选取短期借款、应付账款、应付票据、预收账款、应付职工薪酬、应交税费、应付利息、其他应付款进行具体讲解。

(一)短期借款

1. 短期借款的概念

短期借款是指企业向银行或其他金融机构等借入的期限在一年以下(含一年)的各种借款。短期借款一般是企业为了满足正常的生产经营所需的资金或者是为了抵偿某项债务而借入的。

2. 短期借款的会计处理

在财务上，短期借款应当按照借款本金和借款利率按期计算利息；在会计上，应设置"短期借款"和"应付利息"账户对短期借款相关事项进行账务处理。"短期借款"账户属于负债类账户，用于核算短期借款本金的取得及偿还情况，一般按债权人进行明细核算。"应付利息"账户属于负债类账户，核算企业按照合同约定应支付的利息，包括吸收存款、分期付息到期还本的长期借款、企业债券等应支付的利息，一般按存款人或债权人进行明细核算。

当企业借入短期借款时，借记"银行存款"科目，贷记"短期借款"科目；归还短期借款时则编制相反分录。

对于短期借款利息的会计处理，如果短期借款的利息是按自然月支付的，在实际支付时或收到银行的计息通知时，借记"应付利息"科目，贷记"银行存款"科目。如果短期借款的利息按约定周期支付，或者利息是在借款到期时连同本金一起归还，应采用预提的方法：按月预提利息时，借记"财务费用"科目，贷记"应付利息"科目；待实际支付时借记"应付利息"科目，贷记"银行存款"科目。

【例9-1】 由于季节性储备材料的需要，SD公司于2×21年1月1日向银行临时借入120 000元短期借款，期限为9个月，年利率为8%，根据与银行签署的借款协议，该项借款的本金到期后一次归还，利息按月预提，按季支付。SD公司的会计处理如下。

(1) 1月1日借入短期借款时。

借：银行存款　　　　　　　　　　　　　　　　　　120 000
　　贷：短期借款　　　　　　　　　　　　　　　　　　120 000

(2) 1月末，计提1月份应计利息时。

本月应计提的利息金额=120 000×8%÷12=800(元)

借：财务费用　　　　　　　　　　　　　　　　　　　　800
　　贷：应付利息　　　　　　　　　　　　　　　　　　　　800

2月末，计提2月份的利息费用，会计处理与1月份相同。

(3) 3月末支付第一季度银行借款利息时。

借：财务费用　　　　　　　　　　　　　　　　　　　　800
　　应付利息　　　　　　　　　　　　　　　　　　　　1 600
　　贷：银行存款　　　　　　　　　　　　　　　　　　2 400

第二季度、第三季度的会计处理同第一季度。

(4) 10月1日偿还短期借款本金时。

借：短期借款　　　　　　　　　　　　　　　　　　120 000
　　贷：银行存款　　　　　　　　　　　　　　　　　　120 000

(二)应付账款

1. 应付账款的定义

应付账款是指因购买材料、商品或接受劳务供应等而发生的债务。它是买卖双方由于取得货物与支付货款的时间不一致所造成的。

2. 应付账款计价

(1) 应付账款一般按照应付金额入账(包括价款、税款等)，而不按到期应付金额的现值入账。如果供货方代垫运杂费，为简化核算，运杂费也可以计入应付账款中。

(2) 企业在购货时如果附有一定现金折扣的条件，应付账款入账金额的确定按照扣除现金折扣前的发票金额入账，即按发票上记载的应付金额的总价入账。如果在折扣期内付款而享受现金折扣，则视为一种理财收益，冲减企业当期的财务费用。

3. 应收账款的会计处理

企业应设置"应付账款"账户，来核算企业因购买材料、商品和接受劳务等经营活动应支付的款项。该账户可按照供货单位名称(债权人)设置明细账户，进行明细核算。

企业在购买材料、商品等发生应付账款时，借记"原材料""固定资产"等资产账户，同时借记"应交税费——应交增值税(进项税额)"账户，按照采购完税价格贷记"应付账款"账户。

当企业偿还应付账款时，则借记"应付账款"账户，贷记"银行存款""应付票据"等账户。

【例 9-2】SD 公司向希德公司购入材料一批,材料价款为 20 000 元,适用的增值税税率为 13%。SD 公司的会计处理如下。

(1) 购货时,

借:在途物资	20 000
应交税费——应交增值税(进项税额)	2 600
贷:应付账款	22 600

(2) 支付货款时,

借:应付账款	22 600
贷:银行存款	22 600

如果 SD 公司征得希德公司同意,开出期限为 3 个月的商业承兑汇票 22 600 元抵付货款。

借:应付账款	22 600
贷:应付票据	22 600

(三)应付票据

应付票据是指企业因为购买材料、商品和接受劳务供应等需要开出、承兑的商业汇票,包括商业承兑汇票和银行承兑汇票。应付票据是一种期票,是延期付款的证明,有承诺付款的票据作为依据。

应付账款与应付票据的区别在于以下三个方面。

(1) 前者结算方式的依据是销售合同,后者是授信合同。

(2) 前者对时间和金额的要求是可以商量的,后者不可议。

(3) 前者结算期一般不超过 60 天,后者不超过 6 个月。

在会计上,应设置"应付票据"账户,来核算因企业购买材料、商品和接受劳务供应等开出、承兑的商业汇票。该账户可按债权人设置明细账户。由于我国商业汇票的付款期限最长不超过 6 个月,所以在会计实务中,一般均按照开出、承兑的应付票据的面值入账。

同时,企业应设置"应付票据备查簿",详细记录每一笔应付票据的种类、号数、出票日期、到期日、票面金额、交易合同号、收款人姓名和单位名称以及付款日期和金额等资料。应付票据到期结清时,应当在备查簿中逐笔予以注销。

(四)预收账款

1. 预收账款的定义

预收账款是指企业按合同规定向购货单位预收的款项,比如:预收货款、租金、报纸杂志订阅费等。预收账款表明了企业承担了会在未来导致经济利益流出企业的现时义务,所以确认为企业的一项负债。

需要注意,预收账款与应付账款不同,预收账款所形成的负债不是以货币偿付,而是以货物或劳务偿付。此外,企业收到对方预先支付的款项时,并不能确认收入,要等到满足收入确认条件时,再将预收账款转为当期收入。

2. 预收账款的会计处理

由于预收账款的期限一般较短,因此将其列入流动负债项目核算,并按照实际收到的金额计量。企业一般设置"预收账款"账户，来核算企业按照合同规定向购货单位预收的款项，并按购货单位进行明细核算。

企业向购货单位预收款项时，借记"银行存款"等账户，贷记"预收账款"账户。待发出货物，销售实现时，借记"预收账款"账户，贷记"主营业务收入"等收入类账户，同时贷记"应交税金——应交增值税(销项税额)账户。

如果涉及收到购货单位补付款项，则借记"银行存款"等账户，贷记"预收账款"账户；如果涉及退回购货单位多付的款项，则做上述相反分录。

【例9-3】 2×21年12月10日，SD公司与希德公司签订500 000元的销货合同，适用的增值税税率为13%，根据合同规定2×21年12月10日预收40%的货款，余款在2×22年1月10日商品交货后全部结清。SD公司的会计处理如下。

(1) 2×21年12月10日收到货款的40%时。

借：银行存款　　　　　　　　　　　　　　　　　　　　200 000
　　贷：预收账款　　　　　　　　　　　　　　　　　　　　200 000

(2) 2×22年1月10日确认收入时。

借：预收账款　　　　　　　　　　　　　　　　　　　　565 000
　　贷：主营业务收入　　　　　　　　　　　　　　　　　　500 000
　　　　应交税费——应交增值税(销项税额)　　　　　　　　65 000

(3) 2×22年1月10日收到希德公司补付货款时。

借：银行存款　　　　　　　　　　　　　　　　　　　　365 000
　　贷：预收账款　　　　　　　　　　　　　　　　　　　　365 000

(五)应付职工薪酬

1. 职工薪酬的概念与内容

职工薪酬是指企业为获得职工提供的服务或解除劳动关系而给予各种形式的报酬或补偿。企业提供给职工配偶、子女、受赡养人、已故员工遗属及其他受益人等的福利，也属于职工薪酬。职工薪酬主要包括以下内容。

1) 短期薪酬

短期薪酬是指企业在职工提供相关服务的年度报告期间结束后12个月内需要全部予以支付的职工薪酬，因解除与职工的劳动关系给予的补偿除外。短期薪酬具体包括：职工工资、奖金、津贴和补贴；职工福利费；医疗保险费、工伤保险费和生育保险费等社会保险费，住房公积金，工会经费和职工教育经费，短期带薪缺勤，短期利润分享计划，非货币性福利，其他短期薪酬等。

2) 离职后福利

离职后福利是指企业为获得职工提供的服务而在职工退休或与企业解除劳动关系后，提供的各种形式的报酬和福利，短期薪酬和辞退福利除外，如养老保险费、失业保险费等。

3) 辞退福利

辞退福利是指企业在职工劳动合同到期之前解除与职工的劳动关系，或者为鼓励职工自愿接受裁减而给予职工的补偿。

4) 其他长期职工福利

其他长期职工福利是指除了短期薪酬、离职后福利、辞退福利之外所有的职工薪酬,包括长期带薪缺勤、长期残疾福利、长期利润分享计划、按照长期奖金计划向职工发放的奖金等。

2. 应付职工薪酬的会计处理

企业应设置"应付职工薪酬"账户,来核算企业根据有关规定应付给职工的各种薪酬。

账户的贷方登记企业已分配计入有关成本费用项目的职工薪酬的数额;借方登记实际发放职工薪酬的数额;期末贷方余额,反映企业应付未付的职工薪酬。该账户应按照职工薪酬项目设置明细账进行明细核算。

以下仅介绍工资、奖金、津贴和补贴等货币性短期薪酬的会计核算处理。

1) 月末分配工资费用

借:在建工程\生产成本\制造费用\管理费用\销售费用
　　贷:应付职工薪酬——工资、奖金、津贴和补贴

2) 从工资中扣还的各种款项

借:应付职工薪酬
　　贷:其他应收款
　　　　应交税费——应交个人所得税

3) 发放工资

借:应付职工薪酬
　　贷:银行存款

【例 9-4】SD 公司 2×21 年 1 月应付工资 227 000 元。其中,生产工人工资 130 900 元,车间管理人员工资 22 600 元,行政管理人员工资 37 400 元,专设销售机构人员工资 29 850 元,在建工程人员工资 6 250 元。在当期应付工资中,扣还前已代为缴纳的职工个人应支付的住房公积金 5 500 元,医疗保险费 2 500 元,代扣个人所得税 950 元,实发职工工资 218 050 元。SD 公司的会计处理如下。

(1) 根据以上资料,分配本月工资费用时。

借:生产成本　　　　　　　　　　　　　　130 900
　　制造费用　　　　　　　　　　　　　　 22 600
　　管理费用　　　　　　　　　　　　　　 37 400
　　销售费用　　　　　　　　　　　　　　 29 850
　　在建工程　　　　　　　　　　　　　　　6 250
　　贷:应付职工薪酬　　　　　　　　　　227 000

(2) 结算代扣款项及发放工资时。

借:应付职工薪酬　　　　　　　　　　　　227 000
　　贷:银行存款　　　　　　　　　　　　218 050
　　　　应交税费——应交个人所得税　　　　　950
　　　　其他应收款　　　　　　　　　　　　8 000

(六)应交税费

1. 应交税费的概念

应交税费是指企业按照税法规定应交纳的各种税费。根据我国税制和相关法律,一般具体包括:增值税、消费税、企业所得税、资源税、土地增值税、城市维护建设税、房产税、土地使用税、车船使用税、教育费附加、矿产资源补偿费、印花税、耕地占用税等。

9.2 增值税征收的特点

2. 增值税的概念和会计处理

增值税是以商品(含应税劳务)在流转过程中产生的增值额作为计税依据而征收的一种流转税。

根据我国相关法律,增值税的纳税义务人是在我国境内销售货物或者提供加工、修理修配劳务,以及进口货物的企业单位和个人。按纳税人的经营规模及会计核算的健全程度,增值税纳税人分为一般纳税人和小规模纳税人。其中,一般纳税人是指年应征增值税销售额达到规定标准的企业和企业性单位;小规模纳税人是指年应税销售额未达到规定标准,而且会计核算不健全,不能按规定报送有关税务资料的增值税纳税人。

一般纳税人的应纳增值税的计算采用税款抵扣制,即根据本期销售货物或提供应税劳务销售额,按规定的税率计算应纳税款(销项税额),扣除本期购入货物或接受应税劳务已纳增值税款(进项税额),余额即为纳税人实际应缴纳的增值税款。即

当期应交的增值税=销项税额-进项税额

其中销项税额=不含税销售价格×税率;进项税额=不含税采购价格×税率。

对于一般纳税人企业,需设置"应交税费——应交增值税"账户对增值税进行会计核算,下设专栏包括"进项税额""销项税额""进项税额转出""出口退税""已交税金""减免税款""转出未交增值税""转出多交增值税"。

账户结构下相关关系为:

应交税金——应交增值税

进项税额	销项税额
已交税金	出口退税
减免税款	进项税额转出
转出未交增值税	转出多交增值税
尚未抵扣的增值税	应交未交的增值税

一般纳税人企业的一般会计处理如下。

(1) 购进材料时。

借:原材料(或在途物资)
　　应交税费——应交增值税(进项税额)
　贷:银行存款

(2) 销售商品时。

借:应收账款(或银行存款)

  贷：主营业务收入
    应交税费——应交增值税(销项税额)
(3) 计算交纳增值税时。
  借：应交税费——应交增值税(已交税金)
    贷：银行存款

【例9-5】SD公司为一般纳税人，2×21年5月2日购进原材料，所取得的增值税专用发票上注明的材料价款为1 000万元，增值税税率为13%，款项以银行存款支付。

2×21年5月18日，SD公司又购入不需要安装的设备一台，价款及保险费等费用合计300万元，增值税专用发票上注明的增值税税额为39万元，款项尚未支付。

SD公司2×21年5月销售产品收入为1 500万元，增值税税率为13%，价税款已经收到。则本月，SD公司的会计处理如下。

(1) 借：材料采购   10 000 000
   应交税费——应交增值税(进项税额) 1 300 000
   贷：银行存款   11 300 000
(2) 借：固定资产   3 000 000
   应交税费——应交增值税(进项税额)   390 000
   贷：应付账款   3 390 000
(3) 借：银行存款   16 950 000
   贷：主营业务收入   15 000 000
    应交税费——应交增值税(销项税额) 1 950 000
(4) SD公司本期应缴纳的增值税为260 000元(1 950 000−1 300 000−390 000)。
  借：应交税费——应交增值税(已交税金)   260 000
   贷：银行存款   260 000

(七)应付利息

  应付利息是指企业按照合同约定应支付的利息，包括吸收存款、分期付息到期还本的长短期借款、企业债券等应支付的利息。

  企业应当设置"应付利息"账户，来核算应付利息的增减变化情况。账户的贷方登记应付的借款利息；借方登记实际支付的利息；期末贷方余额，反映企业应付未付的利息。该账户按照债权人设置明细账进行明细核算。

  资产负债表日，应按摊余成本和实际利率计算确定的利息费用，借记"利息支出""在建工程""财务费用""研发支出"等账户；按合同利率计算确定的应付未付利息，贷记"应付利息"账户；按借贷双方之间的差额，借记或贷记"长期借款——利息调整"等账户。合同利率与实际利率相差较小的，也可采用合同利率计算确定利息费用。实际支付利息时，借记"应付利息"账户，贷记"银行存款"等账户。

(八)其他应付款

  其他应付款是指企业除应付票据、应付账款、预收账款、应付职工薪酬、应付利息、应付股利、应交税费等经营活动以外的其他各项应付、暂收款项，如应付经营租入固定资产租金、应付租入包装物租金、存入保证金等。

企业应通过"其他应付款"账户,核算其他应付款的增减变动及其结存情况。该账户的贷方登记发生的应付、暂收的款项;借方登记支付的款项;期末贷方余额,反映企业应付未付的其他应付款项。

当企业发生其他应付款时,一般借记相关账户,贷记"其他应付款"账户;当支付或退回其他应付款时,借记"其他应付款"账户,贷记"银行存款"等账户。

三、非流动负债

非流动负债是指偿还期在一年或者超过一年的一个营业周期以上的债务。

根据我国现行财务报告体系,长期负债按筹措的方式不同,可分为长期借款、应付债券和长期应付款等项目。长期借款是指企业向银行或其他金融机构借入的偿还期在一年以上的各种借款。应付债券是指企业为筹措长期资金而发行的一年期以上的债券。长期应付款是企业除长期借款和应付债券以外的长期应付款项。

长期负债的形成是企业筹资决策的结果。企业为了扩大经营规模,调整产品结构,总是需要筹集大量资金,其资金来源有两个渠道:一是增发股票;二是举借长期债务。举借长期债务与增发股票比较起来,有以下优点。

(1) 举借长期债务可以保持企业原有的股权结构不变和股票价格稳定。因为增发股票会改变原有持股股东的持股比例,从而影响原有的股权结构;而且增发股票会使每股收益额下降,从而导致股票价格下跌。

(2) 举借长期债务不影响原有股东对企业的控制权。债权人对企业的经营决策没有表决权,只拥有到期收回本金和利息的权力,而增发股票由于新股东的介入会影响原有股东对企业的控制权。

(3) 举借长期债务支付的利息具有抵税作用。因为利息费用可以在税前支付,而增发股票给股东分配的股利必须在税后支付。

举借长期债务也有不足之处:举借长期债务具有一定的财务风险。因为企业需承担固定的利息费用,并且需安排足够的资金以偿还本金和利息。一旦企业经营状况不好,不能及时支付本金和利息,则债权人有权向法院提出申请,迫使债务人破产。所以企业举债经营应慎重。

本节只对非流动负债各项目进行概要介绍。

(一)长期借款

1. 长期借款的概念

长期借款是指企业向银行或其他金融机构借入的偿还期在一年以上(不含一年)的各种借款。企业一般将长期借款用于固定资产、改扩建工程、大修理工程、对外投资以及为了保持长期经营能力方面的需要。

2. 长期借款的利息费用确认

企业举借长期借款,会产生利息。利息费用应当在资产负债表日按照实际利率法计算确定,实际利率与合同利率差异较小的,也可以采用合同利率计算确定利息费用。

根据《企业会计准则——借款费用》规定,长期借款的利息费用应按以下原则计入有关成本或当期费用：①筹建期间的计入管理费用；②生产经营期间的，如果长期借款用于购建固定资产，在固定资产尚未达到预定可使用状态前，所发生的应资本化的利息支出数计入在建工程等相关资产成本；③达到预定可使用状态后发生的利息支出，以及按规定不予资本化的利息支出，计入财务费用。

3. 长期借款和利息费用的会计处理

企业应设置"长期借款"账户，来核算长期借款的借入、归还等情况。本账户按借款单位或借款种类设置明细账户，区分"本金""利息调整"账户进行明细核算。

(1) 当企业借入长期借款时。

借：银行存款
　　长期借款——利息调整
　　贷：长期借款——本金

(2) 每期期末，按合同利率确定利息费用时。

借：财务费用(生产经营期间)
　　管理费用(筹建期间)
　　在建工程(应资本化的利息)
　　贷：长期借款——应计利息(或应付利息)

(3) 当企业归还长期借款时。

借：长期借款——本金
　　　　　　——应付利息
　　应付利息(已计提的利息)
　　财务费用(最后一月利息)
　　贷：银行存款

【例9-6】A 公司于 2×21 年 1 月 1 日向银行借入年利率为 9%、期限为 3 年，到期一次还本付息的长期借款 300 万元，用于设备更新改造，所借款项存入银行。该设备更新于 2×22 年 12 月 31 日完工并交付使用。2×23 年 12 月 31 日偿还该笔银行借款本息。

A 公司的会计处理如下。

(1) 取得借款时。

借：银行存款	3 000 000
贷：长期借款——本金	3 000 000

(2) 2×21 年 12 月 31 日计提长期借款利息时。

借：在建工程	270 000
贷：长期借款——应计利息	270 000

(3) 2×22 年 12 月 31 日完工并交付使用时。

借：固定资产	540 000
贷：长期借款——应计利息	270 000
在建工程	270 000

(4) 2×23 年 12 月 31 日计提长期借款利息时。

借：财务费用	270 000
贷：长期借款——应计利息	270 000

(5) 2×23 年 12 月 31 日偿还长期借款本息时。

借：长期借款——本金　　　　　　　　3 000 000
　　　　　　——应计利息　　　　　　　810 000
　贷：银行存款　　　　　　　　　　　3 810 000

(二)应付债券

1. 应付债券的概念

债券是企业依法定程序对外发行、约定在一定期间内还本付息的有价证券。发行的期限超过一年的债券，构成了企业的一项长期负债。

一般来说，企业发行债券有三种方式，即面值发行、溢价发行和折价发行。其中，溢价或折价是发行债券企业在债券存续期内对利息费用的一种调整，它不是债券发行企业的收益或损失。

而债券发行价的高低一般取决于债券票面金额、债券票面利率、发行当时的市场利率以及债券期限的长短等因素。具体来说，债券的发行价格由两部分组成：一是债券面值按市场利率折算的现值；二是按债券票面利率计算的各期利息以市场利率折算的现值总和。用公式表示为

债券发行价格=债券面值按市场利率折算的现值+各期票面利息按市场利率折算的现值
　　　　　　=债券面值×复利现值系数+债券面值×票面利率×分期付息年金现值系数

2. 应付债券的会计处理

企业应设置"应付债券"账户，来核算应付债券资金的取得发行、计提利息、还本付息等情况。该账户贷方登记应付债券的本金和利息，借方登记归还的债券的本金和利息，期末贷方余额表示企业尚未偿还的长期债券。该账户应按"面值""利息调整""应计利息"等设置明细账户进行明细核算。

在账务处理上，企业发行债券时。

借：银行存款
　贷：应付债券——面值
　　　应付债券——利息调整(实际收到款项＞面值)

每期期末，企业应按实际利率按期计算确定应付债券的利息费用，应当按照与长期借款相一致的借款费用原则计入有关成本或费用。

借：在建工程
　　制造费用
　　财务费用
　贷：应付利息(分期付息，到期一次还本的债券)
　　　应付债券——应计利息(到期一次还本付息的债券)

合同到期，应付债券还本付息时。

借：应付债券——面值
　　　　　　——应计利息
　　应付利息
　贷：银行存款

【例9-7】某企业于2×21年1月1日发行债券用于建造固定资产，债券面值2 000万元，期限2年，票面利率为5%，到期一次支付本息，假定票面利率等于实际利率。企业按照面值发行，收到2 000万元存入银行(其他相关费用略)。2×22年12月31日工程完工，交付使用。同时，企业偿还债券本金和利息。

(1) 2×21年1月1日发行债券时。

借：银行存款　　　　　　　　　　　　20 000 000
　　贷：应付债券——面值　　　　　　　　　　20 000 000

(2) 2×21年12月31日计提债券利息时。

借：在建工程　　　　　　　　　　　　1 000 000
　　贷：应付债券——应计利息　　　　　　　　1 000 000

(3) 2×22年12月31日计提债券利息时。

借：财务费用　　　　　　　　　　　　1 000 000
　　贷：应付债券——应计利息　　　　　　　　1 000 000

(4) 2×22年12月31日债券到期偿还本金和利息时。

借：应付债券——面值　　　　　　　　20 000 000
　　　　　　——应计利息　　　　　　　2 000 000
　　贷：银行存款　　　　　　　　　　　　　22 000 000

(5) 2×22年12月31日工程完工交付使用时。

借：固定资产　　　　　　　　　　　　1 000 000
　　贷：在建工程　　　　　　　　　　　　　1 000 000

(三)长期应付款

长期应付款是指企业发生的除长期借款和应付债券以外的长期负债，包括应付融资租入固定资产租赁费、以分期付款方式购入固定资产发生的应付款项等。

长期应付款作为非流动负债的一部分，除具有非流动负债数额大、偿还期限长的特点外，还有两个特点：一是具有分期付款性质。如补偿贸易引进设备应付款是在合同期内逐期偿还的，融资租入固定资产的租赁费是在整个租赁期内逐期偿还的。二是长期应付款涉及的外币债务较多，其计价经常会和外币与人民币之间的汇率有关。如引进国外设备的价款是通过汇率将外币折算为人民币计算的，还款时汇率变动会影响人民币的数额。

为了核算补偿贸易引进设备应付款和融资租入固定资产应付款，企业应设置"长期应付款"账户，该账户应下设"长期应付款——应付补偿贸易引进设备款"和"长期应付款——应付融资租赁款"两个明细账户，分别核算两种不同的长期应付款。

第二节　所有者权益

一、所有者权益概述

(一)所有者权益的概念

9.3　所有者权益概述

所有者权益是指企业资产扣除负债后由所有者享有的剩余权益。所有者权益也称股东权益或业主权益,是指所有者对企业资产的剩余索取权,反映的是企业资产中扣除债权人权益之后应由所有者享有的部分。

所有者权益既可反映所有者投入资本的保值增值情况,又体现了保护债权人权益的理念。

我国《企业会计准则——基本准则》规定:"所有者权益是指企业资产扣除负债后由所有者享有的剩余权益。"这一定义说明了所有者权益的经济性质和构成。它可以通过对基本会计等式的转换推导而得出。即

$$所有者权益=资产-负债$$

资产减负债后的余额,也被称为净资产。因此,所有者权益是体现在净资产中的权益,是所有者对净资产的要求权。所有者对企业的经营活动承担着最终的风险,与此同时也享有最终的权益。如果企业在经营中获利,所有者权益将随之增长;反之,所有者权益将随之缩减。

(二)所有者权益与负债的区别和联系

企业的所有者和债权人均是企业资金的提供者,因而所有者权益与负债(债权人权益)同属"权益",均有对企业资产的要求权,但是两者之间也有明显的区别,主要表现在以下方面。

(1) 性质不同。所有者权益是所有者对企业剩余资产的要求权,这种权利在债权人对企业资产的要求之后;而负债则是在企业清偿时,债权人对企业的资产具有优先要求权。

(2) 偿还期限不同。企业在持续经营的情形下,所有者权益一般不存在收回的问题,不存在偿还日期;而负债则有明确的到期偿还日。

(3) 享受的权利不同。所有者享有利润分配、参与企业经营管理等多项权利;债权人则享有到期收回本金和利息的权利,没有参与经营管理与利润分配的权利。

(4) 计量特性不同。所有者权益是资产和负债计量以后形成的结果,属于间接计量;而负债必须在发生时,按规定的方式进行计量,属于直接计量。

(5) 风险和收益不同。所有者能够获得多少收益是由企业的盈利水平和经营政策决定的,风险较大;而债权人可以按照约定的利率获得利息,企业不论盈利与否,均应支付利息,风险较小。

(三)所有者权益的来源

任何企业的所有者权益都是由企业的投资者投入资本及其增值所构成的。一般来说,所有者权益的来源包括:所有者投入的资本,直接计入所有者权益的利得和损失,留存收益等。在我国现行财务报告体系下,所有者权益由实收资本(或股本)、资本公积(含资本溢价或股本溢价、其他资本公积)、其他权益工具、其他综合收益、盈余公积和未分配利润等项目构成。下面对实收资本、资本公积、留存收益、盈余公积和未分配利润进行具体讲解。

二、实收资本

(一)实收资本的概念

实收资本是投资者投入资本形成法定资本的价值。所有者向企业投入的资本可以被长期使用,在一般情况下无需偿还。

实收资本的构成比例,即投资者的出资比例或股东的股份比例,通常是确定所有者在企业所有者权益中所占的份额和参与企业财务经营决策的基础,也是企业进行利润分配或股利分配的依据,同时还是企业清算时确定所有者对净资产的要求权的依据。

(二)实收资本的确认和计量

企业应当设置"实收资本"科目,核算企业接受投资者投入的实收资本,股份有限公司应将该科目改为"股本"。投资者可以用现金投资,也可以用现金以外的其他有形资产投资,符合国家规定比例的,还可以用无形资产投资。

企业收到投资时,一般应编制如下会计处理。

收到投资人投入的现金,应在实际收到或者存入企业开户银行时,按实际收到的金额,借记"银行存款"科目;以实物资产投资的,应在办理实物产权转移手续时,借记有关资产科目;以无形资产投资的,应按照合同、协议或公司章程规定移交有关凭证时,借记"无形资产"科目,同时按投入资本在注册资本或股本中所占份额,贷记"实收资本"或"股本"科目;按其差额,贷记"资本公积——资本溢价"或"资本公积——股本溢价"等科目。

【例9-8】甲、乙、丙三名投资者共同出资设立一有限责任公司,该公司注册资本为20 000 000元,甲、乙、丙的持股比例分别为50%、30%和20%。2×21年1月5日,该公司如期收到各投资者一次性缴足的款项。则会计处理如下。

```
借:银行存款                    20 000 000
    贷:实收资本——甲              10 000 000
            ——乙               6 000 000
            ——丙               4 000 000
```

【例9-9】某股份有限公司于设立时收到投资者A投入的机器设备一台,投资合同约定其价值为200 000元,增值税进项税额为26 000元(符合增值税暂行条例的规定,可以抵扣);收到投资者B投入的原材料一批,投资合同约定其价值为100 000元,增值税进项税额为13 000元,B公司已开具了增值税专用发票;收到投资者C投入的非专利技术一项,投资合同约定价值为80 000元。上述三方的投资合同约定价值均与其公允价值相符。则会计处理如下。

```
借:固定资产                           200 000
    原材料                            100 000
    应交税费——应交增值税(进项税额)      39 000
    无形资产                           80 000
    贷:股本——A                        226 000
            ——B                       113 000
            ——C                        80 000
```

(三)实收资本增减变动的会计处理

1. 实收资本增加的会计处理

一般而言,企业增加资本的途径一般有三种。

一是将资本公积转为实收资本或者股本。会计上应借记"资本公积——资本(股本)溢价"

科目，贷记"实收资本"或"股本"科目。

二是将盈余公积转为实收资本。会计上应借记"盈余公积"科目，贷记"实收资本"或"股本"科目。

三是投资者追加投资。企业接受投资者追加投入的资本，借记"银行存款""固定资产""无形资产""长期股权投资"等科目，贷记"实收资本"或"股本"等科目。

【例9-10】甲、乙、丙共同投资设立有限责任公司，原注册资本为4 000 000元，其出资比例分别为12.5%、50%、37.5%，后因扩大经营规模需要，经股东大会批准，按原出资比例分别将资本公积1 000 000元、盈余公积1 000 000元转增资本。则会计处理如下。

借：资本公积　　　　　　　　　　　　　　　　1 000 000
　　盈余公积　　　　　　　　　　　　　　　　1 000 000
　　　贷：实收资本——甲　　　　　　　　　　　 250 000
　　　　　　　　——乙　　　　　　　　　　　1 000 000
　　　　　　　　——丙　　　　　　　　　　　 750 000

2. 实收资本减少的会计处理

企业实收资本减少的原因大体有两种：一是资本过剩；二是企业发生重大亏损而需要减少实收资本。企业因资本过剩而减资，一般要发还股款。有限责任公司和一般企业发还投资的会计处理比较简单，借记"实收资本"科目，贷记"库存现金""银行存款"等科目。股份有限公司股本的减少则需要通过相关法律程序报批之后，设置"库存股"科目来核算企业收购的尚未转让或注销的本公司股份金额。

三、资本公积

(一)资本公积概述

资本公积是企业收到投资者的超出其在企业注册资本(或股本)中所占份额的投资以及直接计入所有者权益的利得和损失等，包括资本溢价(或股本溢价)和其他资本公积。

资本公积与企业的净利润无关，它不是由企业的净利润转化而形成的，它的形成有其特定的来源，从本质上讲属于投入资本的范畴。它随同投入资本进入企业，或从其他渠道进入企业，可供企业长期周转使用，具有资本的属性。

会计上对资本公积进行核算需要设置"资本公积"科目。该科目的性质是所有者权益类，其贷方登记从各种来源渠道形成的资本公积数额；借方登记用资本公积转增资本的数额；期末余额在贷方，表示资本公积的结余数额。

本科目按资本公积形成的类别设置明细科目："股(资)本溢价"反映企业实际收到的所有者投入资金大于注册资本的金额；"其他资本公积"反映企业除股(资)本溢价以外的各项资本公积。

(二)资本公积的核算

1. 资本溢价(股本溢价)

新加入的投资者如与原有投资者共享企业的留存收益，一般要求其付出大于原有投资者的出资额，才能取得与原有投资者相同的投资比例。投资者投入的资本中按其投资比例计算的出资额部分，应计入"实收资本(股本)"科目，大于部分应计入"资本公积"科目的明细科目"资本溢价(股本溢价)"。

【例 9-11】某股份有限公司收到投资者投入的全新设备一台，价值 200 000 元，增值税发票上进项税额为 26 元，合同约定，投资者用该设备换取该公司面值为 1 元的股票 180 000 股。则会计处理为

借：固定资产	200 000
应交税费——应交增值税(进项税额)	26 000
贷：股本	180 000
资本公积——股本溢价	46 000

2. 其他资本公积

其他资本公积，是指除资本溢价(股本溢价)项目以外所形成的资本公积。在企业会计实务中，常见的其他资本公积核算内容如下。

(1) 以权益结算的股份支付。以权益结算的股份支付换取职工或其他方提供服务的，应按照确定的金额，记入"管理费用"等科目，同时增加资本公积(其他资本公积)。

(2) 采用权益法核算的长期股权投资。长期股权投资采用权益法核算的，被投资单位除净损益、其他综合收益和利润分配以外的所有者权益的其他变动，投资企业按持股比例计算应享有的份额，应当增加或减少长期投资的账面价值，同时增加或减少资本公积(其他资本公积)。

四、留存收益

留存收益是指企业从历年实现的净利润中提取或形成的留存于企业的内部积累，它与投入资本共同构成了所有者权益。

留存收益包括两部分，即指定用途的留存收益和未指定用途的留存收益。指定用途的留存收益就是盈余公积；未指定用途的留存收益指的是未分配利润。

(一)盈余公积

1. 盈余公积概述

盈余公积是企业从税后利润中提取的具有特定用途的各种积累资金，包括法定盈余公积和任意盈余公积。

法定盈余公积是指企业按照法律规定，必须提取所形成的盈余公积。根据《中华人民共和国公司法》规定，企业在年度终了，必须按当年税后利润(扣掉被没收的财物损失、支付各项税收的滞纳金和罚款，以及弥补企业以前年度亏损后的余额)的 10%提取法定盈余公积，但此项公积金已达注册资本的 50%时可不再提取。

任意盈余公积是指股份制企业在用税后利润弥补亏损、提取法定盈余公积和支付优先股股利后，按照公司章程规定或经股东会议决议提取的盈余公积。

2. 盈余公积的会计处理

为了反映盈余公积的形成和使用情况，企业应设置"盈余公积"科目，并按其种类设置明细账户，分别进行明细核算。

企业提取盈余公积金时，借记"利润分配——提取盈余公积"账户，贷记"盈余公积——法定盈余公积或任意盈余公积"账户；企业按规定可用盈余公积弥补亏损时，借记"盈余公积——法定盈余公积"账户，贷记"利润分配——盈余公积补亏"账户；当企业按规定用盈余公积转增资本金时，借记"盈余公积——法定盈余公积或任意盈余公积"账户，贷记"实收资本或股本"账户；当企业用盈余公积分配股利时，则借记"盈余公积"账户，贷记"应付股利"账户。

【例9-12】甲股份有限公司本年实现净利润为4 000 000元，经股东大会批准，该公司按当年净利润的10%提取法定盈余公积，并提取任意盈余公积500 000元。则会计处理为

借：利润分配——提取盈余公积　　　　　　　　　900 000
　　贷：盈余公积——法定盈余公积　　　　　　　　400 000
　　　　　　　　——任意盈余公积　　　　　　　　500 000

【例9-13】乙股份有限公司本年发生亏损300 000元，经股东大会批准，决定以其累积的法定盈余公积200 000元、任意盈余公积100 000元弥补亏损。则会计处理为

借：盈余公积——法定盈余公积　　　　　　　　　200 000
　　　　　　——任意盈余公积　　　　　　　　　100 000
　　贷：利润分配——盈余公积补亏　　　　　　　　300 000

(二)未分配利润

1. 未分配利润概述

未分配利润是企业留待以后年度进行分配的结存利润，也是企业所有者权益的组成部分。相对于所有者权益的其他部分来讲，企业对于未分配利润的使用分配有较大的自主权。从数量上来讲，未分配利润是指期末未分配利润，是期初未分配利润加上本期实现的净利润，减去提取的各种盈余公积和分出的利润后的余额。

2. 未分配利润的会计处理

未分配利润可通过"利润分配"科目进行核算，本科目核算企业利润的分配(或亏损的弥补)和历年分配(或弥补)后的积存余额。该账户的借方登记按规定实际分配的利润数，或年终时从"本年利润"账户的贷方转来的当年亏损总额；贷方登记年终时从"本年利润"账户的借方转来的当年实现的净利润总额；年终贷方余额表示历年积存的未分配利润，如为借方余额，则表示历年积存的未弥补亏损。

"利润分配"科目应当区分"提取法定盈余公积""提取任意盈余公积""应付现金股利或利润""转作股本的股利""盈余公积补亏"和"未分配利润"等进行明细核算。

1) 期末结转的会计处理

企业期末应将各损益类科目的余额转入"本年利润"科目。年度终了，应将本年实现的净利润或净亏损转入"利润分配——未分配利润"科目；同时，将"利润分配"科目所属的其他明细科目的余额，转入"未分配利润"明细科目。结转后，"未分配利润"明细科目的贷方余额，就是未分配利润的金额；如出现借方余额，则表示未弥补亏损的金额。"利润分配"科目所属的其他明细科目应无余额。

2) 分配股利或利润的会计处理

经股东大会决议，分配给股东或投资者的现金股利或利润，借记"利润分配——应付现

金股利或利润"科目,贷记"应付股利"科目。

3) 弥补亏损的会计处理

企业在生产经营过程中既有可能发生盈利,也有可能出现亏损。企业在当年发生亏损的情况下,与实现利润的情况相同,应当将本年发生的亏损自"本年利润"科目转入"利润分配——未分配利润"科目,借记"利润分配——未分配利润"科目,贷记"本年利润"科目,结转后"利润分配"科目的借方余额,即为未弥补亏损的数额。然后通过"利润分配"科目核算有关亏损的弥补情况。

由于未弥补亏损形成的时间长短不同等原因,以前年度未弥补亏损有的可以以当年实现的税前利润弥补,有的则需用税后利润弥补。以当年实现的利润弥补以前年度结转的未弥补亏损,不需要进行专门的账务处理。企业应将当年实现的利润自"本年利润"科目转入"利润分配——未分配利润"科目的贷方,其贷方发生额与"利润分配——未分配利润"的借方余额自然抵补。

【例 9-14】丙股份有限公司本年实现净利润 4 000 000 元,经股东大会批准,该公司按当年净利润的 10% 提取法定盈余公积,并提取任意盈余公积 500 000 元。该公司宣告分派现金股利 450 000 元。则会计处理为

(1) 结转实现的净利润时。

借:本年利润　　　　　　　　　　　　　　　　4 000 000
　　贷:利润分配——未分配利润　　　　　　　　　　4 000 000

(2) 提取法定盈余公积、任意盈余公积时。

借:利润分配——提取盈余公积　　　　　　　　　900 000
　　贷:盈余公积——法定盈余公积　　　　　　　　　400 000
　　　　　　　　——任意盈余公积　　　　　　　　　500 000

(3) 宣告发放现金股利时。

借:利润分配——应付现金股利或利润　　　　　　450 000
　　贷:应付股利　　　　　　　　　　　　　　　　450 000

(4) 将利润分配相关的明细账户转入未分配利润明细账户。

借:利润分配——未分配利润　　　　　　　　　1 350 000
　　贷:利润分配——提取盈余公积　　　　　　　　　900 000
　　　　　　　　——应付现金股利或利润　　　　　　450 000

> 思政案例

企业的税费负担

2020 年,新冠肺炎疫情暴发,在疫情黑天鹅事件的影响下,众多企业停工停产,面临寒冬期。为了防控疫情,助力企业复工复产,稳定外贸扩大内需,税务部门陆续出台了一系列减税降费的优惠政策。

云南提出"依法依规及时落实对医疗机构医疗服务相关的增值税、房产税、城镇土地使用税、耕地占用税等减免政策。在疫情防控期间,暂缓对医院等参与防控防疫的单位和人员开展个人所得税年度汇算工作。"

广东提出"对医用防护服、口罩、医用护目镜、负压救护车、相关药品等疫情防控物资

生产企业……优先落实相关减税降费政策,优先加快办理增值税留抵退税,优先核准延期缴纳税款,全力支持这类企业开展复工复产、扩大生产。"

福建提出"全力支持疫情防控所需疫苗药品、医疗器械的科研攻关,辅导有关企业落实好技术转让、技术开发免征增值税等政策,及高新技术企业所得税优惠税率、研究开发费用加计扣除,以及技术转让所得减免等企业所得税优惠政策。"

国务院常务会议研究决定阶段性减免企业社会保险,实施企业缓缴住房公积金政策。对于企业承担的基本养老保险、失业保险、工伤保险进行3~5个月的减征或免征。

"伴随减税降费政策的迅速落地,预计全年可为企业新增减税降费超亿元,其中减免税收超6 000万元,阶段性减免社保费5 000多万元,为企业发展注入了强劲信心。我们正着手升级装备,进一步扩大产能,满足市场需求。"中信泰富特钢集团总裁、兴澄特钢总经理李国忠说。

(资料来源:https://www.sohu.com/a/374189950_120512283.)

思政要点:

资金是企业持续发展的血液。企业缴纳的各种税费通过"税金及附加"等科目反映在利润表上的同时,也定期以现金流出的形式加以缴纳。疫情防控期间,企业业务开展受到影响,普遍面临资金紧张的困难,阶段性减税降费不仅解了企业生产经营的燃眉之急,助力市场主体经营持续回暖,还能刺激企业不断培育壮大新动能,在创新创造中自主"造血"焕发新生机。

保市场主体就是保社会生产力。通过减税降费政策的快速精准落地,有效发挥出税收作为国家宏观调控的重要经济杠杆作用,无疑能够充分激发市场主体的活力,最大程度对冲疫情的不利影响。

本章小结

通过本章的学习,学生应该掌握负债和所有者权益的内涵和特点;掌握短期借款、应付账款等基本负债账户的设置及会计处理;了解实收资本、资本公积和留存收益的概念、内容和基本会计处理。

同步测试题

一、单项选择题

1. 导致资产和负债金额同时增加的经济业务是(　　)。
   A. 向银行借入一项长期借款　　　　B. 用现金归还借款
   C. 资本公积转增资本　　　　　　　D. 借入短期借款归还应付账款
2. 下列经济交易使得会计等式"资产=负债+所有者权益"两边同时等额减少的是(　　)。

A. 企业以资本公积金转增资本　　B. 将企业债权人的债权转换为股权
　　C. 企业以银行存款归还贷款　　D. 企业以银行存款购买汽车
3. 下列各项中，不属于负债的是( )。
　　A. 预付账款　　B. 预收账款　　C. 应付票据　　D. 应交税费
4. 下列项目中，不属于流动负债的是( )。
　　A. 预收账款　　B. 应付账款　　C. 应付债券　　D. 其他应付款
5. 企业购买商品时，在折扣期内付款而享受的现金折扣，应贷记的账户是( )。
　　A. "银行存款"　　　　　　B. "财务费用"
　　C. "应付账款"　　　　　　D. "营业外收入"
6. 企业"应付账款"账户如果有期末借方余额，反映的是( )。
　　A. 应付给供货单位的款项　　B. 预付给供货单位的款项
　　C. 应收购货单位的款项　　　D. 预收购货单位的款项
7. 企业在编制资产负债表时，一年内到期的长期借款应反映在( )项目中。
　　A. 短期借款　　B. 长期借款　　C. 流动负债　　D. 非流动负债
8. 下列各项中，不通过"应付账款"账户核算的是( )。
　　A. 应付购入材料的进项税额　　B. 应付购入材料的价款
　　C. 应付销货方代垫的运杂费　　D. 应付固定资产的租金
9. 在下列有关"应付账款"的叙述中，不正确的是( )。
　　A. 它是核算企业购买材料、商品或接受劳务而发生债务的账户
　　B. 属于负债类账户
　　C. 若有余额一定在贷方
　　D. 贷方登记应付账款的发生额
10. 企业开出承兑的商业汇票如果到期不能支付，应将应付票据账面余额转入( )账户。
　　A. "应收账款"　　　　　　B. "其他应收款"
　　C. "应付账款"　　　　　　D. "其他应付款"
11. 上市公司发行股票，当实际收到的款项大于发行股票的面值的时候，其差额应该记入( )科目。
　　A. "营业外收入"　　　　　　B. "资本公积——资本溢价"
　　C. "资本公积——股本溢价"　　D. "其他业务收入"
12. 下列各项中，能够引起所有者权益减少的是( )。
　　A. 提取法定盈余公积　　　　B. 减少注册资本
　　C. 增发股票　　　　　　　　D. 派发股票股利
13. 甲公司年初未分配利润是 500 万元，本年实现净利润 1 000 万元，本年提取法定盈余公积 100 万元，提取任意盈余公积 50 万元，宣告发放现金股利 60 万元，则甲公司年末未分配利润是( )万元。
　　A. 1 500　　　B. 1 290　　　C. 1 350　　　D. 1 340
14. 企业可供分配的利润，正确的分配次序是( )。
　　A. 提取法定盈余公积——提取任意盈余公积——向投资者分配利润

B. 向投资者分配利润——提取法定盈余公积——提取任意盈余公积

C. 提取任意盈余公积——提取法定盈余公积——向投资者分配利润

D. 以上选项均正确

15. 以下关于资本公积与留存收益的说法中，不正确的是( )。

A. 留存收益是企业从历年实现的利润中提取或形成的留存于企业的内部积累

B. 留存收益来源于企业生产经营活动实现的利润

C. 资本公积的用途主要是弥补亏损

D. 资本公积主要来自资本溢价(或股本溢价)

二、多项选择题

1. 下列需要用货币资金偿还的负债项目有( )。
   A. 预收账款　　B. 应付账款　　C. 应交税费　　D. 长期借款

2. 下列各项中，能够引起负债和所有者权益项目同时发生变动的有( )。
   A. 宣告分派现金股利　　　　　B. 盈余公积转增资本
   C. 决定向投资者分配利润　　　D. 企业从税后利润中提取法定盈余公积

3. 下列属于负债类会计科目的是( )。
   A. 预收账款　　B. 应交税费　　C. 长期借款　　D. 资本公积

4. 下列能引起资产和所有者权益同时增加的业务有( )。
   A. 收到投资者投入的设备　　　B. 以盈余公积转增资本
   C. 收到投资者投入的货币资金　D. 收到购货单位支付的欠款存入银行

5. 下列经济业务中，不影响负债总额的有( )。
   A. 从银行提取现金　　　　　　B. 预付购买材料款
   C. 向供应商赊购材料　　　　　D. 资本公积转增资本

6. 下列各项中，属于所有者权益项目的有( )。
   A. 实收资本　　B. 资本公积　　C. 盈余公积　　D. 未分配利润

7. 甲股份有限公司首次接受现金资产投资，在进行会计处理时可能涉及的会计科目有( )。
   A. "银行存款"　　　　　　　　B. "股本"
   C. "盈余公积"　　　　　　　　D. "资本公积"

8. 企业增加实收资本的方式，主要有( )。
   A. 接受投资者追加投资　　　　B. 发放现金股利
   C. 资本公积转增资本　　　　　D. 盈余公积转增资本

9. 下列各项中，能引起所有者权益发生变化的有( )。
   A. 盈余公积转增资本　　　　　B. 接受投资者追加投资
   C. 提取任意盈余公积　　　　　D. 股东大会宣告发放现金股利

10. 形成资本溢价(股本溢价)的原因有( )。
    A. 企业溢价发行股票　　　　　B. 企业从净利润中提取的累积资金
    C. 企业历年结存的利润　　　　D. 投资者超额投入资本

三、判断题

1. 企业签发支票支付购货款时,应通过"应付票据"账户核算。（　）
2. 企业对于无法支付的应付账款,应在确认时计入资本公积。（　）
3. 企业的"预收账款"账户属于企业的资产账户。（　）
4. 长期借款所发生的借款利息均应全部计入固定资产的购建成本。（　）
5. 企业发生的各项短期借款利息支出均应计入当期损益。（　）
6. 当债券的票面利率高于市场利率时,债券溢价发行。（　）
7. 企业购入的生产经营用的设备,其增值税专用发票上注明的增值税额应计入固定资产的价值,不得抵扣当期销项税额。（　）
8. 流动负债就是偿还期限在两年之内的负债。（　）
9. 所有的公司都应该设置"实收资本"科目,核算投资者投入资本的增减变动情况。（　）
10. 股份有限公司发行股票等发生的手续费、佣金等交易费用,应从溢价中扣除,即冲减资本公积,溢价不足冲减的,应该计入财务费用。（　）
11. 上市公司发行股票,应该按照发行价格计入股本。（　）
12. 有限责任公司在设立时投入的非货币性资产的价值与实收资本一致,不存在资本公积——资本溢价的问题。（　）
13. 利得和损失不可能直接计入所有者权益,只能通过当期损益,最终影响所有者权益。（　）
14. 实收资本是所有者投入资本形成的,而资本公积、留存收益属于经营过程中形成的。（　）
15. 资本公积的主要来源不是企业实现的利润,而是来自资本溢价(或股本溢价)等。（　）

四、业务题

1. 资料:天行公司 2018 年年初的负债总额为 2 200 000 元。其中流动负债为 1 200 000 元,非流动负债为 1 000 000 元。2018 年该企业发生如下业务。

(1) 向银行借入长期借款 500 000 元,存入银行。
(2) 预收某企业购买材料的货款 20 000 元,存入银行。
(3) 向某公司预付货款 50 000 元,以存款支付。
(4) 归还短期借款 100 000 元。
(5) 购入材料,价税款合计 120 000 元,款项未付。
(6) 本年应付长期借款利息费用 40 000 元(到期一次还本付息)。
(7) 发行的应付债券到期,偿付债券本金 1 000 000 元。
(8) 计算本年应交税费共计 65 000 元,尚未交纳。

要求:计算天行公司 2018 年年末的负债总额、流动负债总额、非流动负债总额各是多少?

2. 资料:大明公司 2018 年发生下列经济业务。

(1) 3 月 1 日向某公司购买 A 材料一批,增值税专用发票上注明价款为 50 000 元,增值税税款为 8 500 元,材料已验收入库。公司开出一张面值为 58 500 元、期限为 6 个月的不带息商业汇票,抵付货款。

(2) 4月20日公司购入B材料一批,增值税专用发票上注明价款为80 000元,增值税税额为13 600元。材料已验收入库,货款尚未支付。

(3) 5月1日公司向红旗工厂购入C材料,增值税专用发票上注明价款为100 000元,增值税税款为17 000元。红旗工厂给出的现金折扣条件为:2/10,N/30。材料已验收入库。

(4) 5月8日与北方公司签订供货合同,销售商品一批,价款为200 000元,应收增值税34 000元。收到北方公司交来的预付款100 000元,存入银行,并约定剩余货款在交货后付清。

(5) 5月10日以银行存款支付红旗工厂全部货款。

(6) 6月28日公司按照合同规定,将货物发送给北方公司,并开出增值税专用发票。发票上注明价款为200 000元,税款为34 000元。同时收到北方公司补付的货款存入银行。

(7) 7月20日以银行存款购入B材料。

(8) 9月1日公司开出的不带息商业汇票到期,以银行存款支付全部款项。

(9) 10月20日公司向南方公司销售产品一批,价款1 000 000元,税款170 000元,原预收1 200 000元,结清货款退回余额。

要求:根据上述业务编制会计分录。

3. 利群有限公司2×19年10月注册成立,注册资本为2 000万元。当月发生有关业务如下。

(1) 接到银行通知,甲公司投入资金830万元。

(2) 收到乙公司投入的材料一批,原账面价值730万元,投资协议约定的价值为800万元,增值税专用发票上注明的进项税额为136万元。

(3) 接受丙公司投入不需要安装的机器设备一台,原账面价值为300万元,已提折旧90万元,投资协议约定的价值为200万元,增值税专用发票上注明的进项税额为34万元。

要求:根据上述业务,编制有关会计分录。

4. 乙股份有限公司2×15年年初"利润分配——未分配利润"贷方余额是700万元。

(1) 2×15年实现利润总额800万元,本年所得税费用为300万元,按净利润的10%提取法定盈余公积,提取任意盈余公积25万元,并宣告发放现金股利25万元。

(2) 2×16年发生亏损600万元。

要求:

(1) 编制2×15年结转本年净利润和利润分配的会计分录。

(2) 编制2×16年结转亏损的会计分录。

(3) 计算2×16年年末未分配利润的金额。

第十章 损 益

教学目标与要求

- 了解收入和费用对财务报表的影响。
- 了解利润及利润分配的主要内容。
- 掌握营业收入的内容和会计处理。
- 掌握税金及附加、期间费用的内容和会计处理。
- 掌握营业利润、利润总额、净利润的计算及利润分配的相关会计处理。
- 理解营业外收入及营业外支出的内容和会计处理。

教学重点与难点

教学重点：

收入的确认及其会计处理；税金及附加和期间费用的确认及其会计处理。营业利润、利润总额、净利润的核算以及利润分配的会计处理。

教学难点：

收入的确认及其会计处理；利润及利润分配的计算与会计处理；利润和财务报表的关系。

案例分析

严宇是一家会计师事务所的资深注册会计师，受邀来到上海某高校会计专业给学生做讲座。他问学生：同学们，你们已经学了很多财务方面的专业知识，所以今天我想问的是，如果一个企业要盈利靠什么？

甲同学说：企业必须得有畅销产品。只有商品卖出去了，企业才会有收入。

乙同学说：企业必须得有高质量的资产，只有这样才能可持续经营。

丙同学说：企业得有核心竞争力，比如说较强的研发能力、良好的销售渠道、稳定的顾客群、高素质的人才队伍等。

丁同学说：企业必须有合理的筹资渠道，否则无法扩大企业经营规模，企业也就无法发展壮大。

戊同学说：企业必须有完善的成本费用控制的制度和措施，即使企业收入再高，若成本费用控制不当，利润也不会高。

同学们积极发言，各抒己见，在争持不下时，大家都期待严会计师给出正确的答案。

严会计师笑着回答："同学们的回答都有一定的道理。我也曾经问过一位企业家相同的问题，他说企业管理千头万绪，但是企业经营必须获利，而要想获利，企业只需要做好两件事情，用一个成语来概括就是'开源节流'，所谓'开源'就是增加企业的收入，而'节流'就是控制成本费用，或者说努力降低各个环节的成本费用，这些与企业每个部门的管理都息息相关。会计动态等式"收入-费用=利润"也说明了同样的道理。"

思考与讨论：

(1) "开源"就是增加企业的收入吗？什么是企业的收入？除了增加畅销商品的销售，扩大商品销售区域等，还有哪些增加企业收入的方法？

(2) "节流"就是控制企业成本费用，那么企业的成本费用主要包括什么？企业如何降低成本，减少不必要的开支。

让我们一些带着这些思考来学习本章内容吧！

第一节 收入及其会计处理

收入项目是利润表的主要组成部分，收入项目的确认和计量会影响财务报表的列报。在其他条件不变的情况下，高估收入会导致高估利润，从而高估所有者权益；低估收入会导致低估利润，从而低估所有者权益，从而影响利润表和资产负债表的准确性。

利润表收入项目中包括营业收入、其他收益、投资收益、净敞口套期收益、公允价值变动收益、资产处置收益、营业外收入等项目，利润表主要收入项目及其对应的会计科目如表 10-1 所示。

表 10-1 利润表主要收入项目及其对应的会计科目

序号	收入项目	会计科目
1	营业收入	主营业务收入、其他业务收入
2	营业外收入	营业外收入

一、收入的确认原则和步骤

(一) 收入的确认原则

企业应当在履行了合同中的履约义务，即在客户取得相关商品控制权时确认收入。取得相关商品控制权，是指客户能够主导该商品的使用并从中获得几乎全部的经济利益，也包括有能力阻止其他方主导该商品的使用并从中获得经济利益。企业在判断商品的控制权是否发生转移时，应当从客户的角度进行分析，即客户是否取得了相关商品的控制权，以及何时取得该控制权。取得商品控制权同时包括下列三个要素。

(1) 能力。企业只有在客户拥有现时权利，能够主导该商品的使用并从中获得几乎全部经济利益时,才能确认收入。如果客户只能在未来的某一期间主导该产品的使用并从中获益,则表明其尚未取得该商品的控制权。例如,企业与客户签订合同为其生产产品,虽然合同约定该客户最终将能够主导该产品的使用,并获得几乎全部的经济利益,但是,只有在客户真正获得这些权利时(根据合同约定,可能是在生产过程中或更晚的时点),企业才能确认收入,在此之前,企业不应当确认收入。

(2) 主导该商品的使用。客户有能力主导该商品的使用,即客户在其活动中有权使用该商品,或者能够允许或阻止其他方使用该商品。

(3) 能够获得几乎全部的经济利益。客户必须拥有获得商品几乎全部经济利益的能力,这样才能被视为获得了对该商品的控制。商品的经济利益是指该商品的潜在现金流量,既包括现金流入的增加,也包括现金流出的减少。客户可以通过使用、消耗、出售、处置、交换、抵押或持有等多种方式直接或间接地获得商品的经济利益。

(二)收入的确认步骤

收入的确认和计量大致分为以下五个步骤(即收入确认和计量的五步法)。
第一步,识别与客户订立的合同。
第二步,识别合同中的单项履约义务。
第三步,确定交易价格。
第四步,将交易价格分摊至各单项履约义务。
第五步,履行各单项履约义务时确认收入。

其中,第一步、第二步和第五步主要与收入的确认有关,第三步和第四步主要与收入的计量有关。本章对第三步和第四步不展开介绍。收入确认的具体内容如下。

(1) 识别与客户订立的合同。本章所称合同,是指双方或多方之间订立有法律约束力的权利义务的协议。合同包括书面形式、口头形式和其他形式(如隐含于商业惯例或企业以往的习惯做法中)。

企业与客户之间的合同同时满足下列五个条件的,企业应当在客户取得相关商品控制权时确认收入。①合同各方已批准该合同并承诺将履行各自义务。②该合同明确了合同各方与所转让商品相关的权利和义务。③该合同有明确的与所转让商品相关的支付条款。④该合同具有商业实质。⑤企业因向客户转让商品而有权取得的对价很可能收回。

企业在进行上述判断时,需要注意下列三点。①合同约定的权利和义务是否具有法律约束力,需要根据企业所处的法律环境和实务操作进行判断。②合同具有商业实质,是指履行该合同将改变企业未来现金流量的风险、时间分布或金额。③企业在评估其因向客户转让商品而有权取得的对价是否很可能收回时,仅应考虑客户到期时支付对价的能力和意图(即客户的信用风险)。当对价是可变对价时,由于企业可能会向客户提供价格折让,企业有权收取的对价可能会低于合同标价。企业向客户提供价格折让的,应当在确定交易价格时进行考虑。

【例10-1】 SD公司向海外客户销售一批商品,合同标价为100万元。

① 如果该合同满足前述五个条件,则SD公司可以确认销售收入100万元。

② 如果该客户所在国正在经历严重的经济困难,SD公司对该客户还款的能力和意图存在疑虑,预计不能从海外客户收回合同标价100万元,则不能确认收入。

③ 如果虽然该客户所在国正在经历严重的经济困难,但SD公司预计该海外客户所在

国家的经济情况将在未来 2~3 年内好转，且与海外客户之间建立的良好关系将有助于其在该国家拓展其他潜在客户，预计该销售合同很可能收回 60 万元，则可以确认销售收入 60 万元。

(2) 识别合同中的单项履约义务。企业应当对合同进行评估，识别该合同所包含的各单项履约义务，并确定各单项履约义务是在某一时段内履行，还是在某一时点履行，企业应在履行了各单项履约义务时分别确认收入。

其中，合同开始日是指合同开始赋予合同各方具有法律约束力的权利和义务的日期，通常是指合同生效日。履约义务是指合同中企业向客户转让可明确区分商品的承诺。

企业承诺向客户转让的商品通常会在合同中明确约定，然而，在某些情况下，虽然合同中没有明确约定，但是在企业已公开宣布的政策、特定声明或以往的习惯做法中可能隐含了企业将向客户转让额外商品的承诺。这些隐含的承诺不一定具有法律约束力，但是，如果在合同订立时，客户根据这些隐含的承诺能够对企业将向其转让某项商品形成合理的预期，则企业在识别合同中所包含的单项履约义务时，应当考虑此类隐含的承诺。例如，企业向客户销售商品，虽然合同没有约定，但是，企业在其宣传广告中宣称，对于购买该商品的客户，企业将为其提供为期 5 年的免费保养服务，如果该广告使客户对于企业提供的保养服务形成合理预期，企业应当考虑该项服务是否构成单项履约义务；又如，企业向客户销售软件，根据企业以往的习惯做法，企业会向客户提供免费的升级服务，如果该习惯做法使得客户对于企业提供的软件升级服务形成合理预期，则企业应当考虑该项服务是否构成单项履约义务。这里的客户既包括直接购买本企业商品的客户，也包括向客户购买本企业商品的第三方，即"客户的客户"。也就是说，企业需要评估其对于客户的客户所作的承诺是否构成单项履约义务，并进行相应的会计处理。

【例 10-2】SD 公司与其经销商胜祥有限责任公司签订合同，将其生产的产品销售给胜祥有限责任公司，胜祥有限责任公司再将该产品销售给最终用户。胜祥有限责任公司是 SD 公司的客户。

(1) 如果合同约定，从胜祥有限责任公司购买 SD 公司产品的最终用户可以享受 SD 公司提供的该产品正常质量保证范围之外的免费维修服务。SD 公司委托胜祥有限责任公司代为提供该维修服务，并且按照约定的价格向胜祥有限责任公司支付相关费用；如果最终用户没有使用该维修服务，则 SD 公司无须向胜祥有限责任公司付款。在这种情况下，该合同下的承诺包括销售产品以及提供维修服务两项履约义务。

(2) 如果合同开始日，双方并未约定 SD 公司将提供任何该产品正常质量保证范围之外的维修服务，SD 公司通常也不提供此类服务。SD 公司向胜祥有限责任公司交付产品时，产品控制权转移给胜祥有限责任公司，该合同即完成。在这种情况下，该合同并未包含提供维修服务的承诺，SD 公司也未通过其他明确或隐含的方式承诺向胜祥有限责任公司或最终用户提供该项服务，因此，SD 公司在该合同下的承诺只有销售产品一项履约义务。

在识别合同中的单项履约义务时，如果合同承诺的某项商品不可明确区分，企业应当将该商品与合同中承诺的其他商品进行组合，直到该组合满足可明确区分的条件。某些情况下，合同中承诺的所有商品组合在一起构成单项履约义务。

【例 10-3】SD 公司对销售的空调提供免费安装服务。

如果某大学为改善教学条件，购入 SD 公司销售的空调一批安装到教学楼和学生宿舍，该销售合同有几项履约义务？

如果某大学为建立国家级实验室，由 SD 公司专门设计安装一台中央空调，该销售合同有几项履约义务？

需要说明的是，在企业向客户销售商品的同时，约定企业需要将商品运至客户指定的地点的情况下，企业需要根据相关商品的控制权转移时点判断该运输活动是否构成单项履约义务。通常情况下，控制权转移给客户之前发生的运输活动不构成单项履约义务，而只是企业为了履行合同而从事的活动，相关成本应当作为合同履约成本；相反，控制权转移给客户之后发生的运输活动则可能表明企业向客户提供了一项服务，企业应当考虑该项服务是否构成单项履约义务。

(3) 确定交易价格。交易价格，是指企业因向客户转让商品而预期有权收取的对价金额。企业代第三方收取的款项(如增值税)，以及企业预期将退还给客户的款项，应当作为负债进行会计处理，不计入交易价格。合同标价并不一定代表交易价格，企业应当根据合同条款，并结合以往的习惯做法确定交易价格。

(4) 将交易价格分摊至各单项履约义务。当合同中包含两项或多项履约义务时，需要将交易价格分摊至各单项履约义务，以使企业分摊至各单项履约义务(或可明确区分的商品)的交易价格能够反映其因向客户转让已承诺的相关商品而预期有权收取的对价金额。

(5) 履行各单项履约义务时确认收入。企业应当在履行了合同中的履约义务，即客户取得相关商品控制权时确认收入。企业需要在合同生效之日，判断每一个履约义务是在某一时段内履行还是在某一时点履行，然后分别确认收入。对于在某一时段内履行的履约义务，企业应当选取恰当的方法来确定履约进度；对于在某一时点履行的履约义务，企业应当综合分析控制权转移的迹象，判断其转移时点。

满足下列条件之一的，属于在某一时段内履行履约义务，相关收入应当在该履约义务履行的期间内确认：①客户不断收到并消耗企业履约所带来的经济利益，通常包括经常性或常规服务。比如，清洁服务(如果第三方履行剩余的清洁服务，那么就无须重做之前的服务)；健身房的服务(第一个月的服务不影响以后月份的服务)；专业法律顾问公司的常年法律服务。②客户能够控制企业履约过程中在建的商品。比如，如果在客户的土地上建造房屋，那么客户就对它有控制权。③企业履约过程中所产出的商品具有不可替代的用途，且该企业在整个合同期间内有权就累计至今已完成的履约部分收取款项。比如，由于商品是按照客户的特殊指示生产的，所以它的一部分不能被单独卖掉。

所有不满足以上任意条件的履约义务，都属于某一时点履行的义务。

属于在某一时点履行的履约义务，企业应当在客户取得相关商品控制权时点确认收入。在判断客户是否已取得商品控制权(即客户是否能够主导该商品的使用并从中获得几乎全部的经济利益)时，企业应当考虑下列五个迹象。

①企业就该商品享有现时收款权利，即客户就该商品负有现时付款义务。当企业就该商品享有现时收款权利时，表明客户已经有能力主导该商品的使用并从中获得几乎全部的经济利益。②企业已将该商品的法定所有权转移给客户，即客户已拥有该商品的法定所有权。当客户取得了商品的法定所有权时，可能表明其已经有能力主导该商品的使用并从中获得几乎全部的经济利益，或者能够阻止其他企业获得这些经济利益，即客户已取得对该商品的控制权。如果企业仅仅是为了确保到期收回货款而保留商品的法定所有权，那么该权利通常不会对客户取得对该商品的控制权构成障碍。③企业已将该商品实物转移给客户，即客户已占有

该商品实物。客户如果已经占有商品实物,则可能表明其有能力主导该商品的使用并从中获得几乎全部的经济利益,或者使其他企业无法获得这些利益。需要说明的是,客户占有了某项商品实物并不意味着其就一定取得了该商品的控制权;反之亦然。④企业已将该商品所有权上的主要风险和报酬转移给客户,即客户已取得该商品所有权上的主要风险和报酬。企业向客户转移了商品所有权上的主要风险和报酬,表明客户已经取得了主导该商品的使用并从中获得几乎全部经济利益的能力。但是,在评估商品所有权上的主要风险和报酬是否转移时,不应考虑导致企业在除所转让商品之外产生其他单项履约义务的风险。例如,企业将产品销售给客户,并承诺提供后续维护服务的安排中,销售产品和提供维护服务均构成单项履约义务。企业将产品销售给客户之后,虽然仍然保留了与后续维护服务相关的风险,但是,由于维护服务构成单项履约义务,所以该保留的风险并不影响企业已将产品所有权上的主要风险和报酬转移给客户的判断。⑤客户已接受该商品。如果企业销售给客户的商品通过了客户的验收,表明客户已经取得了该商品的控制权。合同中有关客户验收的条款,可能允许客户在商品不符合约定规格的情况下解除合同或要求企业采取补救措施。因此,企业在评估是否已经将商品的控制权转移给客户时,应当考虑此类条款。当企业能够客观地确定其已经按照合同约定的标准和条件将商品的控制权转移给客户时,客户验收只是一项例行程序,并不影响企业判断客户取得该商品控制权的时点。例如,企业向客户销售一批必须满足规定尺寸和重量的产品,合同约定,客户收到该产品时,将对其进行验收。由于该验收条件是一个客观标准,企业在客户验收前就能够确定其是否满足约定的标准,则客户验收只是一项例行程序。实务中,企业应当根据过去执行类似合同积累的经验以及客户验收的结果取得相应证据。当在客户验收之前确认收入时,企业还应当考虑是否还存在剩余的履约义务,如设备安装,并且评估是否应当对其单独进行会计处理。相反,当企业无法客观地确定其向客户转让的商品是否符合合同规定的条件时,在客户验收之前,企业不能认为已经将该商品的控制权转移给了客户。因为在这种情况下,企业无法确定客户是否能够主导该商品的使用并从中获得几乎全部的经济利益。例如,客户主要基于主观判断进行验收时,该验收往往不能被视为仅仅是一项例行程序,在验收完成之前,企业无法确定其商品是否能够满足客户的主观标准,因此,企业应当在客户完成验收并接受该商品时才确认收入。实务中,定制化程度越高的商品越难以证明客户验收仅仅是一项例行程序。

此外,如果企业将商品发送给客户供其试用或者测评,且客户并未承诺在试用期对商品在使用结束前支付任何对价,则在客户接受该商品或者在试用期结束之前,该商品的控制权并未转移给客户。

需要强调的是,在上述五个迹象中,并没有哪一个或哪几个迹象是决定性的,企业应当根据合同条款和交易实质进行分析,综合判断其是否将商品的控制权转移给客户以及何时转移的,从而确定收入确认的时点。此外,企业应当从客户的角度进行评估,而不应当仅考虑自身的看法。

【例 10-4】SD 房地产开发公司正在建造一栋住宅楼,与希德有限责任公司签订了销售合同。

① 如果希德有限责任公司在订立合同时支付保证金,且该保证金在 SD 房地产开发公司未能完成住宅楼建设时返还,那么剩余价款需要到实际取得住宅楼时仍保留保证金。由于 SD 房地产开发公司在建造过程中,不能取得合同已完成部分付款可执行能力,只能在交房时才

确认收入,所以该合同为某一时点履约义务。

② 如果希德有限责任公司在订立合同时支付不可返还保证金,那么按照工程进度支付款项,且不可转让给其他客户。另外,除非 SD 房地产开发公司未能按时履约,否则不能终止合同。由于合同禁止转让住宅楼给其他客户,所以该合同履约创造的资产具备不可替代性,而且由于合同规定按照工程进度付款,从而使得 SD 房地产开发公司有取得合同已完成部分付款可执行能力。因此,该合同为某一时间段履约义务。

二、营业收入

营业收入是指企业在从事销售商品、提供劳务和让渡资产使用权等日常经营活动过程中取得的收入,包括主营业务收入和其他业务收入。企业日常经营活动是指企业为完成其经营目标所从事的经常性活动以及与之相关的其他活动。不同行业的企业具有不同的日常经营活动,例如,工业企业的日常经营活动是制造和销售产品,商业企业的日常经营活动是销售商品,商业银行的日常经营活动是存贷款和办理结算,租赁公司的日常经营活动是出租资产,软件开发企业的日常经营活动是开发并销售软件,咨询公司的日常经营活动是提供咨询服务,餐饮企业的日常经营活动是提供餐饮服务,互联网企业的日常经营活动是提供互联网服务。不同的日常经营活动产生的收入确认、计量和会计处理都不相同,本章只介绍制造型企业营业收入的会计处理。

(一)主营业务收入

主营业务收入是指企业为完成其经营目标所从事的主要经营活动所实现的收入。

为了核算企业确认的销售商品、提供劳务等主营业务的收入,企业应该设置"主营业务收入"科目,借方登记主营业务收入的减少或转出额;贷方登记主营业务收入的增加额;期末,应将该科目的余额转入"本年利润"科目,结转后该科目应无余额。

企业销售商品或提供劳务实现的收入,应按实际收到或应收的金额,借记"银行存款""应收账款""应收票据"等科目;按确认的营业收入,贷记"主营业务收入""应交税费——应交增值税(销项税额)"科目。

【例 10-5】SD 公司采用托收承付结算方式向胜祥有限责任公司销售一批商品,开具的增值税专用发票上注明的价款为 2 000 000 元,增值税税额为 260 000 元,已办理托收手续。其会计处理如下。

借:应收账款　　　　　　　　　　　　　　2 260 000
　　贷:主营业务收入　　　　　　　　　　　2 000 000
　　　　应交税费——应交增值税(销项税额)　　260 000

如果企业售出商品不符合收入确认的五个迹象,不应确认收入。为了单独反映已经发出但尚未确认销售收入的商品成本,企业应增设"发出商品"科目,借方登记发出商品的增加额;贷方登记发出商品的退回或转出额;期末余额在借方,反映企业发出商品的实际成本(或进价)或计划成本(或售价)。

【例 10-6】SD 公司委托胜祥有限责任公司销售机器零件 1 000 件,商品已经发出,每件成本为 70 元。合同约定胜祥有限责任公司应按每件 100 元对外销售,SD 公司按不含增值税的销售价格的 10%向胜祥有限责任公司支付手续费。胜祥有限责任公司对外实际销售 1 000 件，开具的增值税专用发票上注明的销售价格为 100 000 元，增值税税额为 13 000 元，款项已经收到，胜祥有限责任公司立即向 SD 公司开具代销清单并支付货款。SD 公司收到胜祥有限责任公司开具的代销清单时，向胜祥有限责任公司开具一张相同金额的增值税专用发票。假定 SD 公司发出机器零件时纳税义务尚未发生，手续费增值税税率为 6%，不考虑其他因素。

本例中，SD 公司将机器零件发送至胜祥有限责任公司后，胜祥有限责任公司虽然已经实际占有该批机器零件，但是仅是接受 SD 公司的委托销售该批机器零件，并根据实际销售的数量赚取一定比例的手续费，SD 公司有权要求收回该批机器零件或将其销售给其他客户，胜祥有限责任公司并不能主导这些商品的销售，这些商品对外销售与否、是否获利以及获利多少等不由胜祥有限责任公司控制，胜祥有限责任公司没有取得这些商品的控制权。因此，SD 公司将该批机器零件发送至胜祥有限责任公司时，不应确认收入，而应当在胜祥有限责任公司将该批机器零件销售给最终客户时确认收入。

根据上述资料，SD 公司的会计处理如下。

(1) 发出代销商品时。

借：发出商品　　　　　　　　　　　　　　　　70 000
　　贷：库存商品　　　　　　　　　　　　　　　　70 000

(2) 收到代销清单，同时发生增值税纳税义务时。

借：应收账款　　　　　　　　　　　　　　　　113 000
　　贷：主营业务收入　　　　　　　　　　　　　100 000
　　　　应交税费——应交增值税(销项税额)　　　13 000

借：主营业务成本　　　　　　　　　　　　　　70 000
　　贷：发出商品　　　　　　　　　　　　　　　　70 000

借：销售费用　　　　　　　　　　　　　　　　10 000
　　应交税费——应交增值税(进项税额)　　　　　600
　　贷：应收账款　　　　　　　　　　　　　　　10 600

(3) 收到货款时。

借：银行存款　　　　　　　　　　　　　　　　102 400
　　贷：应收账款　　　　　　　　　　　　　　　102 400

(二)其他业务收入

其他业务收入是指除主营业务活动以外的其他经营活动实现的收入，包括出租固定资产、出租无形资产、出租包装物和商品、销售材料等实现的收入。

为了核算企业确认的其他业务收入，企业应该设置"其他业务收入"科目，借方登记其他业务收入的减少或转出；贷方登记其他业务收入的增加；期末，应将该科目的余额转入"本年利润"科目，结转后该科目应无余额。

企业确认的其他业务收入，借记"银行存款""其他应收款"等科目，贷记"其他业务收入""应交税费——应交增值税(销项税额)"科目。

1. 销售材料的会计处理

企业销售原材料取得收入的确认和计量原则比照商品销售，作为其他业务收入处理。

【例10-7】SD公司销售一批原材料，开具的增值税专用发票上注明的售价为10 000元，增值税税额为1300元，款项已由银行收妥。会计处理如下。

借：银行存款　　　　　　　　　　　　　　　　　　　　11 300
　　贷：其他业务收入　　　　　　　　　　　　　　　　10 000
　　　　应交税费——应交增值税(销项税额)　　　　　　 1 300

2. 让渡资产使用权收入的会计处理

让渡资产使用权收入主要指让渡资产使用权的使用费收入，包括出租固定资产、出租无形资产、出租包装物和商品。企业让渡资产使用权的使用费收入，一般作为其他业务收入处理。

让渡资产使用权收入应同时满足下列条件，才能予以确认。

(1) 相关的经济利益很可能流入企业。相关的经济利益很可能流入企业，是指让渡资产使用权收入金额收回的可能性大于不能收回的可能性。企业在确定让渡资产使用权收入金额能否收回时，应当根据对方企业的信誉和生产经营情况、双方就结算方式和期限等达成的合同或协议条款等因素，综合进行判断。如果企业估计让渡资产使用权收入金额收回的可能性不大，就不应确认收入。

(2) 收入的金额能够可靠地计量。收入的金额能够可靠地计量，是指让渡资产使用权收入的金额能够合理地估计。如果让渡资产使用权收入的金额不能够合理地估计，则不应确认收入。

使用费收入应当按照有关合同或协议约定的收费时间和方法计算确定。不同的使用费收入，收费时间和方法各不相同。有一次性收取一笔固定金额的；有在合同或协议规定的有效期内分期等额收取的；也有分期不等额收取的，如合同或协议规定按资产使用方每期销售额的百分比收取使用费等。

如果合同或协议规定一次性收取使用费，且不提供后续服务的，应当视同销售该项资产一次性确认收入；提供后续服务的，应在合同或协议规定的有效期内分期确认收入。如果合同或协议规定分期收取使用费的，通常应按合同或协议规定的收款时间和金额或规定的收费方法计算确定的金额分期确认收入。

【例10-8】SD公司转让专利权的使用权，协议约定转让期为5年，每年年末收取的使用费为200 000元，开具的增值税专用发票上注明的价款为200 000元，增值税税额为12 000元。每年取得租金时，会计处理如下。

借：银行存款　　　　　　　　　　　　　　　　　　　　212 000
　　贷：其他业务收入　　　　　　　　　　　　　　　　200 000
　　　　应交税费——应交增值税(销项税额)　　　　　　 12 000

企业与客户之间的合同，在合同开始日即满足收入确认的五个条件的，企业在后续期间无须对其进行重新评估，除非有迹象表明相关事实和情况发生重大变化。例如，企业与客户签订了一份合同，在合同开始日，企业认为该合同满足收入确认的五个条件。但是，在后续期间，客户的信用风险显著升高，企业需要评估其在未来向客户转让剩余商品而有权取得的对价是否很可能收回。如果不能满足很可能收回的条件，应当停止确认收入，并且只有当后续合同条件再度满足时或者当企业不再负有向客户转让商品的剩余义务，且已向客户收取的对价无须退回时，才能将已收取的对价确认为收入，但是，不应当调整在此之前已经确认的收入。

3. 受托代销商品的会计处理

采用支付手续费委托代销方式下，委托方在发出商品时，商品所有权上的主要风险和报酬并未转移给受托方，受托方应在代销商品销售后，按合同或协议约定的方式计算确定代销手续费，确认劳务收入，作为其他业务收入处理。

受托方可通过"受托代销商品""受托代销商品款"或"应付账款"等科目，对受托代销商品进行核算。企业收到代销商品时，借记"受托代销商品"科目，贷记"受托代销商品款"科目；对外销售代销商品时，借记"银行存款"等科目，贷记"受托代销商品""应交税费——应交增值税(销项税额)"等科目；确认代销手续费收入时，借记"受托代销商品款"科目，贷记"其他业务收入""应交税费——应交增值税(销项税额)"等科目。

【例 10-9】沿用例 10-6 中的数据，作为受托方的胜祥有限责任公司的会计处理如下。

(1) 收到代销商品时。

借：受托代销商品　　　　　　　　　　　　　　100 000
　　贷：受托代销商品款　　　　　　　　　　　　100 000

(2) 对外销售代销商品时。

借：银行存款　　　　　　　　　　　　　　　　113 000
　　贷：受托代销商品　　　　　　　　　　　　　100 000
　　　　应交税费——应交增值税(销项税额)　　　 13 000

(3) 收到委托方开具的增值税专用发票时。

借：受托代销商品款　　　　　　　　　　　　　100 000
　　应交税费——应交增值税(进项税额)　　　　　13 000
　　贷：应付账款　　　　　　　　　　　　　　　113 000

(4) 支付货款并确认代销手续费收入时。

借：应付账款　　　　　　　　　　　　　　　　113 000
　　贷：银行存款　　　　　　　　　　　　　　　102 400
　　　　其他业务收入——代销手续费　　　　　　 10 000
　　　　应交税费——交增值税(销项税额)　　　　　　 600

三、营业外收入

(一)营业外收入的概念

营业外收入是指企业取得的与日常活动没有直接关系的各项利得。

营业外收入并不是企业经营资金耗费所产生的，实际上是经济利益的净流入，不需要与有关的费用进行配比，主要包括非流动资产毁损报废收益、盘盈利得、捐赠利得等。

其中，非流动资产毁损报废收益，是指因自然灾害等发生毁损、已丧失使用功能而报废非流动资产所产生的清理收益。

盘盈利得是指企业对现金等资产清查盘点时发生盘盈，报经批准后计入营业外收入的金额。

捐赠利得是指企业接受捐赠产生的利得。

(二)营业外收入的会计处理

为了核算企业确认的营业外收入，企业应该设置"营业外收入"科目，借方登记营业外收入的减少或转出；贷方登记营业外收入的增加；期末，应将该科目的余额转入"本年利润"科目，结转后该科目应无余额。

1. 处置固定资产毁损报废收益

固定资产报废的原因一般有两类：一类是由于使用期限已满不再继续使用而形成的正常报废；另一类是对折旧年限估计不准确或非正常原因造成的提前报废，如确定预计使用年限时未考虑无形损耗而在技术进步时必须淘汰的固定资产以及由于管理不善或自然灾害造成的固定资产毁损等。

正常报废的固定资产已提足折旧，其账面价值应为预计净残值。但由于实际净残值与预计净残值可能有所不同，因而在清理过程中也可能发生净损益。如发生利得，应计入营业外收入。提前报废的固定资产未提足折旧，未提足的折旧也不再补提，而是在计算清理净损益时一并考虑。

此外，毁损的固定资产根据其毁损原因，有可能收回一部分赔偿款，如自然灾害造成的毁损有可能取得保险公司的赔款，管理不善造成的毁损有可能取得有关责任者的赔款。企业取得的赔款也视为清理过程中的一项收入，借记"其他应收款"等科目，贷记"固定资产清理"科目。企业确认处置固定资产毁损报废收益时，借记"固定资产清理""银行存款"等科目，贷记"营业外收入"科目。

【例10-10】SD公司将一台设备报废清理，其原始价值为100 000元，累计折旧为95 000元。相关会计处理如下。

(1) 确认时。

借：固定资产清理　　　　　　　　　　　　　5 000
　　累计折旧　　　　　　　　　　　　　　　95 000
　　贷：固定资产　　　　　　　　　　　　　　　　100 000

(2) 上述设备在清理过程中，用银行存款支付清理费2 000元。

借：固定资产清理　　　　　　　　　　　　　2 000
　　贷：银行存款　　　　　　　　　　　　　　　　2 000

(3) 出售上述设备，收到价款10 000元，已存入银行。假设不考虑相关税费。

借：银行存款　　　　　　　　　　　　　　　10 000
　　贷：固定资产清理　　　　　　　　　　　　　　10 000

(4) 上述设备清理结束，将获得的净收益转为企业的营业外收入。

清理净收益=10 000-5 000-2000=3 000(元)

借：固定资产清理　　　　　　　　　　　　　3 000
　　贷：营业外收入　　　　　　　　　　　　　　　3 000

2. 盘盈利得、捐赠利得

企业确认盘盈利得、捐赠利得计入营业外收入时，借记"库存现金""待处理财产损溢"等科目，贷记"营业外收入"科目。

【例 10-11】SD 公司在财产清查中发现现金长款 500 元。相关会计处理如下。

(1) 发现盘盈时。

借：库存现金　　　　　　　　　　　　　　　　　　　　500
　　贷：待处理财产损溢　　　　　　　　　　　　　　　　　　500

(2) 该笔长款如果无法查明原因，经批准，可作如下处理。

借：待处理财产损溢　　　　　　　　　　　　　　　　　500
　　贷：营业外收入　　　　　　　　　　　　　　　　　　　　500

3. 应付款项无法支付

企业对于确定无法支付的应付账款应予以转销，按其账面余额计入营业外收入，借记"应付账款"等科目，贷记"营业外收入"科目。

【例 10-12】SD 公司确认一笔应付货款 50 000 元为无法支付的款项，对此予以转销。会计处理如下。

借：应付账款　　　　　　　　　　　　　　　　　　　50 000
　　贷：营业外收入　　　　　　　　　　　　　　　　　　　50 000

第二节　费用及其会计处理

费用是利润表的主要组成部分，在其他条件不变的情况下，高估费用会导致低估利润，从而低估所有者权益；低估费用会导致高估利润，从而高估所有者权益，从而影响利润表和资产负债表的准确性。利润表费用项目中包括营业成本、税金及附加、销售费用、管理费用、研发费用、财务费用、营业外支出和所得税费用等项目，利润表主要费用项目及其对应的会计科目如表 10-2 所示。

表 10-2　利润表主要费用项目及其对应的会计科目

序号	费用项目	会计科目
1	营业成本	主营业务成本、其他业务成本
2	税金及附加	税金及附加
3	销售费用	销售费用
4	管理费用	管理费用
5	研发费用	管理费用
6	财务费用	财务费用
7	营业外支出	营业外支出

一、营业成本

营业成本是指企业为生产产品、提供劳务等发生的可归属于产品成本、劳务成本等的费用，应当在确认销售商品收入、提供劳务收入等时，将已销售商品、已提供劳务的成本等计入当期损益。营业成本包括主营业务成本和其他业务成本。不同行业日常经营活动产生的费用确认、计量和会计处理都不相同，本章只介绍制造业企业营业成本的会计处理。

(一)主营业务成本

主营业务成本是指企业销售商品、提供劳务等经常性活动所发生的成本。同时，也是合同履约成本摊销的过程。

1. 合同成本

1) 合同履约成本

企业为履行合同可能会发生各种成本，企业应当对这些成本进行分析。企业为履行合同发生的成本，属于《企业会计准则》规范范围且同时满足下列条件的，应当作为合同履约成本确认为一项资产。

(1) 该成本与一份当前或预期取得的合同直接相关。预期取得的合同应当是企业能够明确识别的合同，例如，现有合同续约后的合同、尚未获得批准的特定合同等。与合同直接相关的成本包括直接人工(如支付给直接为客户提供所承诺服务的人员的工资、奖金)、直接材料(如为履行合同耗用的原材料、辅助材料、构配件、零件、半成品的成本和周转材料的摊销及租赁费用)、制造费用或类似费用(如组织和管理相关生产、施工、服务等活动发生的费用，包括管理人员的职工薪酬、劳动保护费、固定资产折旧费及修理费、物料消耗、取暖费、水电费、办公费、差旅费、财产保险费、工程保修费、排污费、临时设施摊销费等)、明确由客户承担的成本以及仅因该合同而发生的其他成本(如支付给分包商的成本、机械使用费、设计和技术援助费用、施工现场二次搬运费、生产工具和用具使用费、检验试验费、工程定位复测费、工程点交费用、场地清理费)。

(2) 该成本增加了企业未来用于履行(包括持续履行)履约义务的资源。

(3) 该成本预期能够收回。

企业应当在下列支出发生时，将其计入当期损益。

一是管理费用，除非这些费用明确由客户承担。

二是非正常消耗的直接材料、直接人工和制造费用(或类似费用)，这些支出为履行合同而发生，但未反映在合同价格中。

三是与履约义务中已履行(包括已全部履行或部分履行)部分相关的支出，即该支出与企业过去的履约活动相关。

四是无法在尚未履行的与已履行(或已部分履行)的履约义务之间区分的相关支出。

2) 合同履约成本的摊销

与合同履约成本有关的企业资产，应当采用与该资产相关的商品收入确认相同的基础(即在履约义务履行的时点或按照履约义务的履约进度)进行摊销，计入当期损益。

根据上述规定，合同履约成本即产品的生产成本或劳务的投入成本，在成本发生时应通过"生产成本""制造费用"等科目进行核算，完工时转入"库存商品"等科目，销售时再转入"主营业务成本"科目。

【例10-13】SD 公司与希德有限责任公司签订合同，销售一批产品。产品生产过程中投入的材料、人工和制造费用构成合同的履约成本，形成库存商品。商品实际发出时，构成合同履约成本的摊销，形成主营业务成本。

2. 主营业务成本的会计处理

为了核算企业确认销售商品、提供服务等主营业务收入时应结转的成本，企业应该设置"主营业务成本"科目，借方登记主营业务成本的增加；贷方登记主营业务成本的减少或转出；期末，应将该科目的余额转入"本年利润"科目，结转后该科目应无余额。

企业因销售商品、提供劳务等日常活动而发生的实际成本，借记"主营业务成本"科目，贷记"库存商品"等科目。采用计划成本或售价核算库存商品的，平时的营业成本按计划成本或售价结转，月末，还应结转本月销售商品应分摊的产品成本差异或商品进销差价。

【例10-14】SD公司销售一批产品，该批产品的成本为190 000元。会计处理如下。

　　借：主营业务成本　　　　　　　　　　　　　　190 000
　　　　贷：库存商品　　　　　　　　　　　　　　　　　190 000

(二)其他业务成本

其他业务成本是指企业确认的除主营业务活动以外的其他日常经营活动所发生的支出。其他业务成本包括销售材料的成本、出租固定资产的折旧额、出租无形资产的摊销额、出租包装物的成本或摊销额等。

为了核算企业确认的除主营业务活动以外的其他经营活动所发生的支出，企业应该设置"其他业务成本"科目，借方登记其他业务成本的增加；贷方登记其他业务成本的减少或转出；期末，应将该科目的余额转入"本年利润"科目，结转后该科目应无余额。

1. 销售材料的会计处理

企业销售原材料时，其成本确认和计量原则比照商品销售，作为其他业务成本处理。

【例10-15】SD公司销售一批原材料，其成本为90 000元。会计处理如下。

　　借：其他业务成本　　　　　　　　　　　　　　90 000
　　　　贷：原材料　　　　　　　　　　　　　　　　　　90 000

2. 让渡资产使用权成本的会计处理

让渡资产使用权成本主要指企业对所让渡资产计提摊销以及所发生的与让渡资产使用权有关的支出等，一般作为其他业务成本处理。

【例10-16】SD公司将自行开发完成的非专利技术出租给一家公司，该非专利技术的成本为240 000元，双方约定的租赁期限为10年，SD公司每月应摊销2 000元。每月摊销非专利技术成本时，会计处理如下。

　　借：其他业务成本　　　　　　　　　　　　　　2 000
　　　　贷：累计摊销　　　　　　　　　　　　　　　　　2 000

二、税金及附加

为了核算企业经营活动发生的消费税、城市维护建设税、教育费附加、资源税、房产税、城镇土地使用税、车船税、印花税等相关税费，企业应该设置"税金及附加"科目，借方登记税金及附加的增加，贷方登记税金及附加的减少或转出，期末，应将该科目的余额转入

"本年利润"科目，结转后该科目应无余额。

企业按规定计算确定的与经营活动相关的税费，借记"税金及附加"科目，贷记"应交税费"科目。企业缴纳的印花税，不会发生应付未付税款的情况，不需要预计应纳税金额，同时也不存在与税务机关结算或者清算的问题。因此，企业缴纳的印花税不通过"应交税费"科目核算，于购买印花税票时，直接借记"税金及附加"科目，贷记"银行存款"科目。

【例10-17】SD公司取得应纳消费税的销售商品收入3 000 000元，该产品适用的消费税税率为25%。会计处理如下。

应交消费税税额=3 000 000×25%=750 000(元)

借：税金及附加	750 000
贷：应交税费——应交消费税	750 000

【例10-18】2020年7月，SD公司当月实际应交增值税税额450 000元，应交消费税税额150 000元，城建税税率为7%，教育费附加征收率为3%。

(1) 计算确认应交城建税和教育费附加时，会计处理如下。

应交城建税税额=(450 000+150 000)×7%=42 000(元)

应交教育费附加金额=(450 000+150 000)×3%=18 000(元)

借：税金及附加	60 000
贷：应交税费——应交城建税	42 000
——应交教育费附加	18 000

(2) 实际缴纳城建税和教育费附加时，会计处理如下。

借：应交税费——应交城建税	42 000
——应交教育费附加	18 000
贷：银行存款	60 000

三、期间费用

期间费用是指企业日常活动发生的不能计入特定核算对象的成本，而应计入发生当期损益的费用，包括销售费用、管理费用和财务费用。管理费用还包括研发费用，即企业内部研究和开发无形资产的过程中，研究阶段的全部支出、开发阶段不符合资本化条件的支出，以及确实无法区分研究阶段和开发阶段的支出。

期间费用是企业为组织和管理整个经营活动所发生的费用，与可以确定特定成本核算对象的材料采购、产成品生产等没有直接关系，因而期间费用不计入有关核算对象的成本，而是直接计入当期损益。

期间费用包含以下两种情况：一是企业发生的支出不产生经济利益，或者即使产生经济利益但不符合或不再符合资产确认条件的，应当在发生时确认为费用，计入当期损益；二是企业发生的交易或事项导致其承担了一项负债，而又不确认为一项资产的，应当在发生时确认为费用计入当期损益。

期间费用需要和合同的取得成本区分开。合同取得成本，即企业为取得合同发生的增量成本预期能够收回的，应当作为合同取得成本确认为一项资产。增量成本，是指企业不取得合同就不会发生的成本，说得更简单直接一些，就是只有合同签订交易发生了企业才会支付这笔费用。如果合同签订不了、交易也不发生，企业就不会发生这笔支出，这样的成本对于企业来讲就是合同的增量成本，如销售佣金。企业为取得合同发生的、除预期能够收回的增量成本之外的其他支出(如无论是否取得合同均会发生的差旅费、投标费、为准备投标资料发生的相关费用等)应当在发生时计入当期损益，作为期间费用核算。

(一)销售费用

销售费用是指企业销售商品和材料、提供劳务的过程中发生的各种费用，包括企业在销售商品过程中发生的保险费、包装费、展览费和广告费、商品维修费、预计产品质量保证损失、运输费、装卸费等以及为销售本企业商品而专设的销售机构(含销售网点、售后服务网点等)的职工薪酬、业务费、折旧费等经营费用。企业发生的与专设销售机构相关的固定资产修理费用等后续支出也属于销售费用。

为了核算销售费用的发生和结转情况，企业应设置"销售费用"科目，借方登记企业所发生的各项销售费用；贷方登记期末转出的销售费用；期末，应将该科目的余额转入"本年利润"科目，结转后该科目应无余额。

【例 10-19】SD 公司宣传新产品发生广告费，取得的增值税专用发票上注明的价款为 100 000 元，增值税税额为 6 000 元，用银行存款支付。会计处理如下。

借：销售费用　　　　　　　　　　　　　　　　　　　100 000
　　应交税费——应交增值税(进项税额)　　　　　　　　6 000
　　贷：银行存款　　　　　　　　　　　　　　　　　　106 000

【例 10-20】SD 公司销售一批产品，取得的增值税专用发票上注明的运输费为 7 000 元，增值税税额为 630 元，取得的增值税普通发票上注明的装卸费为 3 000 元，上述款项均用银行存款支付。会计处理如下。

借：销售费用　　　　　　　　　　　　　　　　　　　10 000
　　应交税费——应交增值税(进项税额)　　　　　　　　630
　　贷：银行存款　　　　　　　　　　　　　　　　　　10 630

(二)管理费用

管理费用是指企业为组织和管理生产经营而发生的各种费用，包括企业在筹建期间发生的开办费、董事会和行政管理部门在企业的经营管理中发生的以及应由企业统一负担的公司经费(包括行政管理部门职工薪酬、物料消耗、低值易耗品摊销、办公费和差旅费等)、行政管理部门负担的工会经费、董事会费(包括董事会成员津贴、会议费和差旅费等)、聘请中介机构费、咨询费(含顾问费)、诉讼费、业务招待费、技术转让费、研究费用、排污费等。行政管理部门发生的固定资产修理费用等后续支出，也作为管理费用核算。企业进行研究与开发过程中发生的费用化支出记入"管理费用"科目下的"研发费用"明细科目。

为了核算管理费用的发生和结转情况，企业应设置"管理费用"科目，借方登记企业发生的各项管理费用；贷方登记期末管理费用的转出；期末，应将该科目的余额转入"本年利润"科目，结转后该科目应无余额。

【例 10-21】SD 公司为拓展产品销售市场发生业务招待费 50 000 元，取得的增值税专用发票上注明的增值税税额为 3 000 元，款项已用银行存款支付。会计处理如下。

借：管理费用　　　　　　　　　　　　　　　　　　　50 000

应交税费——应交增值税(进项税额)	3 000
贷：银行存款	53 000

(三)财务费用

财务费用是指企业为筹集生产经营所需资金等而发生的筹资费用，包括利息支出(减利息收入)、汇兑损益以及相关的手续费、企业发生或收到的现金折扣等。

为了核算财务费用的发生和结转情况，企业应设置"财务费用"科目，借方登记企业发生的各项财务费用；贷方登记期末财务费用的转出；期末，应将该科目的余额转入"本年利润"科目，结转后该科目应无余额。

四、营业外支出

(一)营业外支出的概念

营业外支出是指企业发生的与其日常活动无直接关系的各项损失，主要包括非流动资产毁损报废损失、公益性捐赠支出、盘亏损失、非常损失、罚款支出等。

非流动资产毁损报废损失，是指因自然灾害等发生毁损、已丧失使用功能而报废非流动资产所产生的清理损失。

公益性捐赠支出是指企业对外进行公益性捐赠发生的支出。

盘亏损失，主要是指对于财产清查盘点中盘亏的资产，查明原因并报经批准后计入营业外支出的损失。

非常损失是指企业对于因客观因素(如自然灾害等)产生的损失，扣除保险公司赔偿后应计入营业外支出的净损失。

罚款支出是指企业支付的行政罚款、税务罚款，以及其他违反法律法规、合同协议等而支付的罚款、违约金、赔偿金等支出。

(二)营业外支出的会计处理

为了核算企业发生的各项营业外支出，企业应设置"营业外支出"科目，借方登记企业发生的各项营业外支出；贷方登记期末营业外支出的转出；期末，应将该科目的余额转入"本年利润"科目，结转后该科目应无余额。

1. 非流动资产毁损报废损失

固定资产毁损报废，在清理过程中发生清理费用，视为清理过程中的一项支出，借记"固定资产清理"等科目，贷记"银行存款"科目。企业确认处置固定资产毁损报废损失时，借记"营业外支出"科目，贷记"固定资产清理"科目。

无形资产的报废，是指无形资产预期不能为企业带来未来经济利益，不再符合无形资产的定义，因此，对其进行相关会计处理。例如，某无形资产已被其他新技术替代或超过法律保护期，不能再为企业带来经济利益的，则不再符合无形资产的定义，应将其报废并予以转销，其账面价值转作当期损益。转销时，应按已计提的累计摊销，借记"累计摊销"科目；按其账面余额，贷记"无形资产"科目；按其差额，借记"营业外支出"科目。

【例10-22】2018年1月1日，SD公司取得一项价值1 000 000元的非专利技术并确认为无形资产,采用直线法摊销,摊销期限为 10 年。2 年后,由于该技术已被其他新技术替代,公司决定将其转入报废处理,报废时已累计摊销 200 000 元。会计处理如下。

借:营业外支出　　　　　　　　　　　　　　　800 000
　　累计摊销　　　　　　　　　　　　　　　　200 000
　　贷:无形资产　　　　　　　　　　　　　　　　　1 000 000

【例 10-23】SD 公司的一台生产产品用设备因自然灾害毁损,其原价为 80 000 元,累计折旧为 30 000 元。相关会计处理如下。

(1) 将该设备转入清理。

借:固定资产清理　　　　　　　　　　　　　　50 000
　　累计折旧　　　　　　　　　　　　　　　　30 000
　　贷:固定资产　　　　　　　　　　　　　　　　　80 000

(2) 上述设备在清理过程中发生清理费 600 元,已用银行存款支付。

借:固定资产清理　　　　　　　　　　　　　　600
　　贷:银行存款　　　　　　　　　　　　　　　　　600

(3) 上述设备在清理过程中收回残料 150 元。

借:原材料　　　　　　　　　　　　　　　　　150
　　贷:固定资产清理　　　　　　　　　　　　　　　150

(4) 根据保险合同,上述设备损失应由保险公司赔偿 45 000 元。

借:其他应收款　　　　　　　　　　　　　　　45 000
　　贷:固定资产清理　　　　　　　　　　　　　　　45 000

(5) 以上设备清理结束,将发生的净损失转为企业的营业外支出。

净损失=50 000+600-150-45 000=5 450(元)

借:营业外支出　　　　　　　　　　　　　　　5 450
　　贷:固定资产清理　　　　　　　　　　　　　　　5 450

2. 盘亏、罚款支出

确认盘亏、罚款支出时,借记"营业外支出"科目,贷记"待处理财产损溢""库存现金"等科目。

【例 10-24】SD 公司用银行存款支付税款滞纳金 50 000 元,会计处理如下。

借:营业外支出　　　　　　　　　　　　　　　50 000
　　贷:银行存款　　　　　　　　　　　　　　　　　50 000

第三节　利润的含义与构成

利润是利润表中所列示的企业在一定会计期间的经营成果,包括收入减去费用后的净额、直接计入当期利润的利得和损失等。企业利润的获得,既包括与企业日常活动有关的所得,又包括与企业日常活动无直接关系的事项所产生的盈亏。

如果企业实现了利润,表明企业业绩得到了提升,资产负债表中所列示的所有者权益将增加;反之,如果企业发生了亏损(即利润为负数),表明企业业绩下滑,资产负债表中所列示的所有者权益将减少。利润作为企业在一定会计期间的经营成果,是企业经济效益和工作质量的综合反映,正确核算企业财务成果,对于考核企业的经济效益,监督企业的利润形成与分配过程,评价企业的工作业绩具有重要意义。通过利润表,可以反映企业一定会计期间收入、费用以及经营成果的实现情况。受利润影响的资产负债表和利润表项目如表 10-3 所示。

表 10-3　受利润影响的资产负债表和利润表项目

业　务	资产负债表项目	利润表项目
利润的形成 利润的分配	所有者权益 盈余公积 未分配利润	营业利润 利润总额 净利润

利润表反映企业利润一般分为三个层次如表 10-4 所示。

表 10-4　利润表

会企 02 表

编制单位：　　　　　　　　　　　　年　月　　　　　　　　　　　　单位：元

项　目	本期金额	上期金额
一、营业收入		
减：营业成本		
税金及附加		
销售费用		
管理费用		
研发费用		
财务费用		
其中：利息费用		
利息收入		
加：其他收益		
投资收益(损失以"-"号填列)		
其中：对联营企业和合营企业的投资收益		
以摊余成本计量的金融资产终止确认收益(损失以"-"号填列)		
净敞口套期收益(损失以"-"号填列)		
公允价值变动收益(损失以"-"号填列)		
信用减值损失(损失以"-"号填列)		
资产减值损失(损失以"-"号填列)		
资产处置收益(损失以"-"号填列)		
二、营业利润(亏损以"-"号填列)		
加：营业外收入		
减：营业外支出		
三、利润总额(亏损总额以"-"号填列)		
减：所得税费用		
四、净利润(净亏损以"-"号填列)		
(一)持续经营净利润(净亏损以"-"号填列)		
(二)终止经营净利润(净亏损以"-"号填列)		

续表

项目	本期金额	上期金额
五、其他综合收益的税后净额		
(一)不能重分类进损益的其他综合收益		
1.重新计量设定受益计划变动额		
2.权益法下不能转损益的其他综合收益		
3.其他权益工具投资公允价值变动		
4.企业自身信用风险公允价值变动		
(二)将重分类进损益的其他综合收益		
1.权益法下可转损益的其他综合收益		
2.其他债权投资公允价值变动		
3.金融资产重分类计入其他综合收益的金额		
4.其他债权投资信用减值准备		
5.现金流量套期储备		
6.外币财务报表折算差额		
六、综合收益总额		
七、每股收益		
(一)基本每股收益		
(二)稀释每股收益		

其中,营业利润、利润总额、净利润的计算公式如下。

营业利润=营业收入-营业成本-税金及附加-销售费用-管理费用-研发费用-财务费用+其他收益±投资收益±公允价值变动损益-信用减值损失-资产减值损失±资产处置损益

利润总额=营业利润+营业外收入-营业外支出

净利润=利润总额-所得税费用

企业营业利润是其经营活动的成果,是企业财务成果的主要来源。其中,其他收益是与企业日常活动相关的政府补助和债券重组损益;投资收益是企业对外投资所取得的收益,反映了企业对外投资活动的工作绩效;资产减值损失、信用减值损失、公允价值变动损益以及资产处置损益,则是企业从事经营活动与投资活动所面临的风险或机会。通过营业利润的数额及其增减变动情况,可以判断企业真正的获利能力或盈利水平。营业外收支是企业发生的与其日常活动无直接关系的各项收入和支出,利润总额是衡量企业经营业绩的标志之一。按照规定扣除企业所得税后的净利润,最终体现为企业的盈利能力,也是衡量企业经营业绩的重要标志。

企业利润的会计处理主要包括:企业利润的形成、计算与结转;企业利润的分配过程及其结果等。为准确计算企业利润,在进行利润核算之前应完成两项重要工作:一是按权责发生制的原则进行账项调整;二是进行实物盘点和核对所有债权债务,确保所有业务都已登记入账,重新计算调整后的账户本期发生额和期末余额,做到账账相符和账实相符。

第四节 利润的计算与结转

一、营业利润和营业外收支

(一)营业利润

10.1 利润的计算

营业利润是指企业一定期间日常活动取得的利润。在我国会计实务中,企业经营活动所实现的经营收益与投资活动所实现的投资收益并称作"营业利润",其中还包含其他收益,以及企业经营活动与投资活动所发生的信用减值损失、资产减值损失、公允价值变动损益和资产处置损益。营业利润是工商企业主要的利润来源,通过利润表中的营业利润数额及其增减变动情况,可以判断企业真正的获利能力或盈利水平。

1. 经营收益

经营收益来自企业的生产经营活动。其中,营业收入是指企业经营业务所实现的收入总额,包括主营业务收入和其他业务收入;营业成本是指企业经营业务所发生的实际成本总额,包括主营业务成本和其他业务成本;税金及附加是指企业经营业务应负担的税金及附加费用,如消费税、城市维护建设税、资源税、土地增值税、教育费附加等。销售费用是企业在销售产品、提供劳务等日常经营活动中发生的各项费用以及专设销售机构的各项经费;管理费用是指企业行政管理部门为管理和组织企业经营管理活动而发生的各项费用;财务费用是指企业为筹集资金发生的各项费用,包括企业为筹集生产经营所需资金等发生的应予费用化的利息支出,以及企业确认的利息收入。

2. 其他收益

其他收益是指与企业日常活动相关的政府补助,以及其他与企业日常活动相关且计入其他收益的项目,其中包括债务人的重组收益、企业取得的个税手续费返还、进项税额加计10%抵减的增值税额等。

企业选择总额法对与日常活动相关的政府补助进行会计处理的,应通过"其他收益"科目进行核算,记入该科目的政府补助可以按照类型进行明细核算。对于总额法下与日常活动相关的政府补助,企业在实际收到或应收时,或者将先确认为"递延收益"的政府补助分摊计入收益时,借记"银行存款""其他应收款""递延收益"等科目,贷记"其他收益"科目。期末,应将"其他收益"科目的余额转入"本年利润"科目,结转后该科目应无余额。

债务人以单项或多项非金融资产(如固定资产、日常活动产出的商品或服务)清偿债务,或者以包括金融资产和非金融资产在内的多项资产清偿债务的,不需要区分资产处置损益和债务重组损益,也不需要区分不同资产的处置损益,而应将所清偿债务账面价值与转让资产账面价值之间的差额,记入"其他收益——债务重组收益"科目。

【例10-25】SD公司销售其自主开发的软件,按照国家有关规定,该企业的这种产品适用增值税即征即退政策,按13%的税率征收增值税后,对其增值税实际税负超过3%的部分,实行即征即退。SD公司2020年8月在进行纳税申报时,对归属于7月的增值税即征即退提交退税申请,经主管税务机关审核后的退税额为10万元。

本例中,该企业即征即退增值税与企业日常销售密切相关。政府按照国家有关规定采取先征后返(退)、即征即退等办法向企业返还的税款，作为税收返还，属于以税收优惠形式给予的一种政府补助。因此，该企业增值税退税额属于与企业的日常活动相关的政府补助。这类补助通常与企业已经发生的行为有关，是对企业已发生的成本费用或损失的补偿，或是对企业过去行为的奖励。用于补偿企业已发生的相关成本费用或损失的政府补助，直接计入当期损益或冲减相关成本。需要说明的是，政府补助是指企业从政府无偿取得货币性资产或非货币性资产，其主要形式包括政府对企业的无偿拨款、税收返还、财政贴息，以及无偿给予非货币性资产等。通常情况下，直接减征、免征、增加计税抵扣额、抵免部分税额等不涉及资产直接转移的经济资源，不适用政府补助准则，且增值税出口退税不属于政府补助。根据税法规定，在对出口货物取得的收入免征增值税的同时，退付出口货物前道环节发生的进项税额，增值税出口退税实际上是政府退回企业事先垫付的进项税，不属于政府补助。

【例10-26】SD公司2020年8月申请退税并确定了增值税退税额100 000元，会计处理如下。

借：其他应收款　　　　　　　　　　　　　　100 000
　　贷：其他收益　　　　　　　　　　　　　　　　100 000

3. 投资收益

投资收益是企业在对外投资活动中获得的经济利益。企业的对外投资交易主要包括购买股票、债券等有价证券，以货币或其他资产直接对外投资等。投资收益是指企业对外投资所得的收入或损失，是对外投资所取得的利润、股利和债券利息等收入减去投资损失后的净收益。"投资收益"科目属于损益类科目，其贷方记录企业所确认的投资收益，借方记录企业所确认的投资损失。企业在一定期间的投资收益或损失应当于期末转入"本年利润"科目，因此，"投资收益"科目一般没有期末余额。

【例10-27】2020年1月，SD公司自非关联方处以现金800万元取得对希德公司60%的股权，相关手续于当日完成，并能够对希德公司实施控制。2020年3月，希德公司宣告分派现金股利，SD公司按其持股比例可取得10万元。不考虑相关税费等其他因素的影响。SD公司2020年3月有关会计处理如下。

借：应收股利　　　　　　　　　　　　　　　100 000
　　贷：投资收益　　　　　　　　　　　　　　　　100 000

4. 公允价值变动损益

公允价值变动损益是指企业以公允价值计量且其变动计入当期损益的资产，因公允价值变动而形成的计入当期损益的利得或损失。"公允价值变动损益"科目用以核算企业交易性金融资产、交易性金融负债，以及采用公允价值模式计量的投资性房地产、衍生工具、套期保值业务等公允价值变动形成的应计入当期损益的利得或损失。指定为以公允价值计量且其变动计入当期损益的金融资产或金融负债公允价值变动形成的应计入当期损益的利得或损失，也在该科目核算。

5. 信用减值损失

信用减值损失是指对于已发生信用减值的金融资产，企业应当在资产负债表日仅将自初始确认后整个存续期内预期信用损失的累计变动确认为损失准备，并在每个资产负债表日，将整个存续期内预期信用损失的变动金额作为减值损失或利得计入当期损益。"信用减值损失"科目用以核算企业计提会计准则要求的各项金融工具减值准备所形成的预期信用损失。

6. 资产减值损失

资产减值损失是指资产的可收回金额低于其账面价值而形成的损失。按照相关会计准则要求，企业应当在资产负债表日判断资产是否存在可能发生减值的迹象，并根据可收回金额的计量结果，调整资产的账面价值，确认资产减值损失，计入当期损益，同时计提相应的资产减值准备。"资产减值损失"科目核算企业计提各项资产减值准备所形成的损失。企业的存货、长期股权投资、固定资产、无形资产等资产发生减值的，按应减记的金额，借记"资产减值损失"科目，贷记"存货跌价准备""长期股权投资减值准备""固定资产减值准备""无形资产减值准备"等科目。期末，应将"资产减值损失"科目的余额转入"本年利润"科目，结转后该科目无余额。

7. 资产处置损益

"资产处置损益"科目主要核算固定资产、无形资产、在建工程等因出售、转让等产生的处置利得或损失。"资产处置损益"科目反映企业出售划分为持有待售的非流动资产或处置组(子公司和业务除外)时确认的处置利得或损失，以及处置未划分为持有待售的固定资产、在建工程、生产性生物资产及无形资产而产生的处置利得或损失。债务重组中因处置非流动资产(金融工具、长期股权投资和投资性房地产除外)产生的利得或损失和非货币性资产交换中换出非流动资产(金融工具、长期股权投资和投资性房地产除外)产生的利得或损失也包括在此项目内。企业处置持有待售的非流动资产或处置组时，按处置过程中收到的价款，借记"银行存款"等科目；按相关负债的账面余额，借记"持有待售负债"科目；按相关资产的账面余额，贷记"持有待售资产"科目；按其差额借记或贷记"资产处置损益"科目，已计提减值准备的，还应同时结转已计提的减值准备；按处置过程中发生的相关税费，借记"资产处置损益"科目，贷记"银行存款""应交税费"等科目。期末，应将"资产处置损益"科目的余额转入"本年利润"科目，结转后该科目应无余额。

【例10-28】SD公司是增值税纳税人，2020年9月7日，它转让了一项外观设计专利，该资产账面余额(账面原价)为900 000元，累计摊销为100 000元，未曾计提减值准备。该公司收到转让款530 000元，开具的增值税专用发票上注明的交易金额为500 000元，增值税税额为30 000元。不考虑附加税费。相关会计处理如下。

```
借：银行存款                    530 000
    累计摊销                    100 000
    资产处置损益                300 000
  贷：无形资产                              900 000
      应交税费——应交增值税(销项税额)       30 000
```

(二)营业外收支

营业外收支是与企业的日常活动无直接关系的各项收支，同时也是利润表项目的加项与减项。营业外收入作为税前利润的加项，营业外支出作为税前利润的减项，影响利润表中所列示的利润总额。

二、利润总额和所得税费用

(一)利润总额

企业的利润总额主要由营业利润以及直接计入当期利润的利得和损失构成。直接计入当期利润的利得和损失,是指应当计入当期损益、会导致所有者权益发生增减变动的、与所有者投入资本或者向所有者分配利润无关的利得和损失。这些利得和损失主要体现在营业外收入与营业外支出两个项目上。利润表中的利润总额是企业从事生产经营活动以及非生产经营活动所取得的财务成果,是衡量企业经营业绩的重要标志之一。

(二)所得税费用

获利企业将产生一项纳税义务——所得税。这里的所得就是企业的盈利或者利润额。利润表中的所得税费用,即根据《企业会计准则》的要求确认应当从当期利润总额中扣除的所得税费用,包括当期所得税费用和递延所得税费用。

1. 当期所得税费用

当期所得税费用是指企业按照税法的规定计算确定的针对当期发生的交易或事项,应向税务部门缴纳的所得税金额。企业在确定当期所得税时,对于当期发生的交易或事项,会计处理与税收处理不同的,应在会计利润的基础上,按照适用税收法规的规定进行调整,计算出当期应纳税所得额,按照应纳税所得额与适用所得税税率计算确定当期应交所得税。其计算公式为

$$当期所得税费用 = 应纳税所得额 \times 适用的所得税税率$$

如果当期不存在调整事项,企业计算的所得税费用应与应交所得税相等,所得税的计算公式为

$$所得税费用 = 利润总额 \times 所得税税率$$

2. 递延所得税费用

递延所得税费用是指应该予以确认的递延所得税资产和递延所得税负债在期末应有的金额相对于原已确认金额之间的差额,及递延所得税资产及递延所得税负债当期发生额的综合结果。其计算公式为

$$递延所得税费用 = (期末递延所得税负债 - 期初递延所得税负债) - (期末递延所得税资产 - 期初递延所得税资产)$$

企业因确认递延所得税资产和递延所得税负债产生的递延所得税费用,一般应当计入所得税费用;但某项交易或事项应计入所有者权益的,由该交易或事项产生的递延所得税资产或递延所得税负债及其变化亦计入所有者权益,不构成利润表中的递延所得税费用。

3. 所得税会计

税法对企业所得的计算与会计对企业所得计算的不同导致了所得税会计的产生。所得税会计的基本内容就是对两者之间的差异进行调整和分摊。会计上所计算的所得,就是利润表中的利润总额(简称会计所得)。税法上所计算的所得,是应纳税额所得额(简称应税所得)。

如果两者是一致的,所得税会计处理就十分简单,企业在计算出所得税费用后,应借记"所得税费用"科目,贷记"应交税费——应交所得税"科目。

如果两者不一致,所得税会计处理就会出现三种方法:一是应付税款法;二是纳税影响会计法;三是资产负债表债务法。

三、净利润和每股收益

(一)净利润

净利润是指企业实现的利润总额按照规定扣除企业所得税费用后的净额,也称"税后利润"。其中,所得税费用是指企业按照《企业会计准则第18号——所得税》的规定确认的应从当期利润总额中扣除的当期所得税费用和递延所得税费用。我国现行税法规定的企业所得税税率为25%。利润表中的净利润最终体现为企业的盈利能力,是衡量企业经营业绩的重要标志。

(二)每股收益

按照《企业会计准则第34号——每股收益》要求,企业应当在利润表中单独列示每股收益,包括基本每股收益和稀释每股收益。

1. 基本每股收益

基本每股收益是企业按照归属于普通股股东的当期净利润,除以当期实际发行在外普通股的加权平均数。基本每股收益实际是平均分摊到每股普通股的归属于普通股股东的净利润(或净亏损)。其计算公式如下。

$$基本每股收益=\frac{归属于普通股股东的当期净收益}{当期实际发行在外普通股的加权平均数}$$

其中,"当期实际发行在外普通股的加权平均数"可按下列公式计算。

当期实际发行在外普通股的加权平均数=期初发行在外的普通股股数+当期新发行的普通股股数×已发行时间÷报告期时间−当期回购的普通股股数×已回购时间÷报告期时间

其中,已发行时间、报告期时间和已回购时间一般按照天数计算;在不影响计算结果合理性的前提下,也可以采用简化的计算方法,如按月数计算。新发行普通股股数,应当根据发行合同的具体条款,从应收对价之日(一般为股票发行日)起计算确定。通常包括下列情况。

(1) 为收取现金而发行的普通股股数,从应收现金之日起计算。

(2) 因债务转资本而发行的普通股股数,从停计债务利息之日或结算日起计算。

(3) 非同一控制下的企业合并,作为对价发行的普通股股数,从购买日起计算;同一控制下的企业合并,作为对价发行的普通股股数,应当计入各列报期间普通股的加权平均数。

(4) 为收购非现金资产而发行的普通股股数,从确认收购之日起计算。

【例10-29】SD公司2020年期初发行在外的普通股为20 000万股;3月29日新发行普通股12 500万股;10月1日回购普通股6 300万股,以备将来员工激励之用。该公司当年实现净利润为13 600万元。2020年的基本每股收益计算如下。

当期实际发行在外普通股的加权平均数=20 000×12÷12+12 500×9÷12−6 300×3÷12
=27 800(万股)

基本每股收益=13 600÷27 800=0.49(元/股)

每股收益只是采用金融分析工具算出来的估计值,完全使用每股收益来评价企业业绩或确定股利政策显然是不妥当的。净利润中往往包含大量的预期因素,每股收益并不等同于"每股税后利润"。

2. 稀释每股收益

企业存在稀释性潜在普通股的,即当期转换为普通股会减少每股收益的潜在普通股,应当分别调整归属于普通股股东的当期净利润和发行在外普通股的加权平均数,并据以计算稀释每股收益。稀释每股收益是以基本每股收益为基础,假设企业所有发行在外的稀释性潜在普通股均已转换为普通股,从而分别调整分子(归属于普通股股东的当期净利润)以及分母(当期实际发行在外普通股的加权平均数)计算得到的每股收益。

四、本年利润和未分配利润

(一)本年利润

在会计处理上,企业净利润是通过"本年利润"科目来核算的。"本年利润"科目用于核算和监督企业一定会计期间的各项收支,并据以确定企业最终财务成果。如果转入"本年利润"科目贷方的各种收入大于转入借方的各种费用,说明企业在当期实现了利润,该净利润数额体现为"本年利润"科目的期末贷方余额;反之,说明企业在当期发生了亏损,该亏损数额体现为"本年利润"科目的期末借方余额。

企业当期发生的收入、费用,日常通过有关损益科目予以归集后,在期末(按月)将其全部转入"本年利润"科目,贷方登记从"主营业务收入""其他业务收入""营业外收入"等科目期末转入的利润额以及从"投资收益"科目转入的净收益;借方登记"主营业务成本""税金及附加""其他业务成本""销售费用""管理费用""财务费用""营业外支出""所得税费用"等科目期末转入的成本、费用额以及从"投资收益"科目转入的净损失。年度中间,余额若在贷方,反映截至本期,本年度累计实现的净利润额;余额若在借方,反映截至本期,本年度累计发生的净亏损额。年度终了,应将本年收入和支出相抵后结出的本年实现的净利润,转入"利润分配——未分配利润"科目的贷方;若为净亏损,则转入"利润分配——未分配利润"科目的借方;年终结转后,该科目应无余额。"本年利润"科目的结构如图10-1所示。

通过对利润构成内容与计算步骤的分解,可以看出利润实际上由"加项"和"减项"组成。这些构成项目,实质上表明了与利润相关的经济交易或事项,以及记录与利润相关经济交易或事项的会计科目(均为损益类科目)。例如,"主营业务收入"科目的贷方记录主营业务收入的取得数,借方记录其转入"本年利润"科目的数额,期末无余额;"营业外支出"科目的借方记录企业发生的各种损失,贷方记录其转入"本年利润"科目的数额,期末无余额等。损益类科目的性质及其期末结转记录如图10-2所示。

借方	本年利润	贷方
期末由有关费用科目转入: (1)主营业务成本 (2)税金及附加 (3)其他业务成本 (4)销售费用 (5)管理费用 (6)财务费用 (7)营业外支出 (8)所得税费用 (9)投资净损失 (10)资产处置净损失 (11)公允价值变动损失		期末由有关收入科目转入: (1)主营业务收入 (2)其他业务收入 (3)营业外收入 (4)投资净收益 (5)资产处置净收益 (6)其他收益 (7)公允价值变动收益
余额：累计发生的净亏损，年终转入"利润分配"科目的借方，年终结转后应无余额		余额：累计实现的净利润，年终转入"利润分配"科目的贷方，年终结转后应无余额

图 10-1 "本年利润"科目结构

图 10-2 损益类科目的性质及其期末结转记录

【例 10-30】2020 年 11 月 30 日，SD 公司为计算确定当期利润，对各损益类科目进行结转。期末结转前，损益类科目期末余额表如表 10-5 所示。

表 10-5 损益类科目期末余额表

单位：元

科目名称	借方余额	贷方余额
主营业务收入		951 460
其他业务收入		86 340
投资收益		120 030
营业外收入		1 000
主营业务成本	784 752	

续表

科目名称	借方余额	贷方余额
税金及附加	1 900	
其他业务成本	82 800	
销售费用	108 200	
管理费用	128 065	
财务费用	1 500	
营业外支出	4 800	
合　计	1 112 017	1 158 830

　　该项经济业务的发生，表明企业在月末应将当月实现的收入总额与当月发生的费用总额进行配比，以计算确定当月的经营成果。为分别清晰地反映收入与利润、费用与利润的相互对应关系，该项经济业务应分两个步骤编制会计分录：按收入类科目结转利润金额，借记"主营业务收入""其他业务收入""投资收益""营业外收入"等科目，贷记"本年利润"科目；按费用类科目结转利润金额，借记"本年利润"科目，贷记"主营业务成本""税金及附加""其他业务成本""销售费用""管理费用""财务费用""营业外支出"等科目。

　　(1) 结转收入类损益科目时，会计处理如下。

　　借：主营业务收入　　　　　　　　　　　　　　951 460
　　　　其他业务收入　　　　　　　　　　　　　　 86 340
　　　　投资收益　　　　　　　　　　　　　　　　120 030
　　　　营业外收入　　　　　　　　　　　　　　　 1 000
　　　　贷：本年利润　　　　　　　　　　　　　　1 158 830

　　(2) 结转费用类损益科目时，会计处理如下。

　　借：本年利润　　　　　　　　　　　　　　　1 112 017
　　　　贷：主营业务成本　　　　　　　　　　　　784 752
　　　　　　税金及附加　　　　　　　　　　　　　 1 900
　　　　　　其他业务成本　　　　　　　　　　　　82 800
　　　　　　销售费用　　　　　　　　　　　　　 108 200
　　　　　　管理费用　　　　　　　　　　　　　 128 065
　　　　　　财务费用　　　　　　　　　　　　　　1 500
　　　　　　营业外支出　　　　　　　　　　　　　4 800

　　通过上述经济业务的会计处理，本月实现的收入总额与发生的费用总额均汇集于"本年利润"科目，将收入与费用配比，其差额即为本月实现的利润总额。结转损益类科目的会计处理如图 10-3 所示。

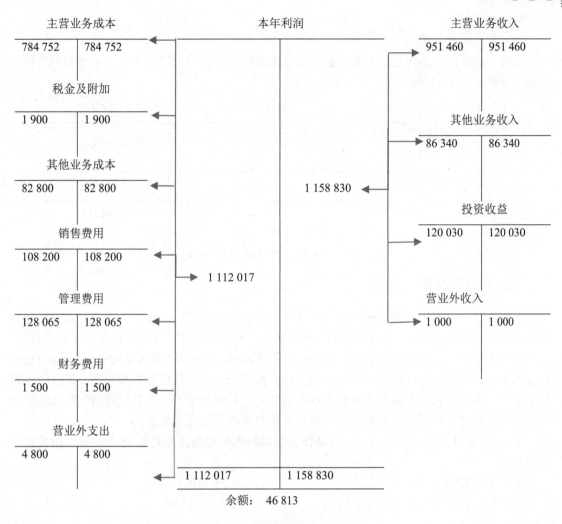

图 10-3　结转损益科目会计处理

【例 10-31】月末，SD 公司按 25%的所得税税率计算本月应交所得税税额约 11 703 元。

该项经济业务为企业根据国家税法的规定，按其取得的生产经营所得和其他所得为计税依据，按照规定的所得税税率计算应缴纳的所得税额。由于所得税在性质上是一种费用支出，按照权责发生制和收入与费用配比原则，所得税必须从企业实现的收益中得到补偿，使得企业当期的所得税费用和负债同时增加。该项业务应按计算的所得税额借记"所得税费用"科目，贷记"应交税费——应交所得税"科目。相关会计处理如下。

借：所得税费用　　　　　　　　　　　　　　　　　　　11 703
　　　贷：应交税费——应交所得税　　　　　　　　　　　　　　11 703

【例 10-32】月末，SD 公司将本月发生的所得税费用结转至"本年利润"科目，计算确定当月实现的净利润。

该项经济业务的发生，表明企业在期末应将当期的所得税费用转入当期利润，作为当期收益的抵减项目，以计算确定当期实现的净利润。该项业务应按所得税费用借记"本年利润"科目，贷记"所得税费用"科目。相关会计处理如下。

借：本年利润　　　　　　　　　　　　　　　　　　　11 703
　　贷：所得税费用　　　　　　　　　　　　　　　　　　　11 703

通过上面经济业务的会计处理，企业当月实现的净利润为35 110元，"本年利润"科目的会计处理如图10-4所示。

借方	本年利润	贷方
1 112 017		1 158 830
11 703		
1 123 720		1 158 830
	余额：	35 110

图10-4　"本年利润"科目的会计处理

(二)未分配利润

年度终了，"本年利润"科目反映的全年实现的利润或发生的亏损，均应转入"利润分配"科目。"利润分配——未分配利润"科目期末余额反映，截至目前累计未分配利润余额。当其金额为正数，反映截至目前累计尚未分配完的利润，相应的"利润分配——未分配利润"科目的余额应该在贷方；反之，则代表截至目前累计的、留待以后弥补的亏损，相应的"利润分配——未分配利润"科目的余额应该在借方。"利润分配——未分配利润"科目属于所有者权益类科目，当其为负数时，该科目属于所有者权益的抵减科目。

【例10-33】2020年12月31日，SD公司结转本年实现的净利润35 110元。相关会计处理如下。

借：本年利润　　　　　　　　　　　　　　　　　　　35 110
　　贷：利润分配——未分配利润　　　　　　　　　　　　35 110

第五节　利润分配事项

一、利润分配的会计科目

10.2　利润的分配

企业通过"利润分配"科目核算企业利润的分配(或亏损的弥补)和历年分配后的积存余额。该科目按其用途与结构属于"本年利润"科目的抵减调整科目，用以核算和监督企业已分配利润情况和结果；但按其经济内容则应归入所有者权益类科目，用以核算和监督企业利润的分配(或亏损的弥补)和历年分配后的积存余额。"利润分配"科目借方登记各项利润分配数额，贷方登记以盈余公积弥补亏损的转入数。年度终了，企业应将全年实现的净利润自"本年利润"科目转入本科目的"未分配利润"明细科目的贷方；若为净亏损，则自"本年利润"科目转入本科目的"未分配利润"明细科目的借方。年终结转后，除"未分配利润"明细科目外，本科目的其他明细科目应无余额。为详细反映和监督企业利润的分配去向和历年分配后的积存情况，本科目应设置"提取盈余公积""应付现金股利""转作资本(或股本)的股利""未分配利润"等明细科目，进行明细核算。

利润分配的会计处理如图 10-5 所示。其中：(1)是按规定计提盈余公积，(2)是按公司利润(股利)分配政策分配利润(股利)，(3)是将所有利润分配明细科目的借方金额从其贷方结转至"利润分配——未分配利润"科目的借方。

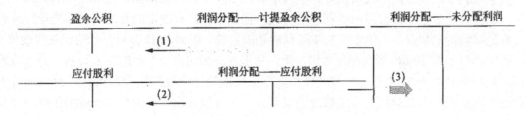

图 10-5　利润分配的会计处理

二、利润分配的顺序

企业取得的净利润，应当按规定进行分配。利润的分配过程和结果，不仅关系到所有者的合法权益是否得到保护，而且关系到企业能否长期、稳定地发展。根据《中华人民共和国公司法》等相关法规的规定，可供分配的利润应按以下顺序分配。

(一)弥补以前年度亏损

企业纳税年度发生的亏损，准予向以后年度结转，用以后年度的所得弥补，但结转年限最长不得超过 5 年。税法规定年限内税前利润不足弥补亏损的，可以用税后利润、盈余公积等弥补。由于以前年度亏损在"利润分配——未分配利润"的借方，所以当本期利润转入利润分配时自然弥补亏损，无须另作会计处理。

(二)提取盈余公积

企业提取的盈余公积主要由法定盈余公积和任意盈余公积构成。其中，法定盈余公积根据现行有关法规的规定，企业应按照本期净利润的 10% 计提，但法定盈余公积累计金额达到注册资本的 50% 时，可以不再提取；对于任意盈余公积，企业应按照股东大会的决议，以企业当期净利润为依据计提，提取比例和金额由企业自己拟定。盈余公积是企业按照规定从税后利润中提取的累积资金，主要用以满足企业未来发展的需要，或弥补可能发生的亏损。

【例 10-34】SD 公司 2020 年实现净利润 35 110 元。根据公司董事会决议提请股东会批准的年度利润分配方案，按净利润的 10% 计提法定盈余公积 3 511 元。

该项经济业务的发生，表明企业根据年度利润分配方案计提法定盈余公积，使得利润分配和盈余公积同时增加。应按计提的法定盈余公积金额借记"利润分配"科目，贷记"盈余公积"科目。相关会计处理如下。

借：利润分配——提取法定盈余公积　　　　　　　　3 511
　　贷：盈余公积——法定盈余公积　　　　　　　　　　3 511

(三)向投资者分配利润或股利

企业提取法定盈余公积和任意盈余公积后，可以按规定向投资者分配利润。企业实现的净利润在扣除上述项目后，再加上期初未分配利润，即为可供投资者分配的利润。企业按照股东大会的决议向投资者分配的股利包括现金股利和股票股利。

1. 现金股利

现金股利是以现金的形式从企业净利润中分配给股东的投资报酬,也称"红利"或"股息"。现金股利是企业最常用的股利分配形式。优先股通常有固定的股息率,在企业经营正常并有足够利润的情况下,优先股的年股利额是固定的。例如,SD 公司发行的优先股面值 1 元,固定股息率为 10%,那么在正常情况下,每股优先股可分 0.1 元的现金股利。普通股没有固定的股息率,发放现金股利的次数和金额主要取决于企业的股利政策和经营业绩等因素。西方国家的许多企业按季度发放现金股利,一年发放 4 次。我国企业一般半年或一年发放一次现金股利。现金股利是企业需要在未来以货币资金形式支付的股利。由于现金股利是从企业实现的净利润中支付给股东的,因而支付现金股利会减少企业的留用利润。

2. 股票股利

股票股利是企业以股票形式从企业净利润中分配给股东的股利。企业发放股票股利,须经股东大会表决通过,根据股权登记日的股东持股比例将可供分配利润转为股本,并按持股比例无偿地向各个股东分配股票,增加股东的持股数量。发放股票股利不会改变企业的所有者权益总额,也不影响股东的持股比例,只是企业的所有者权益结构发生了变化,未分配利润转为股本,因此,会增加企业的股本总额。例如,SD 公司发放股票股利之前的股份总数为 20 000 万股,企业按每 10 股送 4 股的比例发放股票股利,则发放股票股利后,企业的货币资金并没有流出企业,但企业股份总数增加到 28 000 万股。

3. 分配顺序

可供投资者分配的利润,应按以下顺序进行分配:应付优先股股利,指企业按照利润分配方案分配给优先股股东的现金股利;应付普通股股利,指企业按照利润分配方案分配给普通股股东的现金股利;转作资本(或股本)的普通股股利,指企业按照利润分配方案以分配股票股利的形式转作的资本(或股本)。

【例 10-35】SD 公司根据批准的年度利润分配方案,按净利润的 80%计算应分配给股东的现金股利 28 088 元。

该项经济业务的发生,表明企业根据年度利润分配方案计算应付股东的现金股利,使得其利润分配和流动负债同时增加。应按计算的现金股利数额借记"利润分配"科目,贷记"应付股利"科目。相关会计处理如下。

借:利润分配——应付现金股利　　　　　　　　　　　　28 088
　　贷:应付股利　　　　　　　　　　　　　　　　　　　　　28 088

【例 10-36】年度终了,SD 公司将全年已分配利润 31 599 元结转至"未分配利润"明细科目。

该项经济业务的发生,表明企业按会计制度的相关规定,结转全年实际分配的利润,计算历年积存的未分配利润(或未弥补亏损),应按当年利润分配额借记"利润分配——未分配利润"明细科目,贷记"利润分配"科目下属其他有关分配利润的明细科目。相关会计处理如下。

借:利润分配——未分配利润　　　　　　　　　　　　31 599
　　贷:利润分配——提取法定盈余公积　　　　　　　　　　3 511
　　　　　　　　——应付股利　　　　　　　　　　　　　　28 088

通过上述经济业务的会计处理，企业年末积存的未分配利润为 3 511 元。"利润分配——未分配利润"科目的会计处理如图 10-6 所示。

借方	利润分配——未分配利润	贷方
31 599		35 110
	余额：	3 511

图 10-6 "利润分配——未分配利润"科目的会计处理

三、留存收益

留存收益是指企业从历年实现的净利润中提取或形成的留存于企业的内部积累。留存收益主要包括盈余公积和未分配利润两部分。

(一)盈余公积

盈余公积是指企业按照有关规定从净利润中提取的累积资金。盈余公积一般分为法定盈余公积和任意盈余公积两种。企业提取的盈余公积主要用于弥补亏损和转增资本金，也可用于发放现金股利，但其余额不得少于注册资本的 25%。

企业使用盈余公积弥补亏损，在数量关系上并不影响所有者权益的总额，但改变了所有者权益的内部结构。企业用盈余公积转增资本金，必须有股东大会或者类似权力机构的决议，在转增资本金后，还必须向原登记机关办理变更登记。在会计处理时，还应当按照转增资本金前的实收资本结构比例，将盈余公积转增资本金的数额计入"实收资本(或股本)"科目下相关投资者的明细科目，以增加投资者对企业的资本投资。

【例 10-37】截至 2020 年 1 月 1 日，SD 公司有 200 万元的亏损尚未弥补，按照规定超过税前弥补亏损的期限。2020 年 3 月 20 日，公司董事会提议经股东大会批准，以盈余公积 200 万元弥补该亏损。相关会计处理如下。

借：盈余公积——盈余公积补亏　　　　　　　　　　2 000 000
　　贷：利润分配——未分配利润　　　　　　　　　　　　2 000 000

(二)未分配利润

未分配利润是指企业留待以后年度进行分配的留存利润，是企业实现自我发展的主要资金来源之一。未分配利润也是企业所有者权益的组成部分。相对于所有者权益的其他部分来讲，企业对未分配利润的使用和分配有较大的自主权。从数量上讲，未分配利润是期初未分配利润，加上本期实现的净利润，减去提取的各种盈余公积和分配利润后的余额。正是这一项目，将资产负债表、利润表和所有者权益变动表联系在一起。

第六节　所有者权益项目变动

利润的计算、结转与分配导致所有者权益各组成部分当期发生增减变动。所有者权益的各项内容随着企业的经营、投融资行为的发生会发生相应变动，为了能更好地描述所有者权益项目的变动，企业要编制所有者权益变动表。通过所有者权益变动表，不仅可以为报表使用者提供所有者权益总量增减变动的信息，也能为其提供所有者权益增减变动的结构性信息，能够让报表使用者理解所有者权益增减变动的根源。

在所有者权益变动表中，企业单独列示反映下列信息。

(1) 所有者权益总量的增减变动：企业增加或者减少注册资本。

(2) 所有者权益增减变动的重要结构性信息：资本公积、盈余公积转增资本。

(3) 直接计入所有者权益的利得和损失：未分配利润、资本公积、其他综合收益的变化。

所有者权益变动表(简表)如表10-6所示。

表10-6 所有者权益变动表(简表)

编制单位：_____　　　　　　_____年度　　　　　　单位：元

项目	股本	资本公积	其他综合收益	盈余公积	未分配利润	所有者权益
一、上年年末余额						
二、本年年初余额						
三、本年增减变动金额						
(一)综合收益总额						
(二)所有者投入和减少股本						
(三)利润分配						
(四)所有者权益内部结转						
四、本年年末余额						

思政案例

獐子岛扇贝逃跑事件

2014年以前，獐子岛是大连的一家海产品养殖公司，主营业务是养殖虾夷扇贝和海参。2006年，獐子岛登陆中小板上市前，其虾夷扇贝底播增殖面积和产量已经达到全国首位，此后养殖海域面积由上市时的65.63万亩上涨至230余万亩。

刚上市的前几年，獐子岛凭借先进的养殖技术，扇贝养殖的投入产出比达到了1:2.9，股民的热捧让獐子岛迎来了又一波大涨，股价最高时一度达到每股151.23元，斩获了"渔业茅台"的美誉。

伴随着资本的膨胀，逐利的欲望也开始放大。2014年，獐子岛突然公告称，公司进行秋季底播虾夷扇贝存量抽测，发现存货异常，公司因此在第三季度亏损7.63亿元，而亏损的主要原因是扇贝的生长水域北黄海异常冷水团导致扇贝"跑路"。时隔半年后，"冷水团"事件再次被提及。2015年6月1日，獐子岛发布公告称，集团于2015年5月15日启动春季底播虾夷扇贝抽测活动，抽测涉及2012年、2013年、2014年年底播虾收获的海域160余万亩，抽测调查结果显示，公司底播虾夷扇贝"尚不存在减值的风险"。这引起大量投资者质疑，"难道因冷水团失踪的扇贝又游回来了？"

此后不到6年的时间里，扇贝死了3次，跑了1次。每逢财报公布，故事就会展开，扇贝或冻死、或饿死、或跑路。令人疑惑的是，獐子岛财务报表里的盈亏收入总与扇贝共进退。2014年以后的财务报表显示，獐子岛的业绩总是出现一年亏损一年盈利的特点。

2020年6月15日，证监会依法对獐子岛及相关人员涉嫌违反证券法律法规案作出行政处罚和市场禁入决定。证监会认定，獐子岛2016年虚增利润1.3亿元，占当期披露利润总额的158%；2017年虚减利润2.8亿元，占当期披露利润总额的39%。

(资料来源：https://baijiahao.baidu.com/s?id=1677638416270418331&wfr=spider&for=pc)

思政要点：

(1) 特殊存货的清查难题与解决方案。作为海产品养殖企业，獐子岛的第一大资产是存货——主要包括播撒在230万亩茫茫海底的虾夷扇贝、海参等海珍品，它们在獐子岛集团资产中的比重约为30%，若扇贝等存货产量受损，公司资产势必大打折扣。扇贝这类水产品生长在海底，做存货盘点的时候只能进行抽样检测，不能让审计人员套上潜水衣搞实地盘存。有财会人员说："除非每个扇贝安装一个带4G物联网卡的无线摄像头，否则你无法证明獐子岛的解释是否正确。"然而，獐子岛的存货数量真的只能由公司说了算吗？

为了查办獐子岛案，证监会最终借助了北斗导航定位系统，委托专业机构中科宇图科技股份有限公司和中国水产科学研究院东海水产研究所，通过獐子岛采捕船卫星定位数据，还原了采捕船只的真实航行轨迹，进而复原了公司真实的采捕海域，最终揭开了獐子岛财务造假手段的谜题。

(2) 财务造假误导投资者，严重毁坏市场诚信基础，破坏信息披露制度的严肃性。随着证券市场的发展和完善，监管部门着手全面落实对资本市场违法犯罪行为"零容忍"的工作要求，着力构建行政处罚与刑事惩戒有机衔接的立体式追责体系，严厉打击资本市场造假、欺诈等恶性违法行为。在先进的科学技术的辅助下，再隐蔽的造假手法，也无法逃脱高科技查案的恢恢天网，执法守法、诚信经营永远是企业运营的底线。

本章小结

损益包括收入、费用以及利润。收入的主要构成项目有主营业务收入、其他业务收入和营业外收入等。费用的主要构成项目有主营业务成本、其他业务成本、税金及附加、期间费用和营业外支出等。利润是指企业在一定会计期间的经营成果。企业利润一般分为三个层次，即营业利润、利润总额、净利润。本章主要阐述企业对收入、费用及利润的会计处理方法，包括收入、费用的确认、计量及利润核算和利润分配等事项的会计核算。通过本章的学习，要求理解和掌握收入、费用的确认、计量及利润和利润分配的相关会计核算。

同步测试题

一、单项选择题

1. 企业为扩大销售市场发生的业务招待费，应当计入(　　)。
   A. 管理费用　　B. 营业外支出　　C. 销售费用　　D. 其他业务支出
2. 企业取得的下列收入中，不属于营业外收入的是(　　)。

A. 出售原材料净收入 B. 出售固定资产净收入
C. 出售无形资产净收入 D. 罚款收入

3. 企业某年度可供分配的利润是指( )。
   A. 本年净利润 B. 年初未分配利润加净利润
   C. 本年利润总额 D. 年初未分配利润加本年利润总额

4. 企业于会计期末结账时，应将本期发生的各类支出转入( )。
   A. "本年利润"账户借方 B. "本年利润"账户贷方
   C. "利润分配"账户借方 D. "利润分配"账户贷方

5. 下列项目中，属于工业企业主营业务收入的是( )。
   A. 产品销售收入 B. 原材料销售收入
   C. 包装物出租收入 D. 固定资产出租收入

6. A上市公司2016年9月1日承接一项安装业务，安装期为6个月，合同总收入为60万元，至年底已预收款项39万元，实际发生成本30万元，估计至安装结束还需发生成本20万元。在剩余合同价款能可靠收回的情况下，A上市公司2016年度该项安装业务应确认的劳务收入为( )万元。
   A. 30   B. 36   C. 39   D. 40

7. 下列经济业务中，会影响营业利润的是( )。
   A. 固定资产减值损失计提 B. 固定资产的清理损益
   C. 无形资产所有权的转让损益 D. 政府补贴

8. 企业对外销售需要安装的商品时，若安装和检验属于销售合同的重要组成部分，则确认该商品销售收入的时间是( )。
   A. 发出商品时 B. 收到商品销售货款时
   C. 商品运抵并开始安装时 D. 商品安装完毕并检验合格时

9. 下列项目中，属于其他业务收入的是( )。
   A. 罚款收入 B. 出售固定资产收入
   C. 材料销售收入 D. 出售无形资产收入

10. 下列各项中不属于企业期间费用的是( )。
    A. 报废固定资产发生的损失 B. 支付的业务招待费
    C. 发生的外币汇兑损失 D. 销售商品发生的运费

二、多项选择题

1. 期间费用主要包括( )。
   A. 待摊费用 B. 预提费用 C. 管理费用
   D. 财务费用 E. 销售费用

2. 下列业务中，属于营业外支出开支范围的有( )。
   A. 出售无形资产的净损失 B. 存货的非常损失
   C. 离退休职工的退休金 D. 待业保险费

3. 下列经济业务中，取得的收入应通过"其他业务收入"账户核算的是( )。
   A. 原材料的销售 B. 出租固定资产
   C. 出售无形资产 D. 出租包装物

4. 企业取得的下列款项中，符合"收入"会计要素定义的有(   )。
   A. 出租固定资产收取的租金   B. 出售固定资产收取的价款
   C. 出售原材料收取的价款   D. 出售自制半成品收取的价款
5. 下列各项中，会导致工业企业当期营业利润减少的有(   )。
   A. 出售无形资产发生的净损失   B. 计提行政管理部门固定资产折旧
   C. 办理银行承兑汇票支付的手续费 D. 固定资产清理损失
6. 一般工业企业交纳的下列各项税金中，可能通过"税金及附加"科目核算的有(   )。
   A. 增值税销项税额   B. 消费税
   C. 城市维护建设税   D. 印花税
7. 企业下列会计科目中，期末余额应结转到"本年利润"科目的有(   )。
   A. "所得税费用"   B. "资产减值损失"
   C. "投资收益"   D. "公允价值变动损益"

三、判断题

1. 按照我国现行企业会计准则的定义，工业企业处置固定资产、无形资产，因其他企业违约收取罚款等活动形成的经济利益的总流入属于企业的利得而不是收入。   (   )
2. 收入形成的经济利益总流入只能增加资产或减少负债。   (   )
3. 按照我国现行企业会计准则的定义，费用是指企业在日常活动中发生的、会导致所有者权益减少、与向所有者分配利润无关的经济利益的总流出。   (   )
4. 向所有者分配利润或股利会造成企业费用的增加。   (   )
5. 企业的期间费用包括财务费用、管理费用、销售费用。   (   )
6. 采用预收货款方式销售产品的情况下，应当在收到货款时确认收入的实现。(   )
7. 不符合确认条件但商品已经发出的情况，企业不需要进行财务处理，只需在备查簿中登记即可。   (   )
8. 企业用盈余公积弥补亏损，会导致留存收益的减少。   (   )
9. 我国会计准则界定的收入的概念与利得的概念是相同的。   (   )
10. 采用预收货款方式销售产品，应于收到货款时确认收入。   (   )

四、业务题

SD公司12月份发生下列经济业务，要求根据以下经济业务编制会计分录。

(1) 收到海丰公司投入资金400 000元，存入银行。
(2) 向茂昌公司购入甲材料1 000千克，每千克5元；乙材料800千克，每千克8元；增值税专用发票上注明的税额为1938元，当即开出承兑期为2个月的商业承兑汇票，支付进货款项。
(3) 以银行存款399元支付上述甲、乙材料的运杂费(运杂费以购入甲、乙材料的买价比例分摊)。
(4) 接银行通知，收到欣欣公司上月货款2 500元，已转入企业账户。
(5) 向茂昌公司购入的甲、乙材料已运达，经验收合格入库，按实际采购成本入账。
(6) 取得投资收益20 000元，存入银行。

(7) 以现金支付总务科办公用品费 150 元。
(8) 以银行存款发放本月职工工资 81 500 元。
(9) 提取本月固定资产折旧费 12 000 元，其中车间负担 6 500 元，行政管理部门负担 3 000 元，销售部门负担 2 500 元。
(10) 预提本月短期借款利息 760 元。
(11) 以银行存款支付产品广告费 1 600 元。
(12) 出售 A 产品 5 000 件，每件售价 35 元；出售 B 产品 300 件，每件售价 60 元，该产品的增值税税率为 17%。货款当即收妥，存入银行。
(13) 结转本月职工工资 81 500 元，其中，A 产品工人工资 35 000 元，B 产品工人工资 25 000 元，车间管理人员工资 8 000 元，行政管理人员工资 10 000 元，销售部门人员工资 3 500 元。
(14) 按本月职工工资总额的 6%计提职工福利费。
(15) 以银行存款支付公益性捐赠款项 2 000 元。
(16) 本月仓库发出材料情况如表 10-7 所示。
(17) 结转本月制造费用 16 380 元(按 A、B 产品生产工时的比例分配，其中 A 产品 6 000 工时，B 产品 4 000 工时)。
(18) 本月 A 产品 10 000 件全部完工，结转完工产品成本；B 产品尚未完工。
(19) 结转本月已销产品成本(已知 A 产品的单位成本为 20 元，B 产品的单位成本为 40 元)。

表 10-7 本月仓库发出材料情况

单位：元

领用部门	甲材料	乙材料	小计
制造 A 产品	4 600	9 000	13 600
制造 B 产品	2 500	4 500	7 000
车间一般耗用	200	1 200	1 400
行政管理部门耗用		1 800	1 800
合计	7 300	16 500	23 800

(20) 结转各损益类账户。
(21) 计提和结转本期应交所得税额 18 720 元。
(22) 将税后净利润转入"利润分配"账户。
(23) 按税后净利润的 10%提取法定盈余公积，按税后净利润的 20%支付给投资者利润。

第四篇 管 理 篇

第十一章 财务报表分析

教学目标与要求

- 理解财务报表分析的内涵和内容。
- 掌握单方面财务能力分析核心指标。
- 掌握财务报表综合分析方法。
- 理解杜邦分析法前三层含义。

教学重点与难点

教学重点：
偿债能力、营运能力、获利能力和发展能力等核心财务指标的计算和应用。

教学难点：
核心财务指标的评价和应用以及杜邦分析法的运用。

案例分析

表 11-1 中的数据是从格力集团 2017 年到 2020 年每年集团年报中摘录的，通过该表你对格力集团盈利情况是否有了一定了解和判断？

表 11-1 格力集团合并利润表趋势分析 （单位：亿元）

项目	2017	2018	2019	2020
营业收入	1 483	1 981	1 982	1 682
营业成本	996	1 382	1 435	1 242
营业利润	261.26	309.97	296	260.4
主营业务收入	1 321.9	1 705.92	1 568.89	1 304.28
主营业务成本	848.71	1 124.04	1 037.37	879.21
主营业务利润	473.19	581.88	531.52	425.07
其他业务收入	160.97	275.31	412.64	377.71

续表

项目	2017	2018	2019	2020
其他业务成本	146.92	258.3	397.76	363.08
其他业务利润	14.05	17.01	14.88	14.63
营业外收入	5.11	3.18	3.46	2.87
营业外支出	0.21	0.41	5.98	0.22
营业外利润	4.9	2.77	-2.52	2.65

如果你想了解企业财务状况、现金流动情况，分析企业偿债能力、营运能力、发展能力等，你还需要关注财务报告中的哪些数据？

第一节 财务分析概述

一、财务报表分析的内涵

企业在生产经营过程中，应依据会计准则等会计规范进行会计核算，并编制财务报告。财务报告是企业向会计信息使用者提供信息的主要文件，它反映了企业财务状况、经营成果和现金流量等方面的会计信息，为会计信息使用者进行决策提供依据。但由于财务报告主要通过分类的方法提供各种会计信息，还缺乏一定的综合性，无法深入地揭示企业各方面的财务能力，无法反映企业在一定时期内的发展变化趋势。所以，为了提高会计信息的利用程度，需要对这些会计信息做进一步的加工和处理，以便更深入、更全面地反映企业的各种财务能力和发展趋势，而财务报表分析就是完成这一任务的主要方法。

财务报表分析是以企业的财务报告等会计资料为基础，对企业的财务状况和现金流量进行分析和评价的一种方法。财务报表分析是对财务报告所提供的会计信息做进一步加工和处理，其目的是为会计信息的使用者提供更具相关性的会计信息，以提高其决策质量。

二、不同会计信息使用者进行财务分析的目的

财务分析所依据的资料是客观的，但是不同的人群关心企业的目的不同，因而导致他们进行财务分析的目的也就不同。会计信息使用者主要包括企业投资人、企业债权人、企业管理者、审计师、政府部门等。以下简单介绍不同会计信息使用者进行财务分析的目的。

(一)企业投资人进行财务报表分析的目的

企业投资人将资金投入企业后，成为企业的所有者，拥有对企业的剩余权益。因为企业投资人拥有的是剩余权益，意味着他们要承担更大的风险，这决定了他们对会计信息的要求更多，对企业的财务分析也更全面。

企业投资者进行财务分析的主要目的是分析企业的盈利能力和风险状况，以便据此评估企业价值。而企业价值由企业未来预期收益和资本市场风险共同决定，因此企业投资者要进行的财务分析包括企业盈利能力分析、财务风险分析、企业竞争能力分析、企业发展前景分析等。

(二)企业债权人进行财务报表分析的目的

企业的债权人可以分为两种：一种是向企业提供筹资服务，可以是直接与企业签订借款合同，也可以是购买企业发行的债券；另一种是向企业出售商品或者提供服务尚未收到货款。前一种债权人往往是与企业签订正式的债务合同，约定还本付息的时间与方式，这种筹资方式可以是短期的，也可以是长期的。后一种属于商业信用，在信用期内企业应当向债权人付款。

债权人为了保证其债权的安全，非常关注债务人财务信息的可靠性、及时性和稳定性。由于债务期限长短不同，债权人进行财务分析时所关注的重点有所不同。对于短期债务，债权人更加关注企业当前的财务状况、短期资产的流动性和资金周转状况。对于长期债务，债权人进行财务分析时更关注企业未来的现金流量和企业未来的盈利能力。无论是短期债务还是长期债务，债权人都很重视企业资本结构，因为资本结构决定了企业的财务风险，进而影响债权安全性。

(三)企业管理层进行财务分析的目的

企业管理层主要是指企业高层管理人员和各个部门经理。管理层关注企业财务状况、盈利能力以及未来发展能力，他们之所以进行财务分析是要借助财务分析提供的信息来监控企业经营活动和财务状况的变化，以便尽早发现问题，采取应对措施。

(四)审计师进行财务分析的目的

审计师对企业的财务报表进行审计，目的是在某种程度上确保财务报表的编制符合公认会计准则，没有重大的错误和不规范的会计处理。审计师进行财务分析目的是提高审计的效率和质量，以便正确地发表审计意见，降低审计风险。

(五)政府部门进行财务分析的目的

许多政府部门都需要使用企业的会计信息，如财政部门、税务部门、统计部门以及监管部门等。政府部门进行财务分析的主要目的是更好地了解宏观经济的运行情况和企业的经营活动是否遵守法律法规，以便为政府部门制定政策提供决策依据。

三、财务报表分析的内容

财务报表分析的内容包括单方面财务能力分析和财务综合分析。

(一)单方面财务能力分析

11.1 财务报表分析

单方面财务能力分析包括偿债能力分析、营运能力分析、盈利能力分析和发展能力分析。其中，偿债能力是指企业偿还到期债务的能力，可以借助报表中资产流动性、负债水平来分析企业偿还债务的能力，进而评价企业的财务状况和财务风险，为不同财务信息使用者提供企业偿债能力的财务信息。营运能力是指企业经营管理能力，也就是利用资产取得收益的能力，可以借助报表中会计信息分析资产的利用效率、管理水平、资产周转、现金流量状况等。盈利能力分析是分析企业获得利润的能力，不仅要分析获得利润的绝对数，还要分析相对指标。发展能力分析是分析企业的发展潜力,借此来预测企业经营前景。

(二)财务综合分析

单方面财务能力分析只分析企业某一方面的能力,这种分析还不够全面综合,而财务综合分析是指全面分析和评价企业各方面的财务状况,对企业风险、收益、成本和现金流量等进行分析和判断,为提高企业财务管理水平和改善经营业绩提供信息。

四、财务报表分析的基础

财务分析是以企业的会计核算资料为依据,通过对会计所提供的核算资料进行加工整理,得出一系列科学的、系统的财务指标,以便进行比较分析和评价。会计核算资料包括日常核算资料和财务报告,但财务分析主要以财务报告为基础,日常核算资料只作为财务分析的补充报告资料。企业的财务报告主要包括资产负债表、利润表、现金流量表、所有者权益(或股东权益)变动表、财务报表附注以及其他反映企业重要事项的文字说明。财务报表分析主要借助三张基本财务报表——资产负债表、利润表和现金流量表,进行相应的财务分析。在第七章会计报表一章我们已对资产负债表、利润表和现金流量表进行了比较详细的介绍,本章不再赘述。

第二节 单方面财务能力分析

单方面财务能力分析包括偿债能力分析、营运能力分析、盈利能力分析和发展能力分析。以下分别进行介绍。

一、偿债能力分析

(一)反映企业短期偿债能力的比率

短期偿债能力是指支付短期债务的能力。企业短期偿债能力的强弱,表现为资产变现能力的强弱。变现能力的强弱,则表现为一个营业周期内,企业流动资产与流动负债之比。短期偿债能力指标有以下几个。

1. 流动比率

流动比率是企业在一定经营期间的流动资产与流动负债的比率,用于衡量企业流动资产在短期债务到期前可以变为现金用于偿还流动负债的能力,是反映流动资产财务状况的比率之一,是衡量企业短期偿债能力常用的比率。流动比率的计算公式为

$$流动比率 = 流动资产 / 流动负债 \times 100\%$$

从理论上讲,流动比率值维持在 2∶1 是比较合理的,但是由于行业性质不同,流动比率的实际标准也不同,如机器制造业及电力业的流动性较差。

2. 速动比率

速动比率是指企业在一定经营期间的速动资产与流动负债的比率。其中,速动资产是流

动资产减去存货的金额。速动比率用于衡量企业流动资产中可以立即用于偿付流动负债的能力。其计算公式为

$$速动比率=速动资产/流动负债\times 100\%$$

$$速动资产=流动资产-存货$$

速动比率的标准一般应为 1。流动比率大、速动比率小时，说明企业存货过多。不同行业的该比率有所不同，分析时应参照同行业资料和本企业的历史资料。

3. 现金比率

现金比率是现金和有价证券之和与流动负债的比率。现金比率对于分析企业的短期偿债能力具有十分重要的意义。因为流动负债期限很短(不超过 1 年)，很快就需要现金来偿还，如果企业没有一定的现金储备，等到债务到期时，临时筹资来偿还债务，就容易出现问题。

站在债权人的立场上，现金比率越高越好。如果现金比率达到或超过 1，即经营活动产生的现金余额等于或大于流动负债总额，企业即使不动用其他资产(如存货、应收账款等)，只用现金就足以偿还流动负债。站在企业的立场上，现金比率并不是越高越好。因为资产的流动性(即其变现能力)与其盈利能力成反比，流动性越差的资产，其盈利能力反而越强。在企业的所有资产中，现金是流动性最好的资产，同时也是盈利能力最差的资产。因此，保持过高的现金比率，对企业来讲不一定是好事，只要能证明企业具有一定的偿债能力，不会发生债务危机即可。

现金比率的计算公式为

$$现金比率=(现金+银行存款+交易性金融资产)/流动负债\times 100\%$$

(二)反映企业长期偿债能力的比率

企业的长期偿债能力是指支付长期债务的能力。分析长期偿债能力时，不能不重视获利能力，因为企业的现金流入最终取决于能够获得的利润，现金流出最终取决于必须付出的成本。另外，企业债务与资本的比例也是极其重要的。企业的资本结构中债务的比例越高，无力偿还债务的可能性也就越大。因此，长期偿债能力的分析既要重视利润表反映的偿债能力，又要分析资产负债表反映的偿债能力。可以通过计算以下三个指标说明。

1. 资产负债率

资产负债率又称为债务比率，是企业全部负债总额与全部资产总额的比率，表示企业从债务人处筹集的资金占企业资产的百分比。资产负债率用于衡量企业利用债权人提供的资金进行财务活动的能力，同时也是反映企业在较长时间内财务风险的重要指标。其计算公式为

$$资产负债率=负债总额/资产总额\times 100\%$$

对债权人来说，企业的资产负债率越低，说明债权的物质保障越高。因为企业在清算时，资产变现所得可能低于账面价值，而所有者一般只承担有限责任，如果资产负债比率过高，债权人就可能会蒙受损失。对经营者和投资者来说，企业的资产负债率越高，意味着负债经营程度越高，在企业资本收益率或投资收益率高于债务资金成本率的情况下，带来的财务杠杆利益越大，能提高资本收益率，但财务风险也越大。若企业经营不善，过度的负债经营将遭到财务杠杆的惩罚，降低资本收益率，并可能导致"资不抵债"而破产。

至于资产负债率为多少才是合理的，并没有一个确定标准。不同行业不同类型的企业资

产负债率会存在较大差异。一般而言,处于高速成长期的企业,其资产负债率可能会高一些,这样所有者会得到更多的杠杆利益。但是,作为财务管理者,在确定企业的资产负债率时一定要审时度势,充分考虑企业内部各种因素和企业外部的市场环境,在风险与报酬之间权衡利弊与得失,然后才能做出正确的财务决策。

2. 产权比率

产权比率是企业负债总额与所有者权益总额的比率,反映由债权人提供的资本与股东提供的资本的相对比率关系。其计算公式为

$$产权比率=负债总额/所有者权益总额\times100\%$$

产权比率反映了企业的基本财务结构是否稳定。产权比率高,是高风险、高报酬的财务结构;产权比率低,是低风险、低报酬的财务结构。同时,产权比率也反映债权人投入资本受到股东权益保障的程度,或者说是企业清算时对债权人利益的保障程度。

3. 利息保障倍数

利息保障倍数又称为已获利息倍数,是指企业每期获得的息税前利润与所支付的固定利息费用的倍数关系。该指标测定企业用其获取的利润总额来承担支付利息的能力,是从利润表方面考虑企业长期偿债能力的指标。其计算公式为

$$利息保障倍数=息税前利润/债务利息$$

其中,息税前利润=税前利润+债务利息。

利息保障倍数指标反映企业经营收益为所需支付的债务利息的多少倍。只要利息保障倍数足够大,企业就有充足的能力偿付利息;否则相反。如何合理确定企业的利息保障倍数,就需要将该企业的这一指标与其他企业,特别是本行业的平均水平进行比较,来分析决定本企业的指标水平。同时,从稳健性的角度出发,最好比较本企业连续几年的该项指标,并选择最低指标年度的数据作为标准。

二、营运能力分析

(一)流动资产利用效率的分析

流动资产利用效率的分析经常被用作企业短期偿债能力分析的重要补充,有的教材也把它作为短期偿债能力分析的组成部分。其主要指标有应收账款周转率、存货周转率和流动资产周转率等。

1. 应收账款周转率

应收账款周转率由企业一定时期赊销收入净额除以应收账款的平均余额而得。但是,由于人们有时无法将销货拆开,分为赊销和现金销货两类,因此,计算时便以销货净额来代替赊销净额。应收账款周转率的计算公式为

$$应收账款周转率=赊销收入净额/应收账款平均余额\times100\%$$

其中,赊销净额=销售收入-现销收入-销售退回、折让、折扣。

一般来说,应收账款周转率越高越好。应收账款周转率高,表明公司收账速度快,坏账损失少,资产流动快,偿债能力强。

还有一个与应收账款周转率密切关联的指标,即应收账款周转天数,它表示平均需要多

少时间能将应收账款收回。其计算公式为

$$应收账款周转天数=计算期天数/应收账款周转率$$

与之相对应，应收账款周转天数则是越短越好。如果公司实际收回账款的天数超过了公司规定的应收账款天数，则说明债务人欠债时间长，资信度低，增大了发生坏账损失的风险；同时也说明公司催收账款不力，使资产形成了呆账甚至坏账，导致流动资产不流动，这对公司正常的生产经营是很不利的。但是，如果公司的应收账款周转天数太短，则表明公司奉行较紧的信用政策，有可能因此不适当地减少了部分营业收入。

2. 存货周转率

存货周转率是用于衡量企业在一定时期内存货资产的周转次数，反映企业销售能力强弱和存货是否过量的指标。其计算公式为

$$存货周转率=产品销售成本/平均存货成本\times100\%$$

其中，$平均存货成本=\dfrac{期初存货成本+期末存货成本}{2}$。

一般来讲，存货周转速度越快，存货的占用水平越低，资产流动性越强，存货转换为现金或应收账款的速度越快。提高存货周转率可以提高企业资产的变现能力。但是，存货周转率过高，可能说明企业存货水平过低或销售价格过高等。因此，对于存货周转率的分析，应结合企业存货的构成和销售价格情况做出恰当判断。

3. 流动资产周转率

流动资产周转率是销售收入与全部流动资产平均额的比值。其计算公式为：

$$流动资产周转率=销售收入/流动资产平均额\times100\%$$

其中，$流动资产平均额=\dfrac{期初流动资产+期末流动资产}{2}$。

流动资产周转率反映流动资产的周转速度。周转速度快，会相对节约流动资产，等于相对扩大资产投入，增强企业盈利能力；而延缓周转速度，需要补充流动资产参加周转，形成资金浪费，降低企业盈利能力。

(二)固定资产周转率

固定资产周转率是主营业务收入净额与平均固定资产净值的比值。其计算公式为

$$固定资产周转率=主营业务收入净额/平均固定资产净值$$

其中，$平均固定资产净值=\dfrac{期初固定资产净值+期末固定资产净值}{2}$。

一般情况下，固定资产周转率高，表明企业固定资产利用充分，固定资产投资得当，固定资产结构合理，能够充分发挥效率。

(三)总资产周转率

总资产周转率是分析企业全部资产利用效率的指标，是企业一定期间的销售净收入与总资产平均额的比率。其计算公式为

$$总资产周转率=销售净收入/总资产平均额\times100\%$$

其中，总资产平均额=$\dfrac{期初总资产+期末总资产}{2}$。

总资产周转率也可用周转天数来表示，其计算公式为

总资产周转天数=总资产平均额×计算期天数/销售净收入

总资产周转率越低，周转天数越高，说明公司利用其资产进行经营的效率越差，这不仅会影响公司的获利能力，而且直接影响上市公司的股利分配。总资产周转率与流动资产周转率都是衡量公司资产运营效率的指标，一般来说，流动资产周转率越高，总资产周转率也越高，这两个指标从不同角度对公司资产的运营进行了评价。

三、盈利能力分析

企业经营的最终目的是获取利润，只有盈利，企业才能不断地成长和发展。可以通过利润表有关项目之间的对比关系，以及利润表和资产负债表有关项目之间的关联关系，来分析评价企业当前的经营成果和未来盈利能力的发展趋势。反映企业盈利能力的财务比率主要有以下几个。

(一)通用盈利能力分析财务指标

1. 成本费用净利率

成本费用净利率是指企业净利润与成本费用总额的比率。其计算公式为

成本费用净利率=净利润/成本费用总额×100%

该比率是反映企业生产经营过程中发生的耗费与获得的收益之间关系的指标。该比率越高，表明企业耗费所取得的收益越高。这是一个能直接反映增收节支、增产节约效益的指标。企业生产销售的增加和费用开支的节约，都能使这一比率提高。

2. 销售净利率

销售净利率是企业净利润与销售收入净额的比率。其计算公式为

销售净利率=净利润/销售收入净额×100%

该比率用于反映和衡量企业销售收入的收益水平，比率越大，表明企业经营成果越好。但是销售净利率受行业特点影响较大，因此应结合不同行业的具体情况进行分析。

3. 销售毛利率

销售毛利率是毛利占销售收入的百分比。其计算公式为

销售毛利率=(销售收入-销售成本)/销售收入×100%

企业的销售毛利率表示每1元的销售收入扣除销售产品或商品成本后，尚有多少可用于支付各项期间费用和形成盈利。企业的销售毛利率越大，获利能力越强。

4. 资产收益率

资产收益率又称资产报酬率，是指企业一定时期内税后利润与总资产平均额的比率。该比率用于评价企业运用全部资产的总体获利能力，是评价企业资产运营效益的重要指标。其计算公式为

资产收益率=净利润/总资产平均额×100%

一般情况下，可以将该指标与市场利率进行比较。如果该指标大于市场利率，则表明企业可以充分利用财务杠杆，进行负债经营，获取尽可能多的收益。此外，该指标越高，表明

企业投入产出的水平越好,企业的资产运营越有效。

5. 所有者权益报酬率

所有者权益报酬率也叫净资产收益率,是净利润与所有者权益平均总额的比率,是反映自有资金投资收益水平的指标。其计算公式为

$$所有者权益报酬率=净利润/所有者权益平均总额\times100\%$$

对投资者来说,所有者权益报酬率越大越好。

(二)上市公司特有盈利能力分析财务指标

1. 每股收益

每股收益是指在一定会计期间每股普通股享有的净利润。其计算公式为

$$每股收益=(净利润-优先股股利)/发行在外的普通股平均股数$$

该指标直接反映每一股普通股的获利能力,它是影响股票价格行情的一个重要的财务指标。在其他因素不变的情况下,普通股每股收益越大,获利能力越强,股票市值越高。

2. 市盈率

市盈率又称为股价与收益比率,是普通股每股市价与每股收益的比率。其计算公式为

$$市盈率=普通股每股市价/普通股每股收益$$

该指标表明企业普通股股票每1元的收益在证券市场上的价值。市盈率高,说明企业对该上市公司的评价较高,对该公司的盈利能力较具信心,看好公司未来的潜力。但是,过高的市盈率蕴含着较高的风险,因为也可以将该指标理解为以公司目前的盈利水平,投资者收回其所投资金的年数。

3. 股利分配率

股利分配率又称为股利发放率、股利支付率,它与价格股利率密切相关,是指普通股每股现金股利与普通股每股收益额的比率。其计算公式为

$$股利分配率=普通股每股现金股利/普通股每股收益\times100\%$$

该指标反映了企业发放股利的政策。它表明普通股股东所得的每股收益额当中,以现金股利形式流出企业的股利所占的比重,其余的收益则留存于企业。因此,该指标又能衡量企业未来自主发展的可能性。

4. 普通股每股账面价值

普通股每股账面价值是普通股股东权益与会计期末流通在外的普通股股数的比值。其计算公式为

$$普通股每股账面价值=普通股股东权益/会计期末流通在外的普通股股数$$

四、发展能力分析

短期看重企业盈利能力、偿债能力和营运能力,而长期看重企业发展能力。衡量一个企业发展能力的指标常用的有销售增长率、总资产增长率、股权资本增长率、利润增长率和净利润增长率等。发展能力指标的计算公式都比较简单,都是用期末数据减去期初数据,再和期初数据相比得到增长率,增长率越大,说明企业发展越快。

第三节　财务报表综合分析

　　财务报表综合分析是将有关的财务指标按其内在联系结合起来，系统、全面、综合地对企业的财务状况和经营成果进行分析、解释和评价。财务分析的最终目的在于全面、准确、客观地揭示企业的财务状况和经营成果，并借以对企业的经济效益的优劣做出合理评价。因此，仅仅计算几个简单的、孤立的财务指标，是不可能得出合理公允的综合性结论的。只有将各种不同报表、不同财务指标的分析和评价融为一体，才能全面评价企业的财务状况和经营成果的优劣。

一、不同财务报表的质量分析

(一)资产负债表及其质量分析

　　资产负债表是反映会计主体在某一特定时点上的财务状况的报表。它是根据资产、负债和所有者权益之间的相互关系，按照一定的分类标准和顺序，把企业在特定日期的资产、负债和所有者权益项目予以适当排列，根据日常不同会计科目账务处理数据按照一定方法计算数据，整理后编制而成的报表。

　　资产负债表反映企业某一日期的资产总额和结构，表明企业拥有或者控制的货币量化的经济资源。同时还反映企业资产来源，一方面来自借入资金，表现为负债的多少和构成，这需要企业未来清偿的；另一方面来自自有资金，表现为所有者权益的多少和构成。借助于资产负债表不仅可以分析资产构成，还可以分析资本构成。通过资产负债表可以计算流动比率、速动比率、现金比率、资产负债率、产权比率等指标，这些指标在一定程度上反映了企业的偿债能力。

(二)利润表及其质量分析

　　利润表是反映会计主体在一个时期内(如月、季、半年或者年)的经营成果的会计报表，它是由企业收入、费用和利润三大会计要素构成的。借助于利润表和报表附注，可以分析利润形成的过程和结果，可以按照营业利润、主营业务利润、其他业务利润、营业外收支等进行分项分析。通过利润表，可以分析企业销售获利能力，计算销售毛利率、销售净利率这些财务指标。在分析企业获利能力时，要把利润表和资产负债表中的数据结合起来，分析企业资产获利能力，比如计算资产收益率、净资产收益率等指标。将利润表和股东权益变动分析结合起来，可以分析企业利润实现和分配情况以及年末分配利润的结余情况。

(三)现金流量表及其质量分析

　　现金流量表反映企业在某一时期内现金流入和流出的情况，包括了经营活动现金流入和流出、投资活动现金流入和流出、筹资活动现金流入和流出。其中，经营活动现金流入和流出代表企业经营活动创造现金流量的能力；投资活动现金流入和流出代表企业通过内外部投资导致现金流量变化的能力；筹资活动现金流入和现金流出代表企业从外部筹资获得现金流量的能力。在分析经营活动现金流量时要重点关注经营活动现金流量是否充足。在分析投资活动现金流量时要重点分析投资活动现金流量的质量和战略是否吻合。在分析筹资活动现金流量时要重点分析筹资活动现金流量与经营活动、投资活动现金流量周转的适应性,做到"缺资金能筹到,不差钱时要还款"。

二、财务报表综合分析方法

财务报表综合分析的方法很多,运用比较广泛的有综合评价方法和杜邦分析法。

(一)综合评价法

综合评价法是将财务评价的内容分为盈利能力、偿债能力和成长能力,并且它们之间的权重比例大致为 5:3:2。评价盈利能力的主要指标是总资产收益率、销售净利率和净资产收益率,这三个指标按照权重比例为 2:2:1。偿债能力有四个常用指标,成长能力有三个常用指标。按照 100 分为总评分,则评分的标准如表 11-2 所示。

表 11-2 综合评价法

指标	标准评分值	标准比率/%	行业最高比率/%	最高评分	最低评分	每分比率的差/%
盈利能力:						
总资产收益率	20	10	20	30	10	1
销售净利率	20	4	20	30	10	1.6
净资产收益率	10	6	20	15	5	0.8
偿债能力:						
自有资本比率	8	40	100	12	4	15
流动比率	8	150	450	12	4	75
应收账款周转率	8	600	1200	12	4	150
存货周转率	8	800	1200	12	4	100
成长能力:						
销售增长率	6		30	9	3	5
净利增长率	6	15	20	9	3	3.3
人均净利增长率	6	10	20	9	3	3.3
总分	100			150	50	

标准比率应以本行业平均数为标准,再适当进行修正。在给定每个指标评分时,应规定上限和下限,以减少个别指标异常对总分造成不合理影响。上限定为正常评分值的 1.5 倍,下限定为正常评分值的 1/2。此外,给分时不采用"乘"的关系,而采用"加"或"减"的关系处理。例如,总资产收益率的标准值为 10%,标准分为 20 分,行业最高比率为 20%,最高评分为 30 分,则每分的财务比率差为 1%,是通过(20%-10%)/(30 分-20 分)得到的。总资产收益率每提高 1%,多给 1 分,但该项得分不超过 30 分。

(二)杜邦分析法

杜邦分析法是利用财务指标间的内在关系,对企业综合经营管理和经济效益进行系统评价的方法。它最初由美国的杜邦公司创立并成功运用,

11.2 杜邦分析法

因而得名。下面以 SD 公司的财务指标为例,进行杜邦分析,如图 11-1 所示。

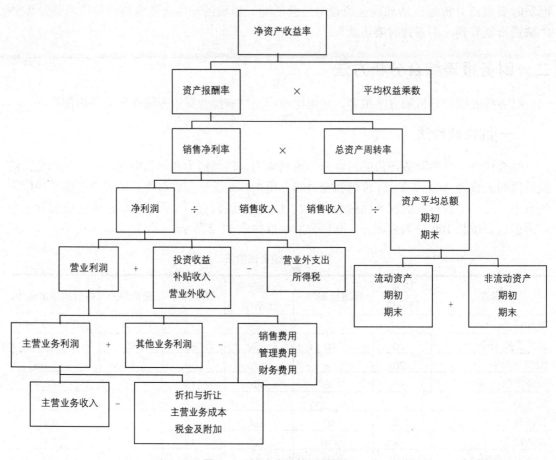

图 11-1 SD 公司的杜邦分析

在杜邦分析体系中最核心的指标是净资产收益率。影响净资产收益率的财务指标有三个:销售净利率、总资产周转率和权益乘数。它们四者关系如下。

净资产收益率=总资产收益率×权益乘数
=销售净利率×总资产周转率×权益乘数

在杜邦分析法中,销售净利率是企业盈利能力指标,总资产周转率是企业营运能力指标,而权益乘数是企业偿债能力指标。杜邦分析法揭示了财务指标之间的关系,还揭示了主要指标变动的影响因素,根据影响因素,查找企业经营中存在的问题,为如何提高企业经营效率提供方向。

▶ 思政案例

传统财务比率分析法遭受挑战

表 11-3 中的数据是从格力集团 2017 年到 2020 年每年的集团年报中摘录的。

表 11-3　格力集团合并资产负债表重要项目数据　　　　　　　（单位：亿元）

项目	2017	2018	2019	2020
流动资产	1 715.5	1 997.1	2 133.6	2 136.3
存货	165.6	200.1	240.8	278.8
速动资产	1 549.9	1 797	1 892.8	1 857.5
货币资金	996.1	1 130.7	1 254	1 364
交易性金融资产	6	10.1	9.6	3.7
应收账款	380.7	436	84.4	87.4
超动资产	1 382.8	1 576.9	1 348	1 455.1
流动负债	1 474.9	1 576.9	1 695.7	1 584.8

通过上表中的数据我们计算出流动比率在1到1.5之间，和流动比率的经验数据2相差较远，同时利用资产负债表中的数据计算出资产负债率也较大，是不是说明格力集团经营风险和财务风险都很大呢？在谈到格力电器的风险时，董事长董明珠曾表示：不能只依据某一单方面的数据就判断企业经营情况。她认为格力集团业务不断增长，企业没有贷款，盈利能力非常强。为什么我们用传统比率计算和企业家对企业风险的判断相差甚远呢？那么我们又该如何正确利用财务数据呢？

思政要点：

传统财务比率分析法有一定的局限性，那么如何优化财务比率分析法呢？这就需要我们财会人员不断学习和钻研，分析传统财务比率的优势和劣势，更加全面正确地分析企业的财务状况和经营成果，为企业发展出谋划策。

▶≫ 本章小结 ≪◀

通过本章的学习，理解财务分析的内容和目的，熟悉偿债能力、营运能力、盈利能力和发展能力多项财务指标，掌握财务报表综合分析方法。

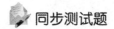
同步测试题

一、单项选择题

1. 下列指标中，反映营运能力的是(　　)。
   A. 股东权益报酬率　　　　　　B. 销售净利率
   C. 总资产周转率　　　　　　　D. 权益乘数
2. 以下流动资产项目中，流动性最强的是(　　)。
   A. 库存现金　　B. 短期投资　　C. 应收及预付款项　　D. 存货
3. 下列项目中，不属于速动资产的是(　　)。
   A. 现金　　　　B. 应收账款　　C. 交易性金融资产　　D. 存货

4. 某企业应收账款周转次数 12 次，假设一年按 360 天算，则应收账款周转天数为（　　）天。
　　A. 25　　　　　B. 30　　　　　C. 40　　　　　D. 45
5. 某企业本月末流动资产为 200 万元，月末存货为 110 万元，月末流动负债为 120 万元。则该企业速动比率为（　　）。
　　A. 5/3　　　　B. 11/12　　　　C. 3/4　　　　D. 31/12
6. 根据经验，流动比率一般为（　　）较为合适。
　　A. 1　　　　　B. 2　　　　　C. 3　　　　　D. 4
7. 某企业现金月末余额为 105 万元，现金等价物金额为 45 万元，流动负债月末余额为 500 万元，则该企业月末现金比率为（　　）。
　　A. 0.01　　　B. 0.2　　　　C. 0.09　　　　D. 0.3
8. 某企业 2020 年年末产权比率为 2，则该企业资产负债率为（　　）。
　　A. 1/2　　　　B. 1/3　　　　C. 2/3　　　　D. 3/4
9. 某企业 2020 年利润总额为 100 万元，利息费用为 20 万元，则该企业利息保障倍数为（　　）。
　　A. 5　　　　　B. 4　　　　　C. 3　　　　　D. 6
10. 某企业 2020 年获得净利润为 500 万元，营业收入为 3 000 万元，营业成本为 1 500 万元，营业利润为 1 000 万元，则销售净利率为（　　）。
　　A. 20%　　　B. 16.67%　　　C. 17.86%　　　D. 18.52%
11. 某企业 2020 年年末获得净利润 1 000 万元，2020 年 1 月发行在外的普通股股数为 1 000 万股，则该企业基本每股利润为（　　）元/股。
　　A. 1　　　　　B. 2　　　　　C. 0.67　　　　D. 0.8
12. 某企业 2020 年营业成本为 2 700 万元，存货期末为 800 万元，期初为 1 000 万元，则该公司 2020 年存货周转次数为（　　）次。
　　A. 2　　　　　B. 2.7　　　　C. 2.5　　　　D. 3
13. 某公司 2020 年年末资产总额为 5 500 元，资产负债率为 40%，则权益乘数为（　　）。
　　A. 2　　　　　B. 2.5　　　　C. 5/3　　　　D. 1
14. 某公司 2020 年年末资产负债率为 30%，则该公司产权比率为（　　）。
　　A. 3/10　　　B. 7/10　　　C. 3/7　　　　D. 10/7
15. 某企业销售净利率为 10%，总资产周转率为 2 次，则该企业总资产净利率为（　　）。
　　A. 10%　　　B. 20%　　　C. 30%　　　D. 40%

二、多项选择题
1. 企业财务活动包括（　　）。
　　A. 筹资活动　　　　B. 投资活动　　　　C. 利润分配活动
　　D. 营运活动　　　　E. 营销活动
2. 财务管理是（　　）的一项经济管理工作。
　　A. 组织企业财务活动　　B. 组织购销活动　　C. 处理财务关系
　　D. 进行人力资源管理　　E. 利润分配
3. 下列属于反映企业短期偿债能力指标的是（　　）。

A. 流动比率 B. 速动比率 C. 产权比率
D. 资产负债率 E. 已获利息保障倍数

4. 下列属于上市公司独有财务能力指标的有(　　)。
A. 资产周转率 B. 每股收益 C. 市盈率
D. 每股净资产 E. 已获利息保障倍数

5. 下列反映企业盈利能力指标的有(　　)。
A. 销售毛利率 B. 销售净利率 C. 总资产收益率
D. 总资产周转率 E. 已获利息保障倍数

三、判断题

1. 流动比率总是能大于速动比率。　　　　　　　　　　　　　　　(　　)
2. 一般来说，流动比率越高越好。　　　　　　　　　　　　　　　(　　)
3. 在企业正常经营情况下，一般来说权益乘数是大于 1 的。　　　　(　　)
4. 一般来说，销售毛利率小于销售净利率。　　　　　　　　　　　(　　)
5. 资产负债率和产权比率互为倒数。　　　　　　　　　　　　　　(　　)
6. 在杜邦分析体系中，核心指标是总资产收益率。　　　　　　　　(　　)
7. 某一方面财务能力分析带有一定局限性。　　　　　　　　　　　(　　)
8. 在进行企业财务报表分析时，既要注意定量财务指标，也要注意定性指标。
　　　　　　　　　　　　　　　　　　　　　　　　　　　　　　(　　)
9. 在计算每股收益时，既要考虑普通股，也要考虑优先股。　　　　(　　)
10. 利息保障倍数衡量的是净利润对利息费用的保障能力。　　　　　(　　)

四、业务题

1. 某公司 2021 年销售收入为 500 万元，年初应收账款为 160 万元，年末应收账款为 200 万元，则该公司 2021 年应收账款的周转天数为多少天？(一年按 360 天计算，没有产生销售折扣和销售折让)

2. 某公司 2019 年和 2020 年应收账款平均余额分别为 70 万元和 60 万元，应收账款周转次数分别为 7 次和 9 次，则 2020 年度的营业收入比 2019 年度的增加了多少万元？(没有产生销售折扣和折让)

3. 某企业 2021 年利润总额为 2 000 万元，发生利息支出 200 万元，其他项目金额如表 11-4 所示，请计算下列比率的：流动比率、速动比率、现金比率、资产负债率、产权比率和利息保障倍数。(保留小数点后两位)

表 11-4　某企业 2021 年末部分财务数据表

年份/项目	现金	现金等价物	流动资产	存货	资产总额	流动负债	负债
2021 年年末	360	200	3 600	1 900	9 000	3 500	4 600

4. 某公司 2021 年年初和年末的部分财务报表数据如表 11-5 所示(单位：万元)，请根据报表数据计算应收账款周转率、存货周转率、总资产净利率、销售毛利率和股东权益报酬率。

表 11-5 2021年某公司部分财务数据值

项　目	年　初	年　末
资产	10 000	15 000
应收账款	600	1 000
存货	1 600	1 800
股东权益	5 000	7 000
销售收入		3 200
销售成本		2 300
净利润		600

第十二章 管理会计基础

教学目标与要求

- 了解管理会计的产生与发展,掌握管理会计的理论基础。
- 理解成本习性的含义及成本分类;掌握本量利模型下的分析和计算,会进行保本保利分析。
- 熟悉并掌握常用的定价决策和生产决策方法。

教学重点与难点

教学重点:
本量利模型下保本保利分析。

教学难点:
不同情况时的生产决策。

案例分析

老师带领会计专业的学生去参观了浙江一家木地板企业,回来的路上要求同学们谈一谈对木地板生产成本的认识。

金海同学说:"在地板车间机器设备损耗属于固定成本,在产量提高的情况下,单位产品固定成本是降低的,木皮损耗和车间人员的工资是随着产量变化而变化的,是变动成本。"

孟夏同学说:"车间人员在核算薪酬时,要区分车间管理人员和生产一线的工人。我了解车间管理人员工资中有一部分是固定工资,在突破一定产量后,还有一部分工资随着产量变化而变化,所以车间管理人员的工资不完全是变动成本。"

张亮同学说:"地板生产过程是按照生产流程设计的,核算产品成本时要按照生产步骤核算。"

李胜祥同学说:"地板产品售价一定要在产品生产成本核算清楚后才能确定,盲目定价,可能卖得越多,亏得越多。"

赵平平同学说:"在计算产品成本时,还得注意有一些成本与特定产品有关,这是专属成本,核算产品成本时不能忘记。"

潘芳芳同学说:"产品成本核算不能考虑已经发生的成本,这是沉没成本。"

以上同学们的观点是否正确呢?在本章学习中去寻找答案吧。

现代会计学包括财务会计与管理会计两大分支,管理会计的核算目的是提高企业内部管理效率,是为了企业内部管理服务的。财务会计工作的侧重点在于为企业外界利害关系集团提供会计信息服务。管理会计主要履行预测、决策、规划、控制和考核的职能,属于"经营型会计";财务会计履行反映、报告企业经营成果和财务状况的职能,属于"报账型会计"。管理会计与财务会计的联系主要有核算资料同源、工作目的一致、核算内容交叉等。本章主要介绍现代管理会计的有关内容。

第一节 管理会计概述

一、管理会计的产生与发展

管理会计学是现代管理科学理论和方法运用于会计领域的结果,也可以说是管理学科与会计学科相互结合的产物。同其他学科一样,管理会计也经历了从小到大、从简单到复杂、从低级到高级的发展阶段。

12.1 管理会计发展史

管理会计的实践最初萌生于 19 世纪末 20 世纪初,其雏形产生于 20 世纪上半叶,正式形成和发展于第二次世界大战之后,20 世纪 70 年代后在世界范围内得以迅速发展。

在资本主义社会早期,近代会计与传统管理方式相适应,对社会的经济发展起到了积极的促进作用。但随着社会生产力水平的提高和商品经济的迅速发展,传统管理方式无法克服的粗放经营、资源浪费严重、企业基层生产效率低下等弊端,同大机器工业的矛盾越来越尖锐。于是,取代旧的、落后的"传统管理"的"科学管理"方式在 19 世纪末 20 世纪初应运而生。在以美国的泰勒与法国的法约尔为代表人物的"古典管理理论"的指导下,企业管理实践中先后应用了以确定定额为目的的时间与动作研究技术、差别工资制和以计划职能与执行职能相分离为主要特征的预算管理和差异分析,以及日常成本控制等一系列标准化、制度化的新技术、新方法。这一切对片面地强调事后反映职能的传统会计提出了严峻挑战和造成了巨大冲击。在这种情况下,企业会计必须突破单一事后核算的格局,采取对经济过程实施事前规划和事中控制的技术方法,更好地促进经营目标的实现。

伴随着企业管理方式的变革,会计开始了由近代会计向现代会计转变的进程,原始的管理会计也初见端倪。在 20 世纪初,在美国企业会计实务中开始出现了以差异分析为主要内容的"标准成本计算制度"和"预算控制"。这标志着管理会计的原始雏形已经形成。

第二次世界大战结束后,美国经济在世界上可谓一枝独秀。经济的复苏带动了企业的活力,管理者们开始重视内部管理信息,并加强了理论的学习,同时将其指导于实践。在这一形势的驱使下,管理会计的研究得到世人的关注。由于管理会计在理论和方法方面都得以发展和完善,各种分析方法在企业管理中的应用也日趋普遍和系统化,最终形成了独立于财务会计的现代管理会计,并在 1952 年国际会计师联合会(IFAC)年会上正式采用了"管理会计"

这一专门词汇,由此,现代会计分为财务会计和管理会计两大分支。

20世纪五六十年代是世界经济发展的黄金时期,经济的繁荣使得人们有动力和保障去进行科学研究,出现了以"行为科学"和"管理科学"为主要流派的现代管理理论。与此相应,管理会计的发展也进入了繁荣期。一方面,由于电子计算机的广泛应用使信息处理变得容易和快捷,于是,在西方国家的管理会计研究和应用中,各种数学模型得以发展和深化,企业决策分析中也开始应用一些较为复杂的技术。另一方面,西方管理会计学者开始将信息经济学、组织行为学、代理人理论等相关学科和理论引入管理会计研究,使管理会计的研究领域进一步拓宽,并且对管理会计在企业管理中的应用也产生了深远的影响。因此,可以说20世纪60至70年代是西方管理会计发展的全盛期。这种繁荣一方面表现为大量的有关管理会计的研究论文在学术期刊上出现,当今中西方管理会计的教科书的内容大多取材于这一时期的研究成果;另一方面是管理会计职业组织的建立和管理会计师职业的产生。英、美等国家都相应在70年代前后建立了专门的管理会计专业机构并主办管理会计师的职业考试。这种职业化和专业化既是管理会计发展的结果,又反过来也极大地推动了管理会计的进一步发展。20世纪80年代后的经济从整体上看是持续增长的,这也推动了企业组织规模的扩大。同时,这一阶段突飞猛进的高科技产业和信息技术则为传统管理会计的进一步发展提供了直接或间接的帮助。例如,高新信息技术条件下的"适时管理"(Just in Time)、"全面质量管理"(Total Quality Management)等,都对管理会计系统提出了更高的要求。

伴随经济增长的是经济全球化进程的加速。美国的企业界把目光转向战略管理领域。战略管理要求企业不仅关注内部作业流程,还要关注外部市场环境;不仅需要了解竞争者的成本信息,还必须搜集上游供应商、下游购买者乃至产业潜在进入者的各种信息。这种多元化信息的需求导致了战略管理会计的出现。在战略管理会计的概念提出之后,涌现出一大批有关其方法体系的文章,其中较为显著的研究成果有:关于作业成本(Activity Based Costing)的实地研究、战略成本分析(Strategic Cost Analysis)、目标成本法(Target Costing)、生命周期成本法(Life Cycle Costing)、平衡计分卡(Balanced Scorecard)等。随着经济环境的变化,管理会计的研究不断演进并将永远持续下去。目前,管理会计的研究已经纵深至诸多领域,一些前沿问题包括:关于代理人理论的研究及其在内部控制与考评体系中的应用,关于组织行为、管理决策与管理会计信息之间关系的研究,关于人力资源管理会计、环境管理会计以及国际管理会计的研究等。

二、现代管理会计的理论基础

管理会计作为管理与会计的结合,与管理科学具有密切的渊源,它因管理科学的产生而萌芽,伴随着管理科学的发展而发展,由此决定了它首先具有管理学属性,相关的管理理论因此而成为现代管理会计的重要理论基础。同时,作为经济领域的一门学科,它也在一定程度上具有经济学属性,微观经济学、信息经济学等也是其重要的理论基础。

(一)科学管理理论对管理会计的影响

19世纪末,经历了南北战争的美国经济百废待兴,然而,其劳动力奇缺,劳动生产率低下,传统的经验管理在经济管理中仍然占主导地位,如何加强管理、提高劳动生产率便成为当时亟待解决的问题。在此背景下,以泰勒为代表的科学管理问世。它倡导应对劳动者的作业动作和时间进行研究,并用精确的调查研究和科学知识来代替个人的单纯经验,实施作业管理,由此而提高劳动生产率。科学管理导致了管理会计的萌芽。正是为了配合科学管理的实施,会计需要对相关内容进行专门记录和反映,从而出现了与传统财务会计所记录和反映的不同内容的事项,具体如下。

1. 标准成本制度的萌芽

科学管理在动态研究的基础上确定标准时间和标准工资,并据以实际执行,从而出现了标准人工成本的概念。此概念进一步推广应用于材料和费用管理,就形成了管理会计中成本控制的重要方法之一——标准成本制度。

2. 日常控制和管理

传统会计通常采用对"已经发生了的经济活动"进行定期报告的方式,主要侧重于事后分析。科学管理认为事中管理更为重要,所以,要求每日提供与成本相关的业务报告,并与事前制定的标准相比较,进行差异分析,据以实施日常控制。这是管理会计区别于财务会计的重要特征之一。

3. 成本性态分析

"在大多数企业中,间接费用等于或超过给工人的直接工资……因此,当产量按比例增加时,付给工人较高的工资永远是节省的,因为每件产品间接费用降低的比率大于工资的增加。从生产成本考虑,许多企业家不了解产量对成本的影响,他们忽略了这样一个事实,就是赋税、保险费、折旧、租金、利息、薪金、办公费、推销费、动力费等,无论企业产量多少,都大体保持一致。"正是泰勒的这一论述,揭开了成本性态研究的序幕,为管理会计中最重要、最基本的成本问题——成本性态分析,奠定了坚实的基础。

(二)组织行为学对管理会计的影响

组织行为学是20世纪40年代针对科学管理的不足而产生的、专门研究人类行为的客观规律的学科。它运用心理学、社会学、生理学、人类学、政治学、管理学和经济学等多门学科的研究成果和基本理论,探索如何根据人类行为的规律来构建企业组织结构、调整企业内部人与人之间的关系,引导和激励人们充分发挥其积极性、主动性、创造性,最大限度地利用企业人力资源提高经济效益。其代表人物有美国经济学家梅奥、组织行为学家马斯洛等。

组织行为学促成了管理会计由"物本"观向"人本"观的转变。作为管理控制系统的管理会计,就必须在规划和控制两大方面均运用组织行为学的理论,根据人类行为的客观规律,寻找激发人力资源的管理模式。人的行为是由动机决定的,而人的动机又是由人的需要所引发的,因此,通过分析了解人们的具体需要,将其转化为目标激励因素,激发人的动机,引导人的行为。因此,管理会计就需要研究特定时期、各特定企业的激励因素,并将其与企业目标相联结,以促使企业目标的顺利实现。领导的信任和重视、适度的分权可以在一定程度上满足人们的"自尊"和"自我实现"的需要,从而能够更好地激发人们的主动性和创造性。但是,权力的下放必须适当,不能导致失控和失调;而且,拥有一定权力就必须承担一定责任,以形成约束机制。

责任会计是组织行为学在管理会计运用上的具体体现,它是根据分权的思想划分责任中心，根据激励和约束的要求编制责任预算，并在此基础上进行责任核算和考评。根据组织行为学理论，管理会计在建立责任会计制度时，应注意：①划分责任中心时，既要考虑责权范围，又要考虑非正式组织的作用，从而促进劳动生产率全面提高。②责任预算在责任会计中具有明确目标、控制依据、考评标准等职能作用，但它对人们的行为既有积极的影响，又有消极的影响。因此，在建立责任会计、编制责任预算的过程中，要善于运用组织行为学，正确引导人的行为，尽量避免其消极影响，发挥其积极作用。

(三)信息经济学对管理会计的影响

信息经济学是20世纪60年代初产生的，从经济学角度全面研究信息成本和信息效益的学科，其目的在于正确认识和解决信息时代的信息"质量"问题。其代表人物有美国经济学家弗里茨·马克卢普(Fritz. Machlup)、美国社会学家马克·尤里·波拉特(Mac. Uri. Porat)等。信息经济学的主要观点是：信息是现代社会的一种重要资源，它与其他所有资源一样，具有效益和成本。信息的效益来源于信息的决策有用性，信息的成本则取决于信息的获取代价。因此，信息的"质量"不仅取决于信息决策有用性，即其价值大小，更关键的是取决于其"净值"大小，即通过信息效益与成本的比较所确定的效益大于成本的"净值"。

现代管理会计作为一个管理控制系统，实现其管理控制的重要手段之一即产出与企业内部管理和决策相关的信息，因此，信息质量至关重要。信息经济学的引入，改变了传统的在不计信息成本基础上对信息质量的认识，因此，在建立和完善管理会计系统时，必须全面衡量信息效益和信息成本，在成本效益分析的基础上，选择既有用又经济的信息系统。

三、管理会计的基本内容与方法

管理会计内容与方法的构成必然受到管理会计理论体系的指导。管理控制系统的运行包括目标确定、目标落实和目标实现结果评价三个主要环节，它们离不开管理会计的规划与控制职能。管理会计的基本内容与方法体系必须围绕管理会计的实质(管理控制系统)及其职能而构建。决策是根据当前的条件和对事物未来发展趋势的预测分析，在多个可供选择、能够达到预定目标的若干个方案中，选择最优方案的过程。

企业应将预测和决策所确定的各项目标和任务，用数量化的形式加以汇总、平衡，编制企业的总预算，对企业未来经营活动的各个方面进行全面的规划，使企业的各种生产要素和经济资源得到最优配置，即取得最佳的经济效益和社会效益。

为了进行正确的决策与规划，必须将企业的总成本按照习性进行分类，进而通过本量利分析有效地帮助企业进行正确决策和合理规划。

第二节 成本习性与本量利分析

为了进行正确的生产经营决策，必须研究利润、销售量、售价、成本等因素之间的函数关系，即本量利分析。本量利分析提供的信息有助于企业合理规划、有效控制经济过程，正确进行经营决策。在本—量—利分析前，必须将企业的总成本按照成本习性进行分类。

一、成本习性

成本习性又叫成本性态,是指成本总额与业务量总数的依存关系。按照成本习性,可将成本划分为固定成本、变动成本和混合成本三类。

(一)固定成本

固定成本是指在一定的相关范围内,成本总额不受业务量增减变动的影响而保持固定不变的成本。即在一定范围内,固定成本总额不随业务量的变动而变动,但就单位固定成本而言,却随着业务量的增减变动呈反比例变动。一般来说,按直线法计提的固定资产折旧费、房屋设备的租金、保险费等,都属于固定成本。

【例12-1】SD公司一台设备的原值为50 000元,使用年限为10年,每年折旧额为5 000元,业务量(产量)的相关范围为0~500件。设备折旧与产量的关系如表12-1所示。

表12-1 固定成本数据表

产量/件	固定成本总额/元	单位固定成本/元
50	5 000	100
100	5 000	50
200	5 000	25
500	5 000	10

从表12-1中可以看出,随着产量的增加,固定成本保持不变,单位固定成本下降。

为了有利于成本控制,固定成本还可以进一步分为酌量性固定成本和约束性固定成本。酌量性固定成本是指其总额虽不随业务量的变动而变动,但可由管理者的决策所改变的固定成本。约束性固定成本是指为维持目前的生产经营能力而必须开支的固定成本。

(二)变动成本

变动成本是指在一定的相关范围内,成本总额随着业务量的增减变化成正比例增减变动的成本。就单位变动成本而言,却不随着业务量的增减变动而变动。一般来说,企业的直接材料、计件工资制下的直接人工、按销售额计提的销售人员工资等,都属于变动成本。

【例12-2】假设SD公司每生产一件甲产品需要原材料5千克,每千克原材料2元,则在一定的范围内,变动成本与业务量(产量)之间的关系如表12-2所示。

表12-2 变动成本数据表

产量/件	变动成本/元	单位变动成本/元
50	500	10
100	1 000	10
200	2 000	10
500	5 000	10

(三)混合成本

混合成本是指同时兼有固定成本和变动成本性质的成本。实际上,现实经济生活中大多数成本是混合成本。混合成本的总成本虽然受业务量变动的影响,但其变动的幅度并不与业务量的变动保持严格的比例关系。混合成本的情况比较复杂,形态多种多样,常见的有半变动成本、阶梯式变动成本和延伸变动成本。

1. 半变动成本

半变动成本的特征是当业务量为零时,仍然有成本基数发生,在该基数之上,成本随业务量的变动呈正比例变动。

在现实中,企业的电费、水费等属于半变动成本。比如电费,假如企业每月电费支出的基数为 1 000 元,超基数部分电费为 0.5 元/千瓦。如果每生产出 1 件产品耗电 2 千瓦,本月共生产了 1 000 件产品,则本月支付的电费就是 2 000 元。如以 y 代表企业支付的电费总额,a 代表每月电费基数(1 000 元),b 代表单位产品所需电费(0.5×2=1 元/件),x 代表产量(1 000 件),则各数据的关系可以表示为 $y=1\ 000+bx=1\ 000+1\times x$。

2. 阶梯式变动成本

阶梯式变动成本也叫半固定成本,特征是在一定业务范围内,成本具有固定成本性态,但当业务量的增长达到一定水平后,成本总额会跃升到一个新的水平,且在业务量增长的一定限度内,成本保持不变。这种成本随着业务量增加呈阶梯性增加。

3. 延伸变动成本

延伸变动成本的特征是在业务量的某一临界点以下表现为固定成本,超过这一临界点表现为变动成本,也就是随着业务量延伸,原本固定不变的成本成为变动成本。

现实生活中成本的种类比较多,固定成本、变动成本和各种混合成本无法包罗所有成本,但是可以将其近似描述为某种性态。

二、本量利分析

本量利分析即成本—业务量—利润分析,也叫 CVP 分析,是以成本习性分析为基础,通过研究一定期间的成本、业务量和利润之间的规律性联系来进行各项分析的一种方法。利用本量利分析,可以对成本、销量、利润等内容各项预测、决策和控制分析,对企业管理有着重要意义。但必须注意的是,本量利分析的原理及其应用是以一定的假设作为前提条件的,这些假设如下。

(1) 假设一定时间、一定范围内产品生产和销售保持一致。

(2) 成本可以准确、可靠地分为变动成本和固定成本。

(3) 一定时间、一定范围内成本与销售量保持线性关系,即售价、单位变动成本、固定成本总额已确定并且保持固定不变。

(4) 假设品种结构稳定。

上述这些假设条件是本量利分析结果有效的前提,受到这些假设条件的约束,本量利分析一般只适用于短期分析,是管理会计短期分析的主要方法。

(一)本量利分析的基本模型

假设税前利润为 R,销售量为 Q,单价为 P,单位变动成本为 V,固定成本总额为 F,则有

税前利润=销售收入-总成本
=销售收入-(变动成本+固定成本)
=(单价-单位变动成本)×销售量-固定成本总额

即

$$R=PQ-VQ-F=(P-V)Q-F$$

上述关系式是明确表达了本量利之间数量关系的基本方程式。

为合理简化分析,利润一般采用税前利润,而销售价格不包含增值税。本量利分析的基本关系式还有其他变换形式,可以利用上述关系式进行数学上的换算,求得所需要的分析指标。比如:

固定成本=单价×销售量-单位变动成本×销售量-利润

即

$$F=P\times Q-V\times Q-R$$

(二)贡献毛益计算

贡献毛益(又称边际贡献)是管理会计所特有的收益概念,在企业内部管理的各个领域中具有重要的作用。

1. 贡献毛益总额和单位贡献毛益

贡献毛益的绝对数指标有贡献毛益总额和单位贡献毛益。

贡献毛益总额是销售收入总额超过变动成本总额的部分,具体计算公式如下。

贡献毛益总额=销售收入总额-变动成本总额

单位贡献毛益是单位产品所提供的贡献毛益,计算公式为

单位贡献毛益=贡献毛益总额÷销售量
=单价-单位变动成本

由于企业的总成本包括变动成本和固定成本,而贡献毛益仅仅是销售收入补偿变动成本后的余额,所以,它不是终极形态的收益。但在企业的成本核算中,固定成本往往是维持企业生产能力的间接成本,与具体产品的生产和经营没有直接的依存关系,所以,贡献毛益实际上反映了各产品的生产经营对企业盈利的贡献。

2. 贡献毛益率与变动成本率

为了更好地反映产品的盈利能力,贡献毛益还有相对数指标:贡献毛益率。

贡献毛益率=贡献毛益总额÷销售收入总额
=单位贡献毛益÷单位产品售价

贡献毛益率指标反映了产品的盈利能力,并且有利于各产品盈利能力的比较,在利润的预测分析、产品生产的决策分析等方面都有重要用途。

与贡献毛益率相关的另一个指标是变动成本率,其计算公式为

变动成本率=变动成本总额÷销售收入总额

=单位变动成本÷单位产品售价

变动成本率与贡献毛益率之间是一种互补关系,即

变动成本率+贡献毛益率=1

【例12-3】SD公司生产B产品,每单位产品的变动成本为6元,单位售价为10元,固定成本总额为30 000元,全年共销售B产品10 000件。则

利润总额=(10-6)×10 000-30 000=10 000(元)
贡献毛益总额=(10-6)×10 000=40 000(元)
单位贡献毛益=10-6=4(元)
贡献毛益率=40 000÷100 000(或 4÷10)=0.4
变动成本率=60 000÷100 000(或 6÷10)=0.6

(三)保本保利分析

保本保利分析是本量利分析原理最基本的应用。

1. 保本分析

保本分析是指通过研究企业处于盈亏平衡状态时的成本、业务量和利润之间的关系,确定保本时的销售量或销售金额。

企业销售产品所获得的贡献毛益首先应补偿固定成本,如有多余,即为企业创造的利润;如果贡献毛益无法补偿固定成本,其差额即为企业发生的亏损。如果贡献毛益正好补偿固定成本,则称为盈亏平衡。也就是说,此时企业不盈利也不亏损,利润为零。

保本分析的主要目的是确定保本点。保本点又称盈亏临界点,是指企业利润等于零时的销售量或销售金额。保本点有两种表示方式,即保本点销售量和保本点销售金额。对生产单一品种产品的企业,保本点既可以用数量表示,也可以用金额表示,但多品种企业的保本点则只能用金额表示。

1) 单一品种企业的保本分析

由前述基本关系式可以知道,利润为零时的销售量即是保本点销售量,即

保本点销售量=固定成本总额÷(销售单价-单位变动成本)

或
=固定成本总额÷单位贡献毛益

进而可以计算保本点销售金额:

保本点销售金额=保本点销售量×销售单价

或
=固定成本总额÷贡献毛益率

【例12-4】假设SD公司新开发一种产品,市场预测售价为每件360元,生产该产品每月的固定成本总额为50 000元,每件产品的材料、人工等变动成本为160元。要求计算该产品的保本点销售量和保本点销售金额。

保本点销售量=固定成本总额÷(销售单价-单位变动成本)
=50 000÷(360-160)
=250(件)

即新产品每月的销售量必须达到250件才能保本。

保本点销售金额=保本点销售量×销售单价
=250×360

=90 000(元)

即新产品每月的销售金额必须达到 90 000 元才能保本。

2) 多品种企业的保本分析

在实际工作中,大部分企业生产的产品品种不止一种,这时,上述单一品种的计算模式就无法适用。由于不同品种的产品可能计量单位不同,其销售量无法直接相加,因此,需要用销售金额来表示保本点。常用的方法有加权平均法。

加权平均法是指在综合考虑全部产品的贡献毛益率的基础上,按各产品销售收入占全部产品销售收入的比重进行加权平均,得到加权平均贡献毛益率,并据此计算全部产品的保本点。具体计算步骤如下。

第一,计算加权平均贡献毛益率。

$$\text{加权平均贡献毛益率}=\sum(\text{各产品的贡献毛益率}\times\text{该产品的销售比重})$$

第二,根据加权平均贡献毛益率和固定成本总额,计算全部产品的保本点销售金额。

$$\text{全部产品的保本点销售金额}=\text{固定成本总额}\div\text{加权平均贡献毛益率}$$

第三,根据各产品的销售比重,计算出各产品的保本点销售金额和保本点销售量。

$$\text{各产品的保本点销售金额}=\text{全部产品保本点销售金额}\times\text{各产品的销售比重}$$

$$\text{各产品的保本点销售量}=\text{各产品的保本点销售金额}\div\text{各产品的销售单价}$$

【例 12-5】SD 公司在计划年度产销 A、B、C 三种产品,其销售及成本资料如表 12-3 所示。

表 12-3 三种产品的销售及成本资料

产品名称	销售量	销售单价	单位变动成本	贡献毛益率/%
A 产品	10 000 件	100 元/件	85 元/件	15
B 产品	2 500 台	200 元/台	160 元/台	20
C 产品	1 000 套	500 元/套	250 元/套	50

该公司生产 A、B、C 产品的固定成本总额为 300 000 元。

要求:

① 采用加权平均法预测该公司在计划年度的加权平均贡献毛益率。

② 计算 A、B、C 三种产品的综合保本点销售额。

③ 计算 A、B、C 三种产品的保本点销售金额和保本点销售量。

根据上述资料,计算如下。

① 加权平均贡献毛益率的计算如表 12-4 所示。

表 12-4 加权平均贡献毛益率的计算

产品名称	贡献毛益率/%	销售收入/元	销售比重/%	产品贡献毛益率/%
A 产品	15	1 000 000	50	7.5
B 产品	20	500 000	25	5
C 产品	50	500 000	25	12.5

因此,加权平均贡献毛益率=7.5%+5%+12.5%=25%。

② 计算A、B、C三种产品的综合保本点销售额。
A、B、C三种产品的综合保本点销售额=300 000÷25%=1 200 000(元)
③ 计算A、B、C三种产品的保本点销售金额和保本点销售量。
各产品的保本点销售金额如下。
A产品：1 200 000×50%=600 000(元)
B产品：1 200 000×25%=300 000(元)
C产品：1 200 000×25%=300 000(元)
各产品的保本点销售量如下。
A产品：600 000÷100=6 000(件)
B产品：300 000÷200=1 500(台)
C产品：300 000÷500=600(套)

2. 保利分析

保利分析是分析企业为保证目标利润实现必须达到的销售量、单价和成本水平。所谓目标利润，是指企业在一定时间内争取达到的利润目标，反映一定时间内经营状况的好坏和经济效益高低的预期经营目标。

1) 目标利润的确定

根据前述的本量利分析基本关系式可知，确定目标利润的基本模型如下。

$$目标利润=(单价-单位变动成本)×销售量-固定成本总额$$
$$=贡献毛益总额-固定成本总额$$
$$=贡献毛益率×销售收入-固定成本总额$$

2) 实现目标利润的销售量

实现目标利润的销售量是指在销售单价、单位变动成本和固定成本总额均不变的情况下，为达到确定的目标利润应该销售的产品数量，又称目标销售量。

$$目标销售量=(固定成本总额+目标利润)÷(销售单价-单位变动成本)$$
$$=(固定成本总额+目标利润)÷单位贡献毛益$$

3) 实现目标利润的销售单价

在其他条件确定的情况下，实现目标利润的销售单价可计算如下。

$$销售单价=(变动成本总额+固定成本总额+目标利润)÷销售量$$
$$=单位变动成本+单位贡献毛益$$

4) 实现目标利润的成本水平

在其他条件确定的情况下，实现目标利润的成本水平可计算如下。

$$单位变动成本=(销售金额-固定成本总额-目标利润)÷销售量$$
$$=单价-单位贡献毛益$$
$$固定成本总额=销售金额-变动成本总额-目标利润$$
$$=单位贡献毛益×销售量-目标利润$$

第三节 经营决策分析

12.2 经营决策相关内容

正确的决策对于一个企业的生存和发展至关重要。一个处于困境中的企业常常由于管理者的正确决策而起死回生,一个经营良好的企业也可能因为一个错误决策而陷入困境。所有决策目的都是如何使企业目标最优化。决策是面向未来的,而未来含有许多不确定性因素,因此,良好的预测是决策的基础,是决策科学化的前提。同时,决策是规划的基础,没有具体的决策结论,就无法做出相应的计划和预算,也无法进行相应的控制和考核。

经营决策分析即通过计算、分析和比较有关短期经营决策方案的优劣,据以做出选择的过程。经营决策分析不外乎是在本、量、利之间进行总量或差量的比较和优选。常用的决策分析方法有差量分析法、贡献毛益分析法、成本平衡点法等。下面我们通过案例说明常见的经营决策分析。

一、定价决策

产品定价决策是指企业根据市场及相关因素确定其销售价格的决策,它是企业一项重要的经营决策。在市场经济条件下,企业产品的价格必然要与市场的需求相联系,受到市场供需法则的制约。市场环境复杂多变,定价决策必须具有一定的灵活性。下面介绍几种常用的定价方法。

1. 以完全成本为基础的定价

以完全成本为基础的定价是按产品的完全成本加上一定百分比的利润确定产品售价的方法。其定价模型为

$$单价 = 预计单位产品完全成本 \times (1 + 利润加成率)$$

2. 以变动成本为基础的定价

以变动成本为基础的定价是指在产品变动成本的基础上加上一定数量的边际贡献,以此确定产品的销售价格。一般适用于企业尚有剩余生产能力时,来决定是否接受追加订货情况的决策。其定价模型为

$$产品单价 = 产品单位变动成本 \div (1 - 边际贡献率)$$

3. 以市场为基础的定价

以市场为基础的定价是指企业制定产品售价主要以市场需求和消费者对特定价格水平的接受程度作为客观依据。以市场需求为定价基础的基本出发点是价格与市场需求量呈相反方向的变化,价格高则需求量小,价格低则需求量大。市场需求量对企业的产销量有直接的制约作用。在产品供不应求时,可适当提高产品的售价,但同时产销量可能会减少;在供过于求时,则可适当降低产品的售价,以增加销售量。以市场需求为基础的定价决策的关键在于,在售价与销售量之间寻求一种平衡,从而使得企业的利润能够最大。

以市场需求为基础制定产品售价,一般可采用微分极值法和边际分析法求得。

二、生产决策

1. 生产或增产某种产品的决策

如利用现有的生产设备来决策生产哪一种产品为宜，应以生产哪种产品能为企业提供较大的边际贡献作为决策的依据。

【例12-6】SD公司利用现有设备可生产A产品或B产品，有关产品的生产资料如表12-5所示。

表12-5 A产品和B产品生产资料表

产品名称	销量（件）	单价（元/件）	单位变动生产成本（元/件）	固定制造费用/元	单位变动销售及管理费用（元/件）	固定销售及管理费用/元
A产品	11 000	15	6	56 000	3	8 500
B产品	15 000	12	4	56 000	3	8 500

那么生产哪种产品提供的边际贡献较多？

A产品的边际贡献总额=11 000×(15-6-3)=66 000(元)

B产品的边际贡献总额=15 000×(12-4-3)=75 000(元)

由此可以看出，该设备用于生产B产品比用于生产A产品可多获边际贡献9 000元(75 000-66 000)，因此以生产B产品为宜。

为了把剩余的生产能力充分利用起来增产产品，增产哪一种产品为宜，则应以分析比较每一机器小时用于生产不同的产品能提供多少边际贡献作为决策的依据。

【例12-7】SD公司目前生产甲、乙、丙三种产品，有关资料如表12-6所示。目前生产能力(用机器小时表示)的利用程度只达到85%，那么剩余15%的生产能力应利用起来增产哪种产品为宜？

表12-6 甲、乙、丙三种产品成本核算资料 (单位：元)

项目名称	甲产品	乙产品	丙产品
售价	60	68	40
单位变动成本	30	44	24
单位产品边际贡献	30	24	16
单位固定成本	10	6	2
单位税前利润	20	18	14

该企业固定成本按机器小时分配，每小时1元。

从表12-6可以看出，甲产品每单位能提供较多的利润。那么，剩余的生产能力是否就应用于增产甲产品呢？其实并不是。虽然甲产品的单位利润较高，但每单位需用的机器小时也较多，将剩余的生产能力用来生产甲产品，并不一定能为企业带来较多的利润。我们必须分析比较每一产品的单位机器小时所能提供的边际贡献，如表12-7所示。

由于每机器小时用于生产丙产品能提供较多的边际贡献，所以，剩余的生产能力用于增产丙产品为宜。

表 12-7　甲、乙、丙三种产品机器小时提供的边际贡献　　　　　　　　(单位：元)

项目名称	甲产品	乙产品	丙产品
单位边际贡献(元/件)	30	24	16
每单位产品需用机器小时(小时/件)	10	6	2
每机器小时能提供的边际贡献(元/小时)	3	4	8

2. 特殊订货的决策

特殊订货的决策是指是否接受客户低于正常售价的追加订货的选择。一般决策时要结合生产能力的范围来考虑。

对于特殊的订货，如果企业是利用剩余生产能力来生产，即追加的订货不会引起固定成本变动，而不接受订货时，相应的剩余生产能力也不能转移，因此，不会产生机会成本。在这种情况下，决策分析时可不考虑固定成本，只需考虑变动成本。因此，只要追加订货客户的出价高于产品的单位变动成本(若有专属固定成本，还应补偿专属固定成本)，该追加订货就是可接受的。

对于超越生产能力允许范围的特殊订货，如果接受订货，就存在两种情况：一种是压缩正常订货，满足特殊订货；另一种是扩大生产能力，增加固定成本，以满足特殊订货。

无论哪种情况，决策的原则都是将特殊订货前后的利润进行比较，对企业有利的就可以接受。

【例 12-8】SD 公司原有生产能力可以生产 20 000 件 A 产品，原正常销售量为 15 000 件，单位售价为 20 元，单位变动成本为 12 元。现有一客户提出订货 8 000 件，每件售价为 16 元，是否要接受这批订货？

因为客户的特殊订货是 8 000 件，加上原有的 15 000 件，销售量超过了生产能力 3 000 件，这样一来，如果接受特殊订货，就必须压缩正常的销售量 3 000 件，在决策时：

首先，计算特殊订货的边际贡献。

8 000×(16-12)=32 000(元)

其次，计算压缩正常订货所损失的边际贡献。

3 000×(20-12)=24 000(元)

由此可以看出，由于特殊订货的边际贡献大于压缩正常订货所损失的边际贡献，所以，这批特殊订货可以接受。

【例 12-9】SD 公司本年计划生产甲产品 2 000 件，生产能力为 2 400 件，正常售价为每件 200 元，单位变动生产成本为 90 元，单位固定性制造费用为 20 元。现有一客户要向该企业追加订货 600 件甲产品，价格为每件 140 元，追加订货要求追加 2 400 元专属成本。若不接受追加订货，剩余能力可以转移，对外出租可获租金收入 600 元。要求作出是否接受特殊订货的决策。

首先，计算特殊订货的边际贡献。

(140-90)×600=30 000(元)

其次，计算压缩正常订货所损失的边际贡献。

(200-90)×200=22 000(元)

再考虑追加专属成本 2 400 元，机会成本 600 元。综合以上因素考虑，接受特殊订货可以增加利润 5 000 元,因而可以接受。

3. 零部件自制或外购的决策

产品的零部件是自制还是外购合算?对于这类问题的决策,主要是比较成本的高低。外购零部件的进货成本包括购价、运费、验收费等,自制成本包括直接材料、直接人工、变动制造费用等,将这两部分成本进行比较,选取成本低的方案。

1) 零部件需要量已知情况下的决策

【例 12-10】SD 公司产品中有一零件甲,年需要量为 8 000 件,若该企业目前有剩余生产能力可以制造甲零件,有关自制成本如下:单位变动成本为 48 元,专属固定成本总额为 24 000 元,分配的固定成本为 16 000 元。现有一专门生产甲零件的厂商,愿以每件 58 元的价格供应 8 000 件甲零件。假定该企业如不制造甲零件,生产设备也没有其他用途,要求做出甲零件是自制还是外购的决策。

由于该企业有剩余生产能力可以利用,它原有的固定成本不会因自制而增加,也不会因外购而减少,该项成本属于无关成本,所以,自制甲零件的成本为

8 000×48+24 000=408 000(元)

外购甲零件的成本为

8 000×58=464 000(元)

根据以上分析可见,甲零件如采用自制方案,可节约成本 56 000 元,因此以自制为宜。

2) 在零部件需要量未知情况下的决策

对于零部件需要量未知情况下的决策,应先求出成本平衡点,再根据零件不同的需要量,合理地安排自制或外购。

【例 12-11】某零件外购价每件 20 元,如果自制,单位变动成本为 8 元,生产该零件须追加固定成本 30 000 元,要求做出该零件是自制还是外购的决策。

解:一般我们假设生产 x 件零件时,自制成本刚好等于外购成本,则

$8x+30\ 000=20x$

$12x=30\ 000$

$x=2\ 500$(件)

因此,当需要量大于 2 500 件时,应自制该零件;当需要量小于 2 500 件时,应外购该零件。

4. 亏损产品应否停产的决策

在生产多种产品的企业,总会有一些产品的盈利能力较强,而另一些产品则盈利能力较弱,甚至亏损。对于这些亏损产品,是应该继续生产还是停产或转产,企业管理者应做出正确的决策。从以利润最大为目标的短期经营决策分析的角度考虑,亏损产品如果仍然提供贡献毛益,而有关设备即使停产也无其他用途的情况下,仍应保留该产品的生产;如果亏损产品停产后,有关设备、人员能有其他用途,则应具体分析。如果该产品无贡献毛益,那么,生产得越多,亏损得也就越多,就不宜再生产了。

【例 12-12】SD 公司原生产 A、B、C 三种产品,其中 C 产品发生亏损,有关资料如表 12-8 所示。

表 12-8　A、B、C 三种产品生产资料表　　　　　　　　　　　单位：元

项目	A 产品	B 产品	C 产品	合　计
销售收入	40 000	60 000	20 000	120 000
变动成本	25 000	40 000	15 000	80 000
贡献毛益	15 000	20 000	5 000	40 000
固定成本	8 000	8 000	7 000	23 000
利润	7 000	12 000	-2 000	17 000

要求：做出 C 产品是否要停产的决策。

C 产品虽然亏损 2 000 元，但能提供 5 000 元的贡献毛益，这说明 C 产品在经济上对企业还是有利的。如果停产 C 产品，不仅减少了贡献毛益，而且要把 C 产品所负担的固定成本全部转嫁到 A、B 产品上，使 A、B 产品的利润额要相应减少，整个企业的利润也要减少，其减少额正是 C 产品所提供的贡献毛益额(5 000 元)。因此，C 产品不能停产，应继续生产。

▶ 思政案例

原来都是因为你——成本

在饮用水行业，按照市场份额来算，娃哈哈纯净水、农夫山泉和康师傅矿泉水可谓是饮用水行业的三大巨头。每个行业抢占市场都会有"法宝"和"武器"。娃哈哈纯净水抢占市场靠的是铺设销售渠道，层层发展经销商，"渠道为王"可谓所向无敌！而农夫山泉挤占市场靠的是千岛湖优质水源，"我们只是大自然搬运工"广告理念深入人心。那么面对行业的两位大哥，康师傅矿泉水靠的是什么秘密武器呢？

同学们，你去超市或者商品小店走一圈，就会发现奥秘所在。你仔细调查会发现在这三种饮用水中，农夫山泉的价格最高，娃哈哈价格第二，康师傅价格最低。为什么三种饮用水的价格有差别呢？价格背后的原因是成本。

首先来说说农夫山泉，它的核心竞争力在于水源，可是"成也萧何，败也萧何"，因为水源是固定的，导致了农夫山泉的运输成本较高。因为水源固定，无法全国到处建厂，所以在农夫山泉内部流传一句话"农夫山泉有点甜，搬上搬下不赚钱"。而对于娃哈哈集团的纯净水，优势在于铺设销售渠道，全国建立水厂，主要销售动力靠的是层层经销商。可是要激励经销商，必须得给经销商"甜头"，所谓"甜头"就是要让利给经销商，因此娃哈哈纯净水的成本也较高。对于后来者康师傅矿泉水要想在饮用水行业占有一席之地，靠的是什么呢？如果你把三种饮用水各买一瓶，放在手里，掂一掂瓶身，你就会发现，康师傅矿泉水的瓶身是最轻的。瓶身轻就意味着生产瓶子的成本少。也许你还可能发现，康师傅矿泉水的瓶盖都是最"矮"的那个，此时你不得不感慨企业为了控制成本真是"处心积虑"！你也不得不感叹市场竞争竟然如此之残酷！

思政要点：

同学们，处处留心皆学问！学问来自生活，来自你的留心观察！对于我们商科学生，书本的知识是有限的，教室里学的是理论，实践来检验所学理论，同时理论又指导我们的实践。成本控制和成本降低，对于任何一家企业都是无法迈过的沟坎！企业都想"开源节流"，所谓开源是增加销售收入，而节流是为了降低成本。当然成本的降低不可能是无限的，每个企

业都是想方设法降低成本。

希望同学们能积极主动深入社会实践中,多去看看是什么,多去思考为什么,再去找寻怎么办,这样可以慢慢形成自己的商业思维模式,对于你未来的发展一定会大有益处!

本章小结

通过本章的学习,不仅了解管理会计的产生与发展过程,还学习了本量利分析方法,理解了如何保本和保利;还掌握了生产过程中的决策,如是否增产某一种产品,是否要接受某一订单,零部件是订购还是自制,以及亏损产品是否要停产。在成本习性分类基础上,学习了本量利分析模型,讲解了保本和保利分析;不仅掌握经营决策中产品如何定价,生产过程中,是否要增产哪一种产品,是否要接受订单,零部件是订购还是自制,亏损产品是否要停产等一系列决策问题。

同步测试题

一、单项选择题

1. 关于管理会计学说法错误的是( )。
   A. 管理会计学和财务会计学是会计学的两个分支学科
   B. 管理会计更关注于组织内部经营管理
   C. 管理会计与财务会计核算资料来源是不同的
   D. 管理会计和财务会计的工作目的一致且核算内容是相互交叉的

2. 下面理论对管理会计形成没有推动作用的是( )。
   A. 标准成本法　　B. 预算控制　　C. 成本性态分析　　D. SWOT 分析

3. 下面关于固定成本的说法正确的是( )。
   A. 在一定期间和一定业务量范围内,不受业务量变动影响、保持不变的成本是固定成本
   B. 单位产品所负担的固定成本与产量呈正比关系
   C. 酌量性固定成本是管理者决策不可以改变支出数额的固定成本
   D. 约束性固定成本是管理者决策可以改变支出数额的固定成本

4. 关于变动成本的说法错误的是( )。
   A. 在制造业,一般产品直接材料损耗属于变动成本
   B. 酌量性变动成本是管理者决策可以改变支出数额的变动成本
   C. 约束性固定成本是管理者当前决策无法改变支出数额的变动成本
   D. 变动成本和业务量的线性关系是不可能发生改变的

5. 某企业生产和销售单一产品,该产品销售价格为 60 元,单位变动成本为 40 元,销售件数为 6 000 件,固定成本为 60 000 元,单位固定成本为 10 元,则该产品的贡献毛益率为( )。

A. 2/3 B. 1/3 C. 1/4 D. 1/6

6. 关于产品定价理解有误的一项是( )。
   A. 产品的成本是影响定价最主要的因素
   B. 在产品定价中,产品售价必须高于变动成本
   C. 市场需求和产品的市场生命周期都会影响产品售价
   D. 科学技术不会影响产品的售价

7. 某企业原有生产能力可以生产 10 000 件 A 产品,原正常销售量为 12 000 件,单位售价为 20 元,单位变动成本为 12 元。固定成本为 30 000 元,现有一客户提出订购 A 产品 2 000 件,每件售价超过( )元,即可接受订货。
   A. 20 B. 16 C. 12 D. 无法确定

8. 关于特殊订货的决策说法错误的是( )。
   A. 利用暂时闲置能力,而不减少正常销量情况下,只要特殊订货价格大于单位变动成本即可
   B. 利用暂时闲置能力,而不减少正常销量情况下,只要特殊订货价格大于单位总成本即可
   C. 利用暂时闲置能力,而不减少正常销量情况下,只要特殊订货价格大于单位固定成本即可
   D. 利用暂时闲置能力,而不减少正常销量情况下,只要特殊订货价格大于原产品单价即可

9. 关于亏损产品应否停产的决策说法正确的是( )。
   A. 只要是亏损产品就应该停产
   B. 亏损产品仍然提供贡献毛益,不用考虑其他问题,继续生产
   C. 亏损产品能提供贡献毛益,而有关设备即使停产也无其他用途的情况下,仍应保留该产品的生产
   D. 亏损产品有贡献毛益,不用分析有关设备、人员有没有其他用途,就继续生产

10. 某零件外购价每件 30 元,如果自制,单位变动成本为 10 元,生产该零件须追加固定成本 60 000 元,自制或者外购的平衡点为( )。
    A. 4 000 B. 3 000 C. 2 000 D. 无法确定

二、多项选择题

1. 关于科学管理理论的说法中,正确的是( )。
   A. 科学管理理论导致了管理会计的萌芽
   B. 在科学管理理论中,要确定标准时间和标准工资,从而出现了标准人工成本的概念
   C. 科学管理理论认为,事后管理比事中管理更加重要
   D. 泰勒是科学管理理论的代表人物之一
   E. 成本性态分析是管理会计中最重要,也是最基本的成本问题

2. 关于组织行为学理论的说法中,正确的是( )。
   A. 组织行为学是在科学管理理论之前就出现的一种理论
   B. 组织行为学的代表人物有梅奥和马斯洛等

C. 组织行为学更关心人的行为动机
D. 责任会计制度是组织行为学在管理会计学运用的具体表现
E. 划分责任中心时，既要考虑责权范围，还应考虑非正式组织的作用

3. 关于成本习性的说法中，正确的是（ ）。
   A. 按照成本习性，可将成本分为固定成本和变动成本两类
   B. 在一定范围内，固定成本总额不随业务量的变动而变动
   C. 常见的固定成本，如房屋设备的租金、按照直线法计提的固定资产折旧费等
   D. 酌量性固定成本不可由管理者的决策而改变
   E. 在一定范围内，单位变动成本会随着业务量的增减变动而变动

4. 关于混合成本的说法中，错误的是（ ）。
   A. 混合成本是指同时兼有固定成本和变动成本性质的成本
   B. 在现实生活中，混合成本不常见
   C. 混合成本变动的幅度并不与业务量的变动保持严格的比例关系
   D. 半变动成本是业务量为零时，没有成本基数的发生
   E. 延伸变动成本是指业务量在某一临界点以下表现为固定成本，超过临界点表现为变动成本

5. 某企业生产某一产品，单位售价为100元，单位变动成本为50元，固定成本为30 000元，全年售出1 000件，则下面计算正确的是（ ）。
   A. 单位贡献毛利为50元　　　　　B. 贡献毛利率为50%
   C. 税前利润为20 000元　　　　　D. 保本点销量为600件
   E. 保本点销售金额为60 000元

三、判断题

1. 管理会计学是在众多学科理论的发展推动下而不断发展的。（ ）
2. 变动成本率+贡献毛益率=1。（ ）
3. 产品价格影响因素比较单一。（ ）
4. 以市场为基础的定价是因为市场需求和消费者的接受程度都会影响产品价格。（ ）
5. 利用现有的生产设备来决策生产哪一种产品，应以生产哪种产品能为企业提供较大的边际贡献作为决策的依据。（ ）
6. 把剩余的生产能力充分利用起来增产产品，增产哪一种产品为宜，不用分析比较每一机器小时用于生产不同的产品能提供多少边际贡献。（ ）
7. 特殊产品订货决策分析时既要考虑固定成本，还需考虑变动成本。（ ）
8. 在特殊产品定价中，联合固定成本不变，属于无关成本，不必加以考虑。（ ）
9. 亏损产品无贡献毛利，就应该停产。（ ）
10. 产品的零部件是自制还是外购的决策，主要是比较利润的高低。（ ）

四、业务题

1. 某企业生产销售单一产品，该产品的销售价格为50元，单位变动成本为30元，固定成本为50 000元，请问：

(1) 盈亏临界点销量为多少件？贡献毛益率为多少？

(2) 当销售量达到 4 000 件时，利润总额为多少元？

(3) 当企业目标利润为 50 000 元时，应销售多少件产品？

2. 假设某企业只生产甲产品，生产能力为 2 000 件，正常销售是 1 600 件，固定成本为 16 000 元，单位变动成本为 40 元，正常销售价格为 70 元。

(1) 现有客户欲订购 400 件，但是最高出价为每件 45 元，请问是否接受该订单？

(2) 现有客户欲订购 500 件，但是最高出价为每件 45 元，请问是否接受该订单？

(3) 现有客户订购乙产品 300 件，出价每件 45 元，该厂利用闲置能力，但必须增加专属的固定成本 2 400 元，乙产品的变动成本为 30 元。请问是否接受该订单？

3. 某公司生产甲产品每年需要甲零件 58 000 件，车间自制时每件成本为 78 元，其中单位变动成本为 60 元，单位固定成本为 18 元。市场上销售甲零件的价格为每件 65 元。该公司应该自制还是外购呢？如果外购，企业利润如何变化？

4. 企业每年需要某种零件，如果是外购，购买价格为每件 84 元；如果是自制，单位变动成本为 60 元，每年需要增加专属的固定成本 30 000 元。请问如果企业每年需要该零件 1 000 件，是选择自制还是外购？

第十三章 会计工作组织和会计机构

教学目标与要求

- 理解会计工作组织的含义，了解会计工作组织的内容和原则。
- 掌握会计结构设置的要求、会计机构设置类型和会计机构组织形式。
- 理解会计岗位责任制的含义，掌握各级会计人员的权限和职责。
- 熟悉会计各个层次的法规内容。

教学重点与难点

教学重点：
会计工作组织的含义和会计机构设置要求。
教学难点：
会计岗位责任制的内涵和各个层次会计法规内容。

案例分析

在《会计学》教学中，老师请各组同学谈谈对会计职业的认识。

第一组同学说："有的会计人员在企业单位工作，有的会计在事业单位工作，还有的会计在政府部门工作，他们的身份都是会计，但是他们记账、算账、报账还是有很大区别的。"

第二组同学说："会计除了在行政事业、企业单位外，还有一部分会计人员在会计师事务所工作。在某一个单位工作的会计，要从事具体经济业务的处理，而会计师事务所的会计师是受托审查单位账务。"

第三组同学说："不管在哪种类型的单位工作，会计岗位大同小异，包括会计核算岗位和会计监督岗位。"

第四组同学说："我不同意第三组同学的观点，会计岗位设计要和单位经济业务类型和规模匹配，哪怕是企业，因为行业不同，会计岗位也会有所不同。"

第五组同学说："有的单位会计工作职位最高负责人是总会计师，有的是财务总监，有的是财务经理。"

思考与讨论:

(1) 以上五组同学的哪些观点是正确的,哪些观点需要修正呢?

(2) 请同学们思考设定会计岗位要考虑哪些因素。

第一节　会计工作组织

一、会计工作组织的内涵及作用

会计工作组织,从广义上讲,包括与组织会计工作有关的一切事务;从狭义上讲,包括会计机构的设置、会计人员的配备、会计制度的制定与执行等各项工作。科学、合理地组织会计工作对实现会计目标、发挥会计在经济管理工作中的作用,具有重要的意义。为了保证会计工作的顺利进行,不断提高会计工作的质量,必须合理地组织会计工作。

《中华人民共和国会计法》中有专门条款指出会计工作的管理体制、会计人员的职权任免、会计机构的职责,它是正确组织会计工作的依据和准绳。设立会计工作组织可以科学地组织会计工作,有利于完成会计职能,实现会计目标,发挥会计在经济管理中的作用,因此会计工作组织设立的必要性很强,具体表现在以下三个方面。

(1) 有利于提高会计工作的质量和效率。

(2) 有利于协调与其他经济管理工作的关系。

(3) 有利于加强经济责任制。

二、会计工作组织的内容

会计工作组织的内容主要包括以下几个方面。

(1) 会计机构的设置。

(2) 会计人员的配备。

(3) 会计人员的职责权限。

(4) 会计工作的规范。

(5) 会计法规制度的制定。

(6) 会计档案的保管。

(7) 会计工作的电算化等。

三、会计工作组织的原则

(1) 必须按照国家对会计工作的统一要求来组织会计工作。会计工作组织受到各种法规、制度的制约,比如《中华人民共和国会计法》《总会计师条例》《会计基础工作规范》《会计专业职务试行条例》《会计档案管理办法》《会计电算化管理办法》等。

(2) 根据各企业生产经营管理特点来组织会计工作。各企业应根据自身的特点,确定本企业的会计制度,对会计机构的设置和会计人员的配备做出切合实际的安排。

(3) 在保证会计工作质量的前提下,讲求工作效率,节约工作时间和费用。

第二节 会 计 机 构

一、会计机构设置要求

正确组织会计工作，设置会计机构应注意以下基本要求。

(1) 遵循国家颁布的会计准则和行业会计制度，是组织会计工作的首要要求。各单位提供的会计信息是国家制定方针、政策、计划和预算的重要依据，只有按照国家对会计工作的统一要求来组织会计工作，才能发挥会计工作在维护社会主义市场经济秩序、加强经济管理、提高经济效益中的作用。

(2) 要考虑各单位的具体情况，根据各单位经营管理的具体要求组织会计工作。组织会计工作既要符合国家"统一领导"的要求，又要贯彻"分级管理"的原则，根据各企业经营管理的特点，在设置会计机构、配备会计人员、制定会计规章制度时，必须适应本单位的生产经营规模、生产特点、业务繁简程度以及管理要求，以便加强管理。

(3) 组织会计工作要在保证会计工作质量的前提下，符合精简节约的原则。尽量节约人力、物力和财力，讲求工作效率，减少重复劳动和不必要的工作环节，在保证工作质量的前提下，对会计机构的设置，会计人员的配置，会计凭证、会计账簿和会计报表的设计、使用，各项会计处理手续、程序的规定等，都应该避免烦琐，力求精简。

二、会计机构的具体设置及组织形式

(一)会计机构设置

会计机构是直接从事和组织领导会计工作的职能部门。建立和健全会计机构是加强会计工作、保证会计工作顺利进行的重要条件。

各企业、事业、机关和其他单位要正确组织会计工作，就必须单独设置会计机构。规模小、会计业务不多的单位，可不设专门的会计机构，但也应根据工作需要配备专职会计人员，办理会计业务。不具备条件的单位，可委托经批准设立的会计咨询、服务机构代理记账。在一些规模大、会计业务复杂且量大的单位，可根据"统一领导，分级管理"的原则，在单位内部设置各级、各部门的会计组织，各单位可以根据会计业务量的多少，单独设置会计组织或设置会计人员。

基层单位的会计机构，一般称为会计(财务)处、科、股和组等。各单位的会计机构在行政领导人的领导下开展会计工作。在设置总会计师的单位，其会计机构由总会计师直接领导，同时接受上级财务会计部门的指导和监督。

(二)会计机构组织形式

企业会计工作的组织形式一般分为集中核算和非集中核算。

集中核算是指在实行独立核算的单位里，其记账工作主要集中在会计部门进行。会计部门以外的其他部门和车间，只对该部门或车间发生的经济业务填制原始凭证或原始凭证汇总表，并定期送交会计部门。原始凭证或原始凭证汇总表由会计部门审核，然后据以填制记账凭证，登记总分类账和明细分类账，编制会计报表。

非集中核算是指其他部门和车间在会计部门的指导下，分别登记与其业务有关的明细分类账，而会计部门则登记总分类账和一部分明细分类账，编制会计报表，并进行其他会计工作。

一个单位实行集中核算还是非集中核算主要取决于经营管理的需要，但是无论采取哪一种组织形式，各单位对外的现金收支、银行存款上的往来、应收和应付款项的结算，都应由会计部门集中办理。

第三节 会计人员

会计人员是从事会计工作、处理会计事务、完成会计任务的人员。企业、事业等单位都应根据实际需要配备一定数量的会计人员，这是做好会计工作的决定性因素。

一、会计人员岗位责任制

会计人员在实际工作中从事的是具体财会岗位。每一个岗位都对应岗位责任制，会计人员岗位责任制，是指在会计机构内部按照会计工作的内容和会计人员配备，将会计机构的工作划分为若干个岗位，并为每个岗位规定职责和要求的责任制度。

13.1 会计岗位和岗位责任

建立会计机构的岗位责任制，有利于每一项会计工作都有对应的会计人员负责。每个会计人员都有明确的职责。各单位建立会计人员的岗位责任制，要同本单位的经济责任制相联系，实行以责定权、权责明确、严格考核、奖惩结合的原则。

各单位建立会计人员的岗位责任制，要从本单位会计业务量和会计人员配备的实际情况出发，按照效率和效益原则划分工作岗位。会计人员岗位一般可以分为会计主管、出纳员、财产物资核算、工资核算、成本费用核算、收入利润核算、资金核算、往来款结算、总账会计、报表会计、稽核会计等。这些岗位可以一人一岗、一人多岗或者一岗多人，各单位依据单位自身业务特点具体确定。按照内部牵制原则，出纳员不得兼任稽核、会计档案保管及收入费用、债权债务账目的登记。在较大规模的单位中，经济业务量大，会计人员较多，会计机构内部可以按照经济业务的类别划分岗位，设立若干职能组，分别负责各项业务工作。如设立综合财务组、工资组、资金组、成本组、会计组等，并按分管的业务明确职责要求。

各个岗位上的会计人员在做好本职工作的同时，要与其他岗位上的会计人员密切配合，互相协作，共同做好本单位的会计工作。实行会计人员岗位责任制，并不是要会计人员长期固定在某一工作岗位上，会计人员之间要分工并有计划地轮岗，以便会计人员能够比较全面地了解和熟悉各项会计工作，提高业务水平，便于相互协作，提高工作效率，从而把会计工作做得更好。

二、会计人员的权限和职责

(一)会计人员的权限

根据《中华人民共和国会计法》的规定，国家赋予会计人员的工作权限主要有以下三个方面。

(1) 有权要求本单位有关部门、人员认真执行国家批准的计划、预算，遵守国家的财经纪律和财务会计制度。如有违反，会计人员有权拒绝付款、报销或执行，并向本单位领导人报告。对于弄虚作假、营私舞弊、欺骗上级等违法乱纪行为，会计人员必须坚决拒绝执行，并向本单位领导人或上级机关、财政部门报告。

(2) 有权参与本单位编制计划、制定定额、签订经济合同等工作，并参与有关生产经营管理的会议。有权提出财务开支和经济效益方面的问题和意见。

(3) 有权监督、检查本单位有关部门的财务开支、资金使用和财产保管、收发、计量、检验等情况。

(二)会计人员的职责

会计人员岗位职责统一说就是，及时提供真实可靠的会计信息，认真贯彻执行和维护国家财经法律法规，积极参与经营管理，提高经济效率和效益。会计人员的职责具体来说包括以下几个方面。

1. 会计核算职责

会计人员要以实际发生的经济业务为依据来进行记账、算账、报账，做到手续完备、内容真实、数字准确、账目清楚，真实反映单位财务状况、经营成果和财务收支情况，满足国家宏观经济管理、单位内部经营管理的需要。

2. 会计监督职责

各单位的会计机构、会计人员对本单位发生的经济业务有监督职责。会计人员对不真实、不合法的原始凭证不予受理；对记载不准确、不完整的原始凭证予以退回，要求经办人员更正补充；在查账对账中，发现账簿记录与实物盘点金额不符时，应当按照单位有关规定进行处理；无权处理的，应当立即向本单位行政领导人报告，请求查明原因；对违反国家统一的会计制度规定的收支不予办理。

3. 拟定本单位会计事务管理办法

国家制定的统一会计法规对会计管理和会计事务处理做了一般规定，具体到执行和落实，各单位应结合单位特点和需要，建立健全适合本单位的管理办法和规章制度。例如，建立和健全会计人员岗位责任制、内部控制制度；制定分级核算、分级管理办法，费用开支报销手续办法等。

4. 参与单位计划、预算和决算的制定和执行

各单位编制的业务计划、部门预算和年终决算是指导单位经济活动或者业务活动的主要依据，也是财会部门编制财务计划的重要依据。财会人员应在单位或者各部门编制计划、预算中发挥参谋作用，参与到企业经营管理当中，提高企业经济管理效率和经济效益。

5. 参与其他会计事务

单位发展离不开财会部门。随着单位组织的发展壮大，财会部门的重要性越明显，财会人员的会计事务就越丰富。财会部门应积极主动参与、配合、指导单位和其他部门经营管理。会计人员岗位责任制是考核会计人员工作质量的重要标准，会计人员应主动积极地做好

会计核算、会计监督、财务分析、内部控制、经济决策等，为单位发展贡献力量。

三、会计人员的任职要求

从事会计工作的人员必须取得会计相关职业资格证书。2017年以前要求从事会计工作的人员取得会计从业资格证即可，2017年会计从业资格证取消，要求从事会计工作的人员须取得初级会计师证书。

担任单位会计机构负责人(会计主管人员)除了要有会计从业资格证书外，还应当具备会计师以上专业技术职务资格或者从事会计工作三年以上的经历。

根据《中华人民共和国会计法》规定，因有提供虚假财务会计报告，做假账，隐匿或者故意销毁会计凭证、会计账簿、财务会计报告，贪污，挪用公款，职务侵占等与会计职务有关的违法行为被依法追究刑事责任的人员，不得从事会计工作。

四、各级会计人员的划分及其权限职责

在企业、事业、机关和其他单位工作的会计人员按照岗位级别可以分为高级会计人员和普通会计人员。高级会计人员包括总会计师、财务总监等，而普通会计人员是指各单位根据会计业务的需要设置的具体的会计工作岗位。

(一)高级会计人员

1. 总会计师

1990年，国务院颁发的《总会计师条例》规定，大、中型单位要建立总会计师经济责任制。企业的总会计师在厂长(经理)的领导下全面负责企业的会计工作，并协助厂长(经理)组织领导企业建立和健全经济核算责任制度，监督、检查生产经营的各个环节，讲求经济效益。

总会计师的基本职责是：①直接领导企业会计机构；②参与生产、物资供应、产品销售、技术措施、基本建设等计划和主要经济合同的审查，检查计划、经济合同的执行情况，考核生产经营成果；③组织有关部门编制财务计划，落实完成计划的措施，对执行存在的问题提出改进措施；④组织群众性的经济核算工作，建立各级经济活动分析制度，挖掘增产节约潜力；⑤监督本单位执行国家的各项方针政策和财经政策、法令、制度，遵守财经纪律。

总会计师的工作权限是：①参加企业重要的生产、经营管理和有关会议；②签署企业的财务计划、信贷计划和会计报表；③会签企业的生产、技术措施、基本建设等计划和重要的经济合同；④对不符合国家财经方针、政策，不讲求经济效益，不执行计划、经济合同和违反财经纪律的事项有权制止，如制止无效，应报告厂长(经理)或上级机关及财政部门处理。

2. 财务总监

"财务总监"一词的用法和含义在我国还不统一，许多人直接将"财务总监"称为CFO(Chief Financial Officer)。目前我国对"财务总监"尚无明确权威的解释，理论界也没有统一的认识。企业的财务总监是履行所有者财务职能的。从理论上说，任何企业都可设置财务总监，财务总监一般是由企业的所有者或所有者代表来决定的，财务总监实质上是所有者委托的监督代表。

财务总监的主要权责应当包括：①审核公司的重要财务报表和报告，与公司总经理共同

对财务报表和报告的质量负责;②参与审定公司的财务管理规定及其他经济管理制度,监督检查集团子公司财务运作和资金收支情况;③与公司总经理联合审批规定限额范围内的企业经营性、融资性、投资性固定资产购建支出和汇往境外资金及担保贷款事项;④参与审定公司重大财务决策,包括审定集团公司财务预、决算方案,审定集团公司重大经营性、投资性、融资性的计划和合同以及资产重组和债务重组方案,参与拟订公司的利润分配方案和弥补亏损方案;⑤对董事会批准的公司重大经营计划、方案的执行情况进行监督;⑥依法检查公司财务会计活动及相关业务活动的合法性、真实性和有效性,及时发现和制止违反国家财经法律法规的行为和可能造成出资者重大损失的经营行为,并向董事会报告;⑦组织公司各项审计工作,包括对集团公司及各子公司的内部审计和年度报表审计工作;⑧依法审定集团公司及子公司财务、会计、审计机构负责人的任免、晋升、调动、奖惩事项。

(二)普通会计人员

普通会计人员一般可分为会计机构负责人或会计主管人员、出纳、财产物资核算、工资核算、成本费用核算、财务成果核算、资金核算、往来结算、总账报表、稽核、档案管理等。会计工作岗位可以一人一岗、一人多岗或者一岗多人,但出纳人员不得兼管稽核、会计档案保管和收入、费用、债权债务账目的登记工作。会计人员的工作岗位应当有计划地进行轮换。

为了充分发挥会计的职能,完成会计工作任务,各企业、事业和机关等单位的会计机构,都必须根据实际需要配备一定数量的取得会计相关职业证书的会计人员。为了充分发挥会计人员的积极性,使他们更好地完成会计工作任务,《中华人民共和国会计法》对会计人员的职责和权限作了明确规定。

普通会计人员的职责主要有以下三个方面。

(1) 做好会计基础工作,如实反映情况。会计人员要如实反映经济活动情况和经营成果(或预算执行结果),做到手续完备、内容真实、数据准确、账目清楚、日清月结,及时编制会计报表并按期上报。此外,还必须妥善保管会计凭证、账簿和报表等档案资料。

(2) 贯彻执行和维护国家财经方针、政策和纪律。会计人员必须按照国家的有关规定,认真编制并严格执行财务会计计划和预算,遵守各项收入制度,遵守费用的开支范围规定和开支标准,合理使用资金和银行贷款,做好结算工作,保证及时、足额地完成上缴税金的任务,贯彻执行和维护国家财经方针、政策和纪律。

(3) 参与经营管理,讲求经济效益。会计人员要按照经济核算原则分解各项指标,归口落实管理责任;要深入车间、部门,了解生产经营或预算执行的实际情况,挖掘增产节约、增收节支的潜力;要考核资金的使用效果,揭露经营管理中的问题,运用各种会计手段对本单位的经济效益进行预测,并参与经营决策。

五、会计人员的职业证书

从业的财会人员应该对职业生涯做好规划,财会岗位需取得一定资格或证书才可以担任。会计职业证书可以分为会计职称系列和会计执业资格系列。

13.2 职业会计师和执业会计师

(一)会计职称系列证书

会计职称系列证书一般是指在企业、事业、行政单位和其他单位中工作的会计人员在单位评薪和评级时使用。在我国，会计职称包括助理会计师、中级会计师和高级会计师三个级别，对应的职称资格考试分别为初级会计职称考试、中级会计职称考试和高级会计职称考试。三类会计职称考试对学历和工作年限等有一定要求，具体如下。

(1) 初级会计职称考试：须具备国家教育部门认可的高中毕业(含高中、中专、职高和技校)及以上学历。

(2) 中级会计职称考试：须具备大学专科学历，从事会计工作满 5 年；具备大学本科学历，从事会计工作满 4 年；或具备第二学士学位或研究生班毕业，从事会计工作满 2 年；或具备硕士学位，从事会计工作满 1 年；具备博士学位；或通过全国统一考试，取得经济、统计、审计专业技术中级资格。

(3) 高级会计职称考试(考评结合)：须具备大学专科学历，取得会计师职称后，从事与会计师职责相关工作满 10 年；或具备硕士学位，或第二学士学位，或研究生班毕业，或大学本科学历或学士学位，取得会计师职称后，从事与会计师职责相关工作满 5 年；或具备博士学历，取得会计师职称后，从事与会计师职责相关工作满 2 年。

(二)执业资格系列证书

执业资格系列证书一般是指在会计师事务所、审计师事务所、投资银行等单位工作的人员需具备的资格证书。一般来说，会计执业资格系列证书考试的难度要比会计职称系列证书考试的难度要大，考试涉及范围要广。

(1) 注册会计师(Certified Public Accountant，CPA)：注册会计师考试是中国的一项执业资格考试，报考须具有高等专科以上学校毕业学历，或者具有会计或者相关专业中级以上技术职称。考试分为专业阶段考试和综合阶段考试。考生通过专业阶段考试的全部科目后，才能参加综合阶段考试。

(2) 特许公认会计师公会(the Association of Chartered Certified Accountants，ACCA)是全球规模的专业会计师组织，ACCA 考试是一个系统性的学习体系，宽进严出，培养学员成为一个具备高端财务技能和职业操守的综合性人才，ACCA 资格被称为"国际财会届的通行证"。

(3) 特许管理会计师公会(the Chartered Institute of Management Accountants，CIMA)是全球最大的国际性管理会计师组织，是世界上极具权威性的高端财务职业资格认证。CIMA 认证分为基础阶段、运营阶段、管理阶段、战略阶段和职业能力阶段，要求学员在扎实财务的背景基础上增强商业管理和战略决策能力。

第四节　会计管理体制

一、会计法规及层次

会计法规是管理会计工作的各种法律、法令、条例、规则、章程、制度等规范性文件的总称，是以一定会计理论为基础，根据国家的财经方针、政策，将会计工作应遵循的各项原则和方法以法律法规的形式确定，保证会计工作按照一定的目标进行。有了会计法律法规，会计工作就有法可依，有章可循，从而能保证会计工作有组织、有秩序地进行。

我国会计法规按照法规之间相互关系，可以分为三层：第一层是基本法，即《中华人民共和国会计法》(以下简称《会计法》),它是会计工作最高层次的规范,又是指导会计工作的根本法,是制定其他会计法规的依据。《会计法》由全国人民代表大会常务委员会制定,以国家主席令形式颁布。第二层是有关会计工作的行政法规,它由国务院颁布,是依据《会计法》的要求而制定的,是对所有设在中华人民共和国境内的单位会计核算工作有约束力规范,一般表现为条例形式,如《总会计师条例》《会计人员职权条例》《会计专业职务实行条例》等。《企业会计准则》也属于会计行政法规的范畴。第三层是会计准则行动指南,是用于指导会计人员进行具体工作的依据,是对会计行政法规的具体解释。下面从三个层次的会计法规中挑选有代表性的法规进行简单介绍。

(一)《会计法》及内容简介

《会计法》是会计工作的基本法,是制定其他会计法规、制度、办法、手续、程序等的法律依据,它涉及会计工作的各个方面。1985年1月21日第六届全国人民代表大会常务委员会第九次会议通过。1993年12月29日第八届全国人民代表大会常务委员会第五次会议第一次修正,1999年10月31日第九届全国人民代表大会常务委员会第十二次会议修订。2017年11月4日第十二届全国人民代表大会常务委员会第三十次会议第二次修正。现行《会计法》主要包括总则、会计核算、公司企业会计核算的特别规定、会计监督、会计机构和会计人员、法律责任和附则七个章节,共五十二条。

(二)《企业会计准则》及内容简介

《会计法》作为基本法,概括性规范了会计核算内容和要求、会计监督的原则等内容,但是《会计法》难以规范会计人员的行为,因此必须依据其制定会计准则。会计准则是会计人员从事会计工作的规则和指南。按单位的经营性质,会计准则分为营利组织的会计准则和非营利组织的会计准则。会计准则还可以分为基本准则和具体准则。基本准则概括组织会计核算工作的基本前提和基本要求,说明会计核算工作的指导思想和基本依据、主要规则和一般程序。具体准则是按照基本准则的内容要求,针对各种经济业务做出的具体规定。它的特点是操作性强,可根据其直接组织该项业务的核算。

营利组织的会计准则以《企业会计准则》为代表。其中,我国《企业会计准则——基本准则》是2006年颁布的,主要内容包括总则部分、会计信息质量要求、会计要素准则的规定、会计计量规定、财务报告规定和附则,共11章50条。《企业会计准则——具体准则》是在基本准则的指导下,处理会计具体业务标准的规范。其具体内容可分为一般业务准则、特殊行业和特殊业务准则、财务报告准则三大类。一般业务准则是规范普遍适用的一般经济业务的确认、计量要求,如存货、固定资产、无形资产、职工薪酬、所得税等。特殊行业和特殊业务准则是对特殊行业的特定业务的会计问题做出的处理规范,如生物资产、金融资产转移、套期保值、原保险合同、合并会计报表等。财务报告准则主要规范各类企业通用的报告类准则,如财务报表列报、现金流量表、合并财务报表、中期财务报告、分部报告等。

(三)《企业会计准则——应用指南》

《企业会计准则——应用指南》是根据基本准则和具体准则制定并应用于指导会计实务操作的细则,是企业会计准则体系的重要组成部分,主要解决在运用会计准则处理业务时涉及的会计科目、账务处理、会计报表及其格式以及编制说明等问题，类似于以前的会计制度。它是从不同角度对企业具体准则进行强化，解决实务操作，包括具体准则解释部分、会计科目和财务报表部分。

应用指南的发布有助于会计人员完整准确地理解和掌握新准则，确保新准则的贯彻执行，同时也标志着我国企业会计准则体系构建工作的基本完成。

二、会计工作的领导体制

《会计法》规定，国务院财政部门是主管全国会计工作的机构，地方各级人民政府的财政部门是主管该地区会计工作的机构。国家各级管理部门分别设置会计司、处、科等。

会计工作领导主要由中央财政部下设的会计司来完成，财政部在会计司内成立了"会计准则委员会"，专门负责会计准则的研究与制定工作。会计司的其他部门还负责相关会计制度的建设工作。

国家管理部门会计机构的主要任务包括：组织、指导、监督所属单位的会计工作；审核、汇总所属单位上报的会计报表；核算本单位和上、下级之间缴、拨款等事项。

国家部门会计机构的任务还包括以下三个。

(1) 会计准则的制定、修订与解释以及会计准则示范性指南或示范性会计制度的制定工作。

(2) 会计人员的专业技术资格考试。

(3) 其他有关会计事项。

县级以上地方各级人民政府财政部门管理本行政区域内的会计工作。我国会计工作实行"统一领导，分级管理"体制。即在国务院财政部门统一规划、统一领导的前提下，实行分级负责、分级管理，充分调动地方、部门、单位管理会计工作的积极性和创造性。

三、会计单位的内部管理制度

会计单位内部会计管理制度主要包括的内容如下。按管理的职能分为内部委托受托责任制度、内部决策制度、内部控制制度和内部结算制度。按管理的对象可分为财务管理体制、资本金管理制度、资产管理制度、成本费用管理制度、收入利润管理制度、财务报告与评价制度。按管理的环节分为财务结算与计划制度、财务控制与分析制度、财务考核与评价制度、财务监督与检查制度。

企业内部财务制度的依据是国家统一的财务制度，同时应当充分考虑企业内部的生产经营特点以及管理要求。企业内部财务制度一般应当包括资金管理制度、成本管理制度、利润管理制度。资金管理制度主要包括资金指标的分解、归口分级管理办法、资金使用的审批权限、信用制度、收账制度、进货制度；成本管理制度包括成本开支范围和开支标准、费用审批权限、成本降低指标以及分解等；利润管理制度主要包括利润分配程序、利润分配原则、股利政策等。

四、会计单位外部审查机构——会计师事务所

会计单位组织除了受到上级主管部门领导和管理外，时常还会接受会计师事务所查账和

审核。为了适应改革开放的需要，充分发挥会计在国民经济建设中的作用，1993年国务院颁布了《中华人民共和国注册会计师法》，在中国实行注册会计师制度，并由注册会计师组成会计师事务所。

会计师事务所是国家批准的依法独立承办注册会计师业务的单位，实行自收自支、独立核算、依法纳税。成立会计师事务所，应按照规定报省级财政厅(局)审查批准，并由财政部和省级财政厅(局)负责对其进行业务监督。

会计师事务所由注册会计师组成，并设主任会计师一人，副主任会计师若干人，负责领导会计师事务所的工作。此外，根据工作需要，会计师事务所可以配备必要的业务助理人员和其他工作人员。

注册会计师办理业务，必须由会计师事务所统一接受委托，其业务范围主要包括查账验证业务和会计咨询业务两个方面。国家机关、企业、事业单位和个人，均可委托注册会计师办理这两方面的业务。会计师事务所的注册会计师往往受托对某一单位进行会计业务审核，此时会计师事务所就是独立第三方。

思政案例

做知法懂法守法的会计从业人员

一位合格的会计人员，对《会计法》必须非常了解，以下介绍《中华人民共和国会计法》的内容，希望同学们从一开始就要求自己熟悉《会计法》，用会计法律法规来指导自己完成会计工作，做个知法懂法守法的会计从业人员。

中华人民共和国会计法

1985年1月21日第六届全国人民代表大会常务委员会第九次会议通过，根据1993年12月29日第八届全国人民代表大会常务委员会第五次会议《关于修改〈中华人民共和国会计法〉的决定》第一次修正，1999年10月31日第九届全国人民代表大会常务委员会第十二次会议修订，根据2017年11月4日第十二届全国人民代表大会常务委员会第三十次会议《关于修改〈中华人民共和国会计法〉等十一部法律的决定》第二次修正。

第一章 总 则

第一条 为了规范会计行为，保证会计资料真实、完整，加强经济管理和财务管理，提高经济效益，维护社会主义市场经济秩序，制定本法。

第二条 国家机关、社会团体、公司、企业、事业单位和其他组织(以下统称单位)必须依照本法办理会计事务。

第三条 各单位必须依法设置会计账簿，并保证其真实、完整。

第四条 单位负责人对本单位的会计工作和会计资料的真实性、完整性负责。

第五条 会计机构、会计人员依照本法规定进行会计核算，实行会计监督。

任何单位或者个人不得以任何方式授意、指使、强令会计机构、会计人员伪造、变造会计凭证、会计账簿和其他会计资料，提供虚假财务会计报告。

任何单位或者个人不得对依法履行职责、抵制违反本法规定行为的会计人员实行打击报复。

第六条 对认真执行本法，忠于职守，坚持原则，做出显著成绩的会计人员，给予精神的或者物质的奖励。

第七条 国务院财政部门主管全国的会计工作。

县级以上地方各级人民政府财政部门管理本行政区域内的会计工作。

第八条 国家实行统一的会计制度。国家统一的会计制度由国务院财政部门根据本法制定并公布。

国务院有关部门可以依照本法和国家统一的会计制度制定对会计核算和会计监督有特殊要求的行业实施国家统一的会计制度的具体办法或者补充规定,报国务院财政部门审核批准。

中国人民解放军总后勤部可以依照本法和国家统一的会计制度制定军队实施国家统一的会计制度的具体办法,报国务院财政部门备案。

第二章 会计核算

第九条 各单位必须根据实际发生的经济业务事项进行会计核算,填制会计凭证,登记会计账簿,编制财务会计报告。

任何单位不得以虚假的经济业务事项或者资料进行会计核算。

第十条 下列经济业务事项,应当办理会计手续,进行会计核算:

(一)款项和有价证券的收付;

(二)财物的收发、增减和使用;

(三)债权债务的发生和结算;

(四)资本、基金的增减;

(五)收入、支出、费用、成本的计算;

(六)财务成果的计算和处理;

(七)需要办理会计手续、进行会计核算的其他事项。

第十一条 会计年度自公历1月1日起至12月31日止。

第十二条 会计核算以人民币为记账本位币。

业务收支以人民币以外的货币为主的单位,可以选定其中一种货币作为记账本位币,但是编报的财务会计报告应当折算为人民币。

第十三条 会计凭证、会计账簿、财务会计报告和其他会计资料,必须符合国家统一的会计制度的规定。

使用电子计算机进行会计核算的,其软件及其生成的会计凭证、会计账簿、财务会计报告和其他会计资料,也必须符合国家统一的会计制度的规定。

任何单位和个人不得伪造、变造会计凭证、会计账簿及其他会计资料,不得提供虚假的财务会计报告。

第十四条 会计凭证包括原始凭证和记账凭证。

办理本法第十条所列的经济业务事项,必须填制或者取得原始凭证并及时送交会计机构。

会计机构、会计人员必须按照国家统一的会计制度的规定对原始凭证进行审核,对不真实、不合法的原始凭证有权不予接受,并向单位负责人报告;对记载不准确、不完整的原始凭证予以退回,并要求按照国家统一的会计制度的规定更正、补充。

原始凭证记载的各项内容均不得涂改;原始凭证有错误的,应当由出具单位重开或者更正,更正处应当加盖出具单位印章。原始凭证金额有错误的,应当由出具单位重开,不得在原始凭证上更正。

记账凭证应当根据经过审核的原始凭证及有关资料编制。

第十五条 会计账簿登记,必须以经过审核的会计凭证为依据,并符合有关法律、行政法规和国家统一的会计制度的规定。会计账簿包括总账、明细账、日记账和其他辅助性账簿。

会计账簿应当按照连续编号的页码顺序登记。会计账簿记录发生错误或者隔页、缺号、跳行的,应当按照国家统一的会计制度规定的方法更正,并由会计人员和会计机构负责人(会计主管人员)在更正处盖章。

使用电子计算机进行会计核算的,其会计账簿的登记、更正,应当符合国家统一的会计制度的规定。

第十六条 各单位发生的各项经济业务事项应当在依法设置的会计账簿上统一登记、核算,不得违反本法和国家统一的会计制度的规定私设会计账簿登记、核算。

第十七条 各单位应当定期将会计账簿记录与实物、款项及有关资料相互核对,保证会计账簿记录与实物及款项的实有数额相符、会计账簿记录与会计凭证的有关内容相符、会计账簿之间相对应的记录相符、会计账簿记录与会计报表的有关内容相符。

第十八条 各单位采用的会计处理方法,前后各期应当一致,不得随意变更;确有必要变更的,应当按照国家统一的会计制度的规定变更,并将变更的原因、情况及影响在财务会计报告中说明。

第十九条 单位提供的担保、未决诉讼等或有事项,应当按照国家统一的会计制度的规定,在财务会计报告中予以说明。

第二十条 财务会计报告应当根据经过审核的会计账簿记录和有关资料编制,并符合本法和国家统一的会计制度关于财务会计报告的编制要求、提供对象和提供期限的规定;其他法律、行政法规另有规定的,从其规定。

财务会计报告由会计报表、会计报表附注和财务情况说明书组成。向不同的会计资料使用者提供的财务会计报告,其编制依据应当一致。有关法律、行政法规规定会计报表、会计报表附注和财务情况说明书须经注册会计师审计的,注册会计师及其所在的会计师事务所出具的审计报告应当随同财务会计报告一并提供。

第二十一条 财务会计报告应当由单位负责人和主管会计工作的负责人、会计机构负责人(会计主管人员)签名并盖章;设置总会计师的单位,还须由总会计师签名并盖章。

单位负责人应当保证财务会计报告真实、完整。

第二十二条 会计记录的文字应当使用中文。在民族自治地方,会计记录可以同时使用当地通用的一种民族文字。在中华人民共和国境内的外商投资企业、外国企业和其他外国组织的会计记录可以同时使用一种外国文字。

第二十三条 各单位对会计凭证、会计账簿、财务会计报告和其他会计资料应当建立档案,妥善保管。会计档案的保管期限和销毁办法,由国务院财政部门会同有关部门制定。

第三章 公司、企业会计核算的特别规定

第二十四条 公司、企业进行会计核算,除应当遵守本法第二章的规定外,还应当遵守本章规定。

第二十五条 公司、企业必须根据实际发生的经济业务事项,按照国家统一的会计制度

的规定确认、计量和记录资产、负债、所有者权益、收入、费用、成本和利润。

第二十六条 公司、企业进行会计核算不得有下列行为：

(一)随意改变资产、负债、所有者权益的确认标准或者计量方法，虚列、多列、不列或者少列资产、负债、所有者权益；

(二)虚列或者隐瞒收入，推迟或者提前确认收入；

(三)随意改变费用、成本的确认标准或者计量方法，虚列、多列、不列或者少列费用、成本；

(四)随意调整利润的计算、分配方法，编造虚假利润或者隐瞒利润；

(五)违反国家统一的会计制度规定的其他行为。

第四章 会计监督

第二十七条 各单位应当建立、健全本单位内部会计监督制度。单位内部会计监督制度应当符合下列要求：

(一)记账人员与经济业务事项和会计事项的审批人员、经办人员、财物保管人员的职责权限应当明确，并相互分离、相互制约；

(二)重大对外投资、资产处置、资金调度和其他重要经济业务事项的决策和执行的相互监督、相互制约程序应当明确；

(三)财产清查的范围、期限和组织程序应当明确；

(四)对会计资料定期进行内部审计的办法和程序应当明确。

第二十八条 单位负责人应当保证会计机构、会计人员依法履行职责，不得授意、指使、强令会计机构、会计人员违法办理会计事项。

会计机构、会计人员对违反本法和国家统一的会计制度规定的会计事项，有权拒绝办理或者按照职权予以纠正。

第二十九条 会计机构、会计人员发现会计账簿记录与实物、款项及有关资料不相符的，按照国家统一的会计制度的规定有权自行处理的，应当及时处理；无权处理的，应当立即向单位负责人报告，请求查明原因，做出处理。

第三十条 任何单位和个人对违反本法和国家统一的会计制度规定的行为，有权检举。收到检举的部门有权处理的，应当依法按照职责分工及时处理；无权处理的，应当及时移送有权处理的部门处理。收到检举的部门、负责处理的部门应当为检举人保密，不得将检举人姓名和检举材料转给被检举单位和被检举人个人。

第三十一条 有关法律、行政法规规定，须经注册会计师进行审计的单位，应当向受委托的会计师事务所如实提供会计凭证、会计账簿、财务会计报告和其他会计资料以及有关情况。

任何单位或者个人不得以任何方式要求或者示意注册会计师及其所在的会计师事务所出具不实或者不当的审计报告。

财政部门有权对会计师事务所出具审计报告的程序和内容进行监督。

第三十二条 财政部门对各单位的下列情况实施监督：

(一)是否依法设置会计账簿；

(二)会计凭证、会计账簿、财务会计报告和其他会计资料是否真实、完整；

(三)会计核算是否符合本法和国家统一的会计制度的规定；

(四)从事会计工作的人员是否具备专业能力、遵守职业道德。

在对前款第(二)项所列事项实施监督，发现重大违法嫌疑时，国务院财政部门及其派出机构可以向与被监督单位有经济业务往来的单位和被监督单位开立账户的金融机构查询有关情况，有关单位和金融机构应当给予支持。

第三十三条　财政、审计、税务、人民银行、证券监管、保险监管等部门应当依照有关法律、行政法规规定的职责，对有关单位的会计资料实施监督检查。

前款所列监督检查部门对有关单位的会计资料依法实施监督检查后，应当出具检查结论。有关监督检查部门已经做出的检查结论能够满足其他监督检查部门履行本部门职责需要的，其他监督检查部门应当加以利用，避免重复查账。

第三十四条　依法对有关单位的会计资料实施监督检查的部门及其工作人员对在监督检查中知悉的国家秘密和商业秘密负有保密义务。

第三十五条　各单位必须依照有关法律、行政法规的规定，接受有关监督检查部门依法实施的监督检查，如实提供会计凭证、会计账簿、财务会计报告和其他会计资料以及有关情况，不得拒绝、隐匿、谎报。

第五章　会计机构和会计人员

第三十六条　各单位应当根据会计业务的需要，设置会计机构，或者在有关机构中设置会计人员并指定会计主管人员；不具备设置条件的，应当委托经批准设立从事会计代理记账业务的中介机构代理记账。

国有的和国有资产占控股地位或者主导地位的大、中型企业必须设置总会计师。总会计师的任职资格、任免程序、职责权限由国务院规定。

第三十七条　会计机构内部应当建立稽核制度。

出纳人员不得兼任稽核、会计档案保管和收入、支出、费用、债权债务账目的登记工作。

第三十八条　会计人员应当具备从事会计工作所需要的专业能力。

担任单位会计机构负责人(会计主管人员)的，应当具备会计师以上专业技术职务资格或者从事会计工作三年以上经历。

本法所称会计人员的范围由国务院财政部门规定。

第三十九条　会计人员应当遵守职业道德，提高业务素质。对会计人员的教育和培训工作应当加强。

第四十条　因有提供虚假财务会计报告，做假账，隐匿或者故意销毁会计凭证、会计账簿、财务会计报告，贪污，挪用公款，职务侵占等与会计职务有关的违法行为被依法追究刑事责任的人员，不得再从事会计工作。

第四十一条　会计人员调动工作或者离职，必须与接管人员办清交接手续。

一般会计人员办理交接手续，由会计机构负责人(会计主管人员)监交；会计机构负责人(会计主管人员)办理交接手续，由单位负责人监交，必要时主管单位可以派人会同监交。

第六章　法律责任

第四十二条　违反本法规定，有下列行为之一的，由县级以上人民政府财政部门责令限期改正，可以对单位并处三千元以上五万元以下的罚款；对其直接负责的主管人员和其他直接责任人员，可以处二千元以上二万元以下的罚款；属于国家工作人员的，还应当由其所在单位或者有关单位依法给予行政处分：

(一)不依法设置会计账簿的;

(二)私设会计账簿的;

(三)未按照规定填制、取得原始凭证或者填制、取得的原始凭证不符合规定的;

(四)以未经审核的会计凭证为依据登记会计账簿或者登记会计账簿不符合规定的;

(五)随意变更会计处理方法的;

(六)向不同的会计资料使用者提供的财务会计报告编制依据不一致的;

(七)未按照规定使用会计记录文字或者记账本位币的;

(八)未按照规定保管会计资料,致使会计资料毁损、灭失的;

(九)未按照规定建立并实施单位内部会计监督制度或者拒绝依法实施的监督或者不如实提供有关会计资料及有关情况的;

(十)任用会计人员不符合本法规定的。

有前款所列行为之一,构成犯罪的,依法追究刑事责任。

会计人员有第一款所列行为之一,情节严重的,五年内不得从事会计工作。

有关法律对第一款所列行为的处罚另有规定的,依照有关法律的规定办理。

第四十三条 伪造、变造会计凭证、会计账簿,编制虚假财务会计报告,构成犯罪的,依法追究刑事责任。

有前款行为,尚不构成犯罪的,由县级以上人民政府财政部门予以通报,可以对单位并处五千元以上十万元以下的罚款;对其直接负责的主管人员和其他直接责任人员,可以处三千元以上五万元以下的罚款;属于国家工作人员的,还应当由其所在单位或者有关单位依法给予撤职直至开除的行政处分;其中的会计人员,五年内不得从事会计工作。

第四十四条 隐匿或者故意销毁依法应当保存的会计凭证、会计账簿、财务会计报告,构成犯罪的,依法追究刑事责任。

有前款行为,尚不构成犯罪的,由县级以上人民政府财政部门予以通报,可以对单位并处五千元以上十万元以下的罚款;对其直接负责的主管人员和其他直接责任人员,可以处三千元以上五万元以下的罚款;属于国家工作人员的,还应当由其所在单位或者有关单位依法给予撤职直至开除的行政处分;其中的会计人员,五年内不得从事会计工作。

第四十五条 授意、指使、强令会计机构、会计人员及其他人员伪造、变造会计凭证、会计账簿,编制虚假财务会计报告或者隐匿、故意销毁依法应当保存的会计凭证、会计账簿、财务会计报告,构成犯罪的,依法追究刑事责任;尚不构成犯罪的,可以处五千元以上五万元以下的罚款;属于国家工作人员的,还应当由其所在单位或者有关单位依法给予降级、撤职、开除的行政处分。

第四十六条 单位负责人对依法履行职责、抵制违反本法规定行为的会计人员以降级、撤职、调离工作岗位、解聘或者开除等方式实行打击报复,构成犯罪的,依法追究刑事责任;尚不构成犯罪的,由其所在单位或者有关单位依法给予行政处分。对受打击报复的会计人员,应当恢复其名誉和原有职务、级别。

第四十七条 财政部门及有关行政部门的工作人员在实施监督管理中滥用职权、玩忽职守、徇私舞弊或者泄露国家秘密、商业秘密,构成犯罪的,依法追究刑事责任;尚不构成犯罪的,依法给予行政处分。

第四十八条 违反本法第三十条规定,将检举人姓名和检举材料转给被检举单位和被检举人个人的，由所在单位或者有关单位依法给予行政处分。

第四十九条 违反本法规定，同时违反其他法律规定的，由有关部门在各自职权范围内依法进行处罚。

第七章 附 则

第五十条 本法下列用语的含义：

单位负责人，是指单位法定代表人或者法律、行政法规规定代表单位行使职权的主要负责人。

国家统一的会计制度，是指国务院财政部门根据本法制定的关于会计核算、会计监督、会计机构和会计人员以及会计工作管理的制度。

第五十一条 个体工商户会计管理的具体办法，由国务院财政部门根据本法的原则另行规定。

第五十二条 本法自 2000 年 7 月 1 日起施行。

本章小结

通过本章的学习，掌握会计机构设置的基本原理、会计工作的组织形式、会计工作的岗位责任制、会计人员的权限和职责；熟悉会计各个层次主要法规内容。

同步测试题

一、单项选择题

1. 《会计法》明确规定了我国的会计工作管理体制。下列各项中，属于《会计法》规定的会计工作管理体制的是(　　)。

    A. 统一性和灵活性结合　　　B. 统一领导，分级管理
    C. 民主集中制　　　　　　　D. 纵向领导和横向管理结合

2. 下列各项中，属于会计工作组织形式集中核算特点的是(　　)。

    A. 内部各部门编制本部门的财务报表
    B. 内部各部门登记本部门的会计账簿
    C. 内部各部门负责本部门的对外往来
    D. 企业会计部门核算企业整体经济业务

3. 当年的会计档案在会计年度终了后，可由财务部门保管的期限是(　　)。

    A. 1 年　　　　B. 2 年　　　　C. 5 年　　　　D. 15 年

4. 下列各项中，用于规范会计科目核算内容的是(　　)。

    A. 《企业会计准则——基本准则》　B. 《会计法》
    C. 《企业会计准则——具体准则》　D. 《企业会计准则——应用指南》

5. 会计人员在审核原始凭证时发现有不真实、不合法的原始凭证时，应(　　)。

    A. 正常受理　　B. 不予受理　　C. 无权自行处理　　D. 予以退回

6. 某企业为实行内部经济核算而采用非集中核算的会计工作组织形式,则内部有关部门不能办理的会计事项是( )。
   A. 编制本部门的财务报表　　　　B. 核算本部门的盈亏
   C. 向银行贷款　　　　　　　　　D. 计算本部门的成本
7. 下列会计人员的行为中,属于违反《中华人民共和国会计法》的是( )。
   A. 随意变更会计处理方法　　　　B. 伪造、编造会计凭证
   C. 指使会计人员伪造会计账簿　　D. 故意销毁应当依法保存的财务会计报告
8. 下列各项中,属于总会计师职责的是( )。
   A. 进行会计核算　　　　　　　　B. 实行会计监督
   C. 拟定办理会计事项的具体办法　D. 组织编制和执行预算
9. 根据会计档案管理办法规定,企业年度财务报表的保存期限是( )。
   A. 3年　　　　B. 5年　　　　C. 15年　　　　D. 永久
10. 会计工作的组织形式有集中核算和非集中核算,其选择的依据是( )。
    A. 企业组织机构的特点　　　　B. 企业经济业务的特点
    C. 企业经营管理的需要　　　　D. 会计准则的要求

二、多项选择题

1. 《会计法》中规定的会计人员职责有( )。
   A. 进行会计核算　　　B. 实行会计监督　　　C. 参与拟定有关计划
   D. 负责会计人员的配备　　E. 拟定本单位办理会计事务的具体办法
2. 下列各会计人员的行为中,属于违反《会计法》的有( )。
   A. 不依法设置会计账簿　　B. 伪造、变造会计凭证　　C. 随意变更会计处理方法
   D. 虚列或者隐瞒收入　　　E. 私设会计账簿
3. 下列各项中,包括在《会计法》确定的会计监督体系的有( )。
   A. 单位内部监督　　　　　　　　B. 注册会计师的社会监督
   C. 以单位负责人为主的内部监督　D. 以财政部门为主的国家监督
   E. 以政府审计为主的国家监督
4. 财政监督作为政府监督的一部分,其监督的范围有( )。
   A. 是否依法设置账簿　　　　　　B. 会计资料是否真实
   C. 会计核算办法是否符合规定　　D. 会计人员是否具备从业资格
   E. 会计机构的设置是否符合会计法规的要求
5. 会计人员有权参与本单位的计划编制等工作,因此会计人员职权范围的有( )。
   A. 经营决策　　　　B. 编制计划(预算)　　　　C. 制定定额
   D. 签订经济合同　　E. 对业务人员进行考核
6. 为了贯彻内部牵制制度,出纳员不得从事的会计工作有( )。
   A. 登录库存现金日记账　　B. 收付现金　　　　C. 登记银行存款日记账
   D. 审核原始凭证　　　　　E. 登记库存现金总账
7. 《会计法》对违反《会计法》的行为规定了处罚的形式,具体处罚的形式有( )。
   A. 罚款　　　　　　　　B. 吊销会计从业资格证书　　C. 行政处分
   D. 依法追究刑事责任　　E. 责令改正

8. 下列选项中,包括在狭义的会计工作组织中的是( )。
   A. 会计人员的配备　　　B. 会计机构设置　　　C. 会计法规的制定和执行
   D. 会计档案保管　　　　E. 会计核算组织程序
9. 在我国,职称会计师包括( )。
   A. 助理会计师　　　　　B. 中级会计师　　　　C. 高级会计师
   D. 注册会计师　　　　　E. 注册税务师
10. 下列关于《企业会计准则》的说法正确的是( )。
    A. 会计准则还可以分为基本准则和具体准则
    B. 会计准则概括性规范了会计核算内容和要求、会计监督的原则等内容
    C. 基本准则是按照具体准则的内容和要求制定的
    D. 营利组织的会计准则以《企业会计准则》为代表
    E. 具体准则的特点是操作性强,可以根据其直接组织该项业务的核算

三、判断题

1. 总会计师属于会计专业技术职务。　　　　　　　　　　　　　　　　( )
2. 任何一个单位都应设置独立的会计机构,以保证会计核算的独立性。　( )
3. 会计人员对于违反本单位会计事务办理办法的事项,有权拒绝执行并向有关领导或上级机关报告,如果不报告,则应负连带责任。　　　　　　　　　　　　( )
4. 财务报表经过注册会计师审计后,可以不接受政府审计机关的监督。　( )
5. 单位负责人是财务会计报告真实性的第一责任人。　　　　　　　　　( )
6. 未按照规定建立并实施单位内部会计监督制度的行为属于违反《会计法》的行为。
   　　　　　　　　　　　　　　　　　　　　　　　　　　　　　　　　( )
7. 在实行内部经济核算的单位,为便于内部各部门模拟市场进行结算,各部门应在银行开立账户。　　　　　　　　　　　　　　　　　　　　　　　　　　　　( )
8. 会计人员对于违反国家统一财政制度的收支,可以根据具体情况酌情处理。( )
9. 如果有人对会计人员坚持原则进行刁难、阻挠或者打击报复,上级机关要查明情况严肃处理;情节严重的,要给予党纪和国法制裁。　　　　　　　　　　　( )
10. 企业销毁会计凭证时,应有财政部门派人监督。　　　　　　　　　　( )

附　录

附录A　原 始 凭 证

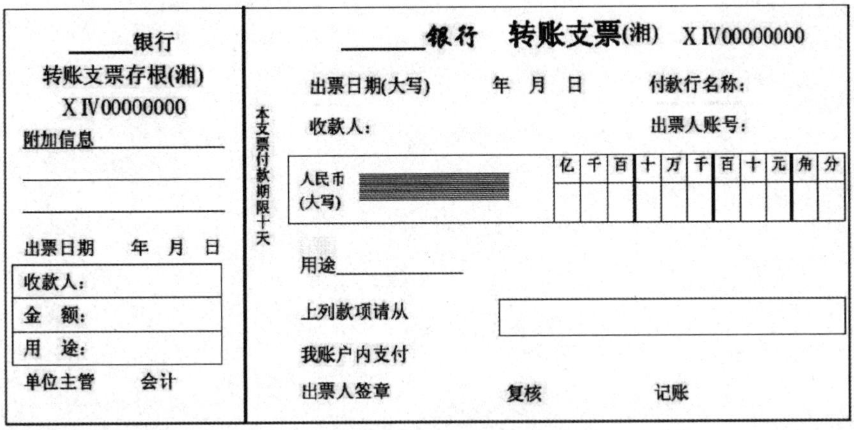

＿＿＿＿银行
转账支票存根(湘)
XⅣ00000000
附加信息＿＿＿＿＿＿
＿＿＿＿＿＿＿＿
＿＿＿＿＿＿＿＿
出票日期　年　月　日
收款人：
金　额：
用　途：
单位主管　会计

本支票付款期限十天

＿＿＿＿银行　转账支票(湘)　XⅣ00000000
出票日期(大写)　年　月　日　付款行名称：
收款人：　出票人账号：

人民币(大写) [redacted]	亿	千	百	十	万	千	百	十	元	角	分

用途＿＿＿＿＿＿
上列款项请从
我账户内支付
出票人签章　复核　记账

图 A-1　转账支票

××银行　进账单　(回单)

年　月　日

收款人	全　称		付款人	全　称	
	账　号			账　号	
	开户银行			开户银行	

金额	人民币(大写)	亿	千	百	十	万	千	百	十	元	角	分

票据种类		票据张数		
票据号码				
复核　记账				开户银行盖章

此联是开户银行交给持(出)票人的回单

图 A-2　进账单

××市增值税专用发票

No.000103

开票日期：　年　月　日

购货单位	名　　称：					密码区			
	纳税人识别号：								
	地　址、电话：								
	开户行及账号：								
货物或应税劳务名称	规格型号	单位	数量	单价	金　额		税率	税　额	
价税合计(大写)					(小写)				
销货单位	名　　称：					备注			
	纳税人识别号：								
	地　址、电话：								
	开户行及账号：								

收款人：　　　　复核：　　　　开票人：　　　　销货单位：

第二联　发票联　购买方记账凭证

图A-3　发票的参考格式

收　料　单

供货单位：　　　　　　　　　　　　　　　凭证编号：

发票号码：　　　　　　　年　月　日　　　收料仓库：

材料编号	材料规格及名称	计量单位	数量		价　格	
			应收	实收	单价	金额
备注：					合　计	

仓库负责人：　　　记账：　　　仓库保管：　　　收料人：

图A-4　收料单的格式

附录B 收 款 凭 证

收 款 凭 证

借 方 科 目		记账
一级科目	二级科目	

年 月 日

总字第______号

收字第______号

摘 要	贷 方 科 目		金 额										记账
	总账科目	二级或明细科目	千	百	十	万	千	百	十	元	角	分	
合 计(大写)													

附件 张

主管： 审核： 出纳： 制单： 记账：

图 B-1 收款凭证(1)

付 款 凭 证

贷 方 科 目		记账
一级科目	二级科目	

年 月 日

总字第______号

付字第______号

摘 要	借 方 科 目		金 额										记账
	总账科目	二级或明细科目	千	百	十	万	千	百	十	元	角	分	
合 计(大写)													

附件 张

主管： 审核： 出纳： 制单： 记账：

图 B-2 付款凭证(1)

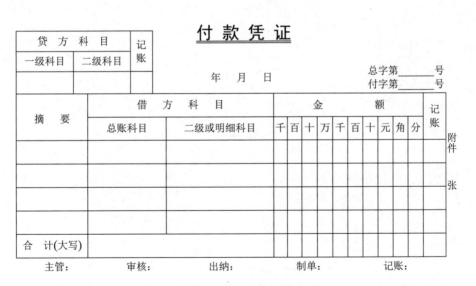

转 账 凭 证

总字第 _____ 号
年　月　日　　　　　转字第 _____ 号

摘　要	借　方		贷　方		记账	金　额									附件　张
	一级科目	二级科目	一级科目	二级科目		千	百	十	万	千	百	十	元	角	分
合　计(大写)															

会计主管：　　　　　审核：　　　　记账：　　　　制单：

图 B-3　转账凭证(1)

收 款 凭 证

年　月　日　　　　　总字第 _____ 号
　　　　　　　　　　收字第 _____ 号

借方科目		记账	摘　要	贷　方　科　目		金　额									记账 附件　张
一级科目	二级科目			总账科目	二级或明细科目	千	百	十	万	千	百	十	元	角	分
合　计(大写)															

主管：　　　审核：　　　出纳：　　　制单：　　　记账：

图 B-4　收款凭证(2)

付 款 凭 证

年　月　日　　　　　总字第_____号
　　　　　　　　　　　付字第_____号

贷方科目		记账	摘要	借方科目		金额										记账
一级科目	二级科目			总账科目	二级或明细科目	千	百	十	万	千	百	十	元	角	分	
合计(大写)																

附件　　张

主管：　　审核：　　出纳：　　制单：　　记账：

图 B-5　付款凭证(2)

转 账 凭 证

　　　　　　　　　　　总字第_____号
年　月　日　　　　　　转字第_____号

摘要	借方		贷方		记账	金额									
	一级科目	二级科目	一级科目	二级科目		千	百	十	万	千	百	十	元	角	分
合计(大写)															

附件　　张

会计主管：　　审核：　　记账：　　制单：

图 B-6　转账凭证(2)

附录 C 总分类账

表 C 总分类账

会计科目： 编号：
页次：

年		凭证号数	摘要	对方科目	√	借方金额									贷方金额									借或贷	余额								
月	日					十	万	千	百	十	元	角	分		十	万	千	百	十	元	角	分			十	万	千	百	十	元	角	分	

附录 D 库存现金日记账

表 D 库存现金日记账

年		凭证号数	对方科目	摘要	√	借方(收入)									贷方(付出)									借或贷	结存								
月	日					百	十	万	千	百	十	元	角	分	百	十	万	千	百	十	元	角	分		百	十	万	千	百	十	元	角	分

附录 E 银行存款日记账

表 E 银行存款日记账

页次：

年		凭证号数	支票号数	对方科目	摘要	√	借方(收入)									贷方(付出)									借或贷	结存								
月	日						百	十	万	千	百	十	元	角	分	百	十	万	千	百	十	元	角	分		百	十	万	千	百	十	元	角	分

参 考 文 献

[1] 徐经长，孙蔓莉，周华. 会计学(非专业用)[M]. 6版. 北京：中国人民大学出版社，2019.
[2] 吴涛. 会计学[M]. 2版. 大连：东北财经大学出版社，2019.
[3] 邓启稳. 会计学[M]. 2版. 大连：东北财经大学出版社，2019.
[4] 简•R. 威廉姆斯. 会计学：企业决策的基础(财务会计分册)[M]. 赵银德，译. 17版. 北京：机械工业出版社，2017.
[5] 刘永泽，陈立军. 中级财务会计[M]. 7版. 大连：东北财经大学出版社，2021.
[6] 贝洪俊，白玉华，杨黎明. 中级财务会计[M]. 3版. 北京：高等教育出版社，2019.
[7] 财政部会计资格评价中心. 初级会计实务[M]. 北京：经济科学出版社，2020.
[8] 李闻一，徐晓音，范文林. 会计学[M]. 北京：高等教育出版社，2021.
[9] 丁小云，袁树民. 会计学[M]. 4版. 上海：上海财经大学出版社，2019.
[10] 黄慧馨，李琦，陆正飞. 会计学[M]. 北京：北京大学出版社，2018.
[11] 刘永泽，陈文铭. 会计学[M]. 6版. 大连：东北财经大学出版社，2018.
[12] 夏冬林，秦玉熙. 会计学——原理与方法[M]. 3版. 北京：中国人民大学出版社，2019.
[13] 朱小平，周华，秦玉熙. 初级会计学[M]. 10版. 北京：中国人民大学出版社，2019.
[14] 王化成，刘俊彦，荆新. 财务管理学[M]. 9版. 北京：中国人民大学出版社，2021.
[15] 徐玮，赵栓文. 财务管理学[M]. 北京：中国财政经济出版社，2021.
[16] 孙茂竹，支晓强，戴璐. 管理会计学[M]. 9版. 北京：中国人民大学出版社，2020.
[17] 何艳，张薇. 管理会计学[M]. 苏州：苏州大学出版社，2021.
[18] 张绪军. 管理会计学[M]. 2版. 上海：复旦大学出版社，2020.
[19] 陈信元，戴欣苗，陈振婷，等. 会计学[M]. 5版. 上海：上海财经大学出版社，2018.
[20] 荆新，宋建波，殷建红，等. 会计学[M]. 北京：中国人民大学出版社，2020.
[21] 赵雪媛，刘桔. 会计学[M]. 北京：经济科学出版社，2016.
[22] 王蕾，陈淑贤. 基础会计学[M]. 3版. 北京：清华大学出版社，2021.